चिंतन करो चिंता नहीं

चिंतन करो चिंता नहीं

स्वामी विवेकानंद

प्रकाशक
प्रभात प्रकाशन प्रा. लि.
4/19 आसफ अली रोड, नई दिल्ली-110002
फोन : 011-23289777 • हेल्पलाइन नं. : 7827007777
इ-मेल : prabhatbooks@gmail.com ❖ वेब ठिकाना : www.prabhatbooks.com

संस्करण
2026

पेपरबैक मूल्य
पाँच सौ रुपए

मुद्रक
यश प्रिंटोग्राफिक्स, नोएडा

---★---

CHINTAN KARO, CHINTA NAHIN
by Swami Vivekananda

Published by **PRABHAT PRAKASHAN PVT. LTD.**
4/19 Asaf Ali Road, New Delhi-110002

ISBN 978-93-5521-425-6

₹ 500.00 (PB)

ब्रिटिश भारत की राजधानी कलकत्ता में 12 जनवरी, 1863 को नरेंद्रनाथ दत्त के रूप में जनमे स्वामी विवेकानंद एक पारंपरिक कुलीन बंगाली कायस्थ परिवार से आते थे। उनके पिता विश्वनाथ दत्त वकील थे और उनकी माता भुवनेश्वरी देवी एक धार्मिक गृहिणी थीं। वे अपने माता-पिता की नौ संतानों में से एक थे। उनकी माता जहाँ एक ओर अत्यंत धार्मिक प्रवृत्तिवाली महिला थीं, वहीं दूसरी ओर उनके पिता विवेकशील एवं प्रगतिशील व्यक्ति थे।

विवेकानंद अपने जीवन के प्रारंभिक वर्षों से ही आध्यात्मिक प्रवृत्ति के थे। वे यायावर संन्यासियों से अत्यंत प्रभावित थे और ध्यान का अभ्यास किया करते थे। परंतु वे अत्यंत चंचल एवं उत्साही भी थे और उनकी माँ को उन्हें नियंत्रित करने में बड़ी कठिनाइयों का सामना करना पड़ता था। अपने परिवार के रायपुर जाने से पूर्व उन्होंने वर्ष 1871 से 1877 तक ईश्वर चंद्र विद्यासागर के मेट्रोपॉलिटन इंस्टीट्यूशन में पढ़ाई की थी। जनवरी 1880 में रायपुर से लौटने के बाद उन्होंने प्रेसीडेंसी कॉलेज में प्रवेश लिया।

विवेकानंद एक लगनशील अध्येता थे। कला, साहित्य, दर्शन और धर्म से लेकर इतिहास एवं समाज विज्ञान जैसे विषयों के अध्ययन में उनकी विशेष रुचि थी। हिंदू पौराणिक कथाओं एवं संस्कृत धर्मग्रंथों के अध्ययन में गहन रुचि होने के कारण उन्होंने रामायण, महाभारत, श्रीमद्भगवद्गीता, वेदों एवं उपनिषदों और पुराणों का अध्ययन किया। अध्ययनशील होने के साथ-साथ खेलों में भी उनकी रुचि थी। वे शारीरिक व्यायाम की कक्षाओं में भी सक्रिय भाग लेते थे।

विवेकानंद ने केशवचंद्र सेन के 'नव विधान' नामक सामाजिक समूह की सदस्यता ग्रहण की, जहाँ वे पश्चिमी आध्यात्मिकता से परिचित हुए। वे ब्राह्मणवाद की एक शाखा 'साधारण ब्राह्म समाज' के भी सदस्य बन गए। समाज की संकल्पनाओं ने उनकी मान्यताओं को आकारित किया। उन्होंने मूर्ति-पूजा का विरोध किया और निराकार ईश्वर

में आस्था प्रकट की।

स्कॉटिश चर्च कॉलेज में अपनी साहित्यिक कक्षाओं के दौरान उन्हें श्रीरामकृष्ण के विषय में जानकारी मिली। विवेकानंद ने वर्ष 1881 के अंत या 1882 के प्रारंभ में अपने मित्रों के साथ दक्षिणेश्वर की यात्रा की। रामकृष्ण के साथ हुई उनकी भेंट उनके लिए जीवन में अत्यंत परिवर्तनकारी अनुभव सिद्ध हुई।

प्रारंभ में उन्होंने रामकृष्ण के विचारों को पूर्णतया स्वीकार नहीं किया और यहाँ तक कि उन्होंने अद्वैत वेदांत को अस्वीकार कर दिया। सन् 1884 में अपने पिता की मृत्यु के बाद उन्होंने उनसे मिलना जारी रखा और अंततोगत्वा उन्होंने रामकृष्ण को अपना आध्यात्मिक गुरु स्वीकार कर लिया तथा उनके विशेष शिष्य बन गए।

सन् 1886 में काशीपुर में रामकृष्ण का देहावसान हो गया। विवेकानंद ने अपने अन्य गुरु भाइयों के साथ मिलकर बड़ानगर में अपने पहले आश्रम 'रामकृष्ण मठ' की स्थापना की। दिसंबर 1886 में उन सबने मिलकर एक साथ संन्यास का व्रत लिया। संन्यास की दीक्षा लेने के बाद उन्होंने अपना नाम 'स्वामी विवेकानंद' रख लिया। आगामी वर्षों में उन्होंने एक यायावर संन्यासी के रूप में पूरे भारत की सघन यात्रा की।

अपनी यात्राओं के दौरान उनकी मुलाकात विविध पृष्ठभूमियों व वर्गों के लोगों के साथ हुई। उन्होंने विभिन्न सामाजिक एवं धार्मिक रीति-रिवाजों, विश्वासों तथा परंपराओं से भी स्वयं को परिचित कराया और उनकी बृहत्तर जानकारी प्राप्त की। विवेकानंद ने दीन-दु:खियों के साथ अपनी सहानुभूति प्रकट की और उनके जीवन में परिवर्तन एवं राष्ट्र के उत्थान का निर्णय लिया।

31 मई, 1893 को उन्होंने अपनी पहली विदेश यात्रा शुरू की। उन्होंने 30 जुलाई, 1893 को संयुक्त राज्य अमेरिका के शिकागो पहुँचने से पूर्व जापान, चीन एवं कनाडा की यात्रा की। उन्होंने सितंबर 1893 में 'विश्व धर्म संसद्' में भाग लिया। 11 सितंबर, 1893 को उन्होंने संसद् के प्रारंभिक सत्र में भारत एवं हिंदुत्व का प्रतिनिधित्व करते हुए संक्षिप्त स्वागत भाषण दिया। 'अमेरिकी बहनो और भाइयो' के प्रारंभिक वाक्य से शुरू हुए उनके संबोधन को आज भी याद किया जाता है।

आनेवाले समय में उन्होंने अनेक मतों एवं धर्मों के मध्य उत्पन्न मतभेदों के कारणों पर विश्लेषणात्मक वक्तव्य दिए। 19 सितंबर, 1893 को विवेकानंद का 'हिंदुत्व पर पत्र' वितरित किया गया, जिसे हिंदुत्व की भूमिका के रूप में देखा गया। उन्होंने वेदांत दर्शन और ईश्वर, आत्मा एवं शरीर के विषय पर दिए गए अपने वक्तव्य के माध्यम से श्रोताओं को ज्ञानोदित किया।

उनके भाषणों एवं वक्तव्यों का न केवल अमेरिका, बल्कि संपूर्ण विश्व पर तत्काल प्रभाव पड़ा। कुछ ही समय में वे अमेरिका में नायक और एक महान् विभूति बन गए तथा अमेरिकी समाचार-पत्रों ने उन्हें 'धर्म संसद्' की महानतम विभूति की संज्ञा दी। धर्म संसद् के अध्यक्ष जॉन हेनरी बैरोज के शब्दों में—"धर्मों की जननी भारत का प्रतिनिधित्व एक भगवाधारी स्वामी विवेकानंद द्वारा किया गया, जिन्होंने अपने श्रोताओं पर अद्भुत प्रभाव छोड़ा।"

उन्होंने अपने आगामी दो वर्ष पूरे अमेरिका की यात्रा और भाषण तथा वक्तव्य देते हुए व्यतीत किए। वर्ष 1894 में उन्होंने न्यूयॉर्क में 'वेदांत सोसाइटी' की स्थापना की। वर्ष 1895 एवं 1896 में उन्होंने इंग्लैंड में भाषण दिए। वहाँ उनकी भेंट मार्गरेट एलिजाबेथ नोबल (जो बाद में 'भगिनी निवेदिता' बन गईं) एवं मैक्समूलर से हुई। उन्होंने अनेक अन्य यूरोपीय देशों की भी यात्राएँ कीं।

विवेकानंद 'चार योग' का सिद्धांत लेकर आए। इसमें शामिल थे—कर्मयोग, जिसका अर्थ था—'कर्म के माध्यम से मन का शुद्धीकरण'; भक्तियोग, जो कि ईश्वर की 'एक वास्तविक खोज थी और जिसका प्रारंभ निरंतरता एवं अंत प्रेम में होता था'; राजयोग, जिसमें पतंजलि के योगसूत्रों की व्याख्या शामिल थी तथा ज्ञानयोग, जिसका संबंध सत्य की अनुभूति से है।

उन्होंने 1 मई, 1897 को रामकृष्ण मिशन की स्थापना की, जो कि रामकृष्ण मठ का जुड़वाँ संगठन था। रामकृष्ण मठ एवं रामकृष्ण मिशन दोनों का मुख्य कार्यालय बेलूर मठ में था। विवेकानंद ने उत्तराखंड में मायावती नामक स्थान पर अद्वैत आश्रम की स्थापना भी की थी।

उन्होंने जून 1899 में अपने गिरते स्वास्थ्य के बावजूद स्वामी तुरीयानंद एवं भगिनी निवेदिता के साथ विदेश यात्राएँ कीं और अमेरिका के अनेक शहरों में 'वेदांत सोसाइटीज' की स्थापना की तथा यूरोप में अनेक भाषण दिए। 9 दिसंबर, 1900 को वे कलकत्ता वापस आ गए।

जबकि उन्होंने वेदांत सोसाइटी एवं मठ के प्रति अपनी सेवाएँ जारी रखीं, उनका स्वास्थ्य निरंतर गिरता जा रहा था। उन्होंने 4 जुलाई, 1902 को ध्यान करते हुए अपनी अंतिम साँस ली। उनके शिष्य मानते हैं कि उन्होंने 'महासमाधि' प्राप्त की थी।

उनके जीवन-काल के दौरान प्रकाशित होनेवाले उनके साहित्यिक कार्यों में शामिल हैं—'संगीत कल्पतरु' (1887), 'कर्मयोग' (1896), 'राजयोग' (1896), 'वेदांत दर्शन : स्नातक दार्शनिक समाज के समक्ष दिया भाषण' (1896), 'वर्तमान भारत'

(1899), 'ज्ञानयोग' (1899) एवं 'मेरे गुरु' (1901)।

विवेकानंद ने पश्चिम के साथ योग एवं वेदांत दर्शन का परिचय कराने में महत्त्वपूर्ण भूमिका निभाई थी। यह उन्हीं के प्रयासों का परिणाम था कि हिंदुत्व ने एक बड़े वैश्विक धर्म का स्थान प्राप्त किया। उनके जन्मदिवस को भारत में 'राष्ट्रीय युवा दिवस' और 11 सितंबर को 'विश्व धर्म संसद्' में दिए गए उनके भाषण को 'विश्व बंधुत्व दिवस' के रूप में मनाया जाता है।

अनुक्रम

1

स्वागत की प्रतिक्रिया

अमेरिकी बहनो और भाइयो,

आप लोगों ने जिस गर्मजोशी एवं आत्मीयता से मेरा स्वागत किया है, उसकी प्रतिक्रिया में मेरा हृदय अवर्णनीय आनंद से ओत-प्रोत हो गया है। मैं संसार के संन्यासियों की सर्वाधिक प्राचीन व्यवस्था की ओर से आप सबको धन्यवाद देता हूँ; मैं आपको धर्मों की जननी भारत की ओर से धन्यवाद देता हूँ और मैं सभी वर्गों एवं संप्रदायों के करोड़ों-करोड़ हिंदू लोगों की ओर से धन्यवाद देता हूँ।

मैं इस मंच के कुछ उन महान् वक्ताओं को भी धन्यवाद देता हूँ, जिन्होंने पूर्व से आए कुछ प्रतिनिधियों से आपका परिचय कराते हुए कहा कि सुदूर पूर्व से आए विभिन्न राष्ट्रों से सहिष्णुता के विचार के साथ भिन्न-भिन्न भूमियों से आए ये लोग भी हमारे सम्मान के अधिकारी हैं। मुझे उस धर्म से संबद्ध होने पर गर्व है, जिसने विश्व को सहिष्णुता एवं सार्वभौमिक स्वीकार्यता—दोनों का पाठ पढ़ाया। हम न केवल सार्वभौमिक सहिष्णुता में विश्वास करते हैं, बल्कि हम सभी धर्मों को सत्य मानकर उन्हें स्वीकार भी करते हैं। मुझे उस राष्ट्र का निवासी होने पर गर्व है, जिसने इस पृथ्वी के सभी राष्ट्रों एवं धर्मों के उत्पीड़ितों एवं शरणार्थियों को शरण दी। हमें आप लोगों को यह बताने में अत्यंत गर्व की अनुभूति हो रही है कि हमने अपने हृदय में इजराइलियों के उन पवित्रतम अवशेषों को सहेजकर रखा है, जो ठीक उसी वर्ष दक्षिण भारत में आए थे, जिस वर्ष रोमन आततायियों ने उनके पवित्र मंदिर को नष्ट कर दिया था। मुझे उस धर्म का अनुयायी होने पर गर्व है, जिसने भव्य पारसी राष्ट्र के निवासियों को शरण दी और अब भी उनका पालन-पोषण कर रहा है। बंधुओ, मैं आपके समक्ष उस स्तोत्र की कुछ पंक्तियाँ उद्धृत

---

* *11 सितंबर, 1893 को शिकागो की धर्म संसद् में दिया गया वक्तव्य*

करना चाहूँगा, जिसे मैंने अपने बाल्यकाल के प्रारंभिक वर्षों से ही कंठस्थ किया है और उसका बार-बार उच्चारण करता रहा हूँ तथा जिसकी पुनरावृत्ति करोड़ों प्राणियों द्वारा नियमित की जाती है—"जिस प्रकार भिन्न-भिन्न स्थानों एवं स्रोतों से निकलनेवाली नदियों की विभिन्न धाराएँ अपने जल को समुद्र में विलीन कर देती हैं, उसी प्रकार हे प्रभु! विभिन्न प्रवृत्तियों एवं भिन्न-भिन्न मार्गों का अनुसरण करनेवाले विभिन्न प्रकार के लोग, चाहे वे दुष्ट हों या सज्जन, सभी आपकी ओर आते हैं।"

वर्तमान अधिवेशन, जो कि अब तक की सबसे बड़ी धर्म सभा है, वह अपने आप में विश्व के समक्ष इस सिद्धांत की स्वीकारोक्ति एवं घोषणा है, जिसका उपदेश गीता में दिया गया है—"जो भी व्यक्ति जिस किसी भी रूप में मेरे पास आता है, मैं उसे प्राप्त होता हूँ; विभिन्न मार्गों पर संघर्षरत सभी लोग अंतत: मेरे ही पास आते हैं।" संप्रदायवाद, धर्मांधता एवं उसकी भयावह संतानें तथा कट्टरवादिता इस सुंदर पृथ्वी पर दीर्घकाल तक डेरा जमाए रही हैं। उन्होंने इस श्रेष्ठ वसुंधरा को हिंसा से भर दिया है और बहुधा इसे मानव रक्त से भिगो दिया है, सभ्यता को नष्ट किया है और समूचे राष्ट्र को निराशा में धकेल दिया है। यदि ये भयानक राक्षस इस धरती पर न होते तो यह मानव समाज आज की अपेक्षा कहीं अधिक उन्नत होता। परंतु उनका समय अब आ चुका है; और मैं उत्सुकतापूर्वक आशान्वित हूँ कि आज सुबह इस अधिवेशन के सम्मान में जो घंटा बजा है, वह सभी प्रकार की कट्टरवादिता और तलवार या लेखनी के माध्यम से की जानेवाली कुटिलताओं के लिए मृत्यु का घंटा सिद्ध होगा और लोगों के प्रति विद्वेषपूर्ण भावनाएँ रखनेवाले विधर्मियों को भी उनके उसी अंजाम तक पहुँचाएगा।

□

2

हिंदुत्व पर शोधपत्र

आज विश्व में प्रागैतिहासिक काल के तीन धर्म विद्यमान हैं—हिंदुत्व, पारसी धर्म एवं यहूदी धर्म। इन सभी धर्मों को व्यापक आघात लगा है, फिर भी ये तीनों अपनी आंतरिक शक्ति के बल पर आज भी जीवित हैं। परंतु एक ओर जहाँ यहूदी धर्म अपने अंदर ईसाइयत को आत्मसात् करने में विफल रहा और अपनी ही सर्वविजित् पुत्री के हाथों अपने ही जन्म-स्थान से निष्कासित कर दिया गया और अब अपने महान् धर्म की कहानी कहने के लिए केवल मुट्ठी भर पारसी ही शेष बचे हैं और भारत में एक के बाद एक इतने संप्रदाय उत्पन्न हुए कि लगा, मानो वे वेदों के धर्म को उसके मूल से उखाड़कर फेंक देंगे। परंतु जिस प्रकार समुद्र में तूफान आने के बाद उसका जल उसके किनारों को कुछ समय के लिए आप्लावित कर लेता है और कुछ समय बाद स्वत: घटने लग जाता है, उसी प्रकार अचानक उत्पन्न हुए ये संप्रदाय भी अपने विशाल मातृ धर्म में पुन: आत्मसात् कर लिये गए।

वेदांत दर्शन की उच्च आध्यात्मिक उड़ान, जिसकी प्रतिध्वनि आधुनिकतम वैज्ञानिक खोजों में सुनाई देती है, से लेकर मूर्ति-पूजा जैसे विचार अपनी विविध पौराणिक कथाओं के साथ बौद्धों के अज्ञेयवाद एवं जैनों के अनीश्वरवाद के बावजूद प्रत्येक का हिंदू धर्म में अपना-अपना स्थान है।

इसके पश्चात् प्रश्न यह खड़ा होता है कि वह कौन सा सामान्य केंद्र है, जहाँ ये विविध विरोधाभासी धर्म एकत्र होते हैं? वह सामान्य आधार कहाँ है, जिसके ऊपर ये परस्पर विरोधाभासी विचार ठहरते हैं? और यही वह प्रश्न है, जिसका उत्तर देने का मैं प्रयास करूँगा।

हिंदुओं को उनका धर्म वेदों के प्राकट्य से प्राप्त हुआ था। उनका मानना है कि वेदों

** 19 सितंबर, 1893 को शिकागो की धर्म संसद् में दिया गया वक्तव्य*

का न तो कोई आदि है और न ही अंत। इस श्रोता समूह को यह बात सुनने में हास्यास्पद लग सकती है कि कोई पुस्तक किसी आरंभ अथवा अंत के बिना कैसे हो सकती है? लेकिन वेदों का किसी पुस्तक से कोई अर्थ नहीं है। वेदों का अर्थ आध्यात्मिक नियमों का संवर्धित कोष है, जिसकी खोज विभिन्न व्यक्तियों द्वारा विभिन्न कालखंडों में की गई। जिस प्रकार गुरुत्वाकर्षण का नियम अपनी खोज किए जाने से पूर्व भी विद्यमान था और वह समूची मानवता द्वारा विस्मृत कर दिए जाने के बाद भी अस्तित्व में रहेगा, वैसा ही उन नियमों के साथ भी है, जो आध्यात्मिक जगत् को संचालित करते हैं। आत्मा और आत्मा के मध्य के नैतिक व नीति विषयक एवं आध्यात्मिक संबंध तथा व्यक्तिगत आत्मा और सभी आत्माओं के पिता के मध्य संबंध उनकी खोज से पूर्व भी थे और यदि हम अब उन्हें भूल भी जाएँ तो भी वे बने रहेंगे।

इन नियमों के अन्वेषकों को 'ऋषि' कहा जाता है और हम उन्हें पूर्ण अस्तित्व मानकर उनका आदर करते हैं। इस श्रोता समूह को मुझे यह बताने में हर्ष हो रहा है कि उनमें से कुछ महानतम अन्वेषक स्त्रियाँ थीं। यहाँ यह कहा जा सकता है कि नियमों के रूप में ये नियम अंतहीन हैं, परंतु उनका प्रारंभन अवश्य रहा होगा। वेद हमें सिखाते हैं कि सृजन आदि एवं अंत विहीन है। कहा जाता है कि विज्ञान ने यह प्रमाणित कर दिया है कि ब्रह्मांडीय ऊर्जा का कुल योग सदैव समान होता है। फिर, यदि कभी कोई ऐसा भी समय था, जब किसी चीज का कोई अस्तित्व नहीं था तो फिर यह सारी प्रसारित ऊर्जा कहाँ थी? कुछ लोग कहते हैं कि यह एक उर्वरा के रूप में ईश्वर में थी। यदि ऐसा है तो ईश्वर कभी समर्थ एवं कभी गतिशील होता है, जो 'उन्हें' परिवर्तनीय बनाता है। प्रत्येक परिवर्तनीय वस्तु एक मिश्रण है और प्रत्येक मिश्रित वस्तु अनिवार्यतः परिवर्तन के दौर से गुजरेगी, जिसे 'विध्वंस' कहा जाता है। यह कहना हास्यास्पद एवं बेतुका है कि ईश्वर की मृत्यु होगी। इसलिए कभी भी ऐसा कोई समय नहीं था, जब कोई सृजन न हुआ हो।

यदि आप लोग मुझे एक निदर्शन (उपमा) का प्रयोग करने की अनुमति दें तो मैं कहना चाहूँगा कि रचना एवं रचनाकार दो रेखाएँ हैं, जिनका न कोई आदि है और न कोई अंत, जो एक-दूसरे के समानांतर चल रही हैं। ईश्वर एक सर्व-सक्रिय परमात्मा है, जिसकी शक्ति से एक के बाद दूसरी प्रणालियाँ कोलाहल से उत्पन्न होती हैं और कुछ समय तक सक्रिय रहने के बाद पुनः नष्ट हो जाती हैं। यही वह चीज है, जिसका ब्राह्मण पुत्र प्रतिदिन उच्चारण करता है—"सूर्य व चंद्रमा की रचना ईश्वर ने पूर्व चक्रों के सूर्यों एवं चंद्रमाओं की भाँति की।" और इसकी आधुनिक विज्ञान के साथ पूर्ण सहमति है।

मैं यहाँ खड़ा हूँ और यदि मैं अपनी आँखें बंद करके अपने अस्तित्व की 'मैं', 'मैं', 'मैं' कहकर कल्पना करने का प्रयास करूँ तो मेरे समक्ष क्या विचार आएगा? मेरे समक्ष एक शरीर का विचार उत्पन्न होगा। तो क्या मैं पादार्थिक तत्त्वों के मिश्रण के अतिरिक्त और कुछ भी नहीं हूँ? वेद घोषणा करते हैं, "नहीं।" मैं शरीर में रहनेवाली आत्मा हूँ। मैं शरीर नहीं हूँ। शरीर मर जाएगा, परंतु मेरी मृत्यु नहीं होगी। यहाँ अभी मैं इस शरीर में हूँ; इसका पतन हो जाएगा, परंतु मैं फिर भी जीवित रहूँगा। मेरा एक अतीत भी है। आत्मा की रचना नहीं हुई थी, क्योंकि रचना का अर्थ एक सम्मिश्रण है, जिसका भविष्य में नाश होना निश्चित है। इस प्रकार, यदि आत्मा की रचना हुई है तो वह अवश्य मरेगी। कुछ लोग प्रसन्न पैदा होते हैं, एक उत्तम शरीर एवं मानसिक शक्ति के साथ पूर्ण स्वास्थ्य का आनंद लेते हैं और उनकी सभी इच्छाएँ पूर्ण होती हैं। कुछ लोग अत्यंत दयनीय अवस्था में जन्म लेते हैं। उनमें से किसी के एक हाथ नहीं होता है और किसी के एक पैर नहीं होता है; कुछ अन्य लोग मूर्ख पैदा होते हैं और एक विकलांग अस्तित्व के साथ घिसटते रहते हैं। क्यों, यदि उन सभी की रचना की गई है तो एक न्यायप्रिय एवं दयालु ईश्वर किसी को प्रसन्न और किसी को अप्रसन्न क्यों पैदा करेगा? वह इतना पक्षपाती कैसे हो सकता है? इस मामले में कोई भी रंच मात्र फेर-बदल नहीं कर सकता है कि जो लोग इस जीवन में दयनीय अवस्था में हैं, वे अपने अगले जीवन में प्रसन्न होंगे। कोई भी व्यक्ति यहाँ एक न्यायप्रिय एवं दयालु ईश्वर के शासन में इतना दयनीय क्यों होना चाहिए?

दूसरे रूप में देखें तो सृजनकर्ता ईश्वर का विचार इस अनियमितता का स्पष्टीकरण नहीं दे सकता है, बल्कि वह साधारणतः एक सर्वशक्तिमान की क्रूरता को अभिव्यक्त करता है। किसी व्यक्ति को दयनीय अथवा प्रसन्न बनाने के पीछे उसके जन्म से पूर्व अवश्य कुछ कारण रहे होंगे और वे कारण उसके अतीत में किए गए कर्म थे।

क्या मन एवं शरीर की सभी प्रवृत्तियों का श्रेय आनुवंशिक रुचियों को नहीं जाता है? यहाँ अस्तित्व की दो समानांतर रेखाएँ हैं—एक रेखा मन की है और दूसरी पदार्थ की। यदि हमारी सभी संपत्तियों का उत्तर पदार्थ और उसके विभिन्न रूप हैं तो आत्मा के अस्तित्व का अनुमान लगाने की कोई आवश्यकता नहीं है। परंतु यह सिद्ध नहीं किया जा सकता है कि विचार की उत्पत्ति पदार्थ से हुई है; और यदि एक दार्शनिक अद्वैतवाद अपरिहार्य है तो आध्यात्मिक अद्वैतवाद निश्चय ही तार्किक है और उसका स्तर किसी भी रूप में पादार्थिक अद्वैतवाद से कम वांछनीय नहीं है। परंतु यहाँ इनमें से कोई भी आवश्यक नहीं है।

हम इस बात से इनकार नहीं कर सकते हैं कि शरीरों को कुछ प्रवृत्तियाँ आनुवंशिक रूप से प्राप्त होती हैं; परंतु उन प्रवृत्तियों का संबंध केवल भौतिक विन्यास से है, जिसके माध्यम से कोई विशेष मन ही विशेष रूप से कार्य कर सकता है। आत्मा की भी कुछ विशेष प्रवृत्तियाँ हैं, जो उसमें विगत कर्मों से आती हैं। संबंध के नियम के अनुसार, किसी निश्चित प्रवृत्ति वाली आत्मा एक ऐसे शरीर में जन्म लेती है, जो उसके प्रदर्शन का सर्वाधिक उपयुक्त उपकरण है। इसका विज्ञान के साथ गहरा संबंध है; क्योंकि अपनी प्रकृति के अनुसार विज्ञान प्रत्येक चीज को स्पष्ट करना चाहता है और यह प्रवृत्ति पुनरावृत्तियों के माध्यम से उत्पन्न होती है। इसलिए एक नवजात आत्मा की स्वाभाविक प्रवृत्तियों के स्पष्टीकरण हेतु पुनरावृत्तियाँ आवश्यक हैं। और चूँकि ये प्रवृत्तियाँ इस वर्तमान जीवन में प्राप्त नहीं की गई हैं, इसलिए यह निश्चित तौर पर कहा जा सकता है कि वे अनिवार्यतः विगत जीवन से आई हैं।

यहाँ एक अन्य प्रस्ताव भी है। यदि हम इन सब बातों को स्वीकार भी कर लें तो ऐसा क्यों है कि मुझे अपने विगत जीवन की कोई भी चीज याद क्यों नहीं है ? इसे आसानी से स्पष्ट किया जा सकता है। इस समय मैं अंग्रेजी बोल रहा हूँ। यह मेरी मातृभाषा नहीं है। वस्तुतः मेरी मातृभाषा का कोई भी शब्द इस समय मेरी चेतना में विद्यमान नहीं है; परंतु यदि मैं उन्हें सामने लाने का प्रयास करूँ तो वे फौरन दौड़कर मेरे पास आ जाएँगे। इससे यह परिलक्षित होता है कि चेतना केवल हमारे मानसिक सागर की सतह मात्र है और उसकी अतल गहराइयों में मेरे सभी अनुभव भंडारित हैं। आप उन्हें बाहर निकालने का प्रयास एवं संघर्ष कीजिए, वे बाहर आ जाएँगे और आप यद्यपि अपने विगत जीवन के प्रति भी सचेत हो जाएँगे।

यह प्रत्यक्ष एवं प्रदर्शनीय साक्ष्य है। सत्यापन सिद्धांत का पूर्ण प्रमाण है और इस चुनौती को संसार के समक्ष ऋषियों द्वारा प्रस्तुत किया गया है। हमने उस रहस्य को खोज लिया है, जिसके माध्यम से स्मृति के समुद्र की गहराइयों को आलोड़ित किया जा सकता है। आप इसका प्रयोग कीजिए और आपको अपने विगत जीवन की संपूर्ण स्मृति हो जाएगी।

यही कारण है कि हिंदू स्वयं को आत्मा मानता है। उस आत्मा को तलवार काट नहीं सकती है, अग्नि जला नहीं सकती है, जल उसे विलीन नहीं कर सकता है और वायु उसे सुखा नहीं सकती है। "नैनं छिन्दन्ति शस्त्राणि नैनं दहति पावकः, न चैनं क्लेदयंतापो न शोषयति मारुतः।" हिंदू मानता है कि प्रत्येक आत्मा एक वृत्त है, जिसकी कहीं कोई परिधि नहीं है और उसकी दृष्टि में मृत्यु का अर्थ इस वृत्त का एक

शरीर से दूसरे शरीर में परिवर्तित हो जाना है। आत्मा पदार्थ की शर्तों से भी नहीं बँधी हुई है। वह स्वयं अपने अस्तित्व में स्वतंत्र है; निर्बंध, पवित्र, शुद्ध एवं परिपूर्ण है। परंतु किसी-न-किसी रूप में वह स्वयं को पदार्थ से बँधी हुई पाती है और सोचती है कि वह स्वयं भी पदार्थ है।

दूसरा प्रश्न यह है कि किसी स्वतंत्र, परिपूर्ण एवं शुद्ध अस्तित्व को पदार्थ के दासत्व के अधीन क्यों होना चाहिए? कोई परिपूर्ण आत्मा इस विश्वास से भ्रमित कैसे हो सकती है कि वह अपूर्ण है? हमें बताया गया है कि हिंदू ऐसे किसी भी प्रश्न को टाल देता है और कहता है कि ऐसा कोई प्रश्न हो ही नहीं सकता है। कुछ विचारक आत्मा को अधिक संवेदीपूर्ण अस्तित्व मानकर इस प्रश्न का उत्तर देने का प्रयास करते हैं और इस रिक्ति को भरने हेतु बड़े वैज्ञानिक नामों का उपयोग करते हैं। परंतु नामांकन का अर्थ स्पष्टीकरण देना नहीं है। प्रश्न यथावत् बना रहता है। कोई परिपूर्ण अर्ध-परिपूर्ण कैसे हो सकता है? कोई शुद्ध व परिपूर्ण चीज अपनी प्रकृति के सूक्ष्मतर कण में कैसे परिवर्तित हो सकती है? लेकिन हिंदू बुद्धिमान है। वह किसी कुतर्क की शरण नहीं लेना चाहता है। वह किसी योद्धा की भाँति ऐसे प्रश्नों का सामना करने हेतु पर्याप्त साहसी है और उसका उत्तर है—"मैं नहीं जानता हूँ। मैं नहीं जानता कि कैसे एक परिपूर्ण अस्तित्व, आत्मा स्वयं को अपरिपूर्ण किस तरह सोचती है और वह पदार्थ में कैसे संयुक्त हो जाती है?" सच्चाई यह है कि तथ्य सभी के लिए तथ्य ही होता है। प्रत्येक व्यक्ति की चेतना में यह तथ्य समाया हुआ है कि वह स्वयं को शरीर के रूप में सोचने लगता है। हिंदू यह स्पष्ट करने का प्रयास कभी नहीं करता है कि कोई व्यक्ति स्वयं को शरीर क्यों सोचता है? यह उत्तर कि यह ईश्वर की इच्छा है, कोई स्पष्टीकरण नहीं है। यह इससे अधिक और कुछ नहीं है कि हिंदू कहता है, "मैं नहीं जानता हूँ।"

कहने का तात्पर्य यह कि मानव आत्मा अनंत एवं अनश्वर है, पूर्ण एवं असीम है और मृत्यु का अर्थ उसके एक शरीर से दूसरे शरीर में केंद्र-परिवर्तन है। हमारे वर्तमान का निर्धारण हमारे अतीत के कर्मों से होता है और भविष्य का निर्धारण हमारे वर्तमान कर्मों से होगा। आत्मा जन्म-दर-जन्म और मृत्यु-दर-मृत्यु उदित व विलीन होती रहेगी। परंतु यहाँ एक अन्य प्रश्न है—क्या मनुष्य तूफान में फँसी कोई छोटी नौका है, जो किसी बड़ी तरंग के साथ एक पल के लिए समुद्र की झाग वाली सतह पर आ जाती है और दूसरी तरंग के साथ डूबने लगती है तथा ईश्वर की इच्छा एवं अपने बुरे कर्मों के कारण डूबती व उतराती रहती है? वह कारण एवं परिणाम के अनवरत प्रवाह के मध्य स्वयं को शक्तिहीन व असहाय पाती है और कारण के चक्र में जरा सी गति देने

पर अपने मार्ग में आनेवाली प्रत्येक वस्तु को बहाकर ले जाती है तथा उसे नष्ट कर देती है। वह किसी विधवा के आँसू या अनाथ के विलाप की प्रतीक्षा नहीं करती है। मन में ऐसा विचार आते ही हृदय डूबने लगता है; किंतु यह प्रकृति का नियम है। क्या कहीं कोई आशा नहीं है ? क्या इससे बचने का कोई उपाय नहीं है ? यही वह चीख-पुकार है, जो निराशा के हृदय की अतल गहराइयों से ऊपर आती हुई सुनाई देती है। जब यह दया के सिंहासन तक पहुँच गई तो आशा एवं सांत्वना के स्वरों ने नीचे आकर एक ऋषि को प्रेरणा दी और उसने संसार के समक्ष खड़े होकर सशक्त स्वर में सुखद समाचार देते हुए घोषणा की—असीम आनंद की हे मेरी संतानो! सुनो। यद्यपि वे भी सुनें, जो उच्चस्थ क्षेत्रों में निवास कर रहे हैं! मैंने उस प्राचीनतम सत्य को खोज लिया है, जो सभी अंधकारों, सभी भ्रमों से परे है। केवल 'उसे' ही जानने के बाद तुम लोग बार-बार होनेवाली मृत्यु के चक्र से बच सकते हो। 'असीम आनंद की संतानो'—कितना मधुर और कितना आशापूर्ण नाम है यह! हे असीम आनंद के उत्तराधिकारियो! आप लोग मुझे कृपया आपको अपना 'बंधु' कहकर पुकारने की अनुमति दें।··· हाँ, यह हिंदू आपको पापी पुकारने से इनकार करता है। आप लोग ईश्वर की संतानें हैं, असीम आनंद के भाजक हैं, पवित्र एवं परिपूर्ण अस्तित्व हैं। पृथ्वी पर इतनी दिव्य शक्तियों को 'पापी' कहना उचित नहीं है। किसी व्यक्ति के लिए ऐसा कहना भी पाप है; यह मानव प्रकृति का अपमान करने के समान है। हे सिंह शावको! खड़े हो जाओ और अपने मन से इस भ्रम को निकाल बाहर फेंको कि तुम भेड़ें हो। तुम एक अनश्वर आत्मा हो, स्वतंत्र आत्मा हो, भाग्यवान् एवं अनंत हो। आप लोग पदार्थ नहीं हैं। आप लोग शरीर नहीं हैं। पदार्थ आपका सेवक है, आप पदार्थ के सेवक नहीं हैं।

इस प्रकार, वे वेद ही हैं, जो किन्हीं अक्षम्य नियमों का खूँखार मिश्रण होने का दावा नहीं करते और न ही वे कारण एवं परिणामों की अंतहीन कारा (जेल) हैं, बल्कि वे इन सभी नियमों से ऊपर हैं और उनमें केवल एक सर्वशक्तिमान ईश्वर है, जिस पर पदार्थ के सभी कण एवं बल आधारित हैं। "जिसके निर्देश पर हवाएँ चलती हैं, आग जलती है, बादल बरसते हैं और मृत्यु पृथ्वी पर आती है।"

और 'उसकी' प्रकृति क्या है ?

वह शुद्ध एवं निराकार सर्वत्र विद्यमान है। वह सर्वशक्तिमान एवं अत्यंत दयालु है। "आप हमारे पिता हैं। आप हमारी माता हैं। आप हमारे सर्वप्रिय सखा हैं। आप ही शक्ति के स्रोत हैं। कृपया हमें शक्ति प्रदान कीजिए। हे ब्रह्मांड का भार वहन करनेवाले प्रभु! मुझे इस जीवन का भार वहन करने में मेरी सहायता कीजिए।" वेदों के ऋषियों ने इस

प्रकार ईश्वर की स्तुति की। और 'उसकी' पूजा कैसे करें? "प्रेम के माध्यम से। उसे इस जीवन में और आगामी जीवन में किसी भी अन्य चीज से अधिक प्रिय मानकर उसकी पूजा करनी चाहिए।"

वेदों में घोषित प्रेम का यही सिद्धांत है और आइए, देखें कि इसे कृष्ण द्वारा किस प्रकार पूर्ण विकसित किया और सिखाया गया। हिंदू लोग कृष्ण को पृथ्वी पर ईश्वर का अवतार मानते हैं।

उन्होंने इस संसार में मनुष्य को कमल की पँखुड़ी के समान रहने की शिक्षा दी। कमल जल में उत्पन्न होता है, परंतु कभी जल द्वारा आर्द्र नहीं होता है। इसी प्रकार, मनुष्य को भी इस संसार में रहना चाहिए। उसका हृदय ईश्वर में और हाथ कर्म में लीन होना चाहिए।

इस जगत् में अथवा अगले जगत् में पुरस्कार पाने की आशा में ईश्वर से प्रेम करना अच्छा है, परंतु प्रेम के लिए ईश्वर से प्रेम करना सर्वोत्तम है। भक्त अपनी प्रार्थना में कहता है, "हे प्रभु! न तो मुझे धन चाहिए, न संतानें और न ही ज्ञान। यदि आपकी इच्छा हो तो मैं प्रत्येक जन्म में किसी पुरस्कार की आशा किए बिना निस्स्वार्थ भाव से केवल आपसे प्रेम करना चाहूँगा—प्रेम के लिए केवल निस्स्वार्थ प्रेम करना चाहूँगा।" कृष्ण के एक शिष्य और भारत के तत्कालीन सम्राट् को उनके शत्रुओं द्वारा उनके राज्य से बहिष्कृत कर दिया गया था। उन्होंने अपनी रानी के साथ हिमालय स्थित जंगलों में शरण ली थी। एक दिन रानी ने उनसे प्रश्न किया कि आप जैसे अत्यंत चरित्रवान् व्यक्ति को इतनी पीड़ा क्यों सहन करनी पड़ रही है? युधिष्ठिर ने उत्तर दिया, "निहारो मेरी रानी, हिमालय कितना भव्य एवं सुंदर है! मैं इससे प्रेम करता हूँ। वह मुझे कुछ भी नहीं देता है, परंतु मेरा स्वभाव है कि मैं भव्य एवं सुंदर चीज से प्रेम करता हूँ। इसलिए मैं इससे भी प्रेम करता हूँ। इसी प्रकार, मैं ईश्वर से प्रेम करता हूँ। वह सभी सौंदर्य एवं उत्कृष्टता का स्रोत है। प्रेम किए जाने योग्य एकमात्र वही तत्त्व है। मेरा स्वभाव उससे प्रेम करना है और इसीलिए मैं प्रेम करता हूँ। मैं ईश्वर से कुछ पाने के लिए प्रेम नहीं करता। मैं उससे कोई चीज माँगता भी नहीं हूँ। वह मुझे जहाँ और जिस अवस्था में रखना चाहे, रखे। मैं प्रेम के लिए उससे प्रेम अवश्य करूँगा। मैं प्रेम में सौदा नहीं कर सकता हूँ।"

वेद हमें शिक्षा देते हैं कि आत्मा दैवी है और केवल पदार्थ के लगाव के चक्कर में फँसी हुई है। जिस दिन यह आसक्ति नष्ट हो जाएगी, उसी दिन पूर्णता प्राप्त हो जाएगी। अतः इस पूर्णता को 'मुक्ति' का नाम दिया गया है। अपूर्णता की आसक्ति से मुक्ति, मृत्यु एवं कष्टों से मुक्ति।

यह आसक्ति केवल ईश्वर की कृपा से ही नष्ट हो सकती है और इस कृपा की वर्षा केवल शुद्ध एवं सात्त्विक मनुष्य पर होती है। इस प्रकार, शुद्धता ईश्वर की कृपा प्राप्त करने की पूर्व शर्त है। कृपा किस प्रकार काम करती है? ईश्वर स्वयं को एक शुद्ध एवं पवित्र हृदय में स्थापित करता है और केवल पवित्र एवं निश्छल व्यक्ति ही यद्यपि अपने इसी जीवन में ईश्वर के दर्शन कर सकता है और ईश्वर के दर्शन के पश्चात् हृदय की सभी विकृतियाँ व कुटिलताएँ सीधी हो जाती हैं। इसके बाद सभी प्रकार के संदेह समाप्त हो जाते हैं। तदनंतर वह कार्य व कारण के भयानक नियम का झोंका नहीं रह जाता है। यही हिंदुत्व की अत्यंत केंद्रीय तथा अत्यंत महत्त्वपूर्ण संकल्पना है। हिंदू शब्दों एवं सिद्धांतों पर जीवित रहना नहीं चाहता है। यदि सामान्य इंद्रियात्मक अस्तित्व से परे कोई अस्तित्व है तो वह उसका साक्षात् दर्शन करना चाहता है। यदि उसके अंदर कोई आत्मा है, जिसमें पदार्थ नहीं है और यदि कहीं कोई सर्व-दयालु सार्वभौमिक आत्मा है तो वह उसके पास सीधे जाना चाहता है। वह अनिवार्यत: ईश्वर के दर्शन करना चाहता है और केवल वही सारे संदेहों का नाश कर सकता है। इसलिए, हिंदू ऋषि का इससे उत्तम प्रमाण और क्या हो सकता है कि वह आत्मा के बारे में, ईश्वर के बारे में ज्ञान देता है और कहता है कि 'मैंने आत्मा को देखा है, मैंने ईश्वर को देखा है!' पूर्णता की केवल यही दशा है। हिंदू धर्म किसी संघर्ष से उत्पन्न नहीं हुआ है और न ही वह किसी निश्चित नियम एवं सिद्धांत में विश्वास करने का प्रयास करता है। यह मानने का नहीं, अनुभूति का विषय है और अनुभूति भी केवल ईश्वर की अनुभूति।

इसलिए हिंदुओं की प्रणाली का संपूर्ण उद्‌देश्य सतत संघर्ष के माध्यम से पूर्ण बनना, अलौकिक बनना, ईश्वर तक पहुँचना और उसका दर्शन करना है। जिस प्रकार स्वर्ग का पिता परिपूर्ण है, उसी प्रकार व्यक्ति स्वयं को ईश्वर तक पहुँचने तथा उसे देखने के लिए स्वयं को पवित्र बनाने का प्रयास करता है और उसका यही प्रयास हिंदुओं के धर्म का गठन करता है।

जब कोई व्यक्ति पूर्णता प्राप्त कर लेता है तो वह क्या बन जाता है? वह असीम आनंद का जीवन व्यतीत करता है। जिस एकमात्र चीज की प्राप्ति पर मनुष्य को प्रसन्नता होती है, वह है ईश्वर; और वह ईश्वर के साथ अपना अनंत एवं परिपूर्ण आनंद लेता है।

अब तक सभी हिंदू सहमत हैं। यह भारत के सभी संप्रदायों का सामान्य धर्म है; परंतु जब परिपूर्णता संपूर्ण है तो संपूर्ण दो या तीन नहीं हो सकता है। उसकी कोई विशेषताएँ नहीं हो सकती हैं। वह कोई व्यक्ति विशेष नहीं हो सकता है। वह अनिवार्यत: ब्रह्म के साथ एकाकार हो जाता है और केवल ईश्वर को ही परिपूर्ण अनुभव कर सकता है।

उसकी अपने प्रकृति एवं अस्तित्व की सत्यता, उसका अस्तित्व संपूर्ण है, ज्ञान संपूर्ण है और आनंद संपूर्ण है। हमने कई बार अकसर इसे अपनी वैयक्तिकता खोने और कोई पिंड या पाषाण बन जाने के रूप में कहे जाते हुए पढ़ा है।

"वह ऐसे दागों का उपहास करता है, जिन्होंने कभी घाव महसूस नहीं किया।"

मैं आपको बताता हूँ कि इस प्रकार की कोई चीज नहीं है। यदि यह इस क्षुद्र शरीर की चेतना का आनंद लेने की प्रसन्नता है, तब तो दो शरीरों की चेतना का आनंद लेने की खुशी भी दुगुनी होनी चाहिए; शरीरों की बढ़ती संख्या के आधार पर प्रसन्नता का पैमाना भी बड़ा होना चाहिए। हमारा ध्येय अंतिम प्रसन्नता के चरम पर पहुँचना है, जहाँ वह सार्वभौमिक चेतना बन जाती है।

इसलिए, अनंत सार्वभौमिक वैयक्तिकता प्राप्त करने हेतु इस कष्टदायी क्षुद्र वैयक्तिकता का उन्मूलन करना होगा। मृत्यु की समाप्ति केवल तभी होगी, जब मैं अपने जीवन के साथ अकेला होऊँ। कष्टों का अंत भी केवल तभी हो सकता है, जब मैं स्वयं प्रसन्नता के साथ एकाकार हो चुका होऊँ। हमारे सभी दोष केवल तभी समाप्त होंगे, जब मैं स्वयं ज्ञान के साथ होऊँ; और यह एक आवश्यक वैज्ञानिक निष्कर्ष है। विज्ञान ने हम सबके समक्ष सिद्ध किया है कि शारीरिक वैयक्तिकता एक भ्रम है कि मेरा शरीर पदार्थ के इस समुद्र में एक निरंतर परिवर्तित होता एक कण है और मेरे दूसरे साथी आत्मा के साथ मेरी एकता (अद्वैत) आवश्यक निष्कर्ष है।

विज्ञान एकता की खोज के अतिरिक्त और कुछ नहीं है। विज्ञान जितनी जल्दी परिपूर्ण एकता पर पहुँच जाएगा, वह आगे प्रगति करना बंद कर देगा; क्योंकि वह अपने लक्ष्य को प्राप्त कर चुका होगा। यदि रसायन विज्ञान किसी ऐसे रसायन की खोज कर लेता, जिससे अन्य सभी रसायनों का निर्माण किया जा सकता, तो वह आगे प्रगति नहीं कर सकता था। जिस दिन भौतिक विज्ञान किसी ऐसी एकल ऊर्जा की खोज करने में सफल हो जाएगा, जिससे अन्य सभी सेवाएँ प्रस्फुटित होती हैं, उस दिन उसका विकास रुक जाएगा; और धर्म का विज्ञान केवल तभी परिपूर्ण होगा, जब वह उस एक ईश्वर की खोज कर लेगा, जो मौत के ब्रह्मांड में केवल एक जीवन होगा। वह, जो सतत परिवर्तनशील जगत् का आधार है; वह, जो केवल अकेली आत्मा है और अन्य सभी आत्माएँ उसका भ्रांतिमय आविर्भाव हैं। यही विविधता एवं द्वैतता है कि अंतिम एकता प्राप्त हो गई है। धर्म इससे आगे नहीं जा सकता है। सभी विज्ञानों का भी यही उद्देश्य है।

अब हम दर्शन के स्वप्नों से बाहर निकलकर अज्ञानी के धर्म पर आते हैं। अपनी बात आरंभ करने से पूर्व ही मैं आपको बता देना चाहता हूँ कि भारत में कोई

बहुदेववादिता नहीं है। प्रत्येक मंदिर में यदि कोई व्यक्ति जाकर खड़ा हो जाए और ध्यानपूर्वक सुने तो उसे पता चलेगा कि सभी उपासक केवल ईश्वर का गुणगान करते हैं, जिसमें छवियों में उसकी सर्वविद्यमानता भी शामिल है। यह बहुदेववादिता नहीं है और एकेश्वरवाद जैसा नाम इस स्थिति का स्पष्टीकरण नहीं कर सकता है। "गुलाब को चाहे किसी भी नाम से पुकारा जाए, वह सदैव मधुर सुगंध ही देगा।" नाम कोई स्पष्टीकरण नहीं है।

एक लड़के के रूप में मुझे भारत में एक ईसाई मिशनरी का भीड़ के समक्ष दिया गया प्रवचन याद है। अनेक अन्य मधुर बातों के साथ ही वह उनसे कह रहा था कि यदि मैं तुम्हारी मूर्ति को अपनी छड़ी से चोट पहुँचाऊँ तो वह क्या करेगी? श्रोताओं के बीच खड़े एक व्यक्ति ने प्रतिप्रश्न किया, "यदि मैं तुम्हारे गॉड को गाली दूँ तो वह क्या कर सकता है?" उपदेशक ने कहा, "तुम्हारी मृत्यु के बाद तुम्हें दंडित किया जाएगा।" उस हिंदू व्यक्ति ने प्रतिवाद करते हुए कहा, "इसी प्रकार मेरी मूर्ति भी तुम्हारी मृत्यु के बाद तुम्हें दंडित करेगी।"

वृक्ष को उसके फलों द्वारा जाना जाता है। जब मैंने उनके मध्य उन लोगों को देखा, जिन्हें मूर्ति-पूजक कहा जाता है तो उनके जैसी नैतिकता, आध्यात्मिकता और प्रेम मुझे अन्यत्र कहीं भी नहीं दिखाई पड़ा। पल भर रुककर मैंने अपने आपसे पूछा, "क्या पाप पवित्रता उत्पन्न कर सकता है?"

अंधविश्वास मनुष्य का सबसे बड़ा शत्रु है, परंतु धर्मांधता निकृष्टतम है। कोई ईसाई चर्च में क्यों जाता है? क्रॉस (सूली) पवित्र क्यों है? प्रार्थना में मुख को आकाश की ओर क्यों मोड़ा जाता है? कैथोलिक चर्च में इतनी सारी छवियाँ क्यों हैं? प्रार्थना करते समय प्रोटेस्टेंट के मन में अनेक आकृतियाँ क्यों होती हैं? मेरे बंधुओ, जिस प्रकार हम साँस लिये बिना जीवित नहीं रह सकते हैं, उसी प्रकार हम किसी मानसिक छवि के बिना किसी के विषय में अधिक सोच भी नहीं सकते हैं। सहकार के सिद्धांत के अनुसार, पादार्थिक छवि मानसिक विचार का आह्वान करती है और विपरीततः भी ऐसा ही होता है। यही कारण है कि हिंदू पूजा करते समय एक बाहरी प्रतीक का प्रयोग करता है। वह आपको बता सकता है कि वह जिस ईश्वर की पूजा कर रहा है, उस पर उसके मन को केंद्रित करने में मूर्ति सहायता करती है। आप लोगों की भाँति वह भी जानता है कि मूर्ति ईश्वर नहीं है और वह हर जगह विद्यमान भी नहीं है। अंततोगत्वा, संपूर्ण विश्व में ईश्वर की सर्वविद्यमानता हेतु कितने ईश्वरों की आवश्यकता होगी? यह केवल एक शब्द है, एक प्रतीक है। क्या ईश्वर का कोई विशेष क्षेत्र है? यदि नहीं, तो जब हम 'सर्वविद्यमान' शब्द

की पुनरुक्ति करते हैं तो हमारा आशय कुल मिलाकर अंतरिक्ष या विस्तारित आकाश से है।

जैसा कि हम अपने मानसिक संविधान के नियमों के अनुसार एक अथवा दूसरे रूप में पाते हैं, हमें अपने अनंतता के विचारों को नील गगन या समुद्र की छवि से संपृक्त करना होगा। तत्पश्चात् हम अपनी पवित्रता के विचारों को स्वाभाविक रूप से किसी गिरजाघर, किसी मसजिद या क्रॉस से जोड़ देते हैं। हिंदुओं ने पवित्रता के विचारों को शुद्धता, सत्य, सर्वविद्यमानता और इसी प्रकार की कुछ अन्य छवियों एवं रूपों से संपृक्त किया है। इन्हीं भिन्नताओं के आधार पर जहाँ कुछ लोग अपने जीवन को अपने चर्च को समर्पित कर देते हैं और इससे ऊपर कभी नहीं उठते हैं; क्योंकि उनकी दृष्टि में धर्म का अर्थ किन्हीं निश्चित सिद्धांतों की बौद्धिक स्वीकृति तथा अपने अनुयायियों की भलाई करना है। हिंदू का संपूर्ण धर्म अनुभूति में केंद्रित है। मनुष्य का देव के अनुभव द्वारा देवत्व प्राप्त करना है। मूर्तियाँ या मंदिर या गिरजाघर अथवा धर्मग्रंथ तो उसके आध्यात्मिक शैशव के सहायक उपकरण मात्र हैं; परंतु निरंतर अभ्यास से वह उन्नति अवश्य करेगा।

उसे अनिवार्यत: किसी बिंदु पर पहुँचकर ठहरना नहीं चाहिए। धर्मग्रंथ कहते हैं—"बाहरी पूजा, पदार्थ पूजा एक न्यूनतम चरण है; उन्नत होने के लिए किया जानेवाला संघर्ष दूसरा चरण है। परंतु उच्चतम चरण वह है, जिसमें ईश्वर की अनुभूति हो चुकी होती है।" उस उत्साही उपासक की ओर ध्यान दीजिए, जो किसी मूर्ति के समक्ष घुटनों के बल बैठकर कहता है, "उसे (ईश्वर को) न तो सूर्य अभिव्यक्त कर सकता है और न ही चंद्रमा; न तारे अभिव्यक्त कर सकते हैं, न बिजली या अग्नि, क्योंकि ये सब उसी की ज्योति से ज्योतित हैं।" परंतु वह न तो किसी की मूर्ति को गाली देता है, न ही उसकी पूजा को कभी पाप कहता है। वह उसमें जीवन के अनिवार्य चरण की पहचान करता है। "बालक मनुष्य का पिता है।" क्या किसी वृद्ध व्यक्ति का यह कहना उचित है कि बचपन पाप है या यौवन पाप है?

यदि कोई व्यक्ति किसी छवि की सहायता से अपनी दैवी प्रकृति का अनुभव कर सकता है तो क्या उसे पाप कहना सही होगा? इस चरण के आगे बढ़ जाने के बाद भी उसे कोई भूल नहीं कहना चाहिए। कोई हिंदू धर्मावलंबी असत्य से सत्य की ओर यात्रा नहीं करता है; बल्कि वह सत्य से सत्य की ओर अग्रसर होता है। वह निम्न सत्य से उच्चतर सत्य की ओर प्रयाण करता है। उसके लिए सभी धर्म, निम्नतम प्रतीकांधभक्ति से लेकर उच्चतम परम तत्त्ववाद तक का अर्थ मानव आत्मा द्वारा किए जानेवाले अनेक

प्रयास हैं, ताकि वह असीम व अनंत ईश्वर को महसूस कर सके और उसे प्राप्त कर सके। उसके प्रत्येक प्रयास उसके जन्म की दशाओं तथा उनके सहकार द्वारा निर्धारित होते हैं और प्रत्येक प्रयास उसकी उन्नति के चरण को चिह्नित करता है; प्रत्येक आत्मा एक युवा गरुड़ के समान है, जो उच्च से उच्चतर उड़ान भरता हुआ अधिकाधिक शक्ति अर्जित करता जाता है और उसकी यह उड़ान तब तक जारी रहती है, जब तक कि वह तेजस्वी सूर्य तक नहीं पहुँच जाता है।

विविधता में एकता प्रकृति का नियम है, जिसे हिंदू ने पहचान लिया है। अन्य सभी धर्मों ने कुछ निश्चित सिद्धांत प्रतिपादित किए हैं और वे समाज को उसे स्वीकार करने के लिए दबाव डालने का प्रयास भी करते हैं। अपने इस प्रयास के माध्यम से उन्होंने इन नियमों के रूप में समाज के समक्ष एक ऐसा कोट प्रस्तुत कर दिया है, जिसे अनिवार्यत: जैक एवं जॉन तथा हेनरी जैसे सभी लोगों के लिए फिट बैठना चाहिए। यदि वह जॉन या हेनरी पर फिट नहीं बैठता है तो उसे अपना तन ढके बिना ही रहना होगा। हिंदुओं ने खोज की है कि परिपूर्ण (ब्रह्म) को केवल अनुभव किया जा सकता है। यह अनुभूति चाहे विचारों के माध्यम से हो या कथनों के माध्यम से, संबद्धता के माध्यम से और छवियाँ, क्रॉस, अर्धचंद्र इत्यादि तो सामान्यतया अनेक प्रतीक हैं, अनेक खूँटियाँ हैं, जिनके ऊपर हम अपने आध्यात्मिक विचारों को टाँग सकें। ऐसा नहीं है कि यह सहायता सभी के लिए अनिवार्य हो; परंतु जो लोग यह कहते हैं कि उन्हें इनकी आवश्यकता नहीं है, उन्हें यह कहने का भी कोई अधिकार नहीं है कि ये गलत हैं। हिंदू धर्म में भी यह अनिवार्य नहीं है।

एक चीज मैं आपको अवश्य बताना चाहूँगा। भारत में मूर्ति-पूजा का अर्थ कोई भयानक चीज नहीं है। यह कोई वेश्या की माँ नहीं है। दूसरी ओर, यह एक अविकसित मन का उच्चतर आध्यात्मिक सत्य को आत्मसात् करने का प्रयास है। हिंदुओं में कुछ खामियाँ हो सकती हैं; कई बार उनके कुछ अपवाद भी होते हैं, परंतु इस बात को अच्छी तरह समझ लीजिए कि वे अपने अध्यात्म के मार्ग में सदैव अपनी काया को कष्ट देते हैं और कभी अपने पड़ोसियों का गला नहीं काटते हैं। यदि कोई हिंदू कट्टरवादी स्वयं को चिता में जलाता है तो वह कभी भी किसी आधिकारिक जाँच की अग्नि को उद्दीप्त नहीं करता है। उसके इस कृत्य को उसके धर्म के द्वार पर स्थापित नहीं किया जा सकता है; जबकि ईसाइयत के द्वार पर प्रेतात्माओं को जलाया जा सकता है।

हिंदू के लिए धर्मों का समूचा संसार केवल एक यात्रा के समान है, जिसमें विभिन्न मतावलंबी नर व नारियाँ विभिन्न शर्तों एवं परिस्थितियों के अनुसार समान उद्देश्य के

लिए आते-जाते रहते हैं। प्रत्येक धर्म केवल मनुष्य के एक पादार्थिक व्यक्ति का ईश्वर के रूप में विकास है और वही ईश्वर उन सभी का प्रेरक है। जब ऐसी बात है तो इतने सारे मतभेद क्यों हैं? हिंदू कहता है कि ये मतभेद दिखावटी हैं। ये सभी मतभेद उसी 'एक' सत्य से उत्पन्न हुए हैं, जो स्वयं को विविध दशाओं और भिन्न प्रकृतियों में प्रस्तुत करता है।

यह वही समान प्रकाश है, जो कि विभिन्न रंगों वाले शीशों से होकर आ रहा है। और अनुकूलन के उद्देश्यों के लिए ये छोटी-मोटी विविधताएँ आवश्यक हैं। परंतु प्रत्येक के हृदय में वही समान सत्य शासन करता है। ईश्वर ने अपने कृष्णावतार में हिंदू के समक्ष घोषणा की, "मैं प्रत्येक धर्म के मोतियों की माला में धागे के समान हूँ। आपको जहाँ कहीं भी असाधारण पवित्रता एवं मानवता को परिष्कृत करनेवाली असाधारण शक्ति उभरती हुई दिखाई दे, तुम जान लेना कि वहाँ मैं हूँ।" और उसका परिणाम क्या रहा? मैं विश्व को यह खोजने की चुनौती देता हूँ कि वह बताए कि संपूर्ण संस्कृत दर्शन प्रणाली में यह बात कहाँ लिखी हुई है कि केवल हिंदुओं की रक्षा होगी, अन्य लोगों की नहीं? व्यास कहते हैं कि हम अपनी जाति एवं नस्ल के परे भी परिपूर्ण व्यक्ति पाते हैं।" एक बात और, जिस हिंदू के विचारों का समूचा ताना-बाना ही ईश्वर में केंद्रित है, फिर वह नास्तिकवादी बौद्ध धर्म या अनीश्वरवादी जैन धर्म में विश्वास कैसे कर सकता है?

बौद्ध एवं जैन धर्मावलंबी ईश्वर के ऊपर आश्रित नहीं हैं; परंतु उनके धर्म का समूचा बल प्रत्येक धर्म के उस महान् केंद्रीय सत्य की ओर लक्षित है, जिसका आशय मनुष्य में ईश्वर का विकास करना है। उन्होंने पिता को तो नहीं देखा है, परंतु उन्होंने पुत्र को अवश्य देखा है। और जिस व्यक्ति ने पुत्र को देख लिया है, उसने पिता को भी अवश्य देख लिया है।

इस प्रकार बंधुओ, यह हिंदू के धार्मिक विचारों का संक्षिप्त रेखांकन है। यह संभव है कि हिंदू अपनी सभी योजनाओं को कार्यान्वित करने में विफल रहा हो; परंतु यदि कभी कहीं कोई सार्वभौमिक धर्म होगा तो वह अनिवार्यत: एक ऐसा धर्म होगा, जिसकी समय एवं स्थान पर कोई अवस्थिति नहीं होगी। वह ईश्वर की तरह असीम होगा, जो उपदेश देगा और जिसका सूर्य कृष्ण या ईसा मसीह के अनुयायियों, संतों एवं पापियों पर समान रूप से चमकेगा; जो न तो ब्रह्मवादी होगा या बौद्ध, ईसाई अथवा इसलाम होगा, बल्कि वह इन सभी का समुच्चय होगा, जिनमें इन सभी के विकास का अनंत स्थान होगा; जो अपनी ईसाइयत की अनंत बाँहें फैलाकर गले लगाएगा और सभी मनुष्यों के लिए उसमें पर्याप्त स्थान होगा। वह ऐसा धर्म होगा, जिसके शासन में उत्पीड़न या असहिष्णुता का

कोई स्थान नहीं होगा, जो प्रत्येक नर व नारी में दिव्यता का अनुभव करेगा और जिसका संपूर्ण आशय, संपूर्ण बल मानवता की सहायता हेतु सृजित किया जाएगा, ताकि वह अपनी सत्य, दैवी प्रकृति का अनुभव कर सके।

हिंदुओं का ब्रह्म, पारसियों का अहुरा-माजदा, बौद्धों का बुद्ध, यहूदियों का यहोवा, ईसाइयों का स्वर्ग में बैठा पिता आपको अपने उत्तम विचारों को वहन करने की शक्ति प्रदान करे! एक तारा पूर्व में उदित हुआ; उसने कभी मद्धिम और कभी तीव्र होकर संसार का घेरा बनाने तक निरंतर पश्चिम की यात्रा की और अब एक बार पुन: वह पूर्व के क्षितिज पर उभर रहा है तथा पूर्व की सीमाओं पर पहले से हजार गुना अधिक तीव्रता से चमक रहा है।

स्वतंत्रता की मातृभूमि कोलंबिया को पुकारो! जिसने आपको यह स्वतंत्रता प्रदान की, उसने कभी भी अपने पड़ोसियों के रक्त में अपना हाथ नहीं डुबोया, जिसने कभी भी स्वयं को अमीर बनाने के लिए अपने पड़ोसियों को नहीं लूटा। आपको यह सबकुछ इसलिए दिया गया है, ताकि आप सौहार्द का ध्वज थामकर सभ्यता के नायक के रूप में आगे बढ़ें।

□

3

अंतिम सत्र में संबोधन

'विश्व धर्म संसद्' एक प्रामाणिक तथ्य बन गया है और दयालु पिता ने इसे अस्तित्व में लाने हेतु श्रम करनेवाले लोगों की भरपूर सहायता की है तथा उनके इस निस्स्वार्थ परिश्रम को सफलता का मुकुट पहनाया है।

उन महान् आत्माओं को मेरा धन्यवाद, जिनके विशाल हृदय एवं सत्य के प्रति प्रेम ने पहले यह अद्भुत स्वप्न देखा और बाद में उसे पूर्ण किया। इस मंच से प्रवाहित होनेवाली समस्त उदार भावनाओं को भी मेरा धन्यवाद। मेरे प्रति समेकित दयालुता दरशाने और धर्मों के मध्य मतभेद घटानेवाले सभी विचारों की प्रशंसा करनेवाले सुधी श्रोताओं को भी मेरा धन्यवाद। इस सौहार्द के बीच कई बार कुछ तीखी टिप्पणियाँ भी सुनाई दीं। उन लोगों के प्रति मेरा विशेष आभार, क्योंकि उन्होंने अपने उत्तेजक विरोधों से सामान्य सौहार्द को अधिकाधिक मधुरता प्रदान की।

धार्मिक एकता के सामान्य धरातल पर बहुत कुछ कहा गया है। इस समय मैं केवल अपने सिद्धांत पर बल देने का साहस करने नहीं जा रहा हूँ। परंतु यदि यहाँ उपस्थित कोई भी व्यक्ति यह आशा करता है कि यह एकता किसी एक धर्म की दूसरे धर्म पर विजय और उसके विनाश से आएगी तो उसे मैं केवल यही कहना चाहूँगा कि "बंधु, आपकी आशा एक असंभव आशा है।" क्या मैं किसी ईसाई के हिंदू बन जाने की आशा कर सकता हूँ? ईश्वर मुझे क्षमा करे। क्या मैं यह आशा करूँ कि हिंदू या बौद्ध ईसाई बन जाए? ईश्वर मुझे क्षमा करे।

पृथ्वी में बीजारोपण हो गया है और धरा, वायु एवं जल उसके पास एकत्रित कर दिए गए हैं। क्या यह बीज धरती, वायु या जल बन सकता है? नहीं। वह केवल एक

---

* *27 सितंबर, 1893 को शिकागो की धर्म संसद् में दिया गया वक्तव्य*

पौधा ही बनेगा। वह अपने प्रगति के नियम के अनुसार ही विकास करेगा। वायु, पृथ्वी एवं जल उसे आत्मसात् करेंगे और उसे एक पौधे का रूप देंगे, तभी वह एक पौधे के रूप में विकसित हो पाएगा।

यही स्थिति धर्म के मामले में भी है। न तो ईसाई कोई हिंदू या बौद्ध बनेगा और न ही कोई हिंदू या बौद्ध ईसाई बनेगा। प्रत्येक को दूसरे की भावनाओं को आत्मसात् करना होगा, तथापि अपनी वैयक्तिकता को संरक्षित रखते हुए अपनी प्रगति के सिद्धांत के अनुसार सबको विकसित होना होगा।

यदि 'धर्म संसद्' ने विश्व को कुछ दिखाया है तो वह यह है—इसने विश्व के समक्ष सिद्ध किया है कि पवित्रता, शुद्धता एवं दानशीलता किसी गिरजाघर की विशिष्ट संपत्तियाँ नहीं हैं और यह भी कि प्रत्येक धर्म ने अधिक चरित्रवान् नर व नारी उत्पन्न किए हैं। इस साक्ष्य के रूप में यदि कोई व्यक्ति केवल अपने धर्म की उत्तरजीविता और दूसरों के धर्मों के विध्वंस का स्वप्न देखता है तो मुझे उसके ऊपर अपने हृदय की गहराइयों से दया आती है और मैं उसे इस बात का उल्लेख करना चाहूँगा कि प्रत्येक धर्म की पताका पर बहुत शीघ्र ही लिखा जाएगा कि प्रतिरोध के बावजूद 'सहायता करो और युद्ध मत करो', 'आत्मसात् करो, विध्वंस नहीं', 'शांति व सौहार्द उत्पन्न करो, असंतोष और घृणा नहीं।'

□

4

वेदांत की आत्मा एवं प्रभाव

आज शाम के निर्धारित विषय पर जाने से पूर्व क्या आप लोग मुझे धन्यवाद के कुछ शब्द कहने की अनुमति प्रदान करेंगे, क्योंकि अभी मेरे पास इसका अवसर है? मैंने आप लोगों के बीच तीन वर्ष बिताए हैं। इस बीच मैंने लगभग संपूर्ण अमेरिका की यात्रा कर ली है; और अब, चूँकि मैं अपने देश वापस जा रहा हूँ और यही वह बैठक है, जिसमें मैं अमेरिका के इस एथेंस में आप लोगों के प्रति अपनी कृतज्ञता ज्ञापित करने के अवसर का लाभ उठाना चाहता हूँ। जब मैं पहली बार इस देश में आया तो कुछ दिनों बाद मेरे मन में विचार आया कि मैं इस राष्ट्र के ऊपर कोई पुस्तक लिखने में सफल हो जाऊँगा। परंतु तीन वर्षों तक यहाँ रहने के बाद मैं महसूस करता हूँ कि अब मैं एक पृष्ठ भी नहीं लिख पाऊँगा। दूसरी ओर, विभिन्न देशों की यात्रा के दौरान मैंने पाया कि सतह के नीचे वेशभूषा एवं आहार के तौर-तरीकों के विषय में कुछ अंतर भले ही हो, परंतु समूचे संसार में मनुष्य, मनुष्य के रूप में ही है। समान मानवीय प्रकृति के दर्शन हर जगह होते हैं। फिर भी, यहाँ कुछ निश्चित विशेषताएँ अवश्य हैं, जिनके विषय में मैं अपने अनुभवों को कुछ ही शब्दों में समाप्त करना चाहूँगा। अमेरिका की इस धरती पर व्यक्ति की विशेषताओं के बारे में कोई प्रश्न नहीं किया जाता है। यदि कोई व्यक्ति मनुष्य है तो इतना ही पर्याप्त है। यहाँ के लोग उसे अपने हृदय से लगाते हैं और यह एक ऐसी चीज है, जिसे मैंने दुनिया के किसी अन्य देश में नहीं देखा है।

मैं यहाँ भारत के उस दर्शन का प्रतिनिधित्व करने आया था, जिसे 'वेदांत दर्शन' के रूप में जाना जाता है। यह एक अत्यंत प्राचीन दर्शन है, जो वेदों के

** बोस्टन के ट्वेंटीथ सेंचुरी क्लब में दिया गया वक्तव्य*

रूप में ख्यात प्राचीन आर्य साहित्य के संपिंडन का परिणाम है। अपने यथावत् रूप में यह उन सभी अनुमानों, अनुभवों एवं विश्लेषणों का पुष्प है, जो उस साहित्य के भंडार में निहित है, जिसे शताब्दियों में चयनित एवं संगृहीत किया गया है। इस वेदांत दर्शन की कुछ विशेषताएँ हैं। पहली बात तो यह कि यह पूर्णतया निर्वैयक्तिक है; यह अपने मूल के लिए किसी व्यक्ति या पैगंबर का ऋणी नहीं है—इसने अपना निर्माण किसी व्यक्ति को केंद्र में रखकर नहीं किया है। तथापि यह उन दर्शनों के विरुद्ध एक शब्द भी नहीं कहता है, जिन्होंने अपना निर्माण कुछ व्यक्तियों को केंद्र में रखकर किया है। कालांतर में, भारत में कुछ अन्य दर्शन एवं प्रणालियाँ उभरीं, जो कुछ व्यक्तियों के इर्द-गिर्द निर्मित हुई थीं, जैसे बौद्ध धर्म या अनेक अन्य वर्तमान संप्रदाय। इनमें से प्रत्येक का एक निश्चित नेता है, जिसके प्रति इनकी निष्ठा है, जैसे कि ईसाइयों एवं मुसलमानों की। परंतु इन विभिन्न संप्रदायों की पृष्ठभूमि में वेदांत दर्शन खड़ा है और वेदांत एवं विश्व की किसी अन्य प्रणाली के मध्य इसका कोई संघर्ष या विरोध नहीं है।

वह एक सिद्धांत प्रतिपादित करता है और वह यह कि वेदांत इस बात का दावा करता है कि उसे विश्व के प्रत्येक धर्म में पाया जा सकता है; कि मनुष्य दैवी है, अर्थात् हम अपने आसपास जो कुछ भी देखते हैं, वह उसी दैवी शक्ति की चेतना का परिणाम है। मानव प्रकृति की प्रत्येक चीज, जो सशक्त, श्रेष्ठ एवं सुंदर है, वह उसी देवत्व का परिणाम है। यद्यपि प्रत्येक मनुष्य की उर्वराओं में अंतर होने के बावजूद आधारभूत तौर पर एक व्यक्ति से दूसरे व्यक्ति के बीच कोई अंतर नहीं है और सभी अस्तित्व एक समान दैवीय हैं। यहाँ हमारे पीछे पूर्ववत् एक अनंत सागर है और मैं तथा आप उस अनंत सागर में उठनेवाली लहरें हैं; और हम में से प्रत्येक अपने सामर्थ्य के अनुसार उस असीम को बाहर प्रसारित करने का प्रयास कर रहा है। अत: हम में से प्रत्येक के अंदर अस्तित्व का वह अथाह सागर विद्यमान है, ज्ञान एवं आनंद हमारे जन्मसिद्ध अधिकार, हमारी वास्तविक प्रकृति हैं; और हमारे मध्य का अंतर न्यूनाधिक शक्ति के साथ उसी दैवीय शक्ति का विस्तार है। इसलिए, वेदांत कहता है कि प्रत्येक व्यक्ति के साथ उसकी प्रसार शक्ति के आधार पर नहीं, बल्कि उसकी योग्यता के आधार पर व्यवहार किया जाना चाहिए। प्रत्येक व्यक्ति में देवत्व प्राप्त करने की योग्यता है, इसलिए प्रत्येक गुरु को व्यक्ति की निंदा करने की बजाय उसके अंदर निहित देवत्व को बाहर लाने में सहायक होना चाहिए।

वह हमें यह भी शिक्षा देता है कि हम समाज और अपने कर्म के क्षेत्र में

उद्दीप्त ऊर्जा का जो समग्र विस्तार देखते हैं, वह वस्तुतः अंदर से बाहर की ओर है और इसलिए जिसे अन्य संप्रदायों द्वारा प्रेरणा की संज्ञा दी जाती है। वेदांतवादी व्यक्ति मनुष्य के अवसान हेतु मुक्ति की माँग करता है। इसके साथ-ही-साथ वह अन्य संप्रदायों के साथ विवाद भी नहीं करता है। वेदांत का उस व्यक्ति के साथ कोई विवाद नहीं है, जो व्यक्ति के इस देवत्व को समझता है। सचेत या अचेत रूप से प्रत्येक व्यक्ति उस देवत्व को अनावृत्त करने का प्रयास कर रहा है।

मनुष्य एक डिब्बे में बंद स्प्रिंग की भाँति है और वह स्प्रिंग खुद को उस डिब्बे से बाहर निकालने का प्रयास कर रही है; और हमें दिखाई देनेवाली समस्त सामाजिक प्रवृत्तियाँ इसी वर्णन के प्रयास का परिणाम हैं। हम अपने आसपास जितनी सारी प्रतिस्पर्धाएँ एवं संघर्ष तथा बुराइयाँ देखते हैं, वे न तो इस अनावरण का कारण हैं और न ही परिणाम। जैसा कि हमारे महान् वैज्ञानिकों में से एक का कथन है—किसी खेत की सिंचाई के संदर्भ में पानी की टंकी किसी अन्यत्र ऊँचे स्थान पर होती है और पानी खेत में पहुँचने का प्रयास कर रहा, परंतु उसके बाहर निकलने का द्वार बंद कर दिया गया है। परंतु जैसे ही वह द्वार खोला जाता है, टंकी का पानी अपनी प्रकृति के अनुसार वहाँ से निकल पड़ता है और यदि उसके मार्ग में कोई धूल-मिट्टी होती है तो वह उसे धकेलता हुआ खेत में पहुँच जाता है। परंतु धूल और मिट्टी न तो मनुष्य की इस दैवी प्रकृति के अनावरण का कारण हैं और न परिणाम। वे समरूपी परिस्थितियाँ हैं और इसलिए उनका उपचार किया जा सकता है।

अब, इस विचार के बारे में वेदांत का दावा है कि इसे सभी धर्मों में पाया जा सकता है, चाहे वे भारत के अंदर हों या बाहर। उनमें से कुछ में इस विचार को पौराणिक कथाओं के माध्यम से व्यक्त किया जाता है और कुछ में प्रतीक विज्ञान के माध्यम से। वेदांत का दावा है कि ऐसी कोई धार्मिक प्रेरणा कभी नहीं रही है, दैवी मनुष्य का एक विस्तार चाहे वह कितना ही महान् क्यों न हो, बल्कि वह मानव प्रकृति में एक अनंत एकात्मकता की अभिव्यक्ति रही है; और जिसे हम नैतिक एवं सदाचारी मानकर दूसरों के साथ अच्छा बरताव करते हैं, वह भी इसी एकात्मकता का विस्तार है। मनुष्य के जीवन में ऐसे अनेक पल आते हैं, जब वह अनुभव करता है कि वह भी ब्रह्मांड का एक तत्त्व है और वह जाने-अनजाने उसे व्यक्त करने के लिए दौड़ पड़ता है। एकात्मकता की इस अभिव्यक्ति को हम प्रेम एवं सहानुभूति कहते हैं और यही हमारी समस्त नैतिकता एवं सदाचार का आधार है। इसे वेदांत दर्शन में प्रख्यात सूक्ति 'तत् त्वं असि', अर्थात् 'आप वह हैं' द्वारा निरूपित किया गया है।

प्रत्येक व्यक्ति को यही पढ़ाया जाता है कि आप उस सार्वभौमिक अस्तित्व में से एक हैं और इस रूप में प्रत्येक अस्तित्वमय आत्मा आपकी आत्मा है तथा प्रत्येक अस्तित्वधारी शरीर आपका शरीर है और इस प्रकार, यदि आप किसी को आहत करते हैं तो आप अपने आप को आहत करते हैं और यदि किसी से प्रेम करते हैं तो अपने आप से प्रेम करते हैं। जितनी ही जल्दी घृणा का प्रवाह बाहर निकल जाता है तो वह जिसे भी आहत करता है, वह आपको भी आहत करता है और यदि आपके अंदर से प्रेम प्रकट होता है तो उस प्रेम का आपके पास वापस आना अनिवार्य है। चूँकि मैं ब्रह्मांड हूँ, इसलिए यह ब्रह्मांड मेरा शरीर है। मैं अनंत हूँ; यद्यपि अभी मैं इससे अनभिज्ञ हूँ, परंतु मैं अनंत की चेतना को पाने का संघर्ष कर रहा हूँ और मुझे पूर्णता तभी प्राप्त होगी, जब मेरे अंदर इस अनंत की पूर्ण चेतना आ जाएगी।

वेदांत का एक अन्य विशिष्ट विचार यह है कि हमें अपने धार्मिक विचारों में अनिवार्यतः इस अनंत विविधता को अनुमति देनी चाहिए और प्रत्येक व्यक्ति को समान दृष्टिकोण पर लाने का प्रयास नहीं करना चाहिए; क्योंकि सबका लक्ष्य समान है। जैसा कि वेदांतवादी अपनी काव्यात्मक भाषा में कहता है, "चूँकि सभी नदियों का उद्गम स्थल विभिन्न पर्वतों पर होता है, वे आड़े-तिरछे या सीधे रास्ते से नीचे आती हैं और अंततः सागर में जाकर विलीन हो जाती हैं। उसी प्रकार ये विभिन्न धर्म एवं संप्रदाय अपना प्रारंभ भिन्न दृष्टिकोणों के साथ करते हैं, परंतु आड़े या सीधे चलकर अंततः आपके पास पहुँचते हैं।"

इसके प्रकाशन के रूप में हम पाते हैं कि इस अति प्राचीन दर्शन ने अपने प्रभाव के माध्यम से विश्व के पहले मिशनरी धर्म बौद्ध धर्म को प्रत्यक्षतः प्रभावित किया और परोक्षतः इसने सिकंद्रिया वासियों तथा ईसाई रहस्यवादियों के माध्यम से ईसाइयत एवं मध्य युग के यूरोपीय दार्शनिकों को भी प्रभावित किया है। कालांतर में जर्मन विचारों को प्रभावित करते हुए इसने दर्शन एवं मनोविज्ञान के क्षेत्र में लगभग क्रांति ही उत्पन्न कर दी है। फिर भी, प्रभाव का यह समूचा समूह अत्यंत अकल्पनीय ढंग से विश्व को दिया गया। जिस प्रकार रात्रि में आकाश से गिरनेवाली ओस की सुकुमार बूँदें सभी वनस्पतियों के जीवन को सहारा देती हैं, उसी प्रकार मानवमात्र की भलाई हेतु यह अकल्पनीय एवं दिव्य दर्शन पूरे विश्व में फैल गया। इस धर्म के उपदेश हेतु किसी सेना के प्रयाण की आवश्यकता नहीं पड़ी। विश्व के सर्वाधिक मिशनरी धर्मों में से एक बौद्ध धर्म में हमें महान् सम्राट् अशोक के शिलालेखों के

अवशेष प्राप्त होते हैं, जिनमें इस तथ्य को अंकित किया गया है कि सिकंद्रिया से लेकर एंटिओक तक एवं फारस से लेकर चीन तक और तत्कालीन सभ्य जगत् के कितने ही देशों में बौद्ध मिशनरियों को भेजा गया था। ईसा के 300 वर्षों पूर्व उन्हें निर्देश दिया गया था कि वे अन्य धर्मों को गाली न दें—सभी धर्म, चाहे वे कहीं भी हों, उनका आधार समान है। आप अपने सामर्थ्य के अनुसार उनकी सहायता करने का प्रयास करें, परंतु उन्हें चोट पहुँचाने का प्रयास कदापि न करें।"

इस प्रकार, भारत में हिंदुओं द्वारा कभी भी किसी का धार्मिक उत्पीड़न नहीं किया गया, बल्कि उन्होंने सदैव सभी धर्मों के प्रति अपार श्रद्धा का ही प्रदर्शन किया; क्योंकि उनके मन में विश्व के सभी धर्मों के प्रति आदर की भावना थी। यहूदियों को जब उनके देश से निकाल दिया गया तो हिंदुओं ने उनमें से कुछ लोगों को शरण भी दी। मलाबार में रहनेवाले यहूदी आज भी इसका जीवंत प्रमाण हैं। जिस समय पारसियों को लगभग समाप्त कर दिया गया था, उनमें से जीवित बच गए कुछ पारसियों को भी भारत ने शरण दी। वे लोग आज भी हम भारतीयों के एक भाग और हमारे प्रेम के रूप में बंबई के आधुनिक भारतीयों के रूप में रह रहे हैं। हमारे यहाँ ईसा मसीह का शिष्य होने का दावा करनेवाले सेंट थॉमस के साथ भारत आए अनेक ईसाइयों को भी भारत में निवास करने एवं अपने धर्म का पालन करने की अनुमति प्रदान की गई और उनकी एक कॉलोनी आज भी भारत में अस्तित्व में है। हम भारतीयों की सहिष्णुता की यह भावना मरी नहीं है। वह वहाँ न तो कभी मरेगी और न मर सकती है।

वेदांत द्वारा हमें प्रदान की गई महान् शिक्षाओं में यह भी एक पाठ है। इसे जानते हुए हम सचेत या अचेत रूप में आज भी उसी समान लक्ष्य तक पहुँचने हेतु संघर्ष कर रहे हैं, तो फिर हमें अधीर क्यों होना चाहिए? यदि एक व्यक्ति दूसरे व्यक्ति से कुछ शिथिल है तो हमें अधीर होने की आवश्यकता नहीं है। हमें उसकी निंदा करने या उसे गाली देने की आवश्यकता नहीं है। जब हमारी आँखें खुली हुई हैं और हमारा मन परिष्कृत हो चुका है तो इसे उसी देवत्व का प्रभाव समझना चाहिए, प्रत्येक मानव हृदय में उसी देवत्व के प्राकट्य को देखना चाहिए और जब वह पूर्ण रूप से हमारे मन में बैठ जाएगा, केवल तभी हम मनुष्य के बंधुत्व का दावा करने की स्थिति में होंगे।

जब कोई व्यक्ति उस उच्चतम शिखर पर पहुँच जाता है और वह न तो किसी पुरुष को देखता है और न ही किसी स्त्री को, न किसी संप्रदाय को देखता है और

न ही किसी जाति या वर्ण को या जन्म को अथवा इन भिन्नताओं को देखता है तो वह आगे की ओर प्रयाण करता है और सभी प्राणियों के पीछे उस वास्तविक व्यक्ति को देखता है, जिसे 'देव' कहते हैं; केवल उसी स्थिति में वह सार्वभौमिक बंधुत्व तक पहुँचता है और केवल वही व्यक्ति एक वेदांतवादी है। वेदांत के व्यावहारिक ऐतिहासिक परिणाम कुछ इसी प्रकार हैं।

□

5

आत्मा एवं ईश्वर

हमें इस बात पर चर्चा करने की आवश्यकता नहीं है कि क्या मनुष्य ने सबसे पहले भय या जिज्ञासा के कारण अपने से बड़ी किसी शक्ति के विषय में सोचा···इस चिंतन ने मन में विशिष्ट पूजा प्रवृत्तियों को जन्म दिया। मानवमात्र के इतिहास में कभी भी ऐसा कोई समय नहीं रहा, जब उसके मन में पूजा का कोई आदर्श न रहा हो। क्यों? हम जो कुछ देखते हैं, उससे आगे किसी चीज को देखने के लिए हम सबको कौन विवश करता है—चाहे वह एक सुंदर प्रभात हो या मृतक आत्माओं का भय?···हमें प्रागैतिहासिक समय में पीछे जाने की कोई आवश्यकता नहीं है; क्योंकि जो तथ्य आज उपस्थित है, वही तथ्य 2000 वर्ष पूर्व भी था। हमें यहाँ संतोष नहीं मिलता है। जीवन में हमारा चाहे कोई भी पड़ाव हो—यद्यपि हम आज भी शक्तिशाली एवं धनी हैं, फिर भी हमें संतोष नहीं मिल सकता है।

इच्छा अनंत है। उसकी पूर्णता अत्यंत सीमित है। हमारी इच्छाओं का कोई अंत नहीं है; परंतु जब हम उन्हें पूरा करने का प्रयास करते हैं तो कठिनाई उत्पन्न होती है। ऐसा लगभग सभी अपरिपक्व मनों के साथ रहा है, जब उनकी इच्छाएँ बहुत कम थीं। यद्यपि वे इच्छाएँ भी पूर्ण नहीं की जा सकीं। अब हमारे कला एवं विज्ञानों में प्रगति और उनके कई गुना बढ़ जाने के बावजूद यद्यपि हमारी इच्छाएँ पूर्ण नहीं की जा सकती हैं। दूसरी ओर, हम इच्छाओं की पूर्ति के समुचित उपाय खोजने के लिए संघर्ष कर रहे हैं, फिर भी हमारी इच्छाएँ बढ़ती ही जा रही हैं।

आदिम मनुष्य जिन कार्यों को नहीं कर सका, उन्हें पूर्ण करने के लिए उसने स्वाभाविक रूप से बाहरी सहायता प्राप्त करनी चाही। उसने किसी चीज की इच्छा की

** 23 मार्च, 1900 को सैन फ्रांसिस्को में दिया गया वक्तव्य*

और वह चीज उसे नहीं प्राप्त हो सकी। उसने अन्य शक्तियों की सहायता लेनी चाही। सर्वाधिक अज्ञानी आदिम मनुष्य से लेकर आज का अति विकसित मनुष्य तक प्रत्येक अपनी किसी-न-किसी इच्छा की पूर्ति के लिए ईश्वर से ठीक वैसी ही प्रार्थना कर रहा है। क्या अंतर है? कुछ लोग इसमें बहुत भारी अंतर पाते हैं। हम चीजों में हमेशा अंतर खोजने का प्रयास करते हैं, जबकि उनमें वस्तुतः कोई अंतर होता ही नहीं है। दोनों (आदिम मनुष्य एवं विकसित मनुष्य) उसी समान शक्ति की पैरवी करते हैं। आप उसे ईश्वर, अल्लाह या यहोवा कहकर पुकार सकते हैं। मानवमात्र जब कोई इच्छा करता है और उसकी पूर्ति वह अपने आप नहीं कर पाता है तो उसकी पूर्ति के लिए किसी उच्च शक्ति से सहायता माँगता है। यह आदिम प्रवृत्ति आज भी हमारे अंदर विद्यमान है। हम सभी असभ्य पैदा होते हैं और धीरे-धीरे खुद को सभ्य बनाने का प्रयास करते हैं। यहाँ उपस्थित हम सभी लोग यदि खोजें तो हमें समान तथ्य प्राप्त होगा। यद्यपि आज भी यह भय हमारा पीछा नहीं छोड़ता है। हम बड़ी-बड़ी बातें कर सकते हैं और दार्शनिक तथा अन्य सभी कुछ बन सकते हैं; परंतु जब हमें धक्का लगता है तो हमें अनिवार्यतः सहायता पाने हेतु सहायता माँगने की आवश्यकता पड़ती है। हम उन सभी अंधविश्वासों में विश्वास करने लगते हैं, जो अतीत में कभी विद्यमान थे। परंतु विश्व में ऐसा कोई भी अंधविश्वास नहीं है, जिसके पीछे सत्य का कुछ आधार न हो। यदि मैं अपने चेहरे को ढक लूँ और केवल मेरी नाक की नोक ही दिखाई दे, तब भी वह छोटा सा भाग मेरा चेहरा ही है। ऐसा ही कुछ अंधविश्वासों के साथ भी है—उनमें भी सत्य का कुछ अंश अवश्य होता है।

आप जानते ही हैं कि धर्म के लघुतम रूप का दर्शन मृतक के अंतिम संस्कार (दफनाने, जलाने) के साथ हुआ। प्रारंभ में वे शवों को कपड़े में लपेटकर ऊँचे टीलों पर रख देते थे और मृतक की आत्माएँ आकर रात में उन टीलों में रहती थीं। इसके बाद उन्होंने शवों को दफनाना शुरू कर दिया। कब्रिस्तान के द्वार पर हजार दाँतोंवाली देवी खड़ी रहती है...इसके बाद शवों को जलाना प्रारंभ किया गया और चिता की लपटें आत्मा को अपने साथ ऊपर की ओर ले जाने लगीं। मिस्र के निवासी मृतक की कब्रों में भोजन एवं पानी रखने लगे।

अगला महान् विचार आदिवासी देवताओं का था। एक कबीले के लोग किसी देवता को मानते थे तो दूसरे कबीले के लोग किसी अन्य देवता को। यहूदियों ने यहोवा को अपना ईश्वर माना, जो उनके अपने कबीले का देवता था और वे अन्य कबीलों के देवताओं के विरुद्ध युद्ध किया करते थे। देवता अपने लोगों को प्रसन्न रखने के लिए कुछ भी कर सकता था। यदि वह उस समूचे कबीले की हत्या कर देता था, जो उसके द्वारा

रक्षित नहीं था, तो उसका यह कृत्य हर प्रकार से उचित और सही माना जाता था। थोड़ा प्यार भी दिया जाता था; परंतु वह प्यार एक छोटे से वर्ग तक सीमित था।

धीरे-धीरे उच्चतर आदर्श आए। विजेता कबीले का मुखिया, मुखियाओं का मुखिया और ईश्वरों का ईश्वर बन गया। पारसियों ने जब मिस्र पर विजय प्राप्त की तो उनके साथ भी ऐसा ही हुआ। पारसी सम्राट् ईश्वरों का ईश्वर था और सम्राट् के समक्ष कोई भी खड़ा नहीं हो सकता था। यदि किसी व्यक्ति ने पारसी सम्राट् की ओर देखा तो उसे मृत्युदंड दे दिया जाता था। इसके पश्चात् सर्वशक्तिमान ईश्वर का आदर्श प्रस्तुत किया गया। उसे ब्रह्मांड के सर्वशक्तिमान, सर्वज्ञानी शासक के रूप में देखा गया। वह स्वर्ग में निवास करता है और मनुष्य अपने उस सर्वाधिक प्रिय ईश्वर को विशेष श्रद्धांजलि अर्पित करता है, जो उसके लिए प्रत्येक चीज का सृजन करता है। समूचा संसार मनुष्य के लिए है। सूर्य, चंद्रमा एवं तारे—सभी उसी के लिए हैं। ऐसे विचार रखनेवालों को आदिम प्राणी माना जाता है। उन्हें सभ्य एवं विकसित तो कदापि नहीं स्वीकार किया जाता है। विश्व के सभी श्रेष्ठ धर्मों ने गंगा और यूफ्रेटस के मध्य प्रगति की। भारत के बाहर हम धर्म का इस विचार के अतिरिक्त कोई विकास नहीं पाते कि ईश्वर स्वर्ग में रहता है। भारत के बाहर अब तक सर्वोच्च ज्ञान यही पाया जाता था। उनके यहाँ एक स्थानीय स्वर्ग है, जहाँ ईश्वर निवास करता है और मृत्यु के पश्चात् श्रद्धालु वहीं जाएगा। जहाँ तक मैं समझ सका हूँ, हमें इसे अत्यंत आदिम विचार मानना चाहिए। अफ्रीका में मंबो-जंबो और स्वर्ग में ईश्वर समान हैं। वही संसार को चलाता है और वास्तव में उसी की इच्छा से हर जगह सबकुछ हो रहा है।...

पुराने यहूदी लोग किसी स्वर्ग की परवाह नहीं करते थे। यही कारण था कि उन्होंने नजारत के यीशु का विरोध किया, क्योंकि उसने मृत्यु के बाद के जीवन की शिक्षा दी थी। संस्कृत में 'स्वर्ग' का अर्थ इस जीवन के आगे की भूमि है, इसलिए सभी बुराइयों को समाप्त करने का जिम्मा स्वर्ग पर था। आदिम मनुष्य कभी बुराई की परवाह नहीं करता था। वह कभी यह प्रश्न नहीं उठाता कि वहाँ कोई बुराई क्यों होनी चाहिए?...

...'शैतान' नामक शब्द एक पारसी शब्द है...पारसी एवं हिंदू धार्मिक आधार पर आपस में आर्य पूर्वजता को साझा करते हैं और वे समान भाषा बोलते हैं। अंतर है तो केवल इतना कि एक संप्रदाय जिन शब्दों का प्रयोग अच्छाई के लिए करता है, उसी शब्द का प्रयोग दूसरा संप्रदाय बुराई के लिए करता है। ईश्वर के लिए एक पुराना संस्कृत शब्द 'देव' है और इसी शब्द का प्रयोग आर्य भाषाओं में भी किया जाता है। यहाँ इस शब्द का अर्थ शैतान है...

कालांतर में जब मनुष्य ने अपने आंतरिक जीवन का विकास किया तो उसने प्रश्न करना प्रारंभ कर दिया और कहने लगा कि ईश्वर अच्छा है। पारसियों ने कहना प्रारंभ किया कि ईश्वर दो हैं, जिनमें से एक अच्छा और दूसरा बुरा है। उनका विचार था कि इस जीवन में प्रत्येक चीज अच्छी है—ऐसा सुंदर देश, जिसमें लगभग पूरे वर्ष वसंत का मौसम रहता है और किसी की मृत्यु नहीं होती है; वहाँ किसी प्रकार का कोई रोग नहीं था, हरेक चीज सुंदर थी। उसके पश्चात् यह शैतान आया और धरती पर उसके पाँव पड़ते ही यहाँ मृत्यु भी आ गई, रोग भी आ गए तथा मच्छर, शेर व चीते भी आ गए। इसके बाद आर्यों ने अपनी पितृभूमि छोड़ दी और वे दक्षिण की ओर चले गए। पुराने आर्य अनिवार्यतः उत्तर दिशा में रहते रहे। यहूदियों ने शैतान का विचार पारसियों से सीखा। उन्होंने उन्हें यह भी पढ़ाया कि एक दिन ऐसा आएगा, जब यह शैतान ईश्वर मारा जाएगा और यह हमारा कर्तव्य है कि हम अच्छे ईश्वर के साथ बने रहें और अच्छे व बुरे ईश्वर के मध्य होनेवाले इस अंतहीन संघर्ष में हम अपनी पूरी शक्ति के साथ अच्छाई का साथ दें। एक दिन यह समूचा संसार जल जाएगा और प्रत्येक व्यक्ति को एक नया शरीर प्राप्त होगा।

पारसी विचार यह था कि यद्यपि बुरे लोग भी परिष्कृत हो जाएँगे और अधिक समय तक बुरे नहीं रहेंगे। आर्यों की प्रकृति प्रेम एवं कविता वाली थी। वे अनंतता के लिए भी जलाए जाने के बारे में नहीं सोच सकते हैं। उन सभी को नए शरीर प्राप्त होंगे। इसके बाद अन्य कोई मृत्यु नहीं होगी। इसलिए भारत के बाहर सर्वोत्तम धार्मिक विचार हैं।...

इसके साथ-साथ नैतिक तनाव भी है। व्यक्ति को कुल मिलाकर, इतना करना है कि वह तीन चीजों का ध्यान रखे—अच्छे विचार, अच्छे शब्द एवं अच्छे कर्म। यही सबकुछ है। यह एक व्यावहारिक एवं बुद्धिमत्तापूर्ण धर्म है। इसमें पहले ही एक नन्ही सी कविता समाई हुई है; लेकिन इससे बड़ी कविता एवं उच्चतर विचार भी हैं।

भारत में हम वेदों के सर्वाधिक प्राचीन भागों में इस शैतान को देखते हैं। वह फुरती से प्रकट होता है और तत्काल अदृश्य भी हो जाता है।...वेदों में बुरे ईश्वर को एक धक्का लगा और वह लुप्त हो गया। वह चला गया, परंतु पारसियों ने उसे लपक लिया। हम उस शैतान को पूरे संसार से भगाने का प्रयास कर रहे हैं। पारसी विचार को लेते हुए हम उस शैतान में से एक अच्छा इनसान बनाने जा रहे हैं, उसे एक नया शरीर देने जा रहे हैं। इस प्रकार, भारत में शैतान के विचार का अंत हो गया।

लेकिन ईश्वर का विचार जारी रहा। परंतु इसके साथ-साथ आपको एक अन्य तथ्य पर ध्यान देना होगा। जब तक आप लोगों ने ईश्वर को फारस के सम्राट् के रूप में नहीं

खोज लिया, ईश्वर के विचार के साथ-साथ पदार्थवाद का विचार भी पनपता रहा। दूसरी ओर तत्त्व-विज्ञान एवं दर्शन आता है। इसमें विचारों की एक अन्य धारा है और वह धारा है—मनुष्य के आत्मन की अद्वैत धारा, उसकी अपनी आत्मा। वह भी उन्नति करती है। इसलिए, जब तक उनकी सहायता के लिए भारत आगे नहीं आया, तब तक भारत के बाहर ईश्वर के बारे में विचार ठोस रूप में विद्यमान रहे। अन्य राष्ट्रों ने उस प्राचीन ठोस विचार को त्याग दिया। इस देश (अमेरिका) में ऐसे लाखों लोग हैं, जो मानते हैं कि ईश्वर एक शरीर है।···सभी संप्रदाय ऐसा ही कहते हैं। वे मानते हैं कि वह (ईश्वर) संपूर्ण जगत् पर शासन करता है; परंतु इसी संसार में एक ऐसा भी स्थान है, जहाँ उसका एक शरीर है। वह एक सिंहासन पर बैठता है। वे हमारे मंदिरों की भाँति उसके सामने मोमबत्तियाँ जलाते हैं और गीत गाते हैं।

परंतु भारत के लोग पर्याप्त समझदार हैं। वे अपने ईश्वर को किसी शारीरिक अस्तित्व के रूप में नहीं देखते हैं। आपको भारत में ब्रह्मा का कोई मंदिर नहीं मिलेगा। क्यों? क्योंकि आत्मा का विचार सदैव विद्यमान रहा है। यहूदी नस्ल ने कभी भी आत्मा के बारे में प्रश्न नहीं उठाया। पुराने विधान (ओल्ड टेस्टामेंट) में आत्मा का कतई कोई विचार नहीं है। आत्मा का विचार पहली बार नए विधान (न्यू टेस्टामेंट) में सामने आया। पारसी लोग इतने व्यावहारिक—विचित्र रूप से व्यावहारिक लोग बन गए कि वे एक लड़ाकू एवं विजेता जाति बन गए। वे तो प्राचीन काल के अंग्रेज लोग थे, जो हमेशा लड़ते और अपने पड़ोसियों को नष्ट करते रहते थे। वे अपने इस कार्य में इतने अधिक व्यस्त थे कि उन्हें आत्मा के बारे में विचार करने का समय ही नहीं मिला।···

आत्मा के बारे में प्राचीनतम विचार यह था कि हमारे स्थूल शरीर के अंदर एक सूक्ष्म शरीर है। स्थूल शरीर वह है, जो अदृश्य हो जाता है और सूक्ष्म शरीर बना रहता है। मिस्र में लोग मानते हैं कि सूक्ष्म शरीर भी मरता है। जैसे ही स्थूल शरीर नष्ट होता है, सूक्ष्म शरीर भी उसी प्रकार नष्ट हो जाता है। यही कारण है कि वे बड़े-बड़े पिरामिड बनाते हैं और उसमें अपने मृत पूर्वजों के शरीर में बाम लगाकर रख देते हैं और इस प्रकार, वे मृतक की अनश्वरता सुरक्षित करने की आशा करते हैं।···

भारतीय लोग शव के प्रति कहीं कोई रागगान कदापि नहीं रखते हैं। उनकी हमेशा यही प्रवृत्ति होती है कि 'चलो, इसे ले चलें और इसका दाह-संस्कार कर दें।' पुत्र को अपने पिता के शव में आग लगानी होती है···

संसार में दो प्रकार की प्रजातियाँ हैं—दैवी एवं राक्षसी। दैवी प्रजाति के व्यक्ति सोचते हैं कि वे आत्मा हैं। राक्षसी प्रजाति के व्यक्ति सोचते हैं कि वे शरीर हैं। प्राचीन

भारतीय दार्शनिकों ने यह निरूपित करने का प्रयास किया कि शरीर कुछ भी नहीं है। "वासांसि जीर्णानि यथा विहाय नवानि गृह्णाति नरोपराणि, तथा शरीराणि विहाय जीर्णानन्यानि संयाति नवानि देही।" अर्थात् जिस प्रकार मनुष्य पुराने वस्त्रों का त्याग कर नए वस्त्र धारण करता है, उसी प्रकार यह शरीर पुराने शरीर को त्यागकर नए शरीर में प्रवेश करता है। (गीता, 2.22)। मेरे मामले में, मेरे समस्त परिवेश एवं शिक्षा ने मुझे कुछ और बनाने का प्रयास किया। मैं हमेशा मुसलमानों व ईसाइयों की संगति में रहा, जो शरीर की अधिक देखभाल करते थे...

शरीर एवं आत्मा में केवल एक पग की दूरी है।...भारत में लोग आत्मा के आदर्श के प्रति आग्रही हैं। यह ईश्वर के विचार का पर्यायवाची बन गया है। जब आत्मा का विचार विस्तारित होने लगता है तो व्यक्ति अनिवार्यतः इस निष्कर्ष पर पहुँच जाता है कि वह नाम एवं रूप से परे है।...भारतीय विचार है कि आत्मा निराकार है। यदि कहीं कोई आकार है तो एक-न-एक दिन उसका विनाश निश्चित है। आकार बल एवं पदार्थ के सम्मिश्रण के अतिरिक्त और कुछ भी नहीं है। सभी मिश्रणों को अनिवार्यतः एक-न-एक दिन समाप्त होना ही है। यदि ऐसी बात है और यदि यह मान भी लें कि आपकी आत्मा नाम एवं रूप से निर्मित है, वह आपसे अलग हो जाती है और आप मर जाते हैं तथा अनश्वर नहीं रह जाते हैं। यदि वह दोहरा है तो उसका एक रूप है, जो प्रकृति से संबद्ध है और वह प्रकृति के जन्म व मृत्यु के नियम का पालन करती है।...वे पाते हैं कि यह आत्मा न तो मन है और न दोहरी है...

विचारों को निर्देशित व नियंत्रित किया जा सकता है।...भारतीय योगियों ने यह देखने का प्रयास किया कि विचारों को कितनी दूरी तक निर्देशित व नियंत्रित किया जा सकता है! कठोर श्रम के प्रयत्नों द्वारा विचारों को पूर्णतया शांत किया जा सकता है। यदि विचार वास्तविक व्यक्ति है तो जैसे ही विचार का अंत होगा, उसे उसी समय मर जाना चाहिए। विचार तो ध्यान या समाधि में भी समाप्त हो जाते हैं और यद्यपि मन के तत्त्व भी पूर्णतया शांत हो जाते हैं। रक्त-संचार रुक जाता है। उसकी साँसें बंद हो जाती हैं, परंतु साधक मरता नहीं है। यदि विचार 'वह' (ईश्वर) है तो संपूर्ण चीज को चले जाना चाहिए; परंतु वे पाते हैं कि 'वह' नहीं जाता है। यह एक प्रायोगिक साक्ष्य है। वे इस निष्कर्ष पर पहुँचे कि यद्यपि मन व विचार वास्तविक व्यक्ति नहीं थे। तत्पश्चात् अनुमान ने दरशाया कि ऐसा नहीं हो सकता है।

मैं आता हूँ, सोचता और बात करता हूँ। इन समस्त गतिविधियों के दौरान आत्म की यही एकता है। कई बार मेरे विचार एवं कर्मों में कई गुना का अंतर होता है; परंतु उनके

अंदर एवं उनके माध्यम से वही एक अपरिवर्तनीय ईश्वर कार्यरत होता है। वह शरीर नहीं हो सकता है, क्योंकि वह प्रतिपल परिवर्तित होता रहता है। वह मन नहीं हो सकता है, क्योंकि उसमें हर समय नए एवं ताजा विचार उत्पन्न होते रहते हैं। वह न तो शरीर है और न ही मन। शरीर एवं मन दोनों का संबंध प्रकृति से है और उसे अनिवार्यत: प्रकृति के नियमों का पालन करना होगा। एक उन्मुक्त मन कभी नहीं…

इसलिए, अब इस तथ्य को मान लेना चाहिए कि वास्तविक मनुष्य का प्रकृति से संबंध नहीं है। यह तो वह व्यक्ति है, जिसका मन व शरीर प्रकृति से संबद्ध है। हम प्रकृति का अधिकाधिक उपयोग कर रहे हैं। जिस प्रकार आप यहाँ कलम, स्याही एवं कुरसी का उपयोग करने के लिए आते हैं, उसी प्रकार वह भी अपने स्थूल एवं सूक्ष्म रूप में प्रकृति का अधिकाधिक उपयोग करता है। उसका स्थूल रूप यह शरीर और सूक्ष्म रूप मन है। सामान्य सी बात है, उसे अनिवार्यत: निराकार ही होना चाहिए। केवल प्रकृति में ही रूप हैं। जो चीज प्रकृति नहीं है, उसका कोई स्थूल या सूक्ष्म रूप भी नहीं हो सकता है। उसे निश्चय ही निराकार होना चाहिए। उसे अनिवार्यत: सर्वविद्यमान होना चाहिए। आप इसे समझिए। मेज पर रखे इस गिलास को ही ले लीजिए। गिलास भी रूप है और मेज भी रूप है। जब दोनों टूट जाते हैं तो गिलास का गिलासपन और मेज का मेजपन समाप्त हो जाता है।…

आत्मा नाम-रहित है, क्योंकि यह निराकार है। यह न तो स्वर्ग में जाएगी और न ही नरक में; ज्यादा-से-ज्यादा वह इस गिलास में प्रविष्ट हो जाएगी। वह अपने द्वारा भरे जानेवाले बरतन का आकार ले लेती है। यदि वह अंतरिक्ष में नहीं है तो दो में से एक चीज संभव है। या तो आत्मा अंतरिक्ष में समाहित हो जाता है या अंतरिक्ष आत्मा में। आप अनिवार्यत: अंतरिक्ष में हैं और आपका एक रूप भी अवश्य है। अंतरिक्ष हमें सीमित कर देता है, हमें बाँध देता है और हमें एक रूप दे देता है। यदि आप अंतरिक्ष में नहीं हैं तो अंतरिक्ष आप में है। समस्त स्वर्ग एवं संसार व्यक्ति के अंदर हैं।…

इसलिए, उसे अनिवार्यत: ईश्वर के साथ होना चाहिए। ईश्वर सर्वविद्यमान है। "बिना हाथों के वह प्रत्येक चीज को पकड़ता है और बिना पाँवों के चल सकता है…" 'बिनु पग चले, सुने बिनु काना। कर बिनु कर्म करे विधि नाना।' वह निराकार है, वह अमर है, अनंत है। ईश्वर का विचार इस रूप में सामने आया…जिस प्रकार आत्मा मेरे शरीर की स्वामी है, उसी प्रकार ईश्वर आत्माओं का स्वामी है। यदि मेरी आत्मा मेरी देह को त्याग देगी तो देह एक पल के लिए भी जीवित नहीं रहेगी। यदि ईश्वर ने मेरी आत्मा का परित्याग कर दिया तो इस आत्मा का कोई अस्तित्व शेष नहीं रहेगा। वह ब्रह्मांड का

रचयिता है; वह उस हर चीज का सृजनकर्ता है, जिसकी मृत्यु होती है। वह विनाशक है। उसकी छाया ही जीवन है और उसकी छाया ही मृत्यु है।

प्राचीन भारतीय दार्शनिकों ने विचार किया...यह निकृष्ट संसार मनुष्य के ध्यान देने योग्य नहीं है। इस संसार में ऐसा कुछ भी नहीं है, जो स्थायी हो—न तो अच्छाई और न ही बुराई।...

मैंने आपको शैतान के बारे में बताया। शैतान के लिए भारत में कोई ठिकाना नहीं है। क्यों? क्योंकि भारतीय लोग धर्म में अत्यंत सशक्त हैं। वे बच्चे नहीं हैं। क्या आप लोगों ने बच्चों की विशेषताएँ देखी हैं? वे हमेशा अपने दोष को किसी अन्य के मत्थे मढ़ने का प्रयास करते हैं। बच्चों का मन अत्यंत तनावपूर्ण होता है। जब वे कोई भूल करते हैं तो उसका दोष दूसरों पर लगा देते हैं। एक ओर हम कहते हैं कि 'मुझे यह दो; मुझे वह दो।' दूसरी ओर हम कहते हैं कि 'मैंने यह कार्य नहीं किया, मेरे ऊपर शैतान सवार हो गया था। उसी शैतान ने यह किया है।' यही मानव जाति का इतिहास है, दुर्बल मानव जाति।...

संसार में बुराई क्यों है? संसार एक गंदा व मैला छिद्र क्यों है? इसे हमने ही ऐसा बनाया है। किसी अन्य व्यक्ति को दोष नहीं दिया जा सकता है। हम अपने हाथों को स्वयं आग पर रखते हैं। ईश्वर हमें वरदान देता है। मनुष्य को केवल उतना ही प्राप्त होता है, जिसके वह योग्य होता है। केवल वही दयावान् है। यदि हम उससे प्रार्थना करते हैं तो वह हमारी सहायता करता है। वह स्वयं को हमें सौंप देता है।

यह उनका (भारतीयों का) विचार है। वे काव्यात्मक प्रकृति के हैं। वे कविता के दीवाने हैं। उनका दर्शन काव्य है। यह दर्शन ही अपने आप में एक कविता है... संस्कृत भाषा के सभी श्रेष्ठ विचार कविता में लिखे गए हैं। 'तत्त्व मीमांसा' एवं खगोल-विज्ञान— सभी संस्कृत में लिखे गए हैं।

हम स्वयं सचेत होंगे तो ठगे कैसे जाएँगे? आप कह सकते हैं, "मैं पैदा ही गरीब और दयनीय हुआ था। मुझे अपने जीवन का कठिन संघर्ष याद है।" दार्शनिक कहते हैं कि आप स्वयं दोषी हैं। क्या आपके कहने का यह आशय नहीं है कि यह सब बिना किसी कारण के ही हुआ है? आप एक विवेकशील व्यक्ति हैं। आपका जीवन कारण-रहित नहीं है और वह कारण आप स्वयं हैं। आप अपने संपूर्ण जीवन में उसका निर्माण करते रहते हैं।...अपने जीवन का निर्माण और उसका रूपायन आप स्वयं करते हैं। अपने किसी कृत्य के लिए आप स्वयं उत्तरदायी हैं। अपने कर्मों का दोष आप शैतान या किसी अन्य को मत दीजिए। आपको अभी कुछ दंड और भुगतना है।...

एक व्यक्ति को ईश्वर के समक्ष प्रस्तुत किया गया। ईश्वर ने कहा, "तुम्हारे लिए तीस कोड़े का दंड···" तभी दूसरा व्यक्ति आता है। ईश्वर उसे तीस कोड़े का दंड देने के लिए कहता है, "पंद्रह कोड़े उसके लिए और पंद्रह कोड़े उसके गुरु—उस नृशंस व्यक्ति के लिए, जिसने तुम्हें शिक्षा दी।" यह निकृष्ट चीज तुम्हारी शिक्षा में है। मैं कुछ नहीं जानता कि मुझे क्या मिलने वाला है ? मैं सारी दुनिया में जाता हूँ। क्या मैंने जो कुछ सिखाया है, उस प्रत्येक शिक्षा के लिए मुझे पंद्रह कोड़े मिलेंगे ?···

हम इस निष्कर्ष पर पहुँचे हैं—"यह मेरी माया ईश्वरीय है।" यह मेरा कर्म, मेरा देवत्व है। "मेरी माया को पार कर पाना कठिन है; परंतु जो लोग मेरी शरण में आते हैं, वे माया से परे चले जाते हैं।" लेकिन आप पता कीजिए कि क्या आपके लिए माया के इस समुद्र को पार कर पाना अत्यंत कठिन है ? आप नहीं कर सकते ? यह अंडे व मुरगी के पुराने प्रश्न के समान है। यदि आप कोई कर्म करते हैं तो वह कारण बन जाता है और वह परिणाम उत्पन्न करता है। वही परिणाम एक बार फिर कारण बनता है और पुनः परिणाम उत्पन्न करता है। इस प्रकार, यह चक्र चलता रहता है। यदि आप उसे रोकने का प्रयास करेंगे तो वह कभी नहीं रुकेगा। जब आप किसी चीज को गतिशील बना देते हैं तो उसमें अधिक रुकावट नहीं आती है। मैं अच्छा या बुरा कोई भी कर्म करता हूँ तो वह एक शृंखलाबद्ध प्रतिक्रिया का निर्माण करता है···अब मैं नहीं रुक सकता हूँ।

हमारे लिए इस दासता से स्वयं बाहर निकल पाना असंभव है। यह केवल तभी संभव है, जब इस कारण-कार्य संबंध के नियम से अधिक सशक्त कोई हो और यदि वह हम पर कृपा करता है तो हमें इससे बाहर निकालता है।

हम तत्काल घोषणा कर देते हैं कि वहाँ कोई ईश्वर है। वहाँ कोई सर्व-कृपालु शक्ति—ईश्वर है। यदि कोई ईश्वर है तो मेरे लिए बच पाना सचमुच संभव है। आप अपनी इच्छानुसार कैसे बचाए जा सकते हैं ? क्या आप मुक्ति के सिद्धांत के दर्शन को कृपा द्वारा देखते हैं ? आप पश्चिम में रहनेवाले लोग बड़े विचित्र रूप से चतुर हैं; परंतु यदि आपको दर्शन का विवरण देना पड़ता है तो आप उतनी ही विचित्रता से उलझ जाते हैं। यदि आपकी दृष्टि में मुक्ति का अर्थ यह है कि आप इस समस्त प्रकृति से परे ले जाए जाएँगे तो आप खुद को अपने कर्म द्वारा कैसे बचा पाएँगे ? मुक्ति का अर्थ केवल ईश्वर में विश्वास करना है। परंतु जब आप इस तथ्य को जान जाते हैं कि आप आत्मा हैं, प्रकृति नहीं, तो आपके लिए मुक्ति का अर्थ ही क्या रह जाता है ! आप आत्मा, ईश्वर, प्रकृति के बाहर केवल एक वस्तु हैं। ये सब बाहरी अस्मिताएँ हैं और ईश्वर प्रकृति एवं आत्मा दोनों में समाया हुआ है।

इसलिए, जिस प्रकार कोई चीज मेरे शरीर के लिए मेरी आत्मा है, हम सभी यथावत् रूप से ईश्वर के विभिन्न शरीर हैं। ईश्वर, आत्मा, प्रकृति—तीनों एक ही हैं। जब मैं एक कहता हूँ तो उसका अर्थ शरीर, आत्मा एवं मन से है। लेकिन हम देख चुके हैं कि कार्य-कारण संबंध का नियम प्रकृति के कण-कण में व्याप्त है और यदि आप एक बार इसमें फँस जाते हैं तो इससे बाहर नहीं निकल सकते। जब आप एक बार नियमों की जंजीरों में जकड़ जाते हैं तो उससे मुक्त होने का संभव उपाय आपके द्वारा किया गया कार्य नहीं है। आप प्रत्येक जीवित मक्खी व मच्छर के लिए अस्पतालों का निर्माण करवा सकते हैं···आप ये सारे कार्य कर सकते हैं, लेकिन आप द्वारा किए गए ये कार्य आपको मुक्ति की ओर कभी नहीं ले जाते हैं।···अस्पताल बनाए जाते हैं और पुनः ध्वस्त हो जाते हैं। मुक्ति केवल तभी संभव है, जब आपके सम्मुख कोई ऐसी शक्ति हो, जिसे प्रकृति ने कभी नहीं पकड़ा हो। जो प्रकृति का शासक हो, वह प्रकृति द्वारा शासित होने की बजाय स्वयं प्रकृति पर शासन करता है। नियम उसकी इच्छा से बनते हैं, बजाय इसके कि वह नियमों द्वारा निर्देशित हो···वह एक अस्तित्व है और सर्व-कृपालु है। जिस पल आप उसे पुकारेंगे, वह तत्काल आपकी रक्षा हेतु दौड़ा आएगा।

उसने हमें इस मुसीबत से बाहर क्यों नहीं निकाला? क्योंकि आप उसे चाहते नहीं हैं। आप उसके अतिरिक्त प्रत्येक चीज चाहते हैं। जिस पल आप उसे पाना चाहेंगे, उसी पल वह आपको प्राप्त हो जाएगा। हम उसे कभी पाना नहीं चाहते हैं। हम कहते हैं कि 'हे प्रभु! मुझे एक सुंदर घर दो।' हम घर पाना चाहते हैं, उसे नहीं। 'मुझे स्वास्थ्य दो! मुझे इस मुसीबत से बचाओ!' जब मनुष्य किसी अन्य चीज के अतिरिक्त केवल उसे पाना चाहता है तो वह उसे मिल जाता है। "धनी मनुष्य जो प्रेम सोना, चाँदी और संपत्तियों से करता है, हे प्रभु! वही प्रेम मेरे मन में आपके प्रति है। न तो मुझे यह पृथ्वी चाहिए और न ही स्वर्ग, न सौंदर्य और न ज्ञान। मैं मुक्ति नहीं चाहता। मैं बार-बार नरक में जाने के लिए तैयार हूँ, परंतु मुझे केवल एक ही चीज चाहिए और वह है आपका प्रेम। और वह प्रेम भी केवल प्रेम के लिए, न कि स्वर्ग की प्राप्ति के लिए।"

मनुष्य जिस चीज की इच्छा करता है, वह उसे प्राप्त होती है। यदि आप सदैव एक शरीर पाने का स्वप्न देखेंगे तो आपको एक अन्य शरीर मिलेगा। जब यह शरीर नष्ट हो जाता है तो वह दूसरे शरीर की इच्छा करता है और इस प्रकार, वह एक के बाद दूसरा शरीर प्राप्त करता रहता है। आप पदार्थ से प्रेम करेंगे तो पदार्थ बन जाएँगे। सर्वप्रथम आप पशु बनेंगे। जब मैं किसी श्वान (कुत्ता) को हड्डी नोचते देखता हूँ तो कहता हूँ, "हे प्रभु! हमारी सहायता करो!" इस शरीर से तब तक प्रेम करो, जब तक कि तुम कुत्ते और

बिल्लियाँ न बन जाओ! तब तक भ्रष्ट बने रहो, जब तक कि तुम खनिज न बन जाओ। यह सब शरीर है, और कुछ नहीं।

यहाँ अन्य लोग भी हैं, जो कभी समझौता नहीं करते हैं। मुक्ति का मार्ग सत्य से होकर गुजरता है। वह एक अन्य संकेतक था···

मनुष्य ने आध्यात्मिकता में प्रगति तब प्रारंभ की, जब उसने शैतान को लात मारकर बाहर कर दिया। वह उठ खड़ा हुआ और उसने संसार के कंधों का भार अपने कंधों पर ले लिया। परंतु उसने जब भी कभी अतीत, भविष्य एवं कार्य-कारण संबंध के नियमों की ओर देखा, घुटने टेककर बैठ गया और बोला, "प्रभु! मेरी रक्षा करो। आप ही मेरे रचयिता, मेरे पिता एवं सर्वप्रिय मित्र हैं।" (तुम्हीं हो माता, पिता तुम्हीं हो; तुम्हीं हो बंधु, सखा तुम्हीं हो)। मैं सोचता हूँ कि यह एक कविता है, परंतु बहुत सुंदर कविता नहीं है। निस्संदेह यह असीम व अनंत ईश्वर की तसवीर है; परंतु यह अनंतता इंद्रियों की है, मांसपेशियों की है।

"उसे न तो सूर्य प्रकाशित करता है और न ही चंद्रमा, न तारे और न ही बिजली की चमक।" नकारात्मक भाषा में यह अनंत की एक अन्य तसवीर है···और अंतिम अनंतता को उपनिषदों की आध्यात्मिकता में चित्रित किया गया है। वेदांत न केवल विश्व का सर्वोच्च दर्शन है, बल्कि वह एक महानतम काव्य भी है···

वेदों के प्रथम व द्वितीय भाग के मध्य के अंतर को आज पहचान लीजिए। पहले भाग में वह पूर्णतया इंद्रियों के क्षेत्र में है। परंतु सभी धर्म अनंत के केवल बाहरी संसार के प्रति चिंतित हैं—प्रकृति एवं प्रकृति के ईश्वर के प्रति चिंतित हैं···वेदांत ऐसा नहीं है। यह पहला प्रकाश है, जिसे मानव मन ने पहली बार इन सब चीजों पर डाला। अनंत अंतरिक्ष से कोई संतोष नहीं आता है। आत्म-अस्तित्वमान ईश्वर ने बाह्य जगत् के लिए इंद्रियों की रचना की। जो लोग उसे बाहर खोजने का प्रयास करेंगे, वे उसे कभी नहीं पाएँगे, क्योंकि वह अंदर है। जो गिने-चुने लोग सत्य को जानने के इच्छुक हैं, वे अपनी दृष्टि को अंदर की ओर, अपनी आत्माओं की ओर मोड़ते हैं और आत्म की महिमा बनाए रखते हैं।"

वह अंतरिक्ष का अनंत नहीं, अपितु अंतरिक्ष एवं काल से परे वास्तविक अनंत है···पश्चिम द्वारा संसार को इसी प्रकार अनदेखा किया गया है···उनके मनों को बाह्य प्रकृति एवं प्रकृति के ईश्वर की ओर मोड़ दिया गया है। अपने अंदर देखिए और उस सत्य को खोज लीजिए, जिसे आप लोग भूल चुके हैं। क्या ईश्वर की सहायता के बिना मन का इस स्वप्न से बाहर आना संभव है? जब आप एक बार कर्म प्रारंभ करते हैं,

तब तक हमें कोई सहायता प्राप्त नहीं होती है, जब तक कि कृपालु पिता हमें उससे बाहर नहीं निकालता है।

यद्यपि कृपालु ईश्वर के हाथों में होते हुए भी वह मुक्ति नहीं होगी। दासता, दासता है। जंजीर सोने की भी उतनी ही बुरी है, जितनी कि लोहे की। क्या इसका कोई उपाय है?

आप बँधे हुए नहीं हैं। कोई भी कभी बँधा हुआ नहीं था। आत्मा बंधनों से परे है। वह सर्वस्व है। आप एक हैं, दो नहीं। ईश्वर आपका अपना प्रतिबिंब है, जो माया के परदे में पड़ा हुआ है। आप वास्तविक ईश्वर आत्म हैं। मनुष्य अज्ञानतापूर्वक जिसकी पूजा करता है, वह उसी का प्रतिबिंब है। वे कहते हैं कि स्वर्ग में बैठा हुआ पिता ईश्वर है। ईश्वर क्यों? ऐसा इसलिए, क्योंकि वह आपका अपना प्रतिबिंब है कि वह ईश्वर है। क्या आप जानते हैं कि आप हर समय ईश्वर को देख रहे हैं? जब आप स्वयं को अनावृत्त करते हैं तो प्रतिबिंब स्पष्ट हो जाता है।

एक ही वृक्ष पर दो सुंदर पक्षी बैठे हैं। एक शांत, चुप एवं भव्य है। नीचे बैठा हुआ पक्षी वैयक्तिक आत्म है, जो खट्टे-मीठे फल खाकर प्रसन्न व दुःखी हो रहा है। परंतु जब वैयक्तिक आत्म पूजनीय ईश्वर को अपना वास्तविक आत्म मान लेता है तो वह अधिक दुःखी नहीं होता है।

…'ईश्वर' मत बोलो, 'आप' मत बोलो; 'मैं' कहो। द्वैतवादिता की भाषा कहती है, "प्रभु, आप मेरे पिता हैं।" अद्वैत की भाषा कहती है कि मैं स्वयं को जितना प्रिय हूँ, उसकी अपेक्षा आप मुझे अधिक प्रिय हैं। मेरे पास आपके लिए कोई नाम नहीं है। सर्वाधिक निकट जिस नाम का उच्चारण मैं कर सकता हूँ, वह 'मैं' है।…

"ईश्वर सत्य है। जगत् एक स्वप्न है। सौभाग्यवश, मुझे इस पल इस तथ्य का भान है कि मैं था और आगे भी समस्त अनंतता से मुक्त रहूँगा…यह भी कि मैं इस तथ्य से भिज्ञ हूँ कि मैं केवल अपनी पूजा कर रहा हूँ और मैं यह भी जानता हूँ कि किसी प्रकृति, किसी भ्रम का मेरे ऊपर कोई नियंत्रण नहीं है। मेरे अंदर से प्रकृति को मिटा दो, इन ईश्वरों को मिटा दो, इस पूजा को मिटा दो…अंधविश्वासों को मिटा दो; क्योंकि मैं स्वयं को जानता हूँ। मैं असीम हूँ। श्रीमान अमुक-अमुक, श्रीमती अमुक-अमुक, दायित्व, प्रसन्नता, पीड़ा इत्यादि के सारे भाव समाप्त हो गए हैं। मैं अनंत हूँ। मेरा जन्म व मृत्यु कैसे हो सकती है? मैं किससे डरूँ? मैं एक हूँ। क्या मैं स्वयं से डरूँगा? किसे, किससे भयभीत होना है? मैं एकल अस्तित्व हूँ। किसी अन्य चीज का कोई अस्तित्व नहीं है। मैं ही सबकुछ हूँ।"

यह केवल आपकी वास्तविक प्रकृति की स्मृति का प्रश्न है, न कि कार्य के माध्यम

से मुक्ति का। क्या आपको मुक्ति प्राप्त होगी? आप तो पहले ही मुक्त हैं।

बार-बार इस वाक्य को दोहराओ—"मैं मुक्त हूँ।" इस बात की चिंता मत करो कि अगले पल भ्रम आकर कहेगा, "मैं बँधा हुआ हूँ।" प्रत्येक चीज को सारे विस्मय से दूर कर दो।

सबसे पहले इस सत्य को सुना जाना चाहिए। यहाँ यह पहली चीज है। इस सत्य को अहर्निश स्मरण करो। अपने मन को अहर्निश इस विचार से भर दो—"मैं ब्रह्मांड का स्वामी हूँ। कभी कोई भ्रम था ही नहीं।…" अपने मन की पूरी शक्ति के साथ तब तक ध्यान करो, जब तक कि इन दीवारों, मकानों और अन्य प्रत्येक चीज का अस्तित्व विगलित न हो जाए; जब तक शरीर एवं अन्य सभी चीजें लुप्त न हो जाएँ। "मैं अकेला शेष रहूँगा। मैं एक हूँ।" संघर्ष जारी रखो! "कौन परवाह करता है! हम मुक्त होना चाहते हैं। हमें शक्तियों की आवश्यकता नहीं है। हम जगत् का त्याग कर देंगे, हम स्वर्ग का त्याग कर देंगे, हम नरक का परित्याग कर देंगे। मुझे, इसकी, उसकी या इन समस्त शक्तियों की क्या परवाह है! यदि नियंत्रित या अनियंत्रित है तो मैं किस चीज की परवाह करूँ? इसे चलने दो। हमें इनसे क्या! मैं मन नहीं हूँ। इसे जारी रहने दो!"

सूर्य अच्छे व बुरे—दोनों को अपना प्रकाश देता है। क्या उसे कोई दुश्चरित्र व्यक्ति स्पर्श कर सकता है? "मैं वह हूँ। मेरा मन चाहे जो करे, मैं उसमें लिप्त नहीं हूँ। सूर्य गंदे स्थानों पर भी अपना प्रकाश फैलाता है, परंतु वह गंदगी उसे स्पर्श नहीं कर पाती है। मैं अस्तित्व हूँ।"

यही अद्वैत दर्शन का धर्म है। यह कठिन है। संघर्ष करो! सभी अंधविश्वासों को समाप्त करो! न तो कोई गुरु है, न कोई धर्मग्रंथ और न ही किसी ईश्वर का कोई अस्तित्व है। स्वयं को ईश्वर मानकर मंदिरों, पुजारियों, ईश्वरों एवं अवतारों का परित्याग कर दो। यदि कभी किसी ईश्वर का अस्तित्व था तो मैं ही वह सर्वविद्यमान संपूर्ण ईश्वर हूँ! वहाँ दार्शनिक खड़े हो जाते हैं! कोई चिंता नहीं! ईश्वर एवं संसार के अंधविश्वासों के बारे में अधिक बात मत करो। केवल सत्य विजयी होता है और यह बात सत्य है। मैं अनंत हूँ।

सभी धर्म एवं अंधविश्वास थोथी कल्पनाएँ हैं।…यह समाज, जिसे मैं अभी आपके सामने देख रहा हूँ और आपसे बात कर रहा हूँ—यह सब अंधविश्वास है; इन सबको अनिवार्यतः त्याग देना होगा। केवल उसे देखो, जो एक दार्शनिक बनने हेतु अनिवार्य हो! यह ज्ञानयोग का मार्ग है, अर्थात् ज्ञान द्वारा मार्ग की प्राप्ति। अन्य सभी मार्ग सरल एवं

शिथिल हैं, परंतु यह मन की शुद्ध शक्ति है। कोई दुर्बलता ज्ञान के इस मार्ग का अनुसरण नहीं कर सकती है। आपको अनिवार्यत: यह कहने हेतु समर्थ होना होगा—"मैं आत्मा हूँ, सर्वोन्मुक्त; मैं कभी भी बँधा हुआ नहीं था। समय मुझ में है, न कि मैं समय में। ईश्वर मेरे मन में पैदा हुआ था। ईश्वर, यानी पिता, जगत् का पिता—उसका सृजन मेरे द्वारा मेरे मन में किया गया है।…"

क्या आप स्वयं को दार्शनिक कहते हैं? यदि हाँ, तो उसे दिखाओ! इसके बारे में चिंतन कीजिए, इस विषय में चर्चा कीजिए और सभी अंधविश्वासों को त्यागकर इस मार्ग पर चलने हेतु एक-दूसरे की सहायता कीजिए।

□

6

व्यावहारिक धर्म : श्वसन एवं ध्यान

व्यावहारिक धर्म के विषय में प्रत्येक व्यक्ति का विचार उसके व्यावहारिकता के सिद्धांत और उसके दृष्टिकोण के अनुसार होता है, जहाँ से वह प्रारंभ करता है। उसमें कृत्य है। उसमें एक पूजा-पद्धति है। उसमें ज्ञान है।

दार्शनिक सोचता है"लगाव एवं मुक्ति के मध्य का अंतर केवल ज्ञान और अज्ञानता के कारण होता है। उसके लिए ज्ञान लक्ष्य है और उसकी व्यावहारिकता उस ज्ञान को प्राप्त करना है"उपासक का व्यावहारिक धर्म प्रेम व श्रद्धा है। कार्यकर्ता के व्यावहारिक धर्म में अच्छे कार्य करना शामिल है। और इस प्रकार, जैसा कि अनेक अन्य चीजों की भाँति हम सदैव दूसरों के मानक को अनदेखा करने का प्रयास करते हैं और समस्त संसार को अपने मानक में बाँधने का प्रयास करते हैं।

प्रेम से परिपूर्ण व्यक्ति का व्यावहारिक धर्म अपने साथियों की भलाई करना है। यदि लोग चिकित्सालयों के निर्माण में सहायता नहीं करते हैं तो वह सोचता है कि उनका कतई कोई धर्म नहीं है। परंतु इसका कोई कारण नहीं है कि प्रत्येक व्यक्ति को वह कार्य क्यों करना चाहिए? इसी तरह, दार्शनिक भी उस प्रत्येक व्यक्ति की निंदा कर सकता है, जिसके पास ज्ञान नहीं है। लोग 20 हजार अस्पतालों का निर्माण कर सकते हैं; परंतु दार्शनिक घोषणा कर देता है कि वे ईश्वरों के भार को ढोनेवाले असभ्य लोगों के अतिरिक्त और कुछ नहीं हैं। उपासक का अपना विचार एवं मानक होता है, "वह कहता है कि लोग चाहे जितने भी कार्य करें, यदि वे ईश्वर से प्रेम नहीं करते हैं तो वे अच्छे लोग नहीं हैं। योगी मन के नियंत्रण एवं आंतरिक प्रकृति की विजय में विश्वास करता है। आपने इस दिशा में कितना अर्जित किया है? आपका अपनी इंद्रियों एवं अपने

** 5 अप्रैल, 1900 को सैन फ्रांसिस्को में दिया गया वक्तव्य*

शरीर पर कितना अधिक नियंत्रण है?" योगी यही सारे प्रश्न करता है। और जैसा कि हमने कहा कि प्रत्येक व्यक्ति दूसरों को अपने मानकों के अनुसार आँकता है। जैसा कि भारत में कुछ लोग करते हैं, मनुष्य ने संभवत: चूहों व बिल्लियों को खिलाने के लिए लाखों डॉलर दिए हैं। उनका कथन है कि मनुष्य अपनी देखभाल स्वयं कर सकता है, परंतु गरीब जानवर ऐसा नहीं कर सकता है। यही उनका विचार है। परंतु योगी के लिए उसका लक्ष्य अपनी आंतरिक प्रकृति पर की विजय है और वह लोगों का निर्णय अपने उसी मानक के आधार पर करता है।...

हम हमेशा व्यावहारिक धर्म के बारे में बातें करते रहते हैं, परंतु यह भी सोचते हैं कि उसे अनिवार्यत: हमारी बुद्धि के अनुसार व्यावहारिक होना चाहिए। विशेषतया पश्चिमी देशों में लोग ऐसा ही सोचते हैं। धर्मावलंबी का आदर्श श्रेष्ठ कर्म करना है। वे श्रद्धा एवं दर्शन पर अधिक ध्यान नहीं देते हैं। वे सोचते हैं कि उसमें कुछ खास नहीं है। वे कहते हैं, "आपका ज्ञान क्या है?" व्यक्ति को कुछ-न-कुछ करना ही चाहिए...थोड़ी मानवता तो दिखानी ही चाहिए! गिरजाघर रात-दिन संवेदनहीन अज्ञेयवाद के विरुद्ध प्रचार करते रहते हैं, फिर भी वे तेजी से उसी की ओर बढ़ते दिखाई देते हैं। संवेदनहीन दास! उपयोगिता का धर्म! वर्तमान में भी यही भावना है। यही कारण है कि कुछ बुद्धवादी या बौद्ध धर्मावलंबी पश्चिम में अत्यधिक लोकप्रिय हो गए हैं। वे सोचते हैं कि लोग यह नहीं जानते हैं कि कहीं कोई ईश्वर है या नहीं, कोई आत्मा है या नहीं? यह संसार कष्टों से परिपूर्ण है। इस जगत् की सहायता करने का प्रयास करो।

योग के जिस सिद्धांत के विषय में इस समय हम चर्चा कर रहे हैं, यह इस दृष्टिकोण से नहीं है। वह सिखाता है कि एक आत्मा है और उस आत्मा के अंदर ही सारी शक्ति है। वह पहले से हमारे अंदर मौजूद है और यदि हम इस शरीर पर प्रवीणता प्राप्त कर सकते हैं तो संपूर्ण शक्ति अनावृत हो जाएगी। समस्त ज्ञान आत्मा में है। लोग संघर्षरत क्यों हैं? कष्टों को कम करने के लिए...हमारी सभी अप्रसन्नताओं का कारण हमारे शरीर पर हमारा स्वामित्व न होना है।...हम सभी लोग बग्घी को घोड़े के आगे बाँध रहे हैं। उदाहरण के लिए, कार्य-प्रणाली को ले लीजिए। हम गरीब को सुविधा देकर कुछ अच्छा करने का प्रयास कर रहे हैं। हम कष्ट उत्पन्न करनेवाले कारण तक नहीं पहुँचते हैं। यह समुद्र को खाली करने के लिए उसमें से एक बालटी जल लेने के समान है। हम जितनी बार भी समुद्र से जल बाहर निकालते हैं, हर बार उससे अधिक जल उसमें आ जाता है। योगी समझता है कि यह सब मूर्खता है। वह जानता है कि कष्टों की समाप्ति का उपाय पहले कष्ट के कारण को जानना है। हम

अपने सामर्थ्य के अनुसार अच्छा कार्य करने का प्रयास करते हैं। किसलिए? यदि हमें इस बात का ज्ञान है कि रोग असाध्य या अनुपचारिय है तो हमें उसके लिए संघर्ष और चिंता क्यों करनी चाहिए? यदि उपयोगितावादी कहता है, "आत्मा एवं ईश्वर के विषय में चिंता मत करो!" योगी के लिए और संसार के लिए उसके इस कथन का क्या अर्थ है? ऐसी प्रवृत्ति से जगत् को कोई लाभ नहीं होता है। हर बार अधिकाधिक कष्ट उत्पन्न होता रहता है।···

योगी कहता है कि आपको इस सबके मूल में जाना होगा। संसार में इतनी पीड़ा क्यों है, गरीबी क्यों है, कष्ट क्यों है? वह उत्तर देता है, "यह सब हमारी मूर्खता है। हमारे अपने शरीरों पर हमारा उचित नियंत्रण न होना है। समग्रतः यही है।" वह ऐसे उपाय सुझाता है, जिसके माध्यम से इस पीड़ा से मुक्ति पाई जा सकती है। इस प्रकार, यदि आप अपने शरीर पर नियंत्रण प्राप्त कर लें तो संसार के सभी कष्ट मिट जाएँगे। प्रत्येक अस्पताल यह प्रार्थना कर रहा है कि उसमें अधिकाधिक रोगी आएँ। हर बार जब आप कुछ दान करने के विषय में सोचते हैं तो यही सोचते हैं कि आपका दान लेने के लिए वहाँ कोई-न-कोई भिखारी बैठा ही होगा। यदि आप कहते हैं, "हे प्रभु! आप संसार को दानियों से भर दें!" आपके कहने का यही अर्थ है कि आप इसे भिखारियों से भी भर दें। यदि आप कहते हैं कि संसार को सुकर्मों से परिपूर्ण होना चाहिए, तो उसका एक अर्थ यह भी है कि संसार को कष्टों से भरपूर होना चाहिए। यह पूर्णतः दासता है!

···योगी कहता है कि धर्म तभी व्यावहारिक है, जब आपको पहले इस बात का ज्ञान हो कि कष्टों का कारण क्या है? संसार की सारी पीड़ा हमारी इंद्रियों में है। क्या सूर्य, चंद्रमा एवं तारों में कोई बीमारी है? जो अग्नि आपका भोजन पकाती है, वही अग्नि बच्चे को जला देती है। क्या यह अग्नि का दोष है? अग्नि सौभाग्यशाली है? यह बिजली सौभाग्यशाली है? यह प्रकाश देती है···आप अपना दोषारोपण कहाँ करेंगे? तत्त्वों पर नहीं। संसार न तो अच्छा है, न बुरा। संसार केवल संसार है। अग्नि केवल अग्नि है। यदि आप उसमें अपनी उँगली जलाते हैं तो आप मूर्ख हैं। यदि आप उस अग्नि से अपना भोजन पकाते हैं और अपनी भूख शांत करते हैं तो आप एक बुद्धिमान व्यक्ति हैं। यही सारा अंतर है। परिस्थितियाँ कभी भी अच्छी या बुरी नहीं होती हैं। केवल व्यक्तिगत मनुष्य अच्छा या बुरा हो सकता है। संसार के अच्छे या बुरे होने का क्या अर्थ है? कष्ट एवं प्रसन्नता का संबंध केवल इंद्रियात्मक व्यक्तिगत मनुष्य से है।

योगी जन कहते हैं कि प्रकृति आनंद लेने योग्य है और आत्मा उसका आनंद लेती है। फिर इतने सारे कष्ट और खुशियाँ कहाँ हैं? इंद्रियों में। यह इंद्रियों का स्पर्श ही है,

जो प्रसन्नता एवं पीड़ा, गरमी एवं शीत का कारण बनता है। यदि हम अपनी इंद्रियों को नियंत्रित कर सकें और आदेश दें कि वे क्या अनुभव करें, न कि वे हमें कुछ करने का आदेश दें, जैसा कि वे वर्तमान में कर रही हैं—यदि वे हमारे आदेशों का पालन करेंगी तो हमारी सेविकाएँ बन जाएँगी और समस्या तुरंत हल हो जाएगी। हम अपनी इंद्रियों से बँधे हुए हैं। वे हर समय हमसे खेलती हैं और हमें मूर्ख बनाती हैं।

यहाँ दुर्गंध है। जैसे ही वह हमारी नाक का स्पर्श करेगी, मुझे अप्रसन्नता होगी। मैं अपनी नाक का दास हूँ। यदि मैं उसका दास नहीं हूँ तो मैं उसकी कोई परवाह नहीं करूँगा। कोई व्यक्ति मेरी निंदा करता है। उसकी निंदाएँ मेरे कानों में प्रविष्ट होती हैं और मन व शरीर में अवस्थित हो जाती हैं। यदि मैं प्रवीण हूँ तो मैं कहूँगा, "इन चीजों को जाने दो; ये चीजें मेरे लिए कुछ भी नहीं हैं। मुझे कोई कष्ट नहीं होगा। मैं उसकी चिंता नहीं करूँगा।" यही पूर्णतया शुद्ध, सरल व स्पष्ट सत्य है।

हमें जिस अन्य समस्या को हल करना है, क्या वह व्यावहारिक है? क्या व्यक्ति वह शक्ति अर्जित कर सकता है, जिससे वह अपने शरीर पर स्वामित्व प्राप्त कर सके?··· योग कहता है कि यह व्यावहारिक है। मान लीजिए कि वह नहीं है—मान लीजिए कि आपके मन में संदेह है, आपको उसे दूर करने का प्रयास करना होगा। इसके अतिरिक्त अन्य कोई उपाय नहीं है।···

आप हर समय अच्छे काम कर सकते हैं। ठीक उसी प्रकार आप अपनी इंद्रियों के दास हो सकते हैं। आप दयनीय एवं अप्रसन्न हो जाएँगे। आप प्रत्येक धर्म के दर्शन का अध्ययन कर सकते हैं। इस देश में लोग अपनी पीठों पर पुस्तकों के भार के भार ढोते रहते हैं। वे मात्र विद्वान् हैं, इंद्रियों के दास हैं और इसलिए वे प्रसन्न या अप्रसन्न हैं। वे 2,000 पुस्तकें पढ़ते हैं, इतना तो ठीक है, परंतु जैसे ही उन्हें कोई छोटा-मोटा कष्ट होता है, वे चिंतित व व्यग्र हो उठते हैं···आप खुद को मनुष्य कहते हैं! आप खड़े होते हैं और अस्पतालों का निर्माण करते हैं। आप लोग मूर्ख हैं!

मनुष्य एवं पशुओं के मध्य क्या अंतर है?···"आहार व निद्रा, प्रजातियों का प्रजनन एवं भय मनुष्यों तथा पशुओं में समान रूप से मौजूद होते हैं। कहीं कोई अंतर नहीं है—मनुष्य इन सबको नियंत्रित कर सकता है और ईश्वर, स्वामी बन जाता है।" पशु ऐसा नहीं कर सकते हैं। कुछ पशु परोपकारी कार्य कर सकते हैं। चींटियाँ करती हैं, कुत्ते करते हैं। फिर अंतर क्या है? मनुष्य अपने स्वामी हो सकते हैं। वे किसी चीज की प्रतिक्रिया को अवरुद्ध कर सकते हैं···जानवर किसी चीज का प्रतिरोध नहीं कर सकता है। वह हर जगह प्रकृति की डोर से बँधा हुआ है। मनुष्य एवं पशु में यही

समूचा भेद है। एक प्रकृति का स्वामी है और दूसरा प्रकृति का दास है। प्रकृति क्या है? यही हमारी पाँच इंद्रियाँ···

योग के अनुसार, आंतरिक प्रकृति की विजय ही एकमात्र उपाय है। ईश्वर को पाने की प्यास धर्म है···अच्छे कर्म इत्यादि मन को कुछ समय के लिए शांत करते हैं। इसका अभ्यास करने के लिए—पूर्ण बनने के लिए—सबकुछ हमारे अतीत पर निर्भर करता है। मैं अपने संपूर्ण जीवन में योग का अध्ययन करता रहा हूँ; किंतु अभी बहुत कम प्रगति कर पाया हूँ। परंतु अब तक मुझे यह स्वीकार कर लेने का ज्ञान प्राप्त हो चुका है कि यही एकमात्र सही मार्ग है। एक दिन ऐसा आएगा, जब मैं अपना स्वामी हो जाऊँगा, यदि इस जन्म में नहीं तो अगले जन्म में सही। मैं संघर्ष करूँगा और उसे कभी नहीं त्यागूँगा। मेरा कुछ खोया नहीं है। यदि इसी क्षण मेरी मृत्यु हो जाए तो मेरे विगत संघर्ष मेरी सहायता हेतु आएँगे। क्या आपने स्वयं नहीं देखा है कि एक व्यक्ति और दूसरे व्यक्ति के बीच क्या चीज भेद करती है? वह अतीत है। हमारी अतीत की आदतें एक व्यक्ति को बुद्धिमान और दूसरे को मूढ़ बनाती हैं। आपके पास अतीत की शक्ति हो तो आप पाँच मिनट में सफल हो सकते हैं। कोई भी समय के पल की भविष्यवाणी नहीं कर सकता है। हम सबको किसी-न-किसी समय पूर्णता प्राप्त करनी होगी।

योगी हमें व्यावहारिक पाठों की जो शिक्षा देता है, उसका बड़ा भाग हमारे मन में है, अर्थात् वह हमें एकाग्रता एवं ध्यान की शक्ति के बारे में बताता है। हम अत्यंत भौतिकतावादी बन गए हैं। जब हम अपने बारे में सोचते हैं तो हमें केवल अपना शरीर दिखाई देता है। शरीर ही हमारा आदर्श बन गया है, और कुछ नहीं। इसलिए इसे कुछ भौतिक सहायता आवश्यक है।···

पहला, बैठने के लिए ऐसी मुद्रा अपनाएँ, जिसमें आप अधिक देर तक बैठ सकें। सभी सक्रिय नाड़ियों के प्रवाह को रीढ़ की ओर जाने दें। रीढ़ से आपके शरीर का भार वहन करने की अपेक्षा नहीं की जाती। इसलिए, आप ध्यान की मुद्रा में इस प्रकार बैठें, जिससे शरीर का भार रीढ़ पर न हो। उसे सभी दबावों से मुक्त रखें।

ध्यान में कुछ प्रारंभिक चीजों पर भी ध्यान देने की आवश्यकता है। सबसे बड़ा प्रश्न तो आहार व व्यायाम का है···साधक को दिन में एक या दो बार आहार लेने की बजाय कई बार थोड़ा-थोड़ा सादा भोजन करना चाहिए। कभी भी बहुत अधिक भूखे न रहें। "जो व्यक्ति बहुत अधिक भोजन करता है, वह योगी नहीं हो सकता है। जो बहुत अधिक उपवास करता है, वह भी योगी नहीं हो सकता है। अधिक सोनेवाला व्यक्ति भी योगी नहीं हो सकता और अधिक जागनेवाला व्यक्ति भी योगी नहीं हो सकता है।" जो

व्यक्ति बहुत अधिक काम करता है और जो बिल्कुल भी काम नहीं करता, ऐसे व्यक्ति ध्यान-साधना में सफल नहीं हो सकते हैं। सम्यक् आहार, सम्यक् व्यायाम, सम्यक् निद्रा, सम्यक् जागरण किसी भी सफलता के लिए आवश्यक हैं।

उचित भोजन क्या हो और वह किस प्रकार का हो, इसका निर्णय हमें स्वयं करना होगा। हमारे लिए इसका निर्धारण कोई अन्य व्यक्ति नहीं कर सकता है। सामान्य रीति के रूप में हमें चटपटे भोजन से परहेज करना होगा।''हम नहीं जानते कि अपने व्यवसाय से अपने भोजन को किस प्रकार भिन्न रखें! हम अकसर इस बात को भूल जाते हैं कि यह भोजन ही है, जिससे हम अपनी आवश्यकता की सभी चीजों का निर्माण करते हैं। अत: हमारे लिए वांछित ऊर्जा और उसकी किस्म का निर्धारण अनिवार्यत: भोजन द्वारा किया जाना चाहिए।''

हिंसक व्यायाम कदापि अनिवार्य नहीं है।''यदि आप अपनी मांसपेशियाँ मजबूत करना चाहते हैं तो योग आपके लिए नहीं है। आपके शरीर का वर्तमान में जो शारीरिक गठन है, आपको उससे उत्तम सौष्ठव का निर्माण करना होगा। हिंस्र व्यायाम निश्चित रूप से आपके लिए हानिकारक है। उन लोगों के बीच रहें, जो अधिक कसरत नहीं करते हैं। यदि आप अधिक हिंसक व्यायाम नहीं करेंगे तो अधिक दिन जीवित रहेंगे। निश्चय ही, आप अपनी शक्ति को केवल मांसपेशियों पर नष्ट नहीं करना चाहेंगे! जो लोग अपने दिमाग से अधिक काम लेते हैं, वे अधिक समय तक जीवित रहते हैं। लैंप को तेज गति से मत जलाओ। उसे धीरे-धीरे मद्धिम गति से जलने दो''किसी भी हिंसक शारीरिक या मानसिक व्यायाम का अर्थ है कि आप लैंप को तेज गति से जला रहे हैं।

उचित आहार का सामान्य अर्थ यह है कि आपको अधिक मसालेदार एवं तीखा भोजन नहीं करना चाहिए। योगी कहता है कि प्रकृति के तत्त्वों के अनुसार, मन के तीन प्रकार हैं। एक मन सुस्त होता है, जो आत्मा की ज्योति को आच्छादित कर लेता है। दूसरा मन वह है, जो व्यक्ति को सक्रिय बनाता है और तीसरा मन वह है, जो मनुष्य को पूर्णतया स्थिर एवं शांतिपूर्ण बनाता है।

कुछ लोग ऐसे होते हैं, जो हर समय सोते रहने की आदत के साथ पैदा होते हैं। ऐसे लोगों का रुझान स्वादिष्ट एवं गरिष्ठ भोजन की ओर होता है। ऐसे लोगों की सामान्य प्रवृत्ति होती है कि वे मेज पर रखे पनीर को देखते ही उस पर टूट पड़ते हैं।

इसके बाद सक्रिय लोग आते हैं। उनका स्वभाव प्रत्येक गरम एवं तीखी चीज खाने तथा शराब पीनेवाला होता है।

सात्त्विक लोग अत्यंत विचारशील, शांत एवं धीर होते हैं। वे कम मात्रा में भोजन करते हैं और कभी कोई बुरी चीज नहीं लेते हैं।

मुझसे हमेशा यह प्रश्न किया जाता है, "क्या मैं मांस खाना छोड़ सकता हूँ?" मेरे गुरु ने कहा था, "आपको किसी चीज को छोड़ने की क्या आवश्यकता है? वह चीज आपको छोड़ देगी।" प्रकृति में विद्यमान किसी चीज को मत त्यागो। प्रकृति को इतना गरम कर दो, उत्तेजित कर दो कि वह स्वयं आपको त्याग दे। एक समय ऐसा आएगा कि आप स्वयं संभवतः मांस न खा पाएँ। उसे देखते ही आपको घृणा होने लगेगी। एक समय ऐसा आ जाएगा कि आप जिन अनेक चीजों को त्यागने हेतु संघर्ष कर रहे हैं, वे आपको स्वाद-रहित एवं सकारात्मक रूप से घृणित दिखाई देने लगेंगी।

इसके बाद अनेक प्रकार के श्वसन अभ्यास हैं। इसके तीन आयाम हैं—श्वास छोड़ना, श्वास रोकना और बिना श्वास लिये कुछ समय तक बने रहकर उसे पूरी तरह बाहर निकाल देना। कुछ श्वसन अभ्यास अपेक्षाकृत कठिन होते हैं और कुछ अत्यंत जटिल होते हैं, और यदि उन्हें उचित आहार के बिना किया जाए तो हानिकारक सिद्ध हो सकते हैं। मैं आपको केवल सरल अभ्यासों को छोड़कर अन्य कोई भी कठिन अभ्यास करने का परामर्श नहीं दूँगा।

गहरी साँस लें और उसे फेफड़ों में भर दें। धीरे-धीरे साँस को बाहर छोड़ें। नाक के एक छिद्र से साँस लेकर उसे फेफड़ों में भरें और नाक के दूसरे छिद्र से धीरे-धीरे बाहर निकालें। हम में से कुछ लोग पर्याप्त गहरी साँस नहीं लेते हैं। दूसरे लोग फेफड़ों को पर्याप्त रूप से भर नहीं पाते हैं। श्वसन अभ्यास इस कमी को दूर कर देगा। आधा घंटा प्रातःकाल एवं आधा घंटा सायंकाल किया जानेवाला श्वसन अभ्यास आपको एक भिन्न व्यक्ति में परिवर्तित कर देगा। इस प्रकार का श्वसन कभी हानिकारक नहीं होता है। अन्य अभ्यासों को भी अत्यंत मंद गति से किया जाना चाहिए। अपनी पूरी शक्ति का मूल्यांकन करें। यदि आप दस मिनट में थक जाते हैं तो केवल पाँच मिनट अभ्यास करें।

योगी से अपेक्षा की जाती है कि वह अपने शरीर को स्वस्थ रखे। ये विभिन्न श्वसन अभ्यास शरीर के अन्य अंगों को व्यवस्थित करने में अत्यंत सहायक हैं। शरीर के सभी अंग साँस से भर जाते हैं। यह साँस ही है, जिसके माध्यम से हम अपने सभी अंगों को नियंत्रित कर सकते हैं। शरीर के विभिन्न अंगों की अनियमितता को अधिक नाड़ी प्रवाह को उनकी ओर मोड़कर नियंत्रित किया जा सकता है। योगी को यह बता पाने में सक्षम होना चाहिए कि क्या शरीर में होनेवाली पीड़ा कम पौष्टिकता के कारण है अथवा अधिक शक्ति के कारण? उसे दोनों को संतुलित करना होगा।

योग में सफलता पाने की एक अन्य शर्त शुचिता है। यह सभी प्रकार के अभ्यास का मील का पत्थर है। व्यक्ति विवाहित हो या अविवाहित, शुचिता पूर्ण होनी चाहिए। वास्तव में, यह एक व्यापक विषय है; परंतु मैं आपको बताना चाहता हूँ—इस विषय पर की जानेवाली सार्वजनिक परिचर्चा इस देश की रुचि के अनुकूल नहीं है। पश्चिमी देश शिक्षकों के रूप में पतित लोगों से भरे पड़े हैं, जो स्त्रियों व पुरुषों को यह शिक्षा देते हैं कि यदि वे पवित्र होंगे तो उन्हें चोट लगेगी, वे आहत होंगे। इन लोगों ने ऐसी निकृष्ट चीजें कहाँ से ग्रहण कीं?…यह प्रश्न लेकर मेरे पास प्रति वर्ष हजारों की संख्या में लोग आते हैं। किसी ने उन्हें बता दिया है कि यदि वे पवित्र व शुद्ध होंगे तो शारीरिक रूप से दुर्बल हो जाएँगे। ऐसे शिक्षक यह बात कैसे जानते हैं? क्या वे कभी पवित्र रहे हैं? ऐसे ही अपवित्र एवं अशुद्ध मूर्ख तथा कामुक जीव होते हैं, जो सारे जगत् को घसीटकर अपने निचले स्तर पर लाना चाहते हैं।

त्याग के अतिरिक्त किसी अन्य माध्यम से कुछ भी प्राप्त नहीं किया जा सकता है।…हमारी मानव चेतना का पवित्रतम एवं श्रेष्ठतम कृत्य इसे मलिन कैसे कर सकता है! इसे पाशविकता के स्तर तक पतित मत करो…स्वयं को श्रेष्ठ मनुष्य बनाओ! पवित्र एवं शुद्ध बनो! इसके अतिरिक्त कोई अन्य उपाय नहीं है। क्या ईसा मसीह को कोई अन्य उपाय मिला? यदि आप ऊर्जा का उचित संरक्षण एवं उपयोग कर सकते हैं तो यह आपको ईश्वर की ओर ले जाएगी, अन्यथा यह अपने आप में स्वयं नरक है।…

बाहरी धरातल पर कोई कार्य करना अत्यंत सरल है; परंतु जब मन पर नियंत्रण करने की बात आती है तो विश्व-विजेता भी स्वयं को मात्र बच्चा पाता है। हमें इसी जगत् पर विजय प्राप्त करनी है। यह जगत् अत्यंत विशाल है और इस पर विजय प्राप्त करना अधिक कठिन है। निराश मत होओ! उठो, जागो और तब तक मत रुको, जब तक लक्ष्य प्राप्त न हो जाए!

□

7

अस्तित्व एक, रूप अनेक

वैराग्य या त्याग विभिन्न योगों का प्रस्थान-बिंदु है। कर्मी (कर्ता) अपने कार्य के फल का त्याग करता है। भक्त (उपासक) सर्वशक्तिमान एवं सर्वविद्यमान ईश्वर के प्रति अपने क्षुद्र प्रेम का परित्याग करता है। योगी अपने अनुभवों का त्याग करता है, क्योंकि उसका दर्शन है कि संपूर्ण प्रकृति यद्यपि आत्मा के अनुभव हेतु है, परंतु अंत में वह उसे यही ज्ञान कराती है कि वह प्रकृति में नहीं है, बल्कि वह पूर्णतया प्रकृति से पृथक् है। ज्ञानी (दार्शनिक) प्रत्येक चीज का त्याग कर देता है, क्योंकि उसका दर्शन है कि प्रकृति का अस्तित्व कभी था ही नहीं; न अतीत में था, न वर्तमान में है और न भविष्य में होगा। इन उच्च प्रसंगों में उपयोगिता का प्रश्न नहीं किया जा सकता है। यह अत्यंत बेतुका है; और यदि उचित विश्लेषण के बाद यह प्रश्न किया भी जाए तो उपयोगिता के इस प्रश्न से हमें क्या हासिल होगा? प्रसन्नता का आदर्श वह है, जो मनुष्य के लिए अधिक खुशियाँ लेकर आता है। उसके लिए इन उच्च चीजों की अपेक्षा खुशियाँ अधिक उपयोगी हैं, जो न तो उसकी पादार्थिक अवस्था को सुधारती हैं, न इतनी बड़ी प्रसन्नता लाती हैं। सभी विज्ञानों का एकमात्र ध्येय मानवता के लिए खुशियाँ लाना है। जिस चीज में व्यक्ति को अधिक खुशी मिलती है, उसे वह ग्रहण कर लेता है; जिसमें कम खुशी मिलती है, उसे त्याग देता है। हम यह बात समझ चुके हैं कि प्रसन्नता या तो शरीर में होती है या मन में अथवा आत्मा में। पशुओं या पशुओं के समान निकृष्ट मनुष्यों में सारी खुशियाँ शरीर में हैं। कोई भी मनुष्य किसी भूखे कुत्ते या भेड़िए के समान प्रसन्नतापूर्वक नहीं खा सकता है; इसलिए कुत्ते एवं भेड़िए में प्रसन्नता पूर्णतया उसके शरीर में है। मनुष्यों में हम खुशियों का एक ऊँचा धरातल पाते हैं और

* *सन् 1896 में न्यूयॉर्क में दिया गया वक्तव्य*

वह धरातल विचार है। ज्ञानी व्यक्ति के अंदर खुशियों का यही धरातल उन्नत होकर आत्म, अर्थात् आत्मा में पहुँच जाता है। इसलिए दार्शनिक के लिए आत्म का यह ज्ञान उच्चतम उपयोगिता वाला है, क्योंकि यह उसे उच्चतम संभव प्रसन्नता प्रदान करता है। उसके लिए इंद्रियात्मक संतुष्टि या भौतिक चीजें उच्चतम उपयोगिता की नहीं हो सकती हैं, क्योंकि वह उनमें वह समान सुख नहीं पाता है, जो उसे स्वयं ज्ञान में मिलता है। अंततोगत्वा, ज्ञान एक लक्ष्य है और हम जानते हैं कि वास्तव में वही एकमात्र उच्चतम प्रसन्नता है। जो लोग अज्ञानता में कर्म करते हैं, वे देवताओं के सूखे पशुओं के समान हैं। यहाँ 'देवता' शब्द का प्रयोग बुद्धिमान व्यक्ति के संदर्भ में किया गया है। वे सभी व्यक्ति, जो मशीनों की भाँति कठोर परिश्रम करते हैं, वे वस्तुतः जीवन का सही आनंद नहीं लेते हैं; परंतु वे बुद्धिमान लोग ही हैं, जो जीवन का वास्तविक आनंद लेते हैं। कोई अमीर व्यक्ति शायद 1,000 डॉलर खर्च करके कोई चित्र खरीदता है; परंतु यह काम वही व्यक्ति कर सकता है, जो कला को समझता है और उसका आनंद लेता है; और यदि अमीर आदमी को कला का कोई ज्ञान नहीं है तो वह उसके लिए अनुपयोगी है। वह केवल उस चित्र का स्वामी मात्र है। संपूर्ण विश्व में वे बुद्धिमान लोग ही हैं, जो विश्व की खुशियों का आनंद लेते हैं। अनभिज्ञ व्यक्ति कभी आनंद नहीं ले पाता है; उसे तो अनभिज्ञतापूर्वक दूसरों के लिए काम करना है।

इस प्रकार, जहाँ तक हमने इन अद्वैतवादी दार्शनिकों को समझा है, किस प्रकार केवल एक ही आत्मा है; वहाँ दो आत्माएँ नहीं हो सकतीं। हमने देखा है कि किस प्रकार इस संपूर्ण ब्रह्मांड में केवल एक अस्तित्व है और उसी एकल अस्तित्व को जब इंद्रियों के माध्यम से देखा जाता है तो उसे 'संसार' कहा जाता है, भौतिक संसार! जब उसे मन के माध्यम से देखा जाता है तो उसे विचारों एवं दृष्टिकोणों का संसार कहा जाता है; और जब उसे उसके यथावत् रूप में देखा जाता है तो वह एकल अनंत अस्तित्व बन जाता है। आप लोगों को यह बात अपने मन में भलीभाँति बैठा लेनी चाहिए कि केवल मनुष्य के अंदर ही आत्मा नहीं है, यद्यपि अपनी बात को स्पष्ट करने के लिए मैं इसे प्रथम दृष्टया मान लेता हूँ कि वहाँ केवल एक ही अस्तित्व है और वह अस्तित्व आत्मन, आत्म का है; और जब इसे इंद्रियों, इंद्रिय-छवियों के माध्यम से समझा जाता है तो उसे 'शरीर' कहा जाता है। जब इसे विचारों के माध्यम से ग्रहण किया जाता है तो यह 'मन' कहलाता है। जब इसे अपनी प्रकृति के माध्यम से ग्रहण किया जाता है तो यह आत्मन, अर्थात् एकल अस्तित्व बन जाता है। इसलिए ऐसा नहीं है कि एक में तीन चीजें—शरीर, मन एवं आत्म हैं। यद्यपि स्पष्टीकरण के उद्देश्य से ऐसा कहना सुविधाजनक है, परंतु वह तीन नहीं,

बल्कि एकल अस्तित्व आत्मा है और उस एक अस्तित्व को हम कभी शरीर, कभी मन और कभी अपने भिन्न दृष्टिकोण के अनुसार 'आत्मा' कहकर पुकारते हैं। वहाँ केवल एक अस्तित्व है, जिसे अज्ञानी व्यक्ति 'जगत्' कहता है। जब व्यक्ति ज्ञान में ऊँचाई प्राप्त करता है तो वह उसी के समान अस्तित्व को विचार जगत् की संज्ञा दे देता है। आप लोग एक बार फिर इस बात को अच्छी तरह समझ लें कि जब ज्ञान उत्पन्न होता है तो सारे भ्रम दूर हो जाते हैं और मनुष्य पाता है कि यह सब आत्मा के अतिरिक्त और कुछ नहीं है। मैं वही एकल अस्तित्व हूँ। यह अंतिम निष्कर्ष है। यहाँ न तो तीन और न ही दो, बल्कि केवल एक ब्रह्मांड है और सभी में वही एक अस्तित्व व्याप्त है। माया की छाया में वही एक अनेक रूपों में देखा जाता है, जैसे कि रस्सी साँप की भाँति दिखाई देती है—'रज्जौ यथा हेर्भ्रमः'। वहाँ दो चीजें—साँप अलग और रस्सी अलग नहीं हैं। कोई भी व्यक्ति एक ही समय पर इन दो अलग चीजों को एक साथ नहीं देख सकता है। द्वैतवाद एवं अद्वैतवाद अत्यंत उत्तम सिद्धांत हैं, परंतु संपूर्ण मान्यता में हम सत्य एवं मिथ्या—दोनों को एक साथ नहीं देख सकते हैं। हम सभी अकेले जन्म लेते हैं। इसमें हम कुछ नहीं कर सकते हैं। हम सदैव एक को देखते हैं। जब हम रस्सी को देखते हैं तो साँप के रूप में उसकी कल्पना कदापि नहीं कर सकते हैं; और जब हम साँप को देखते हैं तो उसे किसी तरह रस्सी नहीं समझ सकते हैं। वह लुप्त हो चुका है। जब आप भ्रम देखते हैं तो आप सत्य को नहीं देख पाते हैं। मान लीजिए कि आप अपने किसी मित्र को गली में दूर से आता हुआ देखते हैं, आप उसे अच्छी तरह जानते हैं और जब वह धुंध एवं कुहासे से निकलकर आपके सामने आता है तो आप सोचते हैं कि यह तो कोई अन्य व्यक्ति है! जब आप अपने मित्र को किसी अन्य व्यक्ति के रूप में देख लेते हैं तो उसे किसी भी स्थिति में अपना मित्र नहीं देखते। वह लुप्त हो चुका होता है। आप केवल एक को देख रहे हैं। मान लीजिए कि आपका मित्र श्रीमान 'क' है; परंतु जब आप श्रीमान 'क' को श्रीमान 'ख' के रूप में देखते हैं तो आप श्रीमान 'क' को कदापि नहीं देखते। इसका अर्थ यह हुआ कि प्रत्येक मामले में केवल एक दिखाई देता है। जब आप खुद को एक शरीर के रूप में देखते हैं तो आप केवल एक शरीर हैं, अन्य कुछ भी नहीं; और बड़ी संख्या में मनुष्यों की ऐसी मान्यता है। वे मन एवं आत्मा के विषय में बातें बेशक करते हैं, परंतु उनकी समग्र मान्यता शरीर को लेकर होती है; स्पर्श, स्वाद, दृष्टि इत्यादि के बारे में होती है। एक बार फिर आपको बता दें कि कुछ लोग चेतना की कुछ विभिन्न दशाओं में स्वयं को विचार के रूप में भी देखते हैं। आप सर हम्फ्रे डैवी की कहानी के बारे में अवश्य ही जानते होंगे, जो अपनी कक्षा के समक्ष लाफिंग गैस का प्रयोग कर रहे थे। उसी दौरान अचानक एक

परख नली टूट गई और उन्होंने उससे निकलनेवाली गैस को सूँघ लिया। थोड़ी देर तक वे बुत की तरह बने रहे। चेतना आने पर उन्होंने अपनी कक्षा को बताया कि जिस समय वे उस दशा में थे, वास्तव में उन्होंने कल्पना कर ली थी कि संपूर्ण जगत् विचारों से बना हुआ है। एक मिनट के लिए गैस ने उनके शरीर की चेतना को विस्मृत कर दिया था और जिस चीज को वे एक शरीर के रूप में देख रहे थे, उसी चीज को अब उन्होंने विचार मानना प्रारंभ कर दिया। जब यह लघु चेतना सदा-सर्वदा के लिए लुप्त हो जाती है और हमारी चेतना उच्चतर होने लगती है तो सच्चाई की चमक दिखाई देने लगती है और हम उसे एक सत्-चित्-आनंद (सच्चिदानंद)—एक सार्वभौमिक आत्मन के रूप में देखते हैं। "एक, जो अपने आप में केवल ज्ञान है; एक, जो अपने आप में आनंद है और सभी तुलनाओं से परे है, सभी सीमाओं से परे है, सर्वोन्मुक्त है, उसे कोई बंधन नहीं है। वह आकाश की भाँति असीम है, आकाश की भाँति अपरिवर्तनीय है। ऐसा ही एक ध्यान के समय आपके हृदय में स्वयं को प्रकट करेगा।"

अद्वैत का सिद्धांत स्वर्ग एवं नरक के विभिन्न चरणों की व्याख्या किस प्रकार करता है और विभिन्न प्रकार के ये विचार हम सभी धर्मों में कैसे पाते हैं? कहा जाता है कि जब कोई व्यक्ति मरता है तो वह स्वर्ग या नरक में जाता है, यहाँ जाता है या वहाँ जाता है और हम यह भी सुनते हैं कि व्यक्ति मृत्यु के बाद दूसरे शरीर में जन्म लेता है, चाहे वह स्वर्ग हो या संसार में किसी स्थान पर। हम आपको बता दें कि न तो कहीं कोई स्वर्ग है, न कोई नरक है और न ही कहीं कोई दूसरा संसार है। ये सारी कल्पनाएँ हैं, मतिभ्रम हैं। सच कहूँ तो न तो कोई व्यक्ति कभी जनमता है, न मरता है। सच कहूँ तो न तो कहीं कोई स्वर्ग है, न कोई नरक है और न ही यह संसार है। वास्तव में, इन तीनों का कभी कोई अस्तित्व ही नहीं था। आप किसी बच्चे को भूतों की ढेर सारी कहानियाँ सुनाइए और उसके बाद उसे शाम को गली में जाने के लिए कहिए। वहाँ किसी पेड़ का एक छोटा सा ठूँठ है। बच्चा उसमें क्या देखता है? वह उसमें एक भूत देखता है, जो उसे पकड़ने के लिए बाँहें फैलाए खड़ा है। मान लीजिए कि कोई व्यक्ति गली के कोने से अपनी प्रेमिका से मिलने की चाहत लिये आता है; वह उस पेड़ के ठूँठ को किसी लड़की के रूप में देखता है। गली के कोने से आनेवाला कोई सिपाही उस ठूँठ को चोर की तरह देखता है। चोर उसी ठूँठ को सिपाही की तरह देखता है। वह पेड़ का एक ही ठूँठ है, जिसे विभिन्न रूपों में देखा गया। ठूँठ एक वास्तविकता है और ठूँठ को देखनेवाली दृष्टियाँ विभिन्न मनों की कल्पनाएँ हैं। वहाँ केवल एक ही अस्तित्व है और वह आत्म है; वह न तो आता है, न जाता है। जब मनुष्य अनभिज्ञ होता है तो वह स्वर्ग में या किसी अन्य सुंदर स्थान पर जाना चाहता है

और अपने संपूर्ण जीवन में यही सोचता रहता है; और जब इस पृथ्वी का स्वप्न गायब हो जाता है, वह इस जगत् को देवताओं से युक्त स्वर्ग के रूप में देखने लगता है, जिसके चारों ओर परियाँ उड़ रही हैं। यदि कोई व्यक्ति अपने संपूर्ण जीवन में अपने पूर्वजों को देखने की इच्छा पाले रहता है, वह उन सबको आदिपुरुष के रूप में देखता है, क्योंकि उनका सृजन वह स्वयं करता है। यदि कोई व्यक्ति अधिक अज्ञानी है तो वह हमेशा उन कट्टरपंथियों से भयभीत रहता है, जिन्होंने उसके मन में नरक का विचार भर दिया है, जिसमें सभी प्रकार की यातनाएँ दी जाती हैं। जब वह मरता है तो इसी संसार को नरक के रूप में देखता है। मरने और जन्म लेने का संपूर्ण अर्थ सामान्यतया दृष्टि के धरातल पर होनेवाला परिवर्तन है। न तो आप चलते-फिरते हैं और न ही वह चलता-फिरता है, जिसके ऊपर आप अपनी दृष्टि टिकाए हुए हैं। आप स्थायी हैं, अपरिवर्तनीय हैं। और आप कहीं आ और जा कैसे सकते हैं? यह असंभव है। आप सर्वविद्यमान हैं। आकाश कभी नहीं चलता, बल्कि आकाश की सतह पर बादल आते-जाते रहते हैं और हम सोचते हैं कि स्वयं आकाश चल रहा है! ठीक वैसे ही, जब आप किसी रेलगाड़ी में होते हैं तो आप सोचते हैं कि पृथ्वी चल रही है! ऐसा नहीं है, बल्कि वास्तविकता यह है कि आप जिस रेलगाड़ी में बैठे हैं, वह चल रही है। आप जहाँ थे, वहीं हैं। ये अनेक सपने और विभिन्न बादल हैं, जो चलते हैं। एक स्वप्न बिना किसी संपर्क के दूसरे स्वप्न के रूप में आने लगता है। इस संसार में नियम या संबंध जैसी कोई चीज नहीं है, परंतु हम सोचते हैं कि वहाँ बड़े पैमाने पर संबंध है।

आप सबने संभवतः 'एलीस इन वंडरलैंड' पढ़ी होगी। वह बच्चों की अत्यंत अद्‌भुत पुस्तक है, जो इसी शताब्दी में लिखी गई थी। जब मैंने वह पुस्तक पढ़ी तो मुझे बहुत खुशी हुई; वह हमेशा मेरे मस्तिष्क में बनी रही और मेरे मन में भी बच्चों के लिए वैसी ही कोई पुस्तक लिखने का विचार आया था। उसमें जिस चीज ने मुझे सर्वाधिक खुशी दी, वह यह थी कि जिस चीज को आप सर्वाधिक असंगत सोचते हैं, उसका उसमें कहीं कोई संबंध नहीं है। आपके मन में एक विचार आता है और वह बिना किसी संबंध के दूसरे विचार पर कूद जाता है। जब आप बच्चे थे तो आपने उस सर्वाधिक अद्‌भुत संबंध के बारे में अवश्य सोचा होगा। इस प्रकार, यह आदमी अपने बचपन के विचारों को वापस ले आया, जो एक बालक के रूप में उससे पूरी तरह जुड़े हुए थे और उसने यह अद्‌भुत पुस्तक लिख डाली। और जो लोग ऐसी पुस्तकें लिखते हैं, उनके लेखन के पीछे उनका यही प्रयास होता है कि बच्चे उनके विचारों को मनुष्यों के रूप में आत्मसात् करें, जो कि नादानी है। यह संसार समानवत् असंपृक्त चीज है—'एलीस इन वंडरलैंड'—

जिसका कहीं कोई संबंध नहीं है। जब हम चीजों को एक निश्चित क्रम में बार-बार होते देखते हैं, हम उसे कारण एवं परिणाम कहते हैं और कहते हैं कि यह चीज दोबारा फिर होगी। जब एक स्वप्न परिवर्तित होता है तो दूसरा स्वप्न इसी की भाँति पूर्णतया संपृक्त दिखाई देता है। जब हम सपने में कोई चीज देखते हैं तो वह एक-दूसरे से पूर्णतया संबद्ध दिखाई देती है। हम स्वप्न के दौरान एक बार भी यह नहीं सोचते हैं कि वे असंगत हैं। जागने के बाद हमें उनके संबंध को देखने की चाहत होती है। जब हम संसार के इस स्वप्न से जागते हैं और उसकी सच्चाई से तुलना करते हैं तो हम पाते हैं कि यह सबकुछ असंगत एवं मूर्खतापूर्ण है और असंबद्धता का यह समूचा पिंड हमारे सामने से गुजरता रहता है। उस समय हम यह नहीं जानते कि यह कहाँ से कहाँ तक जाएगा, परंतु हम यह अवश्य जानते हैं कि इसका अंत होगा। इसी को 'माया' कहते हैं और यह माया क्षणभंगुर कोमल बादलों के समान है। वे इन्हीं सब परिवर्तनशील अस्तित्वों का प्रतिनिधित्व करते हैं और आप स्वयं सूर्य की भाँति अपरिवर्तनीय हैं। जब आप इस अपरिवर्तनीय अस्तित्व को बाहर से देखते हैं तो आप उसे 'ईश्वर' कहते हैं और जब आप उसे अंदर से देखते हैं, तब आप उसे 'आत्म' कहते हैं। वह एकल है। आपसे पृथक् कोई ईश्वर नहीं है, आपसे बड़ा कोई ईश्वर नहीं है। केवल 'आप' ही सत्य हैं। सभी ईश्वर आपके लिए लघुतम अस्तित्व हैं। ईश्वर एवं स्वर्ग में पिता के सभी विचार केवल आपका प्रतिबिंब हैं। स्वयं ईश्वर भी आपकी ही प्रतिमूर्ति है। "ईश्वर ने अपनी ही छवि के पीछे मनुष्य की रचना की।" यह बात गलत है। सही बात यह है कि मनुष्य अपनी छवि के पीछे ईश्वर की रचना करता है। हम ही ईश्वर की रचना करते हैं और उसके पैरों में गिरकर उसकी पूजा करने लगते हैं; और जब यह स्वप्न आता है तो हम उससे प्यार करने लगते हैं!

समझने योग्य यह अच्छा विषय है कि इस वक्तव्य का सारांश एवं तत्त्व यह है कि संसार में केवल एक अस्तित्व है और वही एकल अस्तित्व विभिन्न दृष्टिकोणों से कभी पृथ्वी के रूप में दिखाई देता है या स्वर्ग के रूप में अथवा नरक या ईश्वर, भूत या मनुष्य, राक्षस या संसार इत्यादि चीजों के रूप में परिलक्षित होता है। परंतु इन तमाम चीजों में, "जो व्यक्ति मृत्यु के इस महासागर में उस एक को देखता है, जो व्यक्ति इस तैरते ब्रह्मांड में उस एक जीवन को देखता है, उस एक का अपरिवर्तनीय अनुभव करता है, केवल उसी को अनंत शांति प्राप्त होती है, किसी अन्य को नहीं, किसी अन्य को कदापि नहीं।" इस एक अस्तित्व का साक्षात्कार करने की आवश्यकता है। अगला प्रश्न यह है कि उसे कैसे पहचाना जाए? यह सपना किस प्रकार टूटेगा? हम इस सपने से कब जागेंगे कि हम क्षुद्र पुरुष एवं स्त्रियाँ तथा अन्य सभी चीजें हैं? हम ब्रह्मांड का अनंत अस्तित्व हैं

और इन क्षुद्र चीजों में स्त्रियों व पुरुषों के रूप में एक व्यक्ति के मधुर वचन और दूसरे व्यक्ति के कटु वचन के आधार पर प्रकट हो गए हैं। कितनी भयावह निर्भरता और कितनी भयावह दासता है! मैं, जो इन समस्त प्रसन्नताओं एवं पीड़ाओं से परे हूँ, जिसका प्रतिबिंब यह संपूर्ण जगत् है, जिसके एक संकेत मात्र पर सूर्य एवं चंद्रमा, तारों इत्यादि का जीवन आश्रित है, वही एक भयावह दास की भाँति बाँधकर रखा गया है! यदि आप मेरे शरीर में चिकोटी काटते हैं तो मैं पीड़ा का अनुभव करता हूँ। यदि कोई व्यक्ति कोमल वचन कहता है तो मैं आनंदित होना शुरू कर देता हूँ। मेरी दशा तो देखो—शरीर का दास, मन का दास, संसार का दास, मधुर वचन का दास, कटु वचनों का दास, प्रवृत्तियों का दास, प्रसन्नता का दास, जीवन का दास, मृत्यु का दास, प्रत्येक चीज का दास! इस दासता को तोड़ना होगा। कैसे? "सबसे पहले हमें इस आत्मन को सुनना होगा, उसके बाद उसका आशय समझना होगा अर्थात् तर्क करना होगा और उसके बाद ध्यान करना होगा।" यह अद्वैत ज्ञानी की पद्धति है। सत्य को सुना जाना चाहिए। उसके बाद उस पर गौर करना होगा और तत्पश्चात् उस पर निरंतर बल देना होगा। सदैव यही विचार करें कि "मैं ब्रह्म हूँ, मैं आत्मन हूँ।" इसके बाद दुर्बलताकारक अन्य प्रत्येक विचार को एक ओर रख देना चाहिए। उस प्रत्येक विचार को किनारे रख दीजिए, जो कहता है कि आप नर या नारियाँ हैं। देह को भुला दीजिए, मन को भुला दीजिए और ईश्वर एवं भूतों को भुला दीजिए। प्रत्येक चीज को अपने भीतर से निकालकर केवल एक अस्तित्व को बना रहने दीजिए। "कोई दूसरा कहाँ दिखाई देता है, कोई दूसरा कहाँ सुनाई देता है, ये सब तुच्छ बातें हैं; जब कोई दूसरा न सुनाई दे और कोई दूसरा न दिखाई दे तो वह अनंत है।" जब मन एवं तत्त्व एक हो जाए तो वही उच्चावस्था है। जब वक्ता एवं श्रोता मैं स्वयं हूँ, जब शिक्षक एवं विद्यार्थी मैं स्वयं हूँ, जब रचना एवं रचयिता भी मैं स्वयं हूँ—यह विचार आने के बाद भय समाप्त हो जाता है। मुझे भयभीत करने के लिए कोई दूसरा शेष नहीं रहता है। मेरे अतिरिक्त कुछ नहीं है। मुझे कौन डरा सकता है? इसे दिन-प्रतिदिन सुनना है। अन्य सभी विचारों से मुक्ति पाइए। प्रत्येक चीज को अनिवार्यतः किनारे कर देना होगा, जब तक यह कानों से गुजरकर हृदय तक न पहुँच जाए, जब तक नाड़ियों एवं मांसपेशियों के रक्त की प्रत्येक बूँद इस विचार में न घुल जाए कि 'मैं वह हूँ', 'मैं वह हूँ'। इस क्रिया को निरंतर दोहराया जाना चाहिए। यदि आप मृत्यु के द्वार पर भी पहुँच जाएँ, तब भी केवल यही कहें कि 'मैं वह हूँ।' भारत में एक व्यक्ति, एक संन्यासी था। वह बारंबार 'शिवोहम्' का उच्चारण करता रहता था, अर्थात्—मैं अनंत आनंद हूँ।" एक दिन एक शेर उस पर टूट पड़ा और उसे दूर ले जाकर मार डाला; परंतु जब तक वह जीवित था, उसके मुँह से

'शिवोहम्-शिवोहम्' की ध्वनि निकलती रही। चाहे मृत्यु का द्वार हो, भीषण संकट हो, आप भयंकर युद्ध के मैदान में हों, समुद्र के तल में हों, उच्चतम पर्वत शिखर पर हों, घने जंगल में हों, स्वयं से कहें, 'मैं वह हूँ, मैं वह हूँ।' दिन और रात हर समय यही कहें, 'मैं वह हूँ।' यही सबसे बड़ी शक्ति और यही सबसे बड़ा धर्म है। "दुर्बल व्यक्ति कभी भी आत्मन तक नहीं पहुँचेगा।" कभी मत कहो, "हे प्रभु! मैं एक पीड़ित पापी हूँ।" आपकी सहायता कौन करेगा? आप तो स्वयं ब्रह्मांड की सहायता करनेवाले हैं। इस ब्रह्मांड में आपकी सहायता कौन कर सकता है? आपकी सहायता करनेवाला कोई मनुष्य या कोई ईश्वर या राक्षस कहाँ है? आपके ऊपर कौन विद्यमान रह सकता है? आप ही ब्रह्मांड के ईश्वर हैं। आप सहायता की प्रार्थना कहाँ कर सकते हैं? स्वयं आपके अतिरिक्त कहीं अन्य स्थान से सहायता नहीं आएगी। अपनी अज्ञानता में आपने जितनी भी प्रार्थना की, आपकी प्रत्येक प्रार्थना का उत्तर दिया गया। आपने सोचा कि वह उत्तर किसी अन्य शक्ति द्वारा दिया गया; परंतु वास्तविकता यह है कि वह उत्तर स्वयं आपने दिया था, लेकिन आपको उसका ज्ञान नहीं है। आपने अपनी सहायता स्वयं की, परंतु आपने प्रेमपूर्वक कल्पना कर ली कि कोई आपके पास सहायता भेज रहा है। आपके लिए आपसे बाहर कोई सहायता नहीं है; आप ब्रह्मांड के रचयिता हैं। रेशम के कीड़े की तरह आपने अपने आसपास सुरक्षा कवच बना रखा है। आपकी रक्षा कौन करेगा? अपने इस घेरे को तोड़ो और सुंदर तितली की भाँति मुक्त आत्मा के रूप में बाहर निकल आओ। केवल तभी आप सत्य को देख पाएँगे। सदैव स्वयं से यही कहो, 'मैं वह हूँ।' यही वे शब्द हैं, जो आपके मन में जमे अज्ञानता के मल को जला देंगे और आपके अंदर पहले से ही विद्यमान व्यापक ऊर्जा का अनावरण करेंगे; उस असीम शक्ति को जाग्रत् करेंगे, जो आपके हृदय में सो रही है। इसे निरंतर सत्य के श्रवण द्वारा ही उद्घाटित किया जाना है, किसी अन्य माध्यम से नहीं। जिस किसी भी स्थान पर विचारों की दुर्बलता हो, उस स्थान पर कभी मत जाओ। यदि आप ज्ञानी बनना चाहते हैं तो सभी विकारों एवं दुर्बलताओं से बचें।

ध्यान का अभ्यास प्रारंभ करने से पूर्व अपने मन को सभी संशयों से मुक्त कर लें। लड़ें, तर्क दें और वाद-विवाद करें; और जब आप अपने मन में अच्छी तरह बिठा लेंगे कि यही और केवल यही सत्य हो सकता है, इसके अतिरिक्त और कुछ नहीं, तो तर्क करना त्यागकर अपना मुँह बंद कर लें। न तो किसी प्रकार का वाद-विवाद सुनें और न स्वयं से तर्क करें। इतने सारे तर्कों का क्या औचित्य या उपयोग है? आपने स्वयं को संतुष्ट कर लिया है, आपने उत्तर का निर्णय कर लिया है। शेष क्या रह जाता है? अब आपको केवल सत्य का अनुभव करना है। इसलिए अपने कीमती समय को निरर्थक

विवादों में नष्ट क्यों करें? अब आपको केवल सत्य के विषय में ध्यान करना है। आपको सशक्त बनानेवाले प्रत्येक विचार को अनिवार्यत: ग्रहण करना चाहिए और जो विचार आपको दुर्बल बनाते हों, उनको अनिवार्यत: ठुकरा देना चाहिए। भक्त रूपों, छवियों एवं अन्य ऐसी चीजों के साथ ईश्वर का ध्यान करता है। यह स्वाभाविक प्रक्रिया है, परंतु थोड़ी धीमी है। योगी अपने शरीर के विभिन्न केंद्रों पर ध्यान करता है और अपने मन में शक्तियों का संचार करता है। ज्ञानी कहता है कि न तो मन का कोई अस्तित्व है और न ही शरीर का। मन एवं शरीर का यह विचार अवश्य समाप्त होना चाहिए। इसे अनिवार्यत: अपने विचार से बहिष्कृत कर देना चाहिए। इसलिए, उनके विषय में सोचना मूर्खता के अतिरिक्त और कुछ नहीं है। यह तो एक रोग का दूसरे रोग से उपचार करने के प्रयास के समान है। इसलिए उसका ध्यान अत्यंत कठिन है, निषेधात्मक है। वह प्रत्येक चीज का निषेध कर देता है तो उसके अंदर आत्म के सिवाय कुछ शेष नहीं रहता है। यह सर्वाधिक विश्लेषणात्मक पद्धति है। ज्ञानी अपनी शुद्ध विश्लेषण शक्ति से ब्रह्मांड को आत्म से दूर कर देना चाहता है। अपने आप को 'ज्ञानी' कहना बहुत सरल है, परंतु वास्तव में ज्ञानी होना अत्यंत कठिन है। "मार्ग लंबा है।" यह यथावत् रूप से तलवार की धार पर चलने के समान है। फिर भी, निराश मत हो। वेद कहता है, "जागो, उठो और लक्ष्य प्राप्त होने तक मत रुको।"

अत: ज्ञानी का ध्यान क्या है? वह शरीर एवं मन के प्रत्येक विचार से ऊपर उठना चाहता है, इस विचार को त्यागने के लिए कि वह शरीर है। उदाहरण के लिए, जब मैं कहता हूँ, 'मैं स्वामी', शरीर का विचार तत्काल उत्पन्न हो जाता है। फिर मुझे अनिवार्यत: क्या करना चाहिए? मैं अपने मन को जोरदार झटका दूँगा और कहूँगा, 'नहीं, मैं शरीर नहीं हूँ, मैं आत्मा हूँ।' रोग या मृत्यु चाहे कितने ही भयावह रूप में क्यों न आए, कौन उसकी परवाह करता है! मैं शरीर नहीं हूँ। मैं अपने शरीर को सुंदर क्यों बनाऊँ? क्या केवल इसलिए कि मुझे एक और बार इस भ्रम का आनंद मिल जाए इस दासता को जारी रखने के लिए? इसे जाने दो, मैं शरीर नहीं हूँ। यह ज्ञानी का मार्ग है। भक्त कहता है, "ईश्वर ने मुझे यह शरीर दिया है, ताकि मैं जीवन सागर को सुरक्षित पार कर सकूँ; और मैं तब तक इसका ध्यान रखूँगा, जब तक यात्रा पूर्ण नहीं हो जाती है।" योगी कहता है, "मुझे अनिवार्यत: शरीर के प्रति सावधान रहना होगा, ताकि मैं अपनी यात्रा शीघ्र पूरी कर सकूँ और अंतत: मुक्ति पा सकूँ।" ज्ञानी कहता है कि वह प्रतीक्षा नहीं कर सकता। उसे अनिवार्यत: इसी क्षण अपने लक्ष्य को प्राप्त करना होगा। वह कहता है, "मैं अपनी अनंतता के माध्यम से मुक्त हूँ। मैं कभी भी बँधा हुआ नहीं हूँ; मैं अपनी संपूर्ण अनंतता

के साथ इस ब्रह्मांड का ईश्वर हूँ। मुझे कौन पूर्ण बनाएगा? मैं पहले ही पूर्ण हूँ।" जब कोई व्यक्ति पूर्ण है तो वह दूसरों में भी पूर्णता देखता है। जब वह अपूर्णता देखता है तो यह स्वयं उसके मन की कल्पना है। यदि स्वयं उसके अंदर अपूर्णता नहीं है तो वह दूसरों में अपूर्णता कैसे देख सकता है? इसलिए, ज्ञानी पूर्णता या अपूर्णता की परवाह नहीं करता है। उसके लिए किसी का कोई अस्तित्व नहीं है। जैसे ही वह मुक्त हो जाता है, वह अच्छाई या बुराई नहीं देखता है। कौन देखता है बुराई या अच्छाई? वह, जिसके अंदर स्वयं ये चीजें होती हैं। शरीर को कौन देखता है? वह, जो स्वयं को शरीर सोचता है। जैसे ही आप इस विचार से मुक्त हो जाते हैं कि आप शरीर हैं तो आप संसार की ओर कदापि नहीं देखते हैं। आपके लिए वह हमेशा के लिए गायब हो जाता है। ज्ञानी स्वयं को सदैव अपनी बौद्धिक मान्यता की शक्ति से, पदार्थ के लगाव से मुक्त कर लेता है। यह नकारात्मक मार्ग है—"नेति, नेति", अर्थात् "यह नहीं, यह नहीं!"

□

8

भक्ति

पंजाब एवं कश्मीर से आमंत्रण मिलने के बाद स्वामी विवेकानंद ने देश के उन भागों की यात्रा की। वह कश्मीर में एक माह से कुछ अधिक समय तक रुके और वहाँ महाराजा तथा उनके भाइयों ने उनके कार्य की खूब सराहना की। इसके बाद उन्होंने कुछ दिन मूरी, रावलपिंडी एवं जम्मू की यात्रा में बिताए तथा इन सभी स्थानों पर उन्होंने भाषण दिया। परिणामत: उन्होंने स्यालकोट की यात्रा की और वहाँ दो बार वक्तव्य दिए—एक बार अंग्रेजी में और एक बार हिंदी में। स्वामीजी के हिंदी भाषण का विषय भक्ति था, जिसके सारांश का अनुवाद नीचे दिया गया है—

विश्व में भिन्न-भिन्न प्रकार के धर्म हैं, यद्यपि उनकी पूजा-पद्धतियों के स्वरूप में अंतर है, परंतु वास्तव में वे एक हैं। कुछ स्थानों पर लोगों ने मंदिर बनाए हुए हैं, जिनमें बैठकर वे पूजा करते हैं; कुछ मंदिरों में लोग अग्नि की पूजा करते हैं, अन्य मंदिरों में वे खुद को मूर्तियों के समक्ष साष्टांग मुद्रा में रखते हैं; जबकि वहाँ कुछ ऐसे भी लोग हैं, जो कोई विश्वास नहीं करते हैं। सभी सत्य हैं, क्योंकि यदि आप वास्तविक भावना और वास्तविक धर्म को देखें तो उन सभी में सत्य विद्यमान है। वे सभी एक समान हैं। कुछ धर्मों में ईश्वर की पूजा नहीं की जाती है, बल्कि उसके अस्तित्व को ही नहीं माना जाता है; परंतु श्रेष्ठ एवं महत्त्वपूर्ण लोग समादृत होते हैं और लोग उन्हें ईश्वर मानकर उनकी पूजा करते हैं। इस मामले में उल्लेखनीय एवं महत्त्वपूर्ण उदाहरण बौद्ध धर्म का है। भक्ति हर जगह है, चाहे वह ईश्वर को लक्षित हो या श्रेष्ठ व्यक्तियों को। भक्ति के रूप में उपासना हर जगह सर्वोच्च है और ज्ञान की अपेक्षा भक्ति को अधिक सरलता से प्राप्त किया जा सकता है। ज्ञान के लिए

** स्यालकोट, पंजाब में दिया गया वक्तव्य*

अनुकूल परिस्थितियों एवं कठोर अभ्यास की आवश्यकता होती है। योग का उचित अभ्यास तब तक नहीं किया जा सकता है, जब तक कि व्यक्ति शारीरिक रूप से पूर्णतया स्वस्थ न हो और सभी सांसारिक आसक्तियों से मुक्त न हो। परंतु भक्ति का अभ्यास जीवन की प्रत्येक स्थिति में अत्यधिक सरलता से किया जा सकता है। भक्ति का सिद्धांत प्रतिपादित करनेवाले शांडिल्य ऋषि कहते हैं कि ईश्वर के प्रति अतिशय प्रेम ही भक्ति है। प्रह्लाद भी समान प्रभाव के विषय में कहता है। यदि किसी व्यक्ति को एक दिन भोजन नहीं मिलता है तो वह व्यथित हो जाता है। यदि उसके पुत्र की मृत्यु हो जाती है तो उसे असह्य वेदना होती है! सच्चा भक्त जब ईश्वर की राह में चल पड़ता है और उसे पाने के लिए तड़पता है तो उसके हृदय में भी ऐसी ही वेदना होती है। भक्ति की सबसे बड़ी गुणवत्ता यह है कि वह मन को साफ करती है और सर्वशक्तिमान ईश्वर के प्रति केवल दृढ़ भक्ति ही मन को शुद्ध करने के लिए पर्याप्त है। "हे प्रभु! आपके अगणित नाम हैं, परंतु प्रत्येक नाम में केवल आपकी ही शक्ति का संचार है और आपका प्रत्येक नाम सघन एवं शक्तिशाली महत्त्व से ओत-प्रोत है।" हमें हर समय ईवर का ध्यान करना चाहिए और ऐसा करने के लिए समय एवं स्थान का विचार नहीं करना चाहिए।

जिन विभिन्न नामों से ईश्वर की पूजा की जाती है, वे पूर्णतया भिन्न हैं। एक भक्त सोचता है कि उसकी पूजा-पद्धति अत्यंत प्रभावकारी है और दूसरा सोचता है कि मुक्ति पाने की उसकी प्रक्रिया अधिक उर्वर है। परंतु यदि इन सभी के वास्तविक आधार पर दृष्टि डालें तो वह एक ही है। शिव-भक्त (शैव) शिव को सर्वाधिक शक्तिशाली मानते हैं तो वैष्णव विष्णु को सर्वशक्तिमान समझकर उनकी उपासना करते हैं; देवी के उपासक अपनी दृष्टि में अन्य किसी को महत्त्व नहीं देते हैं और मानते हैं कि देवी ब्रह्मांड की सर्वशक्तिमान शक्ति हैं। यदि आप स्थायी भक्ति प्राप्त करना चाहते हैं तो इन विरोधाभासी विचारों को एक ओर रख दें। घृणा ऐसी चीज है, जो भक्ति के आयाम को व्यापक रूप से बाधित करती है और जो व्यक्ति घृणा करता है, वह ईश्वर तक कभी नहीं पहुँचता है। यद्यपि इसके बावजूद अपने आदर्श ईश्वर के प्रति निष्ठा अनिवार्य है। हनुमान कहते हैं, "मैं जानता हूँ कि विष्णु और राम एक ही हैं, फिर भी अंततोगत्वा कमलनयन श्रीराम मेरे श्रेष्ठतम आराध्य हैं।" जिन विशेष प्रवृत्तियों के साथ मनुष्य जन्म लेता है, वे उसमें अनिवार्यतः बनी ही रहनी चाहिए। यही मुख्य कारण है कि क्यों संसार केवल एक धर्म पर आधारित नहीं हो सकता है—और ईश्वर इस बात से इनकार करते हैं कि दुनिया में केवल एक ही

धर्म होना चाहिए—क्योंकि यदि ऐसा हुआ तो दुनिया ब्रह्मांड की बजाय कोलाहल बन जाएगी। व्यक्ति को अपनी विशिष्ट प्रवृत्तियों का अनिवार्यतः पालन करना चाहिए; और यदि उसे अपनी सोच के अनुसार अपने मार्ग पर आगे बढ़ने के लिए सहायता करनेवाला कोई गुरु मिल जाए तो वह प्रगति करेगा। हमें व्यक्ति को उसके इरादे के अनुसार आगे बढ़ने देना चाहिए; परंतु यदि हम उस पर किसी अन्य मार्ग पर चलने का दबाव बनाएँगे तो अब तक उसने जो कुछ सीखा है, वह उससे भी हाथ धो बैठेगा और निरर्थक बन जाएगा। जिस प्रकार एक व्यक्ति का चेहरा दूसरे व्यक्ति के चेहरे के समान नहीं होता, उसी प्रकार एक व्यक्ति का स्वभाव भी दूसरे व्यक्ति के स्वभाव से भिन्न होता है, और उसे अपने स्वभाव के अनुसार काम क्यों नहीं करने देना चाहिए? कोई नदी किसी निश्चित दिशा में बहती है; और यदि आप उसकी धारा को किसी नियमित प्रवाह की ओर मोड़ देंगे तो उसकी गति भी तेज हो जाएगी और उसके बल में भी वृद्धि होगी; परंतु उसके स्वभाव को उचित दिशा में मोड़ने का प्रयास कीजिए और परिणाम देखिए, उसकी मात्रा के साथ-साथ उसकी शक्ति भी क्षीण हो जाएगी। यह जीवन अत्यंत महत्त्वपूर्ण है, इसलिए इसे व्यक्ति की रुचि एवं प्रवृत्ति के अनुसार निर्देशित किया जाना चाहिए। भारत में कोई शत्रुता नहीं थी और प्रत्येक धर्म को निर्बाध छोड़ दिया गया था; अतः धर्म जीवित रहा। इसे स्मरण रखना चाहिए कि धर्मों के बारे में विवाद व्यक्ति के इस दृष्टिकोण के कारण उत्पन्न होते हैं कि केवल उसी को सत्य का ज्ञान है और जो उसकी बात का समर्थन नहीं करता है, वह मूर्ख है; जबकि दूसरा व्यक्ति सोचता है कि वह ढकोसलेबाज है, क्योंकि यदि वह नहीं होता तो उसका अनुसरण अवश्य करता।

यदि ईश्वर की यही इच्छा होती कि सभी लोगों को केवल एक ही धर्म का पालन करना चाहिए तो इतने सारे धर्म उत्पन्न ही क्यों होते? प्रत्येक व्यक्ति पर केवल एक-ही-एक धर्म का पालन करने हेतु अनेक निरर्थक पद्धतियाँ अपनाई गईं। यहाँ तक कि जब सभी लोगों से एक ही धर्म का अनुसरण करने हेतु तलवारें उठा ली गईं, इतिहास इस बात का साक्षी है कि एक धर्म के स्थान पर दस धर्म पैदा हो गए। एक धर्म सभी व्यक्तियों के अनुकूल नहीं हो सकता है। मनुष्य क्रिया एवं प्रतिक्रिया नामक दो शक्तियों का उत्पाद है, जो उसे सोचने योग्य बनाती हैं। यदि ऐसी शक्तियाँ व्यक्ति के मन का अभ्यास न करतीं तो वह चिंतन करने में असमर्थ हो जाता। व्यक्ति ऐसा प्राणी है, जो विचार करता है; मनुष्य एक मन सापेक्ष व्यक्ति है और जैसे ही उसकी चिंतन-शक्ति समाप्त हो जाती है, वह किसी पशु से अधिक अच्छा नहीं बन पाता

है। ऐसे व्यक्ति को कौन पसंद करेगा? ईश्वर इस बात से परहेज करते हैं कि ऐसी कोई स्थिति कभी भारत के लोगों के ऊपर आए! मनुष्य को मनुष्य बनाए रखने के लिए एकता में विविधता आवश्यक है। विविधता प्रत्येक चीज में संरक्षित की जानी चाहिए; क्योंकि जब तक विविधता होगी, इस संसार का अस्तित्व बना रहेगा। वास्तव में, विविधता का केवल यह अर्थ नहीं है कि एक व्यक्ति छोटा है और दूसरा बड़ा; परंतु यदि सभी लोग जीवन में अपने सामर्थ्य के अनुसार समान रूप से अपनी-अपनी भूमिकाएँ अच्छी तरह निभाते हैं तो उनकी विविधता संरक्षित रहती है। प्रत्येक धर्म में अच्छे एवं योग्य लोग रहे हैं, जिन्होंने अपने आचरण से अपने धर्म को सम्मानजनक स्थान दिलाया; और चूँकि इस प्रकार के लोग प्रत्येक धर्म में होते हैं, इसलिए किसी भी मत या संप्रदाय के प्रति कोई घृणा नहीं होनी चाहिए।

इसके बाद यह प्रश्न किया जा सकता है कि क्या हमें ऐसे धर्म का सम्मान करना चाहिए, जो कदाचार की वकालत करता हो? इस प्रश्न का उत्तर निश्चय ही नकारात्मक होगा और ऐसे धर्म को तत्काल अस्वीकार कर दिया जाना चाहिए, क्योंकि वह हानिकारक है। सभी धर्मों को नैतिकता पर आधारित होना चाहिए और व्यक्तिगत शुद्धता को धर्म के लिए श्रेष्ठ माना जाना चाहिए। इस परिप्रेक्ष्य में लोगों को यह ज्ञात होना चाहिए कि आचार का अर्थ आंतरिक एवं बाह्य दोनों प्रकार की शुद्धता है। बाहरी शुद्धता शरीर को शास्त्रों द्वारा समर्थित जल एवं अन्य चीजों द्वारा स्वच्छ बनाकर प्राप्त की जा सकती है। व्यक्ति को आंतरिक रूप से जिन उपायों के माध्यम से शुद्ध किया जा सकता है, उनमें शामिल हैं—झूठ न बोलना, मदिरापान न करना, अनैतिक कृत्य न करना और दूसरों की भलाई करना। यदि आप कोई पाप नहीं करते, यदि आप मिथ्या भाषण नहीं करते, जुआ नहीं खेलते या चोरी नहीं करते तो यह बहुत अच्छा है। परंतु यह केवल आपका कर्तव्य है, जिसके लिए आपको प्रशंसा प्राप्त करने की आशा एवं अपेक्षा नहीं करनी चाहिए। दूसरों की भी कुछ सेवा की जानी चाहिए। जिस प्रकार आप अपनी भलाई करते हैं, उसी प्रकार आपको दूसरों की भलाई भी करनी चाहिए।

यहाँ मैं आहार संबंधी नियमों के बारे में भी कुछ कहना चाहूँगा। सभी पुराने रीति-रिवाज धूमिल हो चुके हैं, परंतु एक गलत अवधारणा हमारे देशवासियों के बीच अभी भी बनी हुई है कि मैं अमुक व्यक्ति के साथ बैठकर भोजन नहीं करूँगा अथवा उस व्यक्ति के साथ कुछ नहीं खाऊँगा। स्पर्श की शुद्धता सैकड़ों वर्ष पूर्व बनाए गए नियमों का एकमात्र अच्छा अवशेष है। शास्त्रों में तीन प्रकार के भोजन का निषेध

किया गया है—पहला वह भोजन, जो अपनी प्रकृति से ही दूषित है; जैसे—लहसुन या प्याज। यदि कोई व्यक्ति अधिक मात्रा में इन दोनों का सेवन करता है तो उसमें जुनून पैदा होता है, जो उसे अनैतिक कर्म करने के लिए प्रवृत्त करता है और यह ईश्वर तथा मनुष्य दोनों के लिए घृणित है। दूसरा, बाहरी अशुद्धताओं से प्रदूषित भोजन। हमें अपने भोजन को रखने के लिए किसी साफ-सुथरे स्थान का चयन करना चाहिए। तीसरा, हमें किसी दुष्ट व्यक्ति द्वारा स्पर्शित भोजन को खाने से बचना चाहिए, क्योंकि ऐसे व्यक्तियों का स्पर्श हमारे अंदर बुरे विचार उत्पन्न करता है। यहाँ तक कि चाहे कोई ब्राह्मण का पुत्र ही क्यों न हो, परंतु यदि वह चरित्रहीन एवं अनैतिक आचरणवाला है तो उसके द्वारा परोसा गया भोजन भी नहीं खाना चाहिए।

परंतु ऐसे रीति-रिवाजों की प्रथा अब समाप्त हो चुकी है। अब यदि कुछ शेष रह गया है तो केवल यह कि हम किसी ऐसे व्यक्ति द्वारा दिए गए भोजन को नहीं खा सकते, जो ऊँची जाति का नहीं है, चाहे वह कितना ही विद्वान् एवं पवित्र क्यों न हो। उन पुराने नियमों के प्रति असम्मान को किसी हलवाई की दुकान में पाया जा सकता है। यदि आप उस पर दृष्टिपात करें तो पाएँगे कि उसकी सभी मिठाइयों पर मक्खियाँ भिनभिना रही हैं और सड़क की धूल उड़कर मिठाइयों पर गिर रही है तथा हलवाई खुद भी साफ-सुथरे कपड़े पहने हुए नहीं है। क्रेताओं को एक स्वर में घोषणा कर देनी चाहिए कि वे उसकी दुकान से कोई मिठाई तब तक नहीं खरीदेंगे, जब तक कि वह उन्हें शीशे के बरतनों या अलमारियों में नहीं रखेगा। इसका प्रणम्य प्रभाव पड़ेगा और मक्खियों को हैजा एवं प्लेग जैसी बीमारियों के कीटाणुओं को मिठाइयों तक ले जाने से रोका जा सकेगा। हमें सुधार करने की आवश्यकता होनी चाहिए थी, परंतु हम सुधार करने की बजाय पीछे चले गए। मनु कहते हैं कि हमें जल में नहीं थूकना चाहिए, परंतु हम सभी प्रकार का कूड़ा-करकट और गंदगी नदियों में फेंकते रहते हैं। इन सभी चीजों पर विचार करते हुए हम पाते हैं कि व्यक्ति के बाह्य परिवेश का शुद्धीकरण अत्यंत अनिवार्य है। शास्त्रकार इस तथ्य को भलीभाँति जानते थे। परंतु भोजन के प्रति शुद्धता की इस परिकल्पना की वास्तविक भावना समाप्त हो चुकी है और अब वह केवल कहने के लिए शेष रह गई है। चोर, शराबी एवं अपराधी तत्त्व हमारे सजातीय संगी-साथी हो सकते हैं, परंतु यदि कोई उत्तम एवं श्रेष्ठ व्यक्ति किसी निम्न जाति के व्यक्ति, जो उसी की भाँति सम्माननीय है, के साथ बैठकर भोजन करता है तो उसे हमेशा के लिए जाति से बहिष्कृत कर दिया जाता है। यह प्रथा हमारे समाज के लिए अभिशाप रही है। इसलिए यह बात विशेष

रूप से समझ लेनी चाहिए कि पापियों के साथ बैठने से पाप आता है और श्रेष्ठ व्यक्तियों के साथ उठने-बैठने से श्रेष्ठता आती है तथा चरित्रहीन व्यक्तियों से दूर रहने से बाहरी शुद्धीकरण होता है।

आंतरिक शुद्धीकरण कहीं अधिक कठिन कार्य है। इसमें सत्य बोलना, निर्धन को समझना और जरूरतमंद की सहायता करना इत्यादि शामिल है। क्या हम सदैव सत्य बोलते हैं? जो अकसर होता है, वह यह है—लोग किसी अमीर आदमी के घर अपने किसी निजी काम से जाते हैं और उसे 'परोपकारी' इत्यादि शब्दों से पुकारकर उसकी चापलूसी करते हैं, चाहे वह अमीर आदमी अपने घर आनेवाले किसी गरीब का गला ही क्यों न काट ले! यह क्या है? मिथ्यावादिता के अतिरिक्त और कुछ भी नहीं। और यही वह प्रवृत्ति है, जो मन को प्रदूषित करती है। इसलिए यह कथन सत्य है कि यदि किसी व्यक्ति ने बारह वर्षों तक अपने आंतरिक आत्म को शुद्ध किया है और इस अवधि के दौरान उसके मन में कोई दूषित विचार नहीं आया है, उसका सत्य तक पहुँचना निश्चित है। यह सत्य की शक्ति है और जिस व्यक्ति ने अपने आंतरिक एवं बाह्य—दोनों आत्म को शुद्ध कर लिया है, केवल वही भक्ति हेतु सक्षम है। किंतु सुंदर बात यह है कि भक्ति स्वयं ही बड़ी सीमा तक मन को शुद्ध करती है। यद्यपि हिंदुओं की भाँति यहूदी, मुसलमान एवं ईसाई लोग शरीर के बाह्य शुद्धीकरण पर बहुत अधिक ध्यान नहीं देते, फिर भी उन्होंने आवश्यक सीमा तक अनिवार्य शुद्धता के कुछ उपाय अवश्य खोज लिये हैं और वे इसे कुछ सीमा तक हमेशा आवश्यक भी पाते हैं। यहूदियों के मध्य मूर्ति-पूजा की निंदा की जाती है; लेकिन उनका एक मंदिर है, जिसमें एक तिजोरी रखी है, जिसे वे आर्क (संदूक) कहते हैं, जिनके अंदर उनके धर्म के सिद्धांत संरक्षित हैं और तिजोरी के ऊपर परियों के दो चित्र बने हुए हैं, जिनके पंख फैले हुए हैं, जिनके मध्य उनके विश्वास के अनुसार उनका देवता एक बादल के रूप में निवास करता है। उस मंदिर का विध्वंस बहुत समय पूर्व ही हो गया था; परंतु अब भी उनके जितने नए मंदिर बनाए जाते हैं, वे उसी पुरानी रीति के ही होते हैं और उनकी तिजोरी में धार्मिक पुस्तकें रखी जाती हैं। रोमन कैथोलिक और यूनानी ईसाई कुछ रूपों में मूर्ति-पूजा करते हैं। जीसस एवं उनकी माँ की छवि की पूजा की जाती है। प्रोटेस्टेंटों के मध्य मूर्ति-पूजा तो नहीं की जाती है, किंतु वे व्यक्तिगत रूप से ईश्वर की पूजा करते हैं, जिसे दूसरे तरीके से मूर्ति-पूजा कहा जा सकता है। पारसियों एवं ईरानियों में बड़े पैमाने पर अग्नि-पूजा की जाती है। मुसलमानों में पैगंबरों एवं महान् व्यक्तियों की पूजा होती है और

पूजा के समय वे हमेशा अपना मुँह काबा की तरफ रखते हैं। ये चीजें दरशाती हैं कि धार्मिक विकास की प्रारंभिक अवस्था में आस्थावानों को किसी बाहरी चीज के उपयोग की आवश्यकता पड़ती थी और जब आंतरिक आत्म शुद्ध हो जाता है तो ये चीजें अधिक निराकार संकल्पनाएँ बन जाती हैं। "जब जीव को ब्रह्म से संयुक्त करने का प्रयास किया जाता है तो यह सर्वोत्तम होता है, ध्यान को मध्यम एवं नामोच्चार को उपासना का न्यूनतम रूप माना जाता है तथा बाह्य पूजा उपासना का न्यूनतमेतर रूप है।" परंतु इस बात को अच्छी तरह समझ लिया जाना चाहिए कि अंतिम तीनों का अभ्यास करने में भी कोई बुराई नहीं है। प्रत्येक व्यक्ति को अनिवार्यत: वही कार्य करना चाहिए, जिसे करने में वह सक्षम हो; और यदि उसे किसी बहाने से अपने मन के मुताबिक कार्य करने से वर्जित किया जाएगा तो अपने लक्ष्य की प्राप्ति हेतु वह उसे करने का कोई अन्य उपाय खोज लेगा। इसलिए जो व्यक्ति मूर्ति-पूजा करता है, उसके बारे में हमें बुरा नहीं बोलना चाहिए। अभी वह प्रगति की प्रारंभिक अवस्था में है, इसलिए उसे अनिवार्यत: अपनी रुचि के अनुसार करने देना चाहिए; बुद्धिमान जनों को उसे प्रगति करने में सहायक बनना चाहिए और उन्हें अच्छा करने में सहयोग करना चाहिए। परंतु उपासना के इन विभिन्न रूपों के बारे में विवाद करने का कोई लाभ नहीं है।

कुछ लोग ईश्वर की पूजा धन-प्राप्ति के उद्देश्य से करते हैं; कुछ अन्य लोग एक पुत्र पाने के लिए प्रार्थना करते हैं और वे अपने आप को भक्त कहते हैं। न तो यह कोई भक्ति है और न ही ऐसा करनेवाले भक्त हैं। जब कोई साधु आकर यह दावा करता है कि वह सोना बना सकता है तो लोग उसके पीछे भागने लगते हैं और फिर भी वे स्वयं को भक्त कहते हैं! यदि हम पुत्र-प्राप्ति की इच्छा से ईश्वर की उपासना करते हैं तो यह भक्ति नहीं है; यदि हम अमीर होने की अभिलाषा से पूजा करते हैं तो यह भक्ति नहीं है; यद्यपि हमारे मन में स्वर्ग की प्राप्ति की इच्छा हो तो भी यह भक्ति नहीं है; यदि कोई व्यक्ति नरक की यातना से अपनी रक्षा किए जाने की इच्छा से ईश्वर की प्रार्थना करता है तो भी यह भक्ति नहीं है। भक्ति किसी लोभ अथवा भय का परिणाम नहीं है। सच्चा भक्त वह है, जो कहता है, "हे प्रभु! न तो मुझे सुंदर पत्नी पाने की इच्छा है और न ही मैं ज्ञान या मुक्ति पाने का अभिलाषी हूँ। चाहे मैं सौ बार जन्म लूँ और मरूँ। मैं कुल मिलाकर केवल यह चाहता हूँ कि सदैव आपकी सेवा में लगा रहूँ।" यही वह अवस्था है, जब व्यक्ति प्रत्येक चीज में ईश्वर को देखता है और प्रत्येक चीज को ईश्वर में देखता है। इसी अवस्था में उसे

ईश्वर की पूर्ण भक्ति प्राप्त होती है। इसी अवस्था में वह प्रत्येक चीज में विष्णु के सूक्ष्म अवतार ब्रह्म को देखता है और इसलिए उसे प्रत्येक चीज में ईश्वर के विविध रूप प्रसारित होते दिखाई देते हैं। इसी स्थिति में वह महसूस करता है कि ईश्वर के बिना कोई चीज नहीं है और केवल इसी अवस्था में वह सोचता है कि ईश्वर की पूजा करनेवाला तुच्छतम व्यक्ति है और यही एक भक्त की सच्ची भावना है। इसके बाद वह तीर्थाटन इत्यादि पूजा के सभी रूपों को बहुत पीछे छोड़ देता है और वह प्रत्येक व्यक्ति को एक पूर्ण मंदिर के रूप में देखता है।

शास्त्रों में भक्ति का अनेक रूपों में वर्णन किया गया है। हम कहते हैं कि ईश्वर हमारा पिता है। इसी प्रकार, हम उसे 'माँ' इत्यादि कहकर भी पुकार सकते हैं। इन संबंधों की संकल्पना हमारे अंदर भक्ति को सुदृढ़ करने के उद्देश्य से की जाती है और ये संकल्पनाएँ हमें ईश्वर का प्रिय एवं निकटस्थ होने का बोध कराती हैं। अत: ये सभी नाम एक प्रकार से औचित्यपूर्ण हैं। और ऐसा इसलिए है कि शब्द सामान्यत: हमारी प्रेमासक्ति के शब्द हैं और उस स्नेहिल प्रेम का परिणाम हैं, जिन्हें एक सच्चा भक्त ईश्वर के प्रति महसूस करता है। रासलीला में राधा एवं कृष्ण की कथा को ले लीजिए। यह कथा सरलतः एक भक्त की सच्ची भावना की द्योतक है, क्योंकि संसार का कोई भी प्रेम उस प्रेम से बढ़कर नहीं हो सकता है, जो किसी स्त्री एवं पुरुष के बीच होता है। गोस्वामी तुलसीदास ने अपने सर्वश्रेष्ठ ग्रंथ 'श्रीरामचरितमानस' का समापन इस दोहे के साथ किया है—"कामिहिं नारि पिआरि जिमि लोभिहिं प्रिय जिमि दाम। तिमि रघुनाथ निरंतर प्रिय लागहु मोहि राम।" जहाँ ऐसा गहन प्रेम होता है, वहाँ कोई भय, कोई आसक्ति नहीं होती, सिवाय उस एक के, जो उसे अपृथक्करणीय एवं सर्वग्राही प्रेम में आबद्ध करता है। परंतु जहाँ तक माता-पिता के प्रति प्रेम का प्रश्न है, उसमें उनके प्रति हमारे सम्मान के कारण प्रेम के साथ भय भी संयुक्त होता है। हमें इस बात की चिंता क्यों होनी चाहिए कि क्या ईश्वर ने ही प्रत्येक चीज की रचना की है अथवा नहीं? हमें इस तथ्य से क्या लेना-देना है कि वह हमारा संरक्षक है? वह केवल हमारा प्रेमी है और भय के सभी विचारों को त्यागकर हमें उससे अतिशय प्रेम करना चाहिए। कोई व्यक्ति ईश्वर से केवल तभी प्रेम करता है, जब उसके मन में कोई अन्य इच्छा नहीं होती। वह किसी अन्य चीज के विषय में कभी विचार नहीं करता, जब वह केवल उसके पीछे पागल होता है। व्यक्ति जैसा प्रेम अपनी प्रेमिका से करता है, वैसा ही प्रेम उसे ईश्वर से भी करना चाहिए। कृष्ण ईश्वर हैं और राधा उनसे प्रेम करती हैं। उन पुस्तकों को पढ़ें, जिनमें इस कथा का वर्णन किया गया है

और तभी आप इस बात की कल्पना कर सकते हैं कि आपको भी उसी तरह ईश्वर से प्रेम करना चाहिए। लेकिन कितने लोग इसे समझते हैं? जो व्यक्ति अपने स्वभाव से ही कपटी हो और जिसे नैतिकता का कोई ज्ञान ही न हो, वह नैतिकता से जुड़ी ये सारी बातें कैसे समझ सकता है? जब लोग अपने मन से सभी सांसारिक विचारों को बाहर निकाल देते हैं और स्वच्छ, नैतिक एवं आध्यात्मिक वातावरण में रहते हैं, केवल तभी वे इन परिपक्वतम विचारों को समझ सकते हैं, चाहे वे अशिक्षित ही क्यों न हों। लेकिन ऐसे कितने लोग इस प्रकृति के हैं? ऐसा कोई भी धर्म नहीं है, जिसे मनुष्य द्वारा विकृत न किया जा सकता हो। उदाहरण के लिए, वह सोच सकता है कि आत्मा शरीर से पूर्णतया पृथक् है और जब वह इस शरीर के साथ कोई पाप करता है तो उसकी आत्मा अप्रभावित रहती है। यदि धर्मों का सत्यतापूर्वक पालन किया गया होता तो ऐसा एक भी व्यक्ति नहीं होता, चाहे वह हिंदू हो, मुसलमान हो या ईसाई हो, जिसके अंदर पूर्ण शुद्धता न होती। लेकिन लोग अपने स्वभाव के अनुसार निर्देशित होते हैं। चाहे वह अच्छा हो या बुरा, इसमें कोई बुद्धिमानी की बात नहीं है। लेकिन दुनिया में हमेशा कुछ ऐसे लोग होते हैं, जो ईश्वर का नाम सुनते ही चिढ़ जाते हैं; परंतु जब वे ईश्वर के विषय में पढ़ते हैं तो खुशी के आँसू बहाते हैं। ऐसे ही लोग असली भक्त हैं।

धार्मिक विकास की प्रारंभिक अवस्था में मनुष्य ईश्वर को अपना स्वामी और खुद को उसका सेवक समझता है। वह अपने जीवन की दैनंदिन आवश्यकताओं की पूर्ति हेतु स्वयं को ईश्वर का ऋणी समझता है। ऐसे विचारों को एक किनारे रख दीजिए। संसार में केवल एक ही चुंबकीय शक्ति है और वह शक्ति ईश्वर है। और उसी सर्वशक्तिमान ईश्वर की आज्ञा के अनुपालन में सूर्य, चंद्रमा एवं अन्य सभी चीजें गतिमान होती हैं। इस संसार की प्रत्येक चीज, चाहे वह अच्छी हो या बुरी, सभी ईश्वर से संबद्ध हैं। हमारे जीवन में अच्छा या बुरा जो कुछ भी होता है, वह हमें उसकी ओर ले जाता है। अपने स्वार्थ की पूर्ति के लिए कोई व्यक्ति दूसरे व्यक्ति की हत्या कर देता है, लेकिन उसके हत्या करने के उद्देश्य के पीछे प्रेम है, वह प्रेम चाहे उसके अपने लिए हो या किसी अन्य के लिए। हमारे द्वारा किए जानेवाले अच्छे या बुरे किसी भी कर्म का प्रेरक प्रेम है। जब कोई चीता किसी भैंस की हत्या करता है तो इसलिए, क्योंकि वह या उसके शावक भूखे हैं।

ईश्वर साक्षात् प्रेम है। वह प्रत्येक चीज में दिखाई देता है। प्रत्येक व्यक्ति जाने-अनजाने उसी की ओर खिंचा चला जाता है। जब कोई स्त्री अपने पति से प्रेम

करती है तो वह यह नहीं समझती है कि यह उसके पति की महान् ईश्वरीय आकर्षण शक्ति है। प्रेम का देवता ही एकमात्र ऐसी चीज है, जिसकी पूजा की जानी चाहिए। जब तक हम उसे केवल सृष्टि का संरक्षक एवं सृजनकर्ता मानेंगे, हम केवल उसके बाहरी रूप की पूजा करेंगे; परंतु जब हम इन तमाम चीजों से आगे निकल जाते हैं और उसे प्रेम का अवतार मानने लगते हैं, तब हम सभी चीजों को उसमें और सभी चीजों में उसे देखने लग जाते हैं, तत्पश्चात् हमें सर्वोच्च भक्ति प्राप्त होती है।

□

9

सार्वभौमिक धर्म का आदर्श

कैसे उसे अनिवार्यतः भिन्न प्रकार के मनों एवं मान्यताओं को गले लगाना चाहिए!

हमारी इंद्रियाँ जो कुछ महसूस करती हैं या हम अपने मन में जितनी भी कल्पनाएँ करते हैं, हम उनमें दो बलों की क्रिया एवं प्रतिक्रिया पाते हैं। एक बल दूसरे बल के विपरीत क्रिया करता है और उसी के परिणामस्वरूप हम अपने आसपास होनेवाली मिश्रित प्रवृत्तियों को देखते हैं तथा उन्हीं को अपने मन में महसूस करते हैं। बाह्य जगत् में इन्हीं दोनों विपरीत बलों का कृत्य स्वयं को आकर्षण या घृणा या केंद्राभिमुख अथवा अपकेंद्रित रूप में अभिव्यक्त करता है और आंतरिक जगत् में प्रेम व घृणा, अच्छाई या बुराई के रूप में। हम कुछ चीजों को त्यागकर अन्यों को आकर्षित करते हैं। हम एक चीज द्वारा आकर्षित और दूसरी चीज द्वारा तिरस्कृत कर दिए जाते हैं। अपने जीवन में हम कई बार पाते हैं कि हम अकारण ही कुछ व्यक्तियों की ओर आकर्षित हो रहे हैं; अन्य अवसरों पर हम इसी प्रकार महसूस करते हैं कि अन्य लोगों द्वारा हम तिरस्कृत किए जा रहे हैं। यह बात सभी चीजों पर शर्तिया लागू होती है कि कर्म का क्षेत्र जितना अधिक उन्नत एवं उर्वर होगा, उतना ही उल्लेखनीय इन परस्पर विपरीत बलों का प्रभाव होगा। मानव विचार एवं जीवन का सर्वोच्च धरातल धर्म है और इस धरातल पर हम पाते हैं कि इन दोनों बलों का कृत्य सर्वाधिक उल्लेखनीय रहा है। मानवता जिस सघनतम प्रेम को अब तक जानती आई है, वह धर्म से आया है; और मानवता को ज्ञात सर्वाधिक पैशाचिक घृणा भी धर्म से ही उत्पन्न हुई है। विश्व ने शांति का जो श्रेष्ठतम

* *12 जनवरी, 1896 को हार्डमैन हॉल में दिया गया वक्तव्य*

शब्द अब तक सुना है, वह धार्मिक धरातल के लोगों द्वारा उच्चरित किया गया है और विश्व द्वारा सुनी गई अब तक की निकृष्टतम निंदा भी धार्मिक व्यक्तियों द्वारा ही की गई है। जिस धर्म का उद्‌देश्य जितना अधिक ऊँचा होगा, उसका संगठन भी उतना ही उत्तम होगा और उसकी गतिविधियाँ भी उतनी ही अधिक उल्लेखनीय होंगी। धर्म के अतिरिक्त किसी अन्य मानव उद्‌देश्य ने विश्व को इतना भ्रमित एवं रक्तरंजित नहीं किया है। इसके साथ-ही-साथ अच्छी बात यह है कि धर्म के अतिरिक्त और कोई भी इतने सारे अस्पतालों और गरीबों के लिए अनाथालयों को अस्तित्व में नहीं लाया; किसी अन्य मानवीय प्रभाव ने न केवल मानवता, बल्कि लघुतम पशुओं की इतनी चिंता कभी नहीं की, जितनी कि धर्म ने की है। धर्म के अतिरिक्त अन्य कोई भी चीज न तो हमें इतना क्रूर बनाती है और न ही कोमल। ऐसा अतीत में हो चुका है और इस बात की पूरी संभावना है कि भविष्य में भी ऐसा होगा। फिर भी, धर्मों एवं संप्रदायों के इस कोलाहल एवं अशांति, विवाद एवं संघर्ष, घृणा एवं ईर्ष्या के बीच से समय-समय पर कुछ सशक्त स्वर भी उभरते रहे हैं, जिन्होंने इस समस्त शोरगुल को डुबो दिया और स्वयं को इस ध्रुव से उस ध्रुव तक सुने जाने में सक्षम बनाया, क्योंकि उन्होंने शांति एवं सौहार्द की घोषणा की। क्या वह दिन फिर कभी आएगा?

क्या यह संभव है कि सशक्त धार्मिक संघर्ष के धरातल पर कभी पुन: निर्बाध सौहार्द का शासन होगा? इस शताब्दी के दूसरे भाग में दुनिया सौहार्द के इसी प्रश्न से जूझ रही है; समाज में योजनाएँ प्रस्तावित की जा रही हैं और उन्हें कार्यान्वित करने के प्रयास किए जा रहे हैं; परंतु हम जानते हैं कि ऐसा कर पाना कितना कठिन है! लोग पाते हैं कि जीवन के इस संघर्ष की प्रचंडता को कम कर पाना लगभग असंभव है; मनुष्य के अंदर व्याप्त इस व्यापक मानसिक तनाव को शिथिल कर पाना संभव नहीं है। अब, यदि जीवन के भौतिक धरातल अर्थात् बाह्य एवं ठोस पक्ष पर शांति व सौहार्द ला पाना इतना कठिन है, तब तो मनुष्य की आंतरिक प्रकृति पर शांति व सौहार्द का शासन लाना हजार गुना कठिन है। मैं आप लोगों से अनुरोध करना चाहूँगा कि आप कुछ समय के लिए इस शब्द-जाल से बाहर आएँ। हम सब अपने बाल्यकाल से ही प्रेम, शांति, परोपकार, समानता एवं विश्व-बंधुत्व जैसे शब्दों को सुनते आ रहे हैं; परंतु यह सब हमारे लिए केवल निरर्थक शब्द बनकर रह गए हैं। इन शब्दों को हम बार-बार तोते की तरह रटते रहते हैं और हमारे लिए ऐसा करना अत्यंत स्वाभाविक बन गया है। हम इस विषय में कुछ नहीं कर सकते। जिन आत्माओं ने सर्वप्रथम इन महान् विचारों को अपने हृदय में स्थान दिया था, इन शब्दों की रचना की थी, उस समय अनेक लोग

इनका अर्थ समझते थे। कालांतर में अज्ञानियों ने इन शब्दों को लपक लिया और उन्होंने धर्म को मात्र शब्द-क्रीड़ा बना दिया। एक भी चीज को व्यवहार में नहीं लाया गया। यह हमारे 'पिता का धर्म', 'हमारे राष्ट्र का धर्म' और 'हमारे देश का धर्म' बन गया है आदि-इत्यादि। किसी धर्म का पालन करना राष्ट्रभक्ति का मुखौटा मात्र बनकर रह गया है। राष्ट्रभक्ति हमेशा ही एकांगी रही है। धर्म में सौहार्द लाना अनिवार्यत: सदैव कठिन होगा। तथापि हम धर्मों में सौहार्द की इस समस्या पर विचार करेंगे।

हम देखते हैं कि प्रत्येक धर्म में तीन भाग हैं—यहाँ मेरा आशय बड़े एवं मान्यता-प्राप्त धर्म से है। पहला भाग है दर्शन, जो उस धर्म की संपूर्ण संभावना को प्रस्तुत करता है, जिसमें मौलिक सिद्धांत का निरूपण, उद्देश्य और उसे पाने के उपाय इत्यादि वर्णित होते हैं। दूसरा भाग है पौराणिक कथाएँ, जो दर्शन को ठोस आकार देती हैं। इसमें लोगों के जीवन से जुड़ी हुई या अलौकिक शक्तियों की कहानियाँ शामिल होती हैं। यह दर्शन की ही कल्पना है, जो कमोबेश लोगों के काल्पनिक जीवन एवं अलौकिक शक्तियों के मध्य संबंधों को सुदृढ़ करती है। तीसरा भाग रीतियों एवं संस्कारों का है। यह धर्म का सर्वाधिक सशक्त पक्ष है और इसका निर्माण विविध रूपों एवं संस्कारों के माध्यम से किया गया है, जिसमें विविध भौतिक प्रवृत्तियाँ, पुष्प एवं सुगंधि तथा इंद्रियों को आनंदित व आकर्षित करनेवाली अनेक अन्य चीजें शामिल हैं। इन्हीं में परंपरा और संस्कार भी शामिल हैं। आप पाएँगे कि सभी मान्यता-प्राप्त धर्मों में ये तीनों तत्त्व अवश्य होते हैं। कोई धर्म किसी एक तत्त्व पर अधिक बल देता है तो कोई किसी दूसरे तत्त्व पर। आइए, सबसे पहले धर्म के प्रथम भाग-दर्शन पर विचार करते हैं। क्या यहाँ कोई सार्वभौमिक दर्शन है? फिलहाल तो नहीं। प्रत्येक धर्म अपना निजी सिद्धांत लाता है और केवल उसे ही सत्य मानकर उसे कार्यान्वित करने पर बल देता है। वह केवल इतना ही नहीं करता, बल्कि वह सोचता है कि जो उनमें विश्वास नहीं करता है, उसे अनिवार्यत: किसी भयानक स्थान पर भेज दिया जाना चाहिए। कुछ लोग तो दूसरों को अपने धर्म को मानने हेतु विवश करने के लिए तलवार तक निकाल लेते हैं। वह यह कृत्य अपनी दुष्टता के कारण नहीं करता है, बल्कि यह मानव मस्तिष्क का एक विशेष रोग है, जिसे 'कट्टरवाद' कहा जाता है। ये कट्टरपंथी अत्यंत निष्कपट होते हैं, मानव प्राणियों में सर्वाधिक निश्छल; परंतु ये दुनिया के अन्य पागलों की भाँति पूर्णतया गैर-जिम्मेदार भी होते हैं। कट्टरवाद का यह रोग सभी रोगों में सर्वाधिक हानिकारक रोग है। मानव प्रकृति की सारी दुष्टता इसी के द्वारा उत्पन्न की जाती है। व्यक्ति क्रोध एवं अहंकार से काँपने लगता है। उसकी मांसपेशियाँ खिंच जाती हैं और वह खूँखार शेरों के समान बन जाता है।

क्या कहीं कोई पौराणिक समानता है? क्या कहीं कोई पौराणिक सौहार्द, कोई सार्वभौमिक पुराण कथा है, जो सभी धर्मों द्वारा स्वीकृत हो? निश्चय ही—नहीं। सभी धर्मों की अपनी पौराणिक कथाएँ हैं और उनमें से हरेक केवल यही कहता है, "मेरी कहानियाँ कल्पना मात्र नहीं हैं।" आइए, इस प्रश्न को एक उदाहरण के माध्यम से समझने का प्रयास करते हैं। उदाहरण से मेरा आशय यह है कि मैं सीधे व सच्चे तौर पर किसी धर्म की आलोचना का इच्छुक नहीं हूँ। ईसाई मानता है कि ईश्वर ने एक कबूतर का रूप धारण किया और पृथ्वी पर आ गया। उसकी दृष्टि में यह इतिहास है, कोई पुराण कथा नहीं। हिंदू मानता है कि ईश्वर गाय के रूप में प्रकट हुआ। ईसाई लोग कहते हैं कि ऐसा मानना केवल कपोल-कल्पना है, इतिहास नहीं; और यह भी कि यह अंधविश्वास है। यहूदी लोग सोचते हैं कि यदि संदूक या तिजोरी के आकार की एक छवि बनाई जाए, जिसके दोनों ओर परियों का चित्र हो, तभी उसे पवित्र से भी पवित्रतम स्थान पर रखा जा सकता है; यहोवा के लिए यह पवित्र है, परंतु यदि यह छवि किसी सुंदर स्त्री या पुरुष की हो तो वे कहते हैं, "यह एक भयानक मूर्ति है, इसे तोड़ डालो!" यह हमारी पौराणिक कथाओं की एकता है! यदि कोई शख्स खड़ा होता है और दावा करता है कि 'हमारे पैगंबर साहब ने फलाँ-फलाँ अजूबे किए हैं, तो दूसरे लोग कहेंगे कि यह कोरा अंधविश्वास है; परंतु उसी के साथ-साथ वे यह भी कहते हैं कि उनके अपने मसीहा ने इससे भी अद्‌भुत चीजें कीं, जिन्हें वे ऐतिहासिक मानते हैं। जहाँ तक मैंने देखा है, दुनिया में ऐसा कोई भी व्यक्ति नहीं है, जो पुराण व इतिहास में जरा सा भी भेद करने में सक्षम हो; क्योंकि उसका अस्तित्व इन सभी लोगों के दिमागों में है। ऐसी सभी कहानियाँ, चाहे वे किसी भी धर्म से संबंधित हों, वास्तव में पौराणिक हैं और समय-समय पर इन्हें संक्षिप्त इतिहास से जोड़ दिया गया है।

इसके बाद संस्कार आते हैं। एक संप्रदाय किसी विशेष प्रकार के संस्कार अपनाता है और सोचता है कि वह पवित्र है, जबकि दूसरे संप्रदाय के संस्कार निकृष्ट एवं अंधविश्वास हैं। यदि एक संप्रदाय किसी विशेष प्रकार के प्रतीक की पूजा करता है तो दूसरा संप्रदाय कहता है, "अरे, यह तो अत्यंत भयानक है!" उदाहरण के लिए, किसी विशेष प्रकार के प्रतीक को ले लीजिए। लिंग का प्रतीक निश्चय ही एक कामुक प्रतीक है। परंतु इस पक्ष को धीरे-धीरे विस्मृत कर दिया गया और अब यह ईश्वर के प्रतीक के रूप में देखा जाने लगा है। जिन राष्ट्रों ने इसे अपने धार्मिक प्रतीक के रूप में अपना लिया है, अब वे उसके लिंग होने के बारे में सोचते ही नहीं हैं। उनके लिए वह एक प्रतीक मात्र है, और बात यहीं समाप्त हो जाती है। परंतु किसी अन्य वर्ण

या संप्रदाय का व्यक्ति उसे लिंग के अतिरिक्त किसी अन्य रूप में नहीं देख सकता है और उसकी निंदा करना प्रारंभ कर देता है; तथापि इसके साथ-साथ वह कुछ ऐसे कार्य करता है, जो तथाकथित लिंग-उपासक को अत्यंत भयानक दिखाई देता है। उदाहरण के लिए, मैं दो बिंदुओं को लेता हूँ—लिंग का प्रतीक एवं ईसाइयों के संस्कार। ईसाइयों के लिए लिंग डरावना है और हिंदुओं के लिए ईसाई संस्कार डरावना है। वे कहते हैं, जिनके अंतर्गत कोई व्यक्ति किसी विशेष व्यक्ति के गुणों को प्राप्त करने के लिए उसकी हत्या कर देता है और मानता है कि इसका मांस खाने और खून पीने से इसके गुण मेरे अंदर आ जाएँगे। यह नरभक्षिता है। यह कृत्य कुछ खूँखार एवं जंगली आदिवासी करते हैं; यदि वे किसी व्यक्ति को बहादुर समझते हैं तो उसकी हत्या कर देते हैं और उसका दिल निकालकर खाते हैं; क्योंकि उनका विश्वास है कि उनके इस कृत्य से उस योद्धा की शक्तियाँ उनके अंदर आ जाएँगी। यद्यपि सर जॉन लुबाक जैसे कुछ धर्मनिष्ठ लोग इसे स्वीकार करते हैं और कहते हैं कि इस ईसाई प्रतीक का मूल एक आदिम विचार में है। निश्चय ही, ईसाई इसके मूल के विषय में इस दृष्टिकोण को स्वीकार नहीं करते हैं और इसके अर्थ के विषय में तो वे कभी सोचते ही नहीं हैं। वे केवल इतना जानते हैं कि यह एक पवित्र चीज है। अतः यह कहना उचित होगा कि संस्कारों में भी ऐसा कोई सार्वभौमिक प्रतीक नहीं है, जो सामान्य मान्यता एवं स्वीकार्यता को निर्देशित कर सकता हो। फिर किसी प्रकार की कोई सार्वभौमिकता कहाँ है ? ऐसी स्थिति में कोई भी एक सार्वभौमिक प्रकार का धर्म होना कैसे संभव है ? फिर भी, वह पूर्ववत् अस्तित्व में है। आइए, देखें कि वह क्या है ?

हम सभी विश्व-बंधुत्व के बारे में सुनते हैं और देखते हैं कि कैसे विभिन्न समाज इसका उपदेश देने के लिए खासतौर से खड़े हो जाते हैं। मुझे एक पुरानी कहानी याद है। भारत में मदिरापान को बहुत बुरा माना जाता है। एक रात को दो भाइयों ने गुप्त रूप से शराब पीने की इच्छा व्यक्त की। उनका रूढ़िवादी चाचा उसी कमरे के बगलवाले कमरे में सो रहा था। अतः उन्होंने मद्यपान शुरू करने से पूर्व एक-दूसरे से कहा, "हमें हर हाल में अत्यंत शांत रहना होगा, वरना चाचाजी जाग जाएँगे।" मद्यपान के दौरान भी उन्होंने एक-दूसरे से बार-बार यह कहना जारी रखा—"चुप रहो! चाचाजी जाग जाएँगे।" प्रत्येक दूसरे को डाँटकर खामोश करने की कोशिश करने लगा। जब उनकी परस्पर डाँट-फटकार बहुत तेज हो गई तो चाचाजी जाग गए और उनके कमरे में आ गए। उन्हें उनकी सारी हरकत पता चल गई। हम लोग भी आज उन्हीं शराबियों की तरह विश्व-बंधुत्व का बहुत शोर मचा रहे हैं! विश्व-बंधुत्व का उपदेश देनेवालों ने एक

स्वर में कहा, "चूँकि हम सभी समान हैं, इसलिए हमें एक दल या संप्रदाय बना लेना चाहिए।" जैसे ही आप कोई संप्रदाय बना लेते हैं, तत्काल समानता के विरुद्ध प्रदर्शन करने लगते हैं और सारी समानता धरी-की-धरी रह जाती है। मुसलमान भाईचारे की बातें बहुत करते हैं, लेकिन वास्तव में क्या होता है ? ऐसा क्यों होता है कि किसी गैर-मुसलमान को इस भाईचारे में शामिल नहीं किया जाता ? इस बात की संभावना अधिक होती है कि कहीं वे उसका गला ही न काट दें ! ईसाई लोग भी विश्व-बंधुत्व के बारे में बड़ी-बड़ी बातें करते हैं; लेकिन यदि कोई गैर-ईसाई होता है तो वह उसे ऐसी जगह भेज देते हैं, जहाँ उसका कबाब बना दिया जाता है।

इस प्रकार, हम इस संसार में विश्व-बंधुत्व एवं समानता की तलाश में भटकते फिरते हैं। मैं आप लोगों से आग्रह करना चाहूँगा कि जब आप संसार में इस प्रकार की बातें सुनें तो थोड़ा खामोश रहें, अपने प्रति सचेत रहें; क्योंकि इस प्रकार की बातों के पीछे अकसर गहरा स्वार्थ होता है। कई बार शीत ऋतु में आसमान में बादल छा जाते हैं और वे बार-बार गरजते रहते हैं, लेकिन बरसते नहीं हैं; परंतु वर्षा ऋतु में बादल गरजते नहीं, बल्कि वे दुनिया को पानी से सराबोर कर देते हैं।" इसलिए मैं आप लोगों से कहना चाहूँगा कि जो लोग असली कार्यकर्ता हैं और मनुष्य के भाईचारे की भावना को सचमुच हृदय से महसूस करते हैं, वे अधिक बातें नहीं करते हैं; भाईचारे का संदेश देनेवाले छोटे-छोटे संप्रदाय नहीं बनाते, बल्कि उनके कृत्य, उनके आंदोलन, उनका संपूर्ण जीवन इस बात को स्पष्ट दरशाता है कि उनके मन में प्राणिमात्र के भाईचारे की सच्ची भावना है, और यह भी कि उनके मन में सभी लोगों के प्रति प्रेम एवं संवेदना है। वे बातें नहीं करते, वे करते हैं और उसे जीते हैं। यह दुनिया शेखी बघारनेवालों से भरी पड़ी है। हमें फालतू बातें करने की बजाय कुछ वास्तविक कार्य करने की आवश्यकता है।

अब तक हमने देखा कि धर्म के संबंध में कोई जागतिक विशेषता खोज पाना कठिन है; किंतु हमें ज्ञात है कि वे विशेषताएँ विद्यमान हैं। हम सभी मनुष्य हैं, परंतु क्या हम सभी बराबर हैं ? निश्चय ही—नहीं। कौन कहता है कि हम सब बराबर हैं ? केवल कोई पागल ही ऐसी बातें कर सकता है। क्या हम अपनी बुद्धि, अपनी शक्तियों एवं अपने शरीरों में समान हैं ? एक व्यक्ति दूसरे से अधिक शक्तिशाली है; एक व्यक्ति दूसरे व्यक्ति से अधिक बुद्धिमान है। यदि हम सभी समान हैं तो फिर इतनी असमानता क्यों है ? यह असमानता किसने पैदा की ? हमने पैदा की, क्योंकि हमारे अंदर एक-दूसरे से कम या अधिक शक्ति है, हमारे अंदर कम या अधिक बुद्धि है, कम या अधिक

शारीरिक शक्ति है और अनिवार्यत: यही हमारे मध्य अंतर करती है। किंतु फिर भी हम जानते हैं कि समानता का सिद्धांत हमारे मन को अच्छा लगता है। हम सभी मनुष्य हैं, परंतु हम में से कुछ पुरुष हैं और कुछ स्त्रियाँ हैं। यहाँ एक काला आदमी है, वहाँ एक गोरा आदमी है, परंतु अंतत: सभी मनुष्य हैं और सभी का संबंध एक ही मानवता से है। हमारे विविध चेहरे हैं; मैं दो लोगों को एक जैसा नहीं देखता हूँ, तथापि हम सभी मनुष्य हैं। यह एकल मानवता कहाँ है ? मैं कोई पुरुष या स्त्री देखता हूँ, वह या तो काला है या गोरा; और मैं जानता हूँ कि इन सभी चेहरों के मध्य एक निराकार मानवता है, जो सभी के लिए समान है। जब मैं उसे पकड़ने की कोशिश करता हूँ तो वह मेरे हाथ नहीं आती है। मैं उसे महसूस करना चाहता हूँ, वास्तविक रूप देना चाहता हूँ; फिर भी मैं यह बात निश्चित तौर पर जानता हूँ कि वह पहले से ही विद्यमान है। यदि मैं किसी चीज के प्रति पूर्णतया आश्वस्त हूँ तो वह चीज मानवता है, जो हम सभी के लिए समान है। यही वह सामान्यीकृत तत्त्व है, जिसके माध्यम से मैं आपको स्त्री या पुरुष के रूप में देखता हूँ। अत: यही स्थिति धर्म के विषय में भी है। विश्व के सभी धर्मों में एक ही ईश्वर विभिन्न रूपों में विचरण करता है। इसे अनिवार्यत: अपनी अनंतता के माध्यम से सभी धर्मों में विद्यमान होना ही चाहिए। ईश्वर का कथन है—"मैं ही वह धागा हूँ, जो सभी मोतियों के बीच से गुजर रहा हूँ।" और प्रत्येक मोती एक धर्म या संप्रदाय है। इस प्रकार, सभी मोती भिन्न-भिन्न हैं। और ईश्वर वह धागा है, जो इन सभी के अंदर होकर गुजरता है। यह बात अलग है कि बड़ी संख्या में लोग इस तथ्य से पूर्णतया अनभिज्ञ हैं।

विविधता में एकता ब्रह्मांड की एकता है। हम सभी मनुष्य हैं, तथापि एक-दूसरे से भिन्न हैं। मानवता के एक अंग के रूप में मैं भी आप में से एक हूँ; परंतु जब मुझे कोई नाम दे दिया जाता है तो मैं आपसे भिन्न हो जाता हूँ। एक पुरुष के रूप में आप किसी स्त्री से भिन्न हैं; परंतु एक मनुष्य के रूप में आप स्त्री के समान हैं। एक मनुष्य के रूप में आप पशुओं से अलग हैं, परंतु एक जीवधारी के रूप में नर, नारी, पशु एवं पेड़-पौधे सभी समान हैं, सभी एक हैं और एक अस्तित्व के रूप में आप पूरे ब्रह्मांड का एक अंग हैं। वही सार्वभौमिक अस्तित्व ईश्वर है, ब्रह्मांड की अंतिम एकता है। उसके अंदर हम सब एक हैं। इसके साथ-ही-साथ अभिव्यक्ति के रूप में इन भेदों का बने रहना भी अनिवार्य है। हमारे कार्यों में, हमारी ऊर्जाओं में जब वे बाहर अभिव्यक्त हों तो उस समय इन भेदों को अनिवार्यत: बने रहना चाहिए। इस प्रकार, हम पाते हैं कि यदि किसी एक सार्वभौमिक धर्म का अर्थ सभी लोगों द्वारा धर्म के किसी एक सिद्धांत का पालन सभी लोगों द्वारा किया जाना चाहिए तो यह पूर्णतया असंभव है। ऐसा कभी

नहीं हो सकता और ऐसा भी कभी नहीं हो सकता है कि कभी कोई ऐसा समय आएगा, जब सभी चेहरे समान होंगे। पुनः, यदि हम यह अपेक्षा करें कि सारे संसार का एक ही धार्मिक विश्वास होगा तो यह भी असंभव है, यह नहीं हो सकता; और कोई एक सार्वभौमिक संस्कार, रीति-रिवाज भी नहीं हो सकता है। इस प्रकार की चीजें कभी अस्तित्व में नहीं आएँगी और यदि कभी ऐसा हुआ भी तो यह संसार नष्ट हो जाएगा, क्योंकि विविधता जीवन का पहला सिद्धांत है। हमें एक निरूपित अस्तित्व क्या चीज बनाती है? असंतुलन। संपूर्ण संतुलन का अर्थ हमारा विनाश होगा। मान लीजिए कि इस समय गरमी की जो मात्रा इस कमरे में है, जिसकी प्रवृत्ति इस कमरे में मौजूद सभी लोगों को समान ऊष्मा का पूर्ण प्रसार है, क्या उसी प्रकार का प्रसार अन्य सभी व्यावहारिक कार्यों के लिए उपयोगी होगा, जिनमें इतनी गरमी की आवश्यकता नहीं है? इस ब्रह्मांड में गति को क्या चीज संभव बनाती है? खोया हुआ संतुलन या असंतुलन। समवत्ता की एकता केवल तभी आ सकती है, जब इस ब्रह्मांड का अस्तित्व समाप्त हो जाएगा, अन्यथा इस प्रकार की कोई चीज होना असंभव है। केवल इतना ही नहीं, यदि यह समानता हो भी जाए तो उसे प्राप्त करना हानिकारक होगा। हमें भी अनिवार्यतः इस बात की इच्छा कभी नहीं करनी चाहिए कि हम सभी लोगों को एक ही प्रकार से सोचना चाहिए। ऐसी स्थिति में हमारे चिंतन के लिए कोई विचार ही नहीं होगा। क्या हमें उस रूप में एक जैसा होना चाहिए, जिस रूप में मिस्र के मकबरों में मोम की निर्जीव मूर्तियाँ खड़ी हैं और वे बिना किसी विचार के एक-दूसरे की ओर निहार रही हैं। यही वह अंतर, वह भिन्नता हमारे मध्य संतुलन का लोप है, जो हमारी प्रगति की आत्मा है, हमारे सभी विचारों की आत्मा है। इसे अनिवार्यतः सदैव बने रहना चाहिए।

फिर एक सार्वभौमिक धर्म के आदर्श का अर्थ मैं क्या समझता हूँ? मेरा आशय किसी एक सार्वभौमिक दर्शन या किसी एक सार्वभौमिक पौराणिकता या किसी एक सार्वभौमिक संस्कार से कदापि नहीं है, जिसका पालन सभी लोगों द्वारा समान रूप से किया जाना चाहिए; क्योंकि मैं जानता हूँ कि यह संसार अनिवार्यतः निरंतर गतिशील है। यह एक चक्र के भीतर दूसरे चक्र के समान है। मशीन का यह पेचीदा तत्त्व अत्यंत जटिल, अत्यंत अद्भुत है। फिर हम कर क्या सकते हैं? हम इसे सरलतापूर्वक चलाने में सहायक हो सकते हैं। हम अवरोधों को कम कर सकते हैं। हम उसके चक्रों में पूर्ववत् ग्रीस लगा सकते हैं। कैसे? भिन्नता की प्राकृतिक आवश्यकता की मान्यता द्वारा। जिस प्रकार हमने अपनी एकता को अपनी स्वाभाविक प्रकृति के अनुसार पहचाना है, उसी प्रकार हमें विविधता को भी पहचानना चाहिए। हमें अनिवार्यतः इस

तथ्य को भलीभाँति समझ लेना चाहिए कि एक सत्य को हजारों-लाखों तरीकों से व्यक्त किया जा सकता है और इनमें से प्रत्येक उपाय सत्य है। हमें यह बात भी अच्छी तरह समझ लेनी चाहिए कि एक ही चीज को सैकड़ों भिन्न दृष्टिकोणों से देखा जा सकता है और जाँच करने पर वह चीज समान निकलेगी। उदाहरण के लिए, सूर्य को ही लीजिए। मान लीजिए कि पृथ्वी पर खड़ा कोई व्यक्ति सूर्यादय के समय उसे देखता है; वह उसे एक बड़ी गेंद के समान देखता है। मान लीजिए, कोई व्यक्ति अपने साथ कैमरा लेकर सूर्य की ओर अपनी यात्रा शुरू करता है; अपनी यात्रा के प्रत्येक चरण में वह सूर्य तक पहुँचने से पहले उसकी तसवीर लेता जाता है। विभिन्न अवस्थाओं में लिया गया सूर्य का चित्र उसे प्रत्येक अवस्था में भिन्न-भिन्न दिखाई देगा। वस्तुत: जब वह वापस लौटेगा तो उसके पास सूर्य की भिन्न-भिन्न अवस्थाओं वाले अनेक चित्र होंगे। इस प्रकार, हम जानते हैं कि व्यक्ति ने अपनी यात्रा के दौरान जिस सूर्य की फोटो खींची थी, वह सूर्य एक ही है, परंतु उसकी यात्रा की प्रगति के दौरान वह अलग-अलग दशाओं में अलग-अलग दिखाई देता है। ऐसा ही ईश्वर के साथ भी है। अत: हम ईश्वर को चाहे उच्च दर्शन के साथ देखें या निम्न, चाहे उसे उच्च पौराणिकता के साथ देखें या अपरिष्कृत, अति सूक्ष्म संस्कारवाद के साथ देखें या उसे जादू-टोने के रूप में देखें, प्रत्येक संप्रदाय, प्रत्येक आत्मा, प्रत्येक राष्ट्र, प्रत्येक धर्म सचेत या अचेत रूप में ऊपर की ओर, अर्थात् ईश्वर की ओर जाने का संघर्ष कर रहा है। मनुष्य के पास सत्य की प्रत्येक दृष्टि उसी की दृष्टि है, किसी अन्य की नहीं। मान लीजिए कि हम अपने हाथों में बरतन लेकर नदी से जल लेने के लिए जाते हैं। एक व्यक्ति के पास कोई कप है, एक के पास जार है और किसी के पास बालटी इत्यादि है और हम झील से उसे भर लाते हैं। जल प्रत्येक अवस्था में स्वाभाविक रूप से हमारे द्वारा ले जाए गए बरतन का आकार ग्रहण कर लेता है। जो व्यक्ति कप लाया था, उसे कप के रूप में जल मिला; जो व्यक्ति जार ले गया था, उसका जल जार के आकार का है आदि-इत्यादि; परंतु प्रत्येक अवस्था में सभी बरतनों में केवल जल ही है तथा जल के सिवाय और कुछ नहीं है। ऐसा ही धर्म के मामले में भी है। हमारे मन भी इन्हीं विभिन्न बरतनों के समान हैं और हम में से प्रत्येक व्यक्ति ईश्वर की अनुभूति प्राप्त करने का प्रयास कर रहा है। ईश्वर उस जल के समान है, जो विभिन्न बरतनों को भर रहा है और प्रत्येक बरतन ईश्वर की दृष्टि के समान है, जो हमारे पास बरतन के रूप में आती है। फिर भी वह एक है। वह प्रत्येक दशा में ईश्वर है। जिस व्यापक सार्वभौमिकता को हम प्राप्त कर सकते हैं, उसकी केवल यही पहचान है।

अब तक सैद्धांतिक रूप से यह सब सही है। परंतु क्या धर्मों में सौहार्द लाने का कोई व्यावहारिक उपाय है? हम पाते हैं कि धर्म के बारे में विभिन्न दृष्टिकोणों की मान्यता सत्य है; परंतु यह अत्यंत प्राचीन विचार है। भारत में, सिकंद्रिया में, यूरोप में, चीन में, जापान में, तिब्बत में और अंततः अमेरिका में सौहार्दपूर्ण धार्मिक पंथ के निर्माण, सभी धर्मों को प्रेम में एक साथ लाने हेतु सैकड़ों प्रयास किए गए। वे सभी प्रयास विफल हो गए, क्योंकि उन्होंने कोई व्यावहारिक योजना नहीं बनाई। अनेक लोगों ने माना है कि विश्व के सभी धर्म सही हैं, परंतु वे उन्हें एक साथ लाने का कोई व्यावहारिक उपाय नहीं दरशाते, ताकि इस प्रवाह में प्रत्येक धर्म अपनी वैयक्तिकता बनाए रख सके। केवल वही योजना व्यावहारिक है, जो धर्म में किसी व्यक्ति की निजता का हनन नहीं करती और इसके साथ-ही-साथ वह उसे अन्य सभी लोगों के साथ एकता का उपाय भी दरशाती है। परंतु अब तक धार्मिक सौहार्द के जितने भी प्रयास किए गए, जहाँ उन्होंने एक ओर सैद्धांतिक रूप से धर्म के सभी विचारों को समाहित करने का प्रस्ताव दिया, परंतु व्यावहारिक रूप से उन्होंने उन्हें कुछ सिद्धांतों से बाँधने का भी प्रयास किया और इस प्रकार उन्होंने लड़ते, संघर्ष करते तथा एक-दूसरे को धक्का देते हुए अनेक नए संप्रदाय उत्पन्न कर दिए।

मेरे पास भी मेरी छोटी सी योजना है; परंतु मैं नहीं जानता कि वह कारगर होगी या नहीं। फिर भी, मैं उसे चर्चा हेतु आपके समक्ष प्रस्तुत करना चाहता हूँ। मेरी योजना क्या है? सर्वप्रथम मैं मानव जाति से यह आग्रह करना चाहूँगा कि वह 'नष्ट मत करो' के नियम को मान्यता प्रदान करे। मूर्तिभंजक सुधारक संसार की कोई भलाई नहीं करते। तोड़ो मत, किसी को गिराओ मत, बल्कि निर्माण करो। यदि आप कर सकते हैं तो सहायता करें; यदि आप सहायता नहीं कर सकते तो हाथ जोड़कर एक ओर खड़े हो जाएँ और चीजों को होता हुआ देखें। यदि आप किसी का उपचार नहीं कर सकते तो उसे चोट भी मत पहुँचाइए। जब तक वे समझदार हैं, किसी व्यक्ति की मान्यताओं के प्रति एक भी शब्द न कहें। दूसरी बात यह कि आप व्यक्ति को जिस स्थिति में देखें, वहाँ से उसे ऊपर उठाने का प्रयास करें। यदि यह बात सत्य है कि ईश्वर सभी धर्मों का केंद्र है और हम में से प्रत्येक इन त्रिज्याओं में से एक के साथ उसकी ओर बढ़ रहा है, तब तो यह निश्चित है कि हम सभी अनिवार्यतः उस केंद्र तक पहुँचेंगे। और उसी केंद्र पर पहुँचने के बाद जहाँ हमारी सभी त्रिज्याएँ मिलती हैं, हमारे सभी मतभेद समाप्त हो जाएँगे; परंतु हमारे वहाँ पहुँचने तक हमारे बीच मतभेद बने रहेंगे। ये सभी त्रिज्याएँ एक ही केंद्र पर संयुक्त होती हैं। एक व्यक्ति अपनी प्रकृति के अनुसार इनमें

से किसी एक रेखा पर चलता है तो दूसरा व्यक्ति किसी दूसरी रेखा पर; और यदि हम सभी अपनी-अपनी रेखाओं पर शक्ति लगाकर आगे बढ़ने का प्रयास करें तो निश्चय ही केंद्र तक पहुँच जाएँगे, क्योंकि "सभी मार्ग रोम की ओर जाते हैं, अर्थात् सभी मार्ग उस एकल केंद्र—ईश्वर तक जाते हैं।" हम में से प्रत्येक व्यक्ति अपनी-अपनी प्रकृति के अनुसार स्वाभाविक रूप से विकास एवं प्रगति कर रहा है; समय के साथ-साथ प्रत्येक व्यक्ति उच्चतम सत्य को जान जाएगा, क्योंकि अंततोगत्वा लोग स्वयं ही अपने आप को शिक्षित करते हैं। आप और हम क्या कर सकते हैं? क्या आप सोचते हैं कि आप एक बच्चे को भी पढ़ा सकते हैं? आप नहीं पढ़ा पाएँगे। बच्चा अपने आप को स्वयं शिक्षित करता है। आपका कर्तव्य है कि आप उसे शिक्षित होने के लिए अवसर प्रदान करें और उसके मार्ग में आनेवाली बाधाओं को दूर करें। पौधा स्वयं विकसित होता है। क्या आप पौधे को विकसित कर सकते हैं? आपका कर्तव्य है कि आप उसके चारों ओर बाड़ लगा दें और देखें कि कोई जानवर पौधे को न खा जाए। यहीं आपका दायित्व समाप्त हो जाता है। पौधा अपने आप बढ़ने लगता है। यही बात प्रत्येक व्यक्ति के आध्यात्मिक विकास पर भी लागू होती है। कोई भी आपको शिक्षा नहीं दे सकता है। कोई भी आपके अंदर से आध्यात्मिक व्यक्ति उत्पन्न नहीं कर सकता है। आपको स्वयं अपने आप को शिक्षित करना होगा। आपकी उन्नति अनिवार्यत: आपके अंदर की ओर से आएगी।

कोई बाहरी शिक्षक क्या कर सकता है? वह आपके थोड़े-बहुत अवरोधों को दूर कर सकता है और इसी के साथ उसके कर्तव्य का अंत हो जाता है। अत: आप यथासंभव सहायता करें, लेकिन नष्ट कदापि न करें। ऐसे सभी विचारों का परित्याग कर दें कि आप लोगों को आध्यात्मिक बना सकते हैं। यह असंभव है। आपके लिए आपकी आत्मा के अतिरिक्त अन्य कोई गुरु नहीं है। इसे पहचानें! इससे क्या होता है? समाज में हम अनेक भिन्न-भिन्न प्रकृतियाँ देखते हैं। मनों एवं उसकी रुचियों की हजारों-हजार किस्में हैं। उन सभी का पूर्ण सामान्यीकरण असंभव है, परंतु हमारे व्यावहारिक उद्देश्य के लिए उन्हें चार श्रेणियों में विभाजित करना पर्याप्त है। पहला, एक सक्रिय व्यक्ति, कार्यकर्ता है; वह कार्य करना चाहता है और उसकी नाड़ियों एवं मांसपेशियों में व्यापक ऊर्जा है। उसके कार्य का लक्ष्य अस्पतालों का निर्माण करना, धार्मिक कृत्य, सड़कें बनाना, योजना बनाना तथा संगठित करना है। इसके बाद भावुक व्यक्ति है, जो व्यापक रूप से उदात्त एवं सुंदर वस्तु से प्रेम करता है। वह अपनी प्रकृति के कलात्मक पक्ष का आनंद लेने हेतु उसको सुंदर बनाने का आग्रही होता है। वह अपने प्रेम तथा

प्रेम के देवता की अतिशय प्रशंसा करता है। वह पृथ्वी पर ईश्वर के अवतारों, सभी धर्मों के पैगंबरों और सभी युगों की महान् आत्माओं से प्रेम करता है। वह इस बात की चिंता नहीं करता कि क्या तार्किक आधार पर ईसा या बुद्ध के अस्तित्व को सिद्ध किया जा सकता है अथवा नहीं? उसे इस बात की भी कोई परवाह नहीं है कि पर्वत पर उपदेश की वास्तविक तिथि क्या थी और वह तो यह भी नहीं जानना चाहता कि श्रीकृष्ण के जन्म का वास्तविक समय क्या था? वह यदि किसी चीज की चिंता करता है तो केवल उनके व्यक्तित्वों की, उनके प्रेम करने योग्य रूपों की। उसका आदर्श यही है। प्रेमी और भावुक व्यक्ति का यही स्वभाव है। इसके बाद रहस्यवादियों का क्रम प्रारंभ होता है, जिनका मन स्वयं अपने ही आत्म की विवेचना करने का इच्छुक होता है। वह मन की कार्य-प्रणालियों को समझना चाहता है। वह देखना चाहता है कि अंदर कौन सी शक्तियाँ काम कर रही हैं और वह यह भी जानना चाहता है कि इसे कैसे ज्ञात किया जाए, इससे कैसे काम लिया जाए और उन पर नियंत्रण कैसे किया जाए? यही रहस्यवादी मन है। इसके बाद दार्शनिक है, जो प्रत्येक चीज को तौलना चाहता है और सभी मानव-दर्शनों की संभावनाओं से परे जाकर अपनी बुद्धिमत्ता से उन्हें आँकना चाहता है।

धर्म को इन विभिन्न प्रकार के मनों के लिए आहार की आपूर्ति हेतु सक्षम होना चाहिए, ताकि मानव जाति के बड़े अनुपात को संतुष्ट किया जा सके; और जहाँ यह क्षमता प्रबल होती है, सभी मौजूदा संप्रदाय एकांगी बन जाते हैं। मान लीजिए कि आप किसी ऐसे संप्रदाय में जाते हैं, जो प्रेम एवं भावना का उपदेश देता है; वे बातें करते और रोते हुए प्रेम का उपदेश देते हैं। लेकिन जैसे ही आप उनसे कहते हैं, "मेरे मित्र, यह सब तो ठीक है, परंतु मैं इसकी अपेक्षा कुछ अधिक मजबूत तर्क चाहता हूँ—थोड़ा तर्क और दर्शन चाहता हूँ, मैं चीजों को पग-प्रतिपग अधिक तार्किक ढंग से समझना चाहता हूँ।" वे कहते हैं, "बाहर निकल जाओ।" और वे न केवल आपको वहाँ से चले जाने के लिए कहेंगे, बल्कि उनके अंदर सामर्थ्य होगा तो किसी अन्य स्थान पर भी भेज देंगे। परिणाम यह है कि वह संप्रदाय केवल उन्हीं लोगों की सहायता कर सकता है, जिनका मन भावुक प्रकृति का है। वे केवल अन्य लोगों की सहायता ही नहीं करते, बल्कि यदि उनका वश चले तो वे उन्हें नष्ट करने का प्रयास भी करते हैं; और इन सब चीजों का सर्वाधिक निकृष्ट पक्ष यह है कि वे केवल दूसरों की सहायता ही नहीं करते, बल्कि उनकी बुद्धिमानी पर भी विश्वास नहीं करते। अब उन दार्शनिकों को लेते हैं, जो पूर्व और भारत के ज्ञान एवं दर्शन के बारे में बातें करते हैं और उसके लिए बड़ी-बड़ी

मनोवैज्ञानिक युक्तियों का सहारा लेते हैं। परंतु यदि मेरे जैसा कोई सामान्य व्यक्ति उनके पास जाता है और कहता है, "क्या आप मुझे ऐसी कोई चीज बता सकते हैं, जो मुझे आध्यात्मिक बना दे?" इस प्रश्न को सुनने के बाद वे सबसे पहले मुसकराएँगे और कहेंगे, "अरे, आप अभी अपने तर्क में हमसे बहुत नीचे हैं। आप आध्यात्मिकता के बारे में क्या समझ सकते हैं?" यही हैं वे उच्च दार्शनिक! वे बड़ी सरलता से आपको आपके प्रश्न का उत्तर देने की बजाय बाहर का रास्ता दिखा देते हैं। इसके बाद उन रहस्यवादी संप्रदायों का क्रम आता है, जो अस्तित्व के भिन्न धरातलों के बारे में सभी प्रकार की बातें करते हैं, मन की विभिन्न अवस्थाओं की बात करते हैं और कहते हैं कि मन की शक्ति क्या कर सकती है इत्यादि। और यदि आप एक सामान्य व्यक्ति हैं और उनसे कहते हैं, "आप मुझे किसी अच्छे काम के बारे में बताइए, जिसे मैं कर सकता हूँ; मैं अनुमान लगाने का अधिक आग्रही नहीं हूँ। क्या आप मुझे ऐसी कोई चीज दे सकते हैं, जो मेरे लिए उपयुक्त हो?" वे मुसकराएँगे और कहेंगे, "उस मूर्ख की बात सुनो। वह कुछ भी नहीं जानता है। उसका अस्तित्व ही निरर्थक है।" आज सारी दुनिया में ऐसा ही हो रहा है। मैं इन सभी भिन्न संप्रदायों के उच्च प्रतिनिधियों को एक कमरे में बंद करके उनकी सुंदर एवं उपहासपूर्ण मुसकानों की तसवीर खींचना चाहूँगा!

धर्म की वर्तमान स्थिति यही है, चीजों की मौजूदा स्थिति यही है। मैं एक ऐसे धर्म का प्रचार करना चाहता हूँ, जो सभी मनों को समान रूप से स्वीकार्य होगा। वह समानतः दार्शनिक भी होगा, समानवत् भावनात्मक, समानवत् रहस्यवादी और कार्यान्वित करने में भी सरल होगा। यदि कॉलेजों के प्रोफेसर, वैज्ञानिक एवं चिकित्सक आएँगे तो अपना-अपना तर्क प्रस्तुत करेंगे। वे जितना अधिक तर्क करना चाहते हों, उन्हें करने दीजिए। एक ऐसा बिंदु आएगा, जिसके आगे जाने के बारे में वे नहीं सोच सकेंगे। वे कहेंगे, "ईश्वर एवं मुक्ति के ये सभी विचार अंधविश्वासपूर्ण हैं। इन्हें मत मानो!" मैं कहता हूँ, "श्रीमान दार्शनिक, आपका यह शरीर तो सबसे बड़ा अंधविश्वास है। इस शरीर को त्याग दो, रात का खाना खाने के लिए घर मत जाओ या अपनी दार्शनिक कुरसी पर मत बैठो। अपने शरीर को भूल जाओ और यदि नहीं भूल सकते तो पंद्रह मिनट तक रोओ और बैठ जाओ।"

धर्म को हमें यह दरशाने में अनिवार्यतः समर्थ होना चाहिए कि उस दर्शन को कैसे अनुभव करें, जो हमें सिखाता है कि यह संपूर्ण विश्व एक है और यह भी कि संपूर्ण ब्रह्मांड में केवल एक ही अस्तित्व है! इसी प्रकार, यदि कोई रहस्यवादी आता है तो हमें अनिवार्यतः उसका स्वागत करना चाहिए। हमें उसे सदैव मानसिक विश्लेषण

का विज्ञान देने के लिए तैयार रहना चाहिए और व्यावहारिक रूप से उसके समक्ष इसका प्रदर्शन भी करना चाहिए। और यदि भावुक लोग आते हैं तो हमें उनके साथ भी अनिवार्यत: बैठना चाहिए और ईश्वर के नाम पर उनके साथ रोना भी चाहिए। हमें अनिवार्यत: "प्रेम का प्याला पीकर उन्मत्त हो जाना चाहिए।" यदि कोई ऊर्जावान् श्रमिक आता है तो हमें अनिवार्यत: उसके साथ अपनी संपूर्ण ऊर्जा के साथ काम करना चाहिए। और यही समन्वय सार्वभौमिक धर्म से संपर्क करने का निकटतम आदर्श होगा। क्या जिस ईश्वर ने इन विविध भाँति के मनुष्यों की रचना की और उनके भिन्न-भिन्न मनों में दर्शन, रहस्यवाद, भावुकता एवं कर्म के भिन्न-भिन्न बीज बोए, वह उन सबके अंदर पूर्ण रूप से उपस्थित था? यही आदर्श है। एक पूर्ण व्यक्ति के बारे में मेरा यही आदर्श है।

उस प्रत्येक व्यक्ति को, जिसके अंदर इस चरित्र के एक या दो तत्त्व भी होते हैं, मैं उसे 'एक-पक्षीय' मानता हूँ; और यह संसार ऐसे 'एक-पक्षीय' लोगों से लगभग भरा हुआ है और उन्हें केवल उस एक मार्ग का ज्ञान है, जिस पर उन्हें चलना है; और इसके अतिरिक्त अन्य कोई भी चीज हानिकारक है और उनके लिए दु:खदायी है। इन सभी चारों दिशाओं में सौहार्दपूर्ण ढंग से संतुलित बनना ही मेरे धर्म का आदर्श है। और इस धर्म को केवल उसी उपाय से प्राप्त किया जा सकता है, जिसे भारत में हम 'योग-एकता' कहते हैं। किसी श्रमिक के लिए यह संपूर्ण मानवता और व्यक्तियों के मध्य एकता है, रहस्यवादी के लिए यह निम्न एवं उच्च आत्म के मध्य की एकता है; प्रेमी के लिए यह प्रेम के ईश्वर एवं अपने बीच की एकता है और दार्शनिक के लिए यह समस्त अस्तित्वों की एकता है। योग का यही अर्थ है। 'योग' एक संस्कृत शब्द है और संस्कृत में योग की चारों शाखाओं के भिन्न-भिन्न नाम हैं। जो व्यक्ति ऐसी एकता प्राप्त करने के पीछे भागता है, उसे 'योगी' कहते हैं। श्रमिक को 'कर्मयोगी' कहा जाता है। जो व्यक्ति प्रेम के माध्यम से एकता प्राप्त करने का प्रयास करता है, उसे 'भक्तियोगी' कहा जाता है। जो उसे रहस्यवाद के माध्यम से प्राप्त करना चाहता है, उसे 'राजयोगी' कहा जाता है। जो व्यक्ति दर्शन के माध्यम से उस एकता को प्राप्त करना चाहता है, उसे 'ज्ञानयोगी' कहा जाता है। इसलिए यह 'योगी' नामक शब्द उन सभी को अपने भीतर समाहित किए हुए है।

सबसे पहले मैं राजयोग को लेता हूँ। राजयोग क्या है? क्या यह मन को नियंत्रित करना है? इस देश में आप लोग 'योग' नामक शब्द को बेताल कथाओं से जोड़ रहे हैं, जिसे देखकर मैं चिंतित हूँ। इसलिए मैं अनिवार्यत: आपको यह बताने के साथ अपनी

बात प्रारंभ कर रहा हूँ कि इसका इस प्रकार की चीजों से कोई संबंध नहीं है। इनमें से कोई भी योग तर्क को अनदेखा नहीं करता है। इनमें से कोई भी आपको धूर्त होने के लिए नहीं कहता है और आपको अपने तर्क को किसी किस्म के पुजारियों के हाथों में सौंप देने के लिए भी नहीं कहता है। इनमें से कोई भी योग आपसे किसी अलौकिक दूत से अपना संबंध-विच्छेद करने हेतु नहीं कहता है। इनमें से प्रत्येक आपको अपने तर्क से जुड़े रहने और उसे मजबूती से थामे रहने के लिए कहता है। हम सभी जीवों में ज्ञान के तीन प्रकार के तत्त्व पाते हैं। पहला है सहज ज्ञान। यह ज्ञान का न्यूनतम रूप है, जो पशुओं में सर्वाधिक विकसित रूप में पाया जाता है। ज्ञान का दूसरा तत्त्व क्या है ? तर्कणा। इसका सर्वाधिक विकसित रूप आप मनुष्यों में पाते हैं। पहली बात तो यह कि सहज ज्ञान एक अपर्याप्त तत्त्व है। पशुओं में इसका दायरा अत्यंत सीमित है और उसी दायरे में उनका सहज ज्ञान कार्य करता है। जब आप मनुष्यों की बात करते हैं तो आप पाते हैं कि उनका सहज ज्ञान तर्क में विकसित हो चुका है। यहाँ इसका कार्यक्षेत्र भी व्यापक हो जाता है। तथापि तर्क अभी भी अत्यंत अपर्याप्त है। तर्क कुछ दूर तक जाने के बाद रुक जाता है। वह और आगे नहीं जा सकता; और यदि आप उसे धकेलने का प्रयास करेंगे तो उसका परिणाम असहाय भ्रम के रूप में सामने आएगा और तर्क स्वयं अतार्किक बन जाएगा। एक सीमित क्षेत्र में तर्क शास्त्रार्थ बन जाता है। उदाहरण के लिए, हमारी अवधारणा, पदार्थ एवं बल के मूल आधार को ले लीजिए। पदार्थ क्या है ? वह, जिस पर बल द्वारा कार्य किया जाता है। और बल ? वह, जो पदार्थ पर कार्य करता है। आप उस जटिलता को देखिए, जिसे तर्कशास्त्री 'उतार-चढ़ाव' की संज्ञा देते हैं। एक विचार दूसरे पर आधारित होता है और यह पुनः उसी पर निर्भर हो जाता है। आप तर्क के समक्ष एक भीषण अवरोध पाते हैं, जिसके आगे तर्कणा नहीं जा सकती है; फिर भी, यह सदैव असीम से आगे जाने के लिए अधीर होती है। यह जगत्, यह ब्रह्मांड, जिसे हमारी इंद्रियाँ महसूस करती हैं, जिसके बारे में हमारा मन सोचता है, केवल एक अणु है। कहने का तात्पर्य यह कि वह उसी एक अनंत का अंश है, जो हमारी चेतना के धरातल पर प्रस्तावित है और उसी संकुचित दायरे में हमारी चेतना के तंत्र द्वारा परिभाषित है तथा हमारे तर्क पर कार्य करता है, उससे आगे नहीं। इसलिए, हमें उस दायरे से आगे ले जाने के लिए कोई अन्य तत्त्व होना अनिवार्य है, और उस तत्त्व को 'प्रेरणा' कहा जाता है। अतः सहज ज्ञान, तर्क एवं प्रेरणा ज्ञान के तीन तत्त्व हैं। सहज ज्ञान का संबंध पशुओं से है, तर्क का संबंध मनुष्य से है और प्रेरणा का संबंध ब्रह्मज्ञानियों से है। परंतु ज्ञान के इन तीनों तत्त्वों के कीटाणु कम या अधिक विकसित

अवस्था में सभी मानव जीवधारियों में पाए जाते हैं। इन मानसिक तत्त्वों के विकास हेतु कीटाणुओं का होना अनिवार्य है। और इस तत्त्व को भी अनिवार्यत: भलीभाँति स्मरण रखना चाहिए कि एक तत्त्व दूसरे तत्त्व का विकास है, इसलिए वह उसका खंडन नहीं करता है। वह तो तर्क ही है, जो प्रेरणा में विकसित होता है। इसलिए प्रेरणा तर्क का खंडन नहीं करती, बल्कि उसका पोषण करती है। जिन चीजों पर तर्क नहीं पहुँच सकता है, उसे प्रेरणा द्वारा प्रकाश में लाया जाता है और प्रेरणाएँ तर्क का खंडन नहीं करती हैं। वृद्ध व्यक्ति बालक का खंडन नहीं, बल्कि उसका पोषण करता है। इसलिए आपको यह बात सदैव अपने मन में रखनी चाहिए कि सर्वाधिक खतरा आपकी इस भूल से उत्पन्न होता है कि आप तत्त्व के लघु रूप को उच्च रूप में देखते हैं। कई बार सहज ज्ञान को संसार के समक्ष प्रेरणा के रूप में प्रस्तुत किया जाता है, जो भविष्यवाणी के उपहार के झूठे दावों के रूप में सामने आता है। कोई मूर्ख या अर्ध-विक्षिप्त व्यक्ति सोचता है कि उसके दिमाग में दौड़नेवाला भ्रम प्रेरणा है और वह चाहता है कि लोग उसका अनुसरण करें। संसार में जिन सर्वाधिक खंडनीय एवं अनुचित मूर्खताओं का उपदेश दिया गया है, वे सामान्यतया किसी भ्रमित व विक्षिप्त मस्तिष्क की सहज ज्ञान रूपी बड़बड़ाहट के अतिरिक्त कुछ नहीं हैं, जो प्रेरणा की भाषा प्राप्त करने हेतु बाहर निकलने के लिए छटपटा रही है।

सच्ची शिक्षा की पहली परीक्षा अनिवार्यत: यह होनी चाहिए कि शिक्षा को तर्क का खंडन नहीं करना चाहिए। और आप स्वयं देख सकते हैं कि इन सभी योगों का आधार ऐसा ही है। सबसे पहले हम राजयोग, अर्थात् मनोवैज्ञानिक योग, अर्थात् एकता के मनोवैज्ञानिक मार्ग को लेते हैं। यह अत्यंत व्यापक विषय है, इसलिए फिलहाल मैं आपके समक्ष इस योग के केंद्रीय विचार को प्रस्तुत कर सकता हूँ। हमारे पास ज्ञान प्राप्त करने का एक ही तरीका है। न्यूनतम व्यक्ति से लेकर उच्चतम योगी तक सभी उसी समान पद्धति का प्रयोग करते हैं और उस पद्धति को 'एकाग्रता' कहा जाता है। प्रयोगशाला में कार्य करनेवाला रसायनशास्त्री अपना सारा ध्यान अपने शोध के विषय पर केंद्रित करता है, तत्पश्चात् वह अपने केंद्रित ध्यान को तत्त्वों पर फेंकता है। इससे उन तत्त्वों के विश्लेषित हो जाने के बाद वैज्ञानिक को उसका ज्ञान हो जाता है। अंतरिक्ष विज्ञानी भी अपने मन की सभी शक्तियों को केंद्रित करके उन्हें एक लक्ष्य पर लाता है। इससे अपनी दूरबीन के माध्यम से उन्हें तारों एवं अन्य शोधनीय वस्तुओं पर फेंकता है। इससे अंतरिक्ष की प्रणालियाँ स्वयं चलकर उसके निकट आ जाती हैं और अपने सारे रहस्य उस वैज्ञानिक की झोली में डाल देती हैं। प्रत्येक मामले में ऐसा ही होता

है—अपनी कुरसी पर बैठे प्रोफेसर के साथ, पुस्तक पकड़े विद्यार्थी के साथ—जानने के लिए कार्यरत सभी व्यक्तियों के साथ ऐसा ही होता है। आप मुझे सुन रहे हैं। यदि आपको मेरी बात अच्छी लगेगी तो आपका मन उस पर केंद्रित हो जाएगा और उस अवस्था में यदि घड़ी का घंटा भी ध्वनि करेगा तो इस एकाग्रता के कारण वह ध्वनि आपको सुनाई नहीं देगी और आप अपने मन को एकाग्र करने में जितने अधिक समर्थ होंगे, उतनी अच्छी तरह आप मुझे समझ पाएँगे और मैं भी अपने प्रेम एवं शक्तियों को एकाग्र करके आपकी समझ में आनेवाले तरीके से अपनी बात आप तक संप्रेषित करने में सफल हो जाऊँगा। एकाग्रता की यह शक्ति जितनी अधिक होगी, ज्ञान भी उतना अधिक प्राप्त होगा; क्योंकि ज्ञान प्राप्त करने का केवल यही एक तरीका है। यहाँ तक कि कोई छोटा मोची भी पूरी एकाग्रता के साथ जूते पर पॉलिश करेगा तो वह उसे अधिक अच्छी तरह काला करके चमका देगा। कोई रसोइया खाना बनाते समय अपना सारा ध्यान खाना पकाने पर केंद्रित करेगा तो उत्तम भोजन बनाएगा। धन कमाने या ईश्वर की पूजा करने या कोई अन्य कार्य करने में आपकी एकाग्रता शक्ति जितनी अधिक मजबूत होगी, आपका कार्य भी उतना ही अच्छा होगा। यह पहली पुकार, पहली दस्तक है, जो प्रकृति के द्वार खोलती है और प्रकाश की बाढ़ को बाहर निकालती है। एकाग्रता की यही शक्ति ज्ञान के खजाने की एकमात्र कुंजी है। राजयोग की प्रणाली का इसके साथ विशिष्ट संबंध है। अपने शरीर की वर्तमान अवस्था में हम अत्यधिक विचलित हैं और हमारा मन सैकड़ों प्रकार की चीजों पर अपनी ऊर्जा नष्ट कर रहा है। जैसे ही मैं अपने विचारों को शांत करके अपने मन को ज्ञान के किसी एक तत्त्व पर केंद्रित करने का प्रयास करता हूँ, हमारे मस्तिष्क में हजारों अवांछित उत्तेजनाएँ प्रविष्ट हो जाती हैं और उसे बाधित करने के लिए हमारे मन में हजारों विचार उत्पन्न होने लगते हैं। मन पर कैसे अंकुश लगाएँ और उसे नियंत्रण में कैसे लाएँ, राजयोग में अध्ययन का संपूर्ण विषय इसी पर केंद्रित है।

अब कर्मयोग, अर्थात् कर्म के माध्यम से ईश्वर की प्राप्ति के विषय को लीजिए। यह पूर्णतया स्पष्ट है कि समाज में कुछ ऐसे लोग होते हैं, जिनका जन्म किसी-न-किसी प्रकार की गतिविधि के लिए होता है, जिनके मनों को केवल विचारों के धरातल पर एकाग्र नहीं किया जा सकता है, जिनका एकमात्र लक्ष्य दृश्यतः एवं स्पष्टतः कोई-न-कोई काम करना है। इस प्रकार के जीवन का भी कोई विज्ञान अवश्य होना चाहिए। हम में से प्रत्येक व्यक्ति किसी-न-किसी कार्य में लिप्त है; परंतु हम में से अधिकांश लोग अपनी ऊर्जा का बड़ा भाग नष्ट कर देते हैं, क्योंकि हम कर्म के रहस्य से अनभिज्ञ

हैं। कर्मयोग इस रहस्य को स्पष्ट करता है और हमें सिखाता है कि हम कहाँ एवं कैसे कार्य करें और सर्वाधिक लाभ प्राप्त करने हेतु अपनी ऊर्जा का उपयोग अपने समक्ष आए कार्य में कैसे करें! परंतु इस रहस्य के साथ हमें अनिवार्यत: इस विषय में भी विचार करना होगा कि कार्य के विरुद्ध उत्पन्न होनेवाली बाधाएँ कौन सी हैं, अर्थात् वे गतिविधियाँ, जो पीड़ा उत्पन्न करती हैं? सारे कष्ट एवं पीड़ा आसक्ति से आती हैं। मैं काम करना चाहता हूँ, मैं मानव प्राणियों की भलाई करना चाहता हूँ; और 90 प्रतिशत मामलों में ऐसा होता है कि जिस मनुष्य की हमने सहायता की है, वह हमारे प्रति कृतघ्न सिद्ध होगा और हमारे विरुद्ध चला जाएगा; उसका परिणाम हमारे लिए पीड़ा होता है। ऐसी चीजें व्यक्ति को कार्य करने से रोकती हैं और यह मानव जाति की कार्य ऊर्जा के बड़े भाग को नष्ट कर देती हैं, जिससे भय, पीड़ा एवं कष्ट होता है। कर्मयोग हमें इस बात की शिक्षा देता है कि हम कार्य के लिए कार्य किस प्रकार करें, अनासक्त रहें और इस बात की चिंता किए बिना अपना कार्य करें कि कौन सहायता कर रहा है और किसलिए कर रहा है? कर्मयोगी इसलिए कार्य करता है, क्योंकि यह उसका स्वभाव है, क्योंकि वह महसूस करता है कि ऐसा करना उसके लिए अच्छा है, और इससे आगे उसका कोई उद्‌देश्य नहीं होता है। इस संसार में उसकी स्थिति दाता की है और वह कुछ पाने की चिंता कभी नहीं करता है। वह जानता है कि वह दे रहा है और वह अपने इस दान के बदले किसी चीज की माँग नहीं करता है, इसलिए वह पीड़ा की पकड़ से बच निकलता है। पीड़ा की पकड़ सदैव 'आसक्ति' की प्रतिक्रिया का परिणाम होती है।

इसके बाद भावुक प्रकृति के लोगों, अर्थात् प्रेमी के लिए भक्तियोग है। वह ईश्वर से प्रेम करना चाहता है। वह उस पर भरोसा करता है और उसे प्रसन्न करने के लिए सभी प्रकार के संस्कार करता है। वह ईश्वर को धूप, अगरबत्ती एवं पुष्प चढ़ाता है और सुंदर भवन, क्षेत्र इत्यादि बनाता है। क्या आपके कहने का यह आशय है कि वे सारी चीजें गलत हैं? एक तथ्य मैं आपको अवश्य बताऊँगा। आपको, विशेषतया इस देश के लोगों के लिए, यह स्मरण रखना अच्छा है कि सभी महान् आध्यात्मिक गुरु केवल उन्हीं धार्मिक संप्रदायों द्वारा उत्पन्न किए गए, जो सदैव अत्यंत समृद्ध पौराणिकताओं एवं संस्कारों के अधीन रहे हैं। जिन अनेक धार्मिक संप्रदायों ने किसी रूप एवं संस्कार के बिना ईश्वर की आराधना करने का प्रयास किया, उन्होंने धर्म की प्रत्येक सुंदर एवं उदात्त चीज को निर्दयतापूर्वक नष्ट कर दिया। उनका धर्म एक प्रकार से धार्मिक कट्टरवादिता है, एक शुष्क वस्तु है। विश्व का इतिहास इस तथ्य का जीवंत साक्ष्य है। इसलिए, इन पौराणिकताओं एवं संस्कारों की निंदा मत कीजिए। लोगों को उन्हें

करने दीजिए। जो ऐसा करने के इच्छुक हैं, उन्हें करने दीजिए। अपनी उपहासात्मक एवं निस्सार कुटिल मुसकान का प्रदर्शन मत कीजिए और कहिए, "वे लोग मूर्ख हैं, उन्हें करने दीजिए।"

केवल इतना ही नहीं, मैंने अपने जीवन में जितने भी महान् व्यक्तियों को देखा है और जिन्होंने आध्यात्मिकता में अपना अद्भुत विकास किया है, वे सभी इन्हीं संस्कारों के अनुशासन से निकलकर आए हैं। मैं तो खुद को उनके चरणों के निकट भी बैठने योग्य नहीं मानता हूँ और मेरे लिए उनकी आलोचना करना असंभव है! मैं कैसे जान सकता हूँ कि ये विचार मानव मन पर कैसे कार्य करते हैं और मैं इनमें से किसे स्वीकार करूँ और किसे ठुकरा दूँ? हमें अनावश्यक रूप से संसार की प्रत्येक चीज की आलोचना करने की आदत बन गई है। लोगों को अपनी इच्छित पौराणिकता का उसकी सुंदर प्रेरणाओं सहित पालन करने दीजिए; क्योंकि यह बात हमें सदैव अपने मन में स्मरण रखनी चाहिए कि भावनात्मक प्रकृतियाँ सत्य की निराकार परिभाषाओं की परवाह नहीं करती हैं। उनके लिए ईश्वर कोई स्पष्ट चीज है—केवल एक ही चीज, जो वास्तविक है। वे उसे महसूस करते हैं, सुनते हैं और उसे देखते हैं तथा उससे प्रेम करते हैं। उन्हें अपने ईश्वर को अपने पास रखने दीजिए। आपके तर्कशास्त्री उन्हें मूर्ख दिखाई देते हैं, जो किसी सुंदर मूर्ति को केवल यह देखने के लिए तोड़ देते हैं कि वह किस धातु या सामग्री से बनी थी।

भक्तियोग उन्हें निस्स्वार्थ भाव से ईश्वर से प्रेम करने की शिक्षा देता है। वह उन्हें सिखाता है कि किसी प्रच्छन्न उद्देश्य के बिना प्रेम कैसे करें, क्योंकि किसी अच्छी चीज से प्रेम करना अच्छी बात है। भक्तियोगी न तो स्वर्ग में जाने की इच्छा से प्रेम करता है, न संतान पाने की; न उसे धन पाने की इच्छा होती है, न कोई अन्य चीज। वह उन्हें सिखाता है कि प्रेम अपने आप में ही प्रेम का उच्चतम पारितोषिक है—कि ईश्वर स्वयं प्रेम है। वह उन्हें सिखाता है कि ईश्वर को रचयिता, सर्वविद्यमान, सर्वज्ञानी, सर्वशक्तिमान शासक, पिता एवं माता मानकर उसे अपनी सर्वोत्तम श्रद्धांजलि अर्पित करें। उच्चतम स्तुति, जो उसे अभिव्यक्त कर सकती है, उसके बारे में मानव मन जो उच्चतम विचार ग्रहण कर सकता है, वह यह है कि वह प्रेम का देवता है। "जहाँ कहीं भी कोई प्रेम है, वह वहीं होता है।" जहाँ पति अपनी पत्नी का चुंबन लेता है, वह उस चुंबन में है; जहाँ माँ अपने बच्चे का चुंबन लेती है, वह उस माता के चुंबन में है; जहाँ मित्र आपस में हाथ मिलाते हैं, वहाँ वह प्रेम का देवता मौजूद होता है। जब कोई महान् व्यक्ति मानवता से प्रेम करता है और मानव जाति की सहायता करना चाहता है

तो वह वहाँ उपस्थित होकर प्राणिमात्र के प्रति उस व्यक्ति के प्रेम को अपना आशीर्वाद देता है। जहाँ कहीं भी हृदय विस्तारित होता है, वह वहाँ प्रकट होता है। भक्तियोग हमें यही शिक्षा देता है।

अंत में, हम ज्ञानयोगी अर्थात् उस दार्शनिक, उस विचारक पर आते हैं, जो दृश्य वस्तुओं से परे जाने का इच्छुक होता है। वह ऐसा व्यक्ति है, जो इस संसार की छोटी-मोटी चीजों से संतुष्ट नहीं है। उसका विचार खाने-पीने इत्यादि की दैनिक दिनचर्या से आगे जाने का है; यहाँ तक कि हजारों पुस्तकों की शिक्षा भी उसे संतुष्ट नहीं कर सकती है। उसे समस्त प्रकार के विज्ञान भी संतुष्ट नहीं कर पाएँगे। ज्यादा-से-ज्यादा वे केवल इस तुच्छ संसार को उसके सम्मुख ला पाएँगे। फिर उसे कौन सी चीज संतोष प्रदान करेगी? यहाँ तक कि संसार की अगणित प्रणालियाँ भी उसे संतुष्ट नहीं कर पाएँगी। उसके लिए वे केवल अस्तित्व के समुद्र की एक बूँद मात्र हैं। उसकी आत्मा सत्य को उसके वास्तविक रूप के अवलोकन द्वारा उन सभी चीजों से आगे ले जाना चाहती है, जो व्यक्ति के हृदय में हैं। उसकी अनुभूति के द्वारा, स्वयं वही अस्तित्व बन जाने के बाद वह सार्वभौमिक अस्तित्व (ईश्वर) से एकाकार हो जाता है। वह दार्शनिक है। यह कहना कि ईश्वर पिता या माता है, ब्रह्मांड का रचयिता है, उसका रक्षक एवं पथ-प्रदर्शक है—ये समस्त संज्ञाएँ एवं विशेषण उसे अभिव्यक्त करने हेतु अपर्याप्त हैं। उसके लिए ईश्वर उसके अपने जीवन का जीवन है, उसकी आत्मा की आत्मा है। वह स्वयं ईश्वर है। ईश्वर के अतिरिक्त कोई अन्य चीज शेष नहीं रहती है। उसके सभी नश्वर अंग दर्शन की भारी चोट से चूर-चूर हो जाते हैं और बुहारकर एक ओर कर दिए जाते हैं। अंत में, वस्तुतः स्वयं ईश्वर शेष रह जाता है। एक ही वृक्ष पर दो चिड़ियाँ बैठी हैं। एक चिड़िया वृक्ष की चोटी पर है और दूसरी नीचे है। ऊपरवाली चिड़िया शांत, चुप और दिव्य है तथा अपने ही गौरव में डूबी हुई है; नीचे की शाखाओं पर बैठी दूसरी चिड़िया बारी-बारी से खट्टे व मीठे फल खा रही है और एक डाल से दूसरी डाल पर फुदक रही है तथा बारी-बारी से सुखी एवं दुःखी हो रही है। कुछ देर बाद नीचेवाली चिड़िया अत्यंत कड़वा फल खा लेती है, जिससे व्यथित होकर वह ऊपर बैठी चिड़िया की ओर देखती है। सुनहरे पंखोंवाली वह अद्भुत चिड़िया न तो मीठे फल खाती है, न खट्टे फल; वह न तो सुखी है और न दुःखी; वह शांत व आत्म-केंद्रित है और केवल अपने आत्म के अतिरिक्त कुछ नहीं देखती है। नीचेवाली चिड़िया उसे उस दशा में निहारने के बाद जल्द ही उसे भूल जाती है और दोबारा फल खाना शुरू कर देती है। थोड़ी देर बाद वह एक बार फिर बहुत कड़वा फल खाती है।

इस बार उसकी स्थिति पहले से अधिक खराब हो जाती है और वह ऊपर बैठी चिड़िया की ओर देखती है और उसके पास जाने की कोशिश करती है। कुछ पल बाद वह उसे पुनः भूल जाती है और उसकी ओर देखने लगती है। जैसे-जैसे वह ऊपर बैठी सुंदर चिड़िया के पास पहुँचने लगती है, वह देखती है कि उस चिड़िया के पंखों से निकलनेवाला प्रकाश उसके शरीर के चारों ओर फैल रहा है, जिसे देखकर वह द्रवित हो जाती है। जब नीचेवाली चिड़िया ऊपरवाली चिड़िया के और अधिक निकट पहुँच जाती है तो उसका सारा भ्रम दूर हो जाता है और अंत में, वह इस अद्भुत परिवर्तन को महसूस करती है। नीचेवाली चिड़िया अपने यथावत् रूप में उसकी परछाईं मात्र थी। नीचे बैठी खट्टे-मीठे फल खानेवाली, बारी-बारी से सुखी व दुःखी होनेवाली वह छोटी चिड़िया एक निरर्थक कल्पना मात्र थी, एक स्वप्न थी। असली चिड़िया तो ऊपर अपने दिव्य एवं भव्य रूप में शांत व चुप बैठी थी, जो किसी दुःख और किसी पीड़ा से परे थी। ऊपरी चिड़िया ईश्वर है, ब्रह्मांड की स्वामी है; नीचेवाली चिड़िया मानव आत्मा है, जो इस संसार के खट्टे-मीठे फलों को खा रही है। आत्मा को यदा-कदा भारी धक्का लगता है। वह कुछ समय के लिए फल खाना छोड़कर अज्ञात ईश्वर की ओर चली जाती है और उसे प्रकाश की बाढ़ दिखाई देती है। पक्षी रूपी मनुष्य सोचता है कि यह संसार एक निरर्थक दिखावा मात्र है। फिर भी, उसकी इंद्रियाँ उसे घसीटकर नीचे ले आती हैं और वह पुनः इस संसार के खट्टे-मीठे फल खाना प्रारंभ कर देता है। पुनः उसे अपेक्षाकृत तगड़ा झटका लगता है। उसका हृदय एक बार फिर दैवी प्रकाश की ओर खुल जाता है; इस प्रकार, वह धीरे-धीरे ईश्वर के निकट पहुँचने लगता है और वह ज्यों-ज्यों ईश्वर के निकट पहुँचता जाता है, वह पाता है कि उसका पुराना स्वत्व नष्ट हो रहा है। जब वह ईश्वर के पर्याप्त निकट पहुँच जाता है तो देखता है कि वह स्वयं ईश्वर के अतिरिक्त और कुछ नहीं है। वह चिल्लाकर कहता है, "वह, जिसे मैंने आपको इस संसार के जीवन के रूप में वर्णित किया था, जैसा कि अणु में सूर्य एवं चंद्रमा में विद्यमान बताया था—वह हमारे अपने जीवन का आधार है, हमारी आत्मा की आत्मा है; बल्कि आप भी वही हैं।" ज्ञानयोगी द्वारा दी जानेवाली शिक्षा यही है। वह मनुष्य को बताता है कि वह अनिवार्यतः दैवीय है। वह प्राणिमात्र को अस्तित्व की वास्तविक एकता दिखाता है और बताता है कि हम में से प्रत्येक अपना ईश्वर स्वयं है, जो इस पृथ्वी पर प्रकट हुआ है। हमारे पैरों के नीचे रेंगनेवाले नन्हे कीड़े से लेकर उच्चतम अस्तित्व तक, जिसे हम विचित्र एवं विस्मयकारी देखते हैं—हम सभी उसी ईश्वर के अनेक रूप हैं, उसी का विस्तार हैं।

अंत में, इन सभी योगों को व्यवहार में लाना अनिवार्य है। मात्र सिद्धांतों से काम नहीं चलने वाला है। पहले हमें उनके बारे में सुनना होगा, उनके बारे में विचार करना होगा। हमें विचारों को तार्किक रूप देना होगा, उन्हें अपने मनों में बैठाना होगा और उनके ऊपर ध्यान करना होगा तथा उन्हें तब तक कार्यान्वित करना होगा, जब तक कि वे हमारा संपूर्ण जीवन न बन जाएँ। कोई भी धर्म केवल विचारों एवं सिद्धांतों की गठरी मात्र नहीं बना रह सकता और न ही वह मात्र बौद्धिक सहमति हो सकता है; वह हमारे अपने आत्म में प्रविष्ट होगा। बौद्धिक सहमति के उपायों के माध्यम से आज हम अनेक मूर्खतापूर्ण चीजों को ग्रहण करते हैं और कल अपने मन को पूर्णतया परिवर्तित कर लेते हैं; परंतु सच्चा धर्म कभी नहीं बदलता है। धर्म एक अनुभूति है, कोरी बातें नहीं और न ही वह कोई मत अथवा सिद्धांत है, चाहे कितना भी सुंदर क्यों न हो! यह होना एवं बनना है, सुनना तथा प्राप्त करना नहीं। यह संपूर्ण आत्मा का उसके विश्वास में परिवर्तन है। यह धर्म है।

□

10

तीन आत्माएँ

सांख्य का विश्लेषण अस्तित्व की द्वैत प्रकृति एवं आत्माओं के विश्लेषण पर पहुँचकर ठहर जाता है। आत्माओं की संख्या असीम है, जो सहज होने के नाते मर नहीं सकतीं। इसलिए वे अनिवार्यतः प्रकृति से भिन्न हैं। प्रकृति स्वयमेव परिवर्तित होती है और इन समस्त प्रवृत्तियों में विस्तारित हो जाती है। सांख्य के अनुसार, आत्मा अकर्मक है। वह अपने आप में सहज है और प्रकृति आत्मा की मुक्ति हेतु इन सारी प्रवृत्तियों का आकलन करती है। चूँकि इस मुक्ति में आत्मा शामिल है, जिससे यह भेद उत्पन्न होता है कि यह प्रकृति नहीं है। इसके साथ ही, हमने यह भी देखा है कि सांख्य इस तथ्य को स्वीकार करने के लिए विवश थे कि प्रत्येक आत्मा सर्वविद्यमान थी। सहज होने के नाते आत्मा सीमित नहीं हो सकती है; क्योंकि प्रत्येक सीमांकन या तो समय के माध्यम से आता है, समय या कार्य-कारण संबंध के कारण आता है। इन सबसे पूर्णतया परे होने के कारण आत्मा की कोई सीमा नहीं हो सकती है। सीमित होने के लिए किसी का समय के अधीन होना अनिवार्य है, जिसका अर्थ शरीर है; और जो शरीर है, वह अनिवार्यतः प्रकृति में होगा। यदि आत्मा का कोई स्वरूप होता तो वह प्रकृति के साथ पहचानी जाती। इसलिए आत्मा निराकार है और जो चीज निराकार है, उसके अत्र, तत्र, सर्वत्र विद्यमान होने के बारे में नहीं कहा जा सकता है। वह अनिवार्यतः सर्वविद्यमान होनी चाहिए। सांख्य दर्शन इससे आगे नहीं जाता है।

इस विश्लेषण के विरुद्ध वेदांतवादियों का पहला तर्क यह है कि यह विश्लेषण पूर्ण नहीं है। यदि उनकी प्रकृति भी पूर्ण है एवं आत्मा भी पूर्ण है तो दो पूर्णताएँ होंगी और आत्मा के संदर्भ में जिन तर्कों का प्रयोग किया गया है, वे दरशाते हैं कि वही तर्क प्रकृति

** सन् 1896 में न्यूयॉर्क में दिया गया वक्तव्य*

के संबंध में भी लागू होते हैं तथा प्रकृति भी सभी समय, स्थान एवं कार्य-कारण संबंध से परे है। इसके परिणामस्वरूप उसमें कोई परिवर्तन या प्रसार नहीं होगा। दो परिपूर्णताओं के कारण कठिनाई उत्पन्न होगी, जो असंभव है। वेदांतवादियों का समाधान क्या है? उसका समाधान यह है कि ठीक सांख्यों के कथन की भाँति इसके लिए किसी सांसारिक अस्तित्व की आवश्यकता है, अर्थात् वह उत्प्रेरक शक्ति, जो मन को चिंतनशील एवं प्रकृति को कार्यशील बनाती है; क्योंकि प्रकृति अपने सभी परिवर्तनों में, चाहे वे छोटे हों या बड़े, सहजतः असांसारिक है। इस बिंदु पर वेदांतवादियों का कथन है कि संपूर्ण ब्रह्मांड के पीछे उपस्थित यह सांसारिक अस्तित्व वह है, जिसे हम 'ईश्वर' कहते हैं और परिणामतः यह ब्रह्मांड भी ईश्वर से भिन्न नहीं है। वह ईश्वर ही है, जो स्वयं यह ब्रह्मांड बन जाता है। वह न केवल इस ब्रह्मांड का यांत्रिक कारण है, बल्कि पादार्थिक कारण भी है। कारण कभी भी परिणाम से पृथक् नहीं होता है, बल्कि परिणाम ही किसी अन्य रूप में प्रस्तुत होता है।

इस प्रक्रिया को हम प्रतिदिन देखते हैं। अतः यह अस्तित्व प्रकृति का कारण है। वेदांत के समस्त रूप एवं चरण, चाहे वे द्वैतवादी हों या योग्य-एकेश्वरवादी या एकेश्वरवादी हों, वे सबसे पहले यह प्रवृत्ति अपनाते हैं कि ईश्वर न केवल यांत्रिक, बल्कि इस जगत् का पादार्थिक कारण भी है और यह भी कि सभी चीजों का अस्तित्व केवल उसी (ईश्वर) के कारण है। वेदांत में दूसरा चरण यह है कि ये आत्माएँ भी ईश्वर का अंग हैं, उस अनंत अग्नि की एक चिनगारी हैं। "जिस प्रकार एक अग्निकुंड से करोड़ों छोटी चिनगारियाँ उड़ती हैं, उसी प्रकार ईश्वर से ये सारी आत्माएँ निकलती हैं।" यह विचार चाहे जितना व्यापक एवं उत्तम हो, परंतु फिर भी यह संतुष्ट नहीं करता है। असीम के अंग का क्या अर्थ है? असीम अविभाज्य है; असीम के अंग नहीं हो सकते हैं। पूर्ण को विभाजित नहीं किया जा सकता है। अतः इस कथन का क्या अर्थ है कि सभी चिनगारियाँ उसी से निकलती हैं? अद्वैतवादी, वेदांतवादी, समस्या का समाधान इस रूप में निकालते हैं कि वास्तव में कोई भाग है ही नहीं और यह भी कि वस्तुतः प्रत्येक आत्मा असीम का भाग नहीं है, बल्कि जो असीम है, वह ब्रह्म (ईश्वर) है। फिर प्रश्न यह उठता है कि इतने सारे ईश्वर कैसे हो सकते हैं? पानी के करोड़ों बुलबुलों में सूर्य का प्रतिबिंब पड़ता है, जिससे करोड़ों सूर्यों की आकृति दिखाई देती है; उसी प्रकार सारी आत्माएँ प्रतिबिंब हैं, वास्तविक नहीं। वह वास्तविक 'मैं' नहीं हूँ, जो कि इस जगत् का ईश्वर है, ब्रह्मांड का एक अविभाजित अस्तित्व है। और ये सारी भिन्न आकृतियाँ, मनुष्य एवं पशु इत्यादि उसके प्रतिबिंब मात्र हैं, वास्तविक नहीं हैं। वे प्रकृति पर पड़नेवाले सहजतः भ्रामक प्रतिबिंब हैं।

ब्रह्मांड में केवल एक ही अनंत अस्तित्व है और वह अस्तित्व मेरे एवं आपके रूप में दिखाई देता है। परंतु दर्शनीयता का यह विभाजन अंततोगत्वा एक भ्रम है। वह कभी विभाजित नहीं था, परंतु हमें विभाजित दिखाई देता है। इस स्पष्ट विभाजन का कारण यह है कि हम उसे समय, स्थान एवं कार्य-कारण संबंध के तंत्र-जाल के माध्यम से देखते हैं, मैं उसे पादार्थिक जगत् के रूप में देखता हूँ। तथापि यदि मैं उसे थोड़े ऊँचे धरातल और इस नेटवर्क के माध्यम से देखता हूँ तो वह मुझे पशु के रूप में दिखाई देता है; थोड़ा और ऊपर जाने पर मैं उसे मनुष्य और उससे भी ऊपर जाने पर ईश्वर के रूप में देखता हूँ। परंतु फिर भी, वह ब्रह्मांड का अनंत अस्तित्व है और वह अस्तित्व हम हैं। मैं यह हूँ और आप वह हैं। हम उस अस्तित्व के अंग नहीं, बल्कि संपूर्ण अस्तित्व हैं। संपूर्ण जगत् के पीछे वही एकमात्र सर्वज्ञानी खड़ा है और वह स्वयं भी जगत् है। "वह विषय और उद्देश्य दोनों है। वह 'मैं' और 'आप' हैं। यह कैसे है ?" ज्ञाता को कैसे जानें? ज्ञाता स्वयं को नहीं जान सकता है। मैं प्रत्येक चीज को देख सकता हूँ, परंतु खुद को नहीं देख सकता। वह आत्म, वह ज्ञाता, सबका स्वामी, वास्तविक अस्तित्व—इन सभी दृष्टियों का कारण है, जो समूचे ब्रह्मांड में है; परंतु उसके लिए सिवाय प्रतिबिंब के माध्यम के स्वयं को देख पाना और स्वयं को जान पाना असंभव है। यदि कोई दर्पण न हो तो आप अपना मुखड़ा नहीं देख सकते। इसी प्रकार, आत्म जब तक प्रतिबिंबित न हो, वह अपनी प्रकृति को नहीं देख सकता है। इसलिए, यह संपूर्ण ब्रह्मांड ही आत्म है, जो स्वयं को अनुभव करने का प्रयास कर रहा है। यह प्रतिबिंब सबसे पहले जीव द्रव्य के माध्यम से वापस फेंका जाता है, उसके बाद पौधों एवं पशुओं के माध्यम से, तत्पश्चात् उत्तमोत्तम प्रत्यावर्तकों के माध्यम से और जब तक एक परिपूर्ण मनुष्य तक नहीं पहुँच जाता, तब तक यह क्रिया निरंतर जारी रहती है—ठीक उसी तरह जैसे अपना मुखड़ा देखने का इच्छुक कोई व्यक्ति सबसे पहले उसे कीचड़-युक्त पानीवाले छोटे तालाब में देखता है तो उसे उसमें केवल अपनी रूपरेखा दिखाई देती है, उसके बाद वह स्वच्छ जल में देखता है तो उसे थोड़ी अच्छी छवि दिखाई देती है। तत्पश्चात् जब वह किसी चमकीली धातु में देखता है, उससे अधिक अच्छा चित्र दिखाई देता है और अंततः जब वह दर्पण में अपना चेहरा देखता है तो वह उसे अपने वास्तविक रूप में दिखाई देता है। इसलिए, पूर्ण मनुष्य उस अस्तित्व का उच्चतम प्रतिबिंब है, जो कर्ता और कर्म दोनों है। अब आप समझ गए होंगे कि मनुष्य सहज ज्ञानपूर्वक किस तरह प्रत्येक चीज की पूजा करता है और किस तरह पूर्ण व्यक्ति प्रत्येक देश में सहज रूप में ईश्वर की तरह पूजे जाते हैं। आप अपनी इच्छानुसार बातें कर सकते हैं; परंतु ये वे लोग हैं, जो पूजित होने हेतु बाध्य हैं। यही कारण

है कि लोग ईसा या बुद्ध जैसे अवतारों की पूजा करते हैं। वे असीम आत्म का सर्वाधिक परिपूर्ण विस्तार हैं। मैं और आप ईश्वर के विषय में जो संकल्पना कर सकते हैं, वे उन सभी संकल्पनाओं से ऊपर हैं। एक परिपूर्ण व्यक्ति ऐसी संकल्पनाओं से बहुत ऊपर होता है। उसमें वृत्त परिपूर्ण बन जाता है; कर्ता एवं कर्म दोनों एक बन जाते हैं। उसके मन से सारे भ्रम दूर हो जाते हैं और उनका स्थान यह अनुभूति ले लेती है कि वह सदैव एक परिपूर्ण अस्तित्व रहा है। फिर यह दासता, यह बंधन, यह लगाव कहाँ से आया? किसी पूर्ण अस्तित्व का अपूर्ण में पुनरुत्पादन कैसे संभव हुआ? यह कैसे संभव हुआ कि एक स्वतंत्र व्यक्ति दास बन गया? अद्वैतवादी कहता है कि वह कभी दास था ही नहीं। वह तो सदैव स्वतंत्र था। आकाश के समक्ष विभिन्न रंगों वाले बादल आते हैं। एक मिनट तक वहाँ बने रहने के बाद वे अदृश्य हो जाते हैं। यह वही नीला आकाश है, जो सदैव वहाँ विद्यमान रहता है। आकाश कभी परिवर्तित नहीं होता है। वे तो बादल हैं, जो हमेशा बदलते रहते हैं। इसलिए आप हमेशा पूर्ण हैं—अनंत रूप से परिपूर्ण। आपकी प्रकृति कभी परिवर्तित नहीं होती है और न कभी होगी। ये सारे विचार कि मैं अपूर्ण हूँ, कि मैं कोई पुरुष या स्त्री हूँ, कि मैं पापी हूँ या मैं मन हूँ, मैंने सोचा था या कि मैं सोचूँगा—यह सब माया है, मतिभ्रम है; आप कभी नहीं सोचते। आपका कभी कोई शरीर नहीं था। आप कभी अपूर्ण नहीं थे। आप इस ब्रह्मांड के भाग्यवान् स्वामी हैं। वह कोई भी चीज, जो अभी है या भविष्य में कभी होगी, आप उसके एकमात्र सर्वशक्तिमान शासक हैं। इन सभी सूर्यों, तारों एवं चंद्रमाओं तथा पृथ्वी व नक्षत्रों और ब्रह्मांड के समस्त लघुतम तत्त्वों के एकमेव शक्तिशाली स्वामी हैं। आपके माध्यम से ही सूर्य चमकता है और तारे अपनी चमक खो देते हैं तथा पृथ्वी सुंदर बन जाती है। यह आपका आशीर्वाद ही है, जिसके माध्यम से सभी लोग आपस में प्रेम करते हैं और एक-दूसरे के प्रति आकर्षित होते हैं। आप सभी में हैं और आप सर्वस्व हैं। आप किसे छोड़ेंगे और किसे पकड़ेंगे। आप सर्वस्व हैं। जैसे ही यह ज्ञान उत्पन्न होता है, सारा भ्रम तत्काल गायब हो जाता है।

एक बार मैं भारत में रेगिस्तान में यात्रा कर रहा था। मैंने लगभग एक माह यात्रा की और हमेशा मुझे एक-से-एक सुंदर चीजें दिखाई पड़ीं; कभी झीलें तो कभी सुंदर क्षितिज दिखाई दिए। एक दिन मुझे बहुत प्यास लगी तो मैंने एक झील में पानी पीना चाहा; परंतु जब मैं उस स्थान तक पहुँचा तो वह झील गायब हो चुकी थी। मेरे मन में तत्काल यह विचार कौंधा कि यही वह मृगतृष्णा थी, जिसके विषय में मैंने अपने संपूर्ण जीवन में पढ़ा था। तभी मुझे याद आया और मैं अपनी इस मूर्खता पर मुसकरा पड़ा तथा सोचने लगा कि पिछले पूरे महीने के दौरान मैं जो कुछ देख रहा था, वह यही मृगतृष्णा थी, लेकिन

उस समय मैं उसे पहचान नहीं पाया था।

अगली सुबह मैंने अपनी यात्रा पुनः प्रारंभ की तो मुझे फिर वही झीलें और भू-दृश्य दिखाई पड़े। परंतु इस बार मैं फौरन समझ गया, 'यह मृगतृष्णा है।' एक बार ज्ञात हो जाने के बाद उन्होंने अपनी भ्रम उत्पन्न करनेवाली शक्ति खो दी। इसी प्रकार, इस ब्रह्मांड का भ्रम भी एक दिन टूटेगा। इसका संपूर्ण अस्तित्व लुप्त हो जाएगा और यह गल जाएगा। यह अनुभूति है। दर्शन कोई चुटकुला या गपबाजी नहीं है। इसे अनुभव करने की आवश्यकता है। यह शरीर लुप्त हो जाएगा, यह पृथ्वी एवं अन्य सभी चीजें लुप्त हो जाएँगी। यह विचार कि मैं शरीर या मन हूँ, यह भी कुछ समय बाद समाप्त हो जाएगा, अथवा आप यह भी सोच सकते हैं कि कर्मों के समाप्त होते ही यह सबकुछ अदृश्य हो जाएगा और कभी वापस नहीं आएगा; परंतु कर्म का एक भाग उसी प्रकार कुछ समय के लिए बना रहेगा, जैसे कुम्हार द्वारा अपना बरतन बना लिये जाने के बाद भी उसका चक्र अपनी पूर्व गति के कारण कुछ देर तक घूमता रहता है और अंत में स्वयमेव रुक जाता है। इसी प्रकार यह शरीर भी है। इसका भ्रम पूर्णरूपेण समाप्त हो जाने के बाद भी कुछ समय के लिए बना रहता है। यह संसार पुनः उसी प्रकार सामने आएगा, स्त्री व पुरुष तथा पशु आएँगे, जिस प्रकार उस दिन मेरे सामने मृगतृष्णा आई थी, जब मैं उसे झील समझकर उसमें पानी पीने गया था। परंतु इस बार उसकी तीव्रता पहले से कम थी। इस अनुभव के साथ आपके मन में यह विचार आएगा कि मैं अब इसकी प्रकृति को जानता हूँ तथा यह मुझे अब और अधिक भ्रमित नहीं कर सकेगी। अब मुझे कोई पीड़ा नहीं होगी; न शोक होगा और न ही मेरी स्थिति दयनीय होगी। जब भी कोई दयनीय अवस्था आएगी, हमारा मन यह कहने में समर्थ होगा कि 'मैं जानता हूँ कि तुम एक भ्रम के अतिरिक्त कुछ नहीं हो।' जब कोई मनुष्य इस अवस्था में पहुँच जाता है तो उसे 'जीवन्मुक्त' कहा जाता है; अर्थात् वह व्यक्ति, जो यह जीवन जीते हुए भी मुक्त है, स्वतंत्र है। इस जीवन में ज्ञानयोगी का अंतिम लक्ष्य यही जीवन्मुक्त बनना है। वह व्यक्ति जीवन्मुक्त है, जो इस संसार में रहते हुए भी इसके प्रति अनासक्त है। वह जल में कमल की पँखुड़ियों के समान है, जो जल में रहते हुए भी कभी गीली नहीं होती हैं। वह उच्चतम मनुष्य है; बल्कि वह सभी प्राणियों से उच्च है, क्योंकि उसने अपनी पहचान को पूर्ण (ईश्वर) के साथ अनुभव कर लिया है। उसने समझ लिया है कि वह ईश्वर के साथ एकाकार हो गया है। जब तक आप अपने एवं ईश्वर के मध्य लेश मात्र भी अंतर महसूस करेंगे, भय आपको जकड़ लेगा; परंतु जब आपको इस बात का ज्ञान हो जाएगा कि आप भी वही हैं, कि आपके और उसके बीच कोई अंतर नहीं है, पूर्णतया कोई अंतर नहीं है, आप पूरी तरह वही हैं, तो आपका सारा

भय समाप्त हो जाएगा। उस स्थिति में कौन किसे देखता है? कौन किसकी पूजा करता है? कौन किससे बात करता है? कौन किसे सुनता है? जब व्यक्ति दूसरे को देखता है, दूसरे से बात करता है और दूसरे को सुनता है तो वह छोटा है। जब कोई किसी को नहीं देखता, कोई किसी से बात नहीं करता एवं कोई किसी को नहीं सुनता है, तब वह उच्चतम अवस्था में पहुँच जाता है और अपने आप को महान् समझने लगता है तथा मानता है कि वह ब्रह्म है। "वह होने के बाद आप सर्वदा वही हैं। फिर इस संसार का क्या होगा? हम इस संसार की क्या भलाई करेंगे? उस अवस्था में ऐसे प्रश्न आपके मन में नहीं उठेंगे। यदि मैं बूढ़ा हो जाऊँगा तो मेरी अदरक वाली मीठी डबल रोटी का क्या होगा? इस प्रकार की बातें बच्चा करता है! मैं बड़ा हो जाऊँगा तो मेरे कंचों (खेलनेवाली काँच की गोलियाँ) का क्या होगा? इसलिए मैं बड़ा नहीं होऊँगा।" लड़का कहता है! "यदि मैं बड़ी हो जाऊँगी तो मेरी गुड़ियों का क्या होगा?" ऐसा नन्ही बच्ची कहती है! इस संसार के बारे में किए जानेवाले प्रश्न भी कुछ ऐसे ही हैं। इनका अतीत, वर्तमान एवं भविष्य में कोई अस्तित्व नहीं है। यदि हमने एक बार स्वयं को आत्मा के यथावत् रूप में जान लिया; यदि हमें यह ज्ञात हो गया कि इस आत्मा के अतिरिक्त और कुछ नहीं है और इसके अतिरिक्त प्रत्येक चीज एक स्वप्न है, जिसका वास्तविकता में कोई अस्तित्व नहीं है तो यह संसार अपनी निर्धनताओं, अपनी पीड़ाओं, अपनी दुष्टताओं और अपनी उत्कृष्टताओं के होते हुए भी हमें विक्षुब्ध करना बंद कर देगा। यदि उनका कोई अस्तित्व ही नहीं है तो फिर हम किसके लिए और किस चीज के लिए कष्ट सहें? यही वह चीज है, जिसकी शिक्षा एक ज्ञानयोगी हमें देता है। इसलिए, मुक्त होने का साहस करो; वहाँ तक जाने का साहस करो, जहाँ तक तुम्हारे विचार तुम्हें ले जाएँ—और इसे अपने जीवन में वहन करने का साहस करो। ज्ञान तक पहुँचना अत्यंत कठिन है। यह वीर एवं अत्यंत साहसी व्यक्ति का कार्य है। न केवल सभी बौद्धिक, बल्कि इंद्रियात्मक मूर्तियों को तोड़ने का साहस करो। यह शरीर 'मैं' नहीं हूँ, यह तो अनिवार्यत: नष्ट ही होगा। सभी प्रकार की उत्सुकतात्मक चीजें इस शरीर से बाहर आ जानी चाहिए। कोई व्यक्ति खड़ा होता है और कहता है, "मैं शरीर नहीं हूँ, अत: मेरे सिरदर्द का उपचार अवश्य किया जाना चाहिए।" परंतु यदि यह सिरदर्द उसके शरीर में नहीं है तो फिर कहाँ है? हजारों सिरदर्दों एवं हजारों शरीरों को आने-जाने दो। मेरे लिए वह क्या है? न मेरा कोई जन्म है, न मृत्यु; न कभी मेरी कोई माँ थी और न ही पिता;, न मेरा कोई शत्रु है, न मित्र, क्योंकि यह सबकुछ मैं ही हूँ। मैं ही अपना शत्रु हूँ और मैं ही अपना मित्र हूँ। मैं सत्-चित्-आनंद युक्त संपूर्ण सच्चिदानंद हूँ। मैं यह हूँ, मैं वह हूँ। यदि हजारों शरीरों में मैं ज्वर एवं अन्य रोगों से

पीड़ित हूँ तो लाखों शरीरों में मैं स्वस्थ भी हूँ। यदि हजार शरीरों में मैं भूखा हूँ तो अन्य हजार शरीरों में मैं दावत भी उड़ा रहा हूँ। यदि हजारों देहों में मैं कंगाली का कष्ट झेल रहा हूँ तो हजारों देहों में मैं धनी एवं प्रसन्न भी हूँ। कौन किसे दोष देगा? कौन किसकी प्रशंसा करेगा? किसे पाना है और किसे खोना है? मैं न तो किसी को पाता हूँ और न किसी को खोता हूँ, क्योंकि मैं संपूर्ण ब्रह्मांड हूँ। मैं अपनी ही प्रशंसा करता हूँ और स्वयं को ही दोषी ठहराता हूँ। मैं अपने ही लिए कष्ट झेलता हूँ और अपनी इच्छानुसार प्रसन्न होता हूँ। मैं मुक्त हूँ। ज्ञानी ही इतना वीर एवं साहसी है। यदि संपूर्ण ब्रह्मांड भी नष्ट हो जाए तो वह मुसकराता है और कहता है, 'इसका तो कभी अस्तित्व ही नहीं था। यह सबकुछ भ्रम था।' वह ब्रह्मांड को नष्ट होते हुए देखता है—कहाँ था वह? और अब वह कहाँ चला गया?

व्यावहारिक खंड में जाने से पूर्व हम एक अन्य बौद्धिक प्रश्न उठाएँगे। अब तक दिए गए तर्क व्यापक रूप से श्रमसाध्य थे। प्रश्न यह है कि यदि कोई व्यक्ति इस तर्क के आधार पर यह मान ले कि इस जगत् में केवल एक अस्तित्व के अतिरिक्त कोई और चीज है ही नहीं, तो वह खड़ा कहाँ होगा? विवेकशील प्राणी के लिए इस विचार को स्वीकार करने के अतिरिक्त अन्य कोई उपाय नहीं है। परंतु ऐसा कैसे होता है कि जो अनंत है, सर्व-संपूर्ण, सर्व-सौभाग्यशाली एवं सत्-चित्-आनंद सहित पूर्ण है, वह इन भ्रमों के फेर में कैसे फँस गया? यह वही प्रश्न है, जो पूरी दुनिया में समानवत् पूछा जाता रहा है। अशिष्ट रूप में यह प्रश्न इस प्रकार किया जाता है, "इस संसार में पाप कैसे आया?" यह प्रश्न का सर्वाधिक अश्लील एवं कामुक रूप है और इसका अन्य रूप अत्यंत दार्शनिक है। परंतु प्रश्न के दोनों प्रकारों का उत्तर समान है। एक ही प्रश्न विभिन्न श्रेणियों एवं तरीकों से पूछा जाता रहा है; परंतु अपने निम्न रूपों में इसे कोई समाधान नहीं मिलता, क्योंकि सेबों, साँपों एवं स्त्रियों की कहानियाँ इसका स्पष्टीकरण नहीं उपलब्ध करातीं। इस स्थिति में यह प्रश्न बचकाना है और इसका उत्तर भी वैसा ही है। परंतु इस प्रश्न ने अब अत्यंत व्यापक रूप धारण कर लिया है—"यह भ्रम कैसे आया?" इसका उत्तर भी इसकी तरह सुंदर है। उत्तर यह है कि हमें किसी असंभव प्रश्न के उत्तर की अपेक्षा ही नहीं करनी चाहिए। यह प्रश्न अनेक अवस्थाओं में असंभव है। आपको ऐसा प्रश्न करने का कोई अधिकार नहीं है। क्यों? परिपूर्णता क्या है? वह, जो समय, स्थान एवं कार्य-कारण संबंध से परे है, वह परिपूर्ण है। फिर आप प्रश्न करेंगे कि पूर्ण अपूर्ण कैसे बन गया? तार्किक भाषा में इस प्रश्न को इस रूप में रखा जा सकता है—"जो चीज कार्य-कारण संबंध से परे थी, वह कारण कैसे बन गई? आप स्वयं अपना खंडन कर रहे हैं। पहले

आप स्वीकार करते हैं कि यह कार्य-कारण संबंध से परे है और फिर प्रश्न करते हैं कि इसका कारण क्या है ? इस प्रश्न को केवल कार्य-कारण संबंध की सीमाओं में पूछा जा सकता है। जब तक समय, स्थान एवं कार्य-कारण संबंध विस्तारित होता रहेगा, तब तक यह प्रश्न पूछा जाता रहेगा। परंतु इससे आगे जाकर यह प्रश्न करना निरी मूर्खता होगी, क्योंकि प्रश्न ही अतार्किक है। समय, स्थान एवं कार्य-कारण संबंध के अंतर्गत इस प्रश्न का उत्तर कभी नहीं दिया जा सकता है और इन सीमाओं से परे जो उत्तर हो सकता है, उसे केवल तभी ज्ञात किया जा सकता है, जब हम इससे आगे निकल जाएँ। इसलिए सुधीजन इस प्रश्न को विश्राम करने देते हैं, अर्थात् ठंडे बस्ते में डाल देते हैं। जब कोई व्यक्ति बीमार होता है तो सबसे पहले अपना पूरा ध्यान रोग के उपचार पर देता है, बजाय इसके कि वह उस रोग के उत्पन्न होने के कारणों का पता लगाए।

इस प्रश्न का एक एक अन्य स्वरूप भी है, जो थोड़ा लघुतम, परंतु व्यावहारिक एवं उदाहरणात्मक है—यह भ्रम किसने उत्पन्न किया ? क्या कोई सच्चाई किसी भ्रम का निर्माण कर सकती है ? निश्चय ही नहीं। हम देखते हैं कि एक भ्रम दूसरे भ्रम को जन्म देता है और यह क्रम जारी रहता है। वह सदैव भ्रम ही है, जो भ्रम उत्पन्न करता है। रोग को उत्पन्न करनेवाला रोग ही है, न कि स्वास्थ्य कभी कोई रोग उत्पन्न करता है। लहर वस्तुत: अपने मूल रूप में जल होती है, परंतु किन्हीं विशेष कारणों के परिणामस्वरूप वह अन्य रूप धारण कर लेती है। चूँकि परिणाम भ्रम है, इसलिए उसका कारण भी अनिवार्यत: भ्रम ही होगा। यह भ्रम कौन पैदा करता है ? एक अन्य भ्रम। और इस प्रकार वह प्रारंभ-रहित होता है। आपके लिए पूछने हेतु अब केवल यह प्रश्न शेष रहता है—क्या यह आपके एकेश्वरवाद को ध्वस्त नहीं करता, क्योंकि आपको ब्रह्मांड में दो अस्तित्व दिखाई देते हैं—एक आपका अपना अस्तित्व और दूसरा भ्रम। आपके जीवन में हजारों सपने आते हैं, परंतु वे आपके जीवन के किसी भाग का निर्माण नहीं करते। सपने आते हैं और चले जाते हैं। उनका कोई अस्तित्व नहीं होता है। भ्रम को अस्तित्व कहना एक वितंडा, कुतर्क होगा। ब्रह्मांड में केवल एक ही सदैव मुक्त एवं भाग्यशाली अस्तित्व है और वह अस्तित्व आप हैं। अद्वैतवादियों द्वारा निकाला गया अंतिम निष्कर्ष यही है।

इसके पश्चात् यह प्रश्न किया जा सकता है—उपासना के इन विभिन्न रूपों का क्या होता है ? वे बने रहेंगे; वे अंधकार में प्रकाश की खोज हेतु भटक रहे हैं और इसी भटकाव द्वारा प्रकाश आएगा। हमने अभी-अभी देखा व समझा है कि आत्म स्वयं आत्म का दर्शन नहीं कर सकता है। हमारा ज्ञान माया के वशीभूत है और माया के आगे मुक्ति है। माया के इस तंत्र-जाल के अंदर दासता है। यह एक नियम के अधीन है, जिसके आगे

कोई नियम नहीं है। इसलिए जहाँ तक ब्रह्मांड का प्रश्न है, अस्तित्व नियम द्वारा शासित होता है और उस नियम से आगे मुक्ति है। जब तक आप काल, स्थान एवं कार्य-कारण संबंध के तंत्र-जाल में जकड़े हुए हैं, तब तक स्वयं को मुक्त कहना मूर्खता है, क्योंकि उस तंत्र-जाल के अधीन सबकुछ एक कठोर नियम, क्रम एवं परिणाम से बँधा हुआ है। आप द्वारा सोचे गए प्रत्येक विचार का कारण है, आपको अनुभव हुई प्रत्येक चीज का कारण है। अत: यह कहना कि वह इच्छा-मुक्त है, यह निरी मूर्खता है। ऐसा तभी होता है, जब असीम अस्तित्व माया के तंत्र-जाल में फँसता है और इच्छा का रूप धारण कर लेता है। इच्छा उस अस्तित्व का एक भाग है, जो माया के तंत्र-जाल में उलझा हुआ है। इसलिए 'मुक्त इच्छा' एक अनुपयुक्त संज्ञा है। इसका अर्थ है—कुछ नहीं, निरी मूर्खता! मुक्ति के विषय में इसलिए ऐसी बातें की जाती हैं। माया में कोई मुक्ति नहीं है।

प्रत्येक व्यक्ति इस पत्थर के टुकड़े या उस मेज की तरह विचारों, संसार, कर्म एवं मन के रूप में बँधा हुआ है। अब मैं आपके समक्ष जिस कार्य-कारण संबंध के विषय में बोलने जा रहा हूँ, वह उतना ही कठिन है, जितना कि आपके लिए मुझे सुनना। जब तक आप माया से बाहर नहीं निकलेंगे, तब तक आपकी कोई मुक्ति नहीं है। वही आत्मा की सच्ची मुक्ति है। लोग चाहे जितने भी कुशाग्र एवं बुद्धिमान क्यों न हों, आप इस तर्क की शक्ति को चाहे जितनी अच्छी तरह समझते हों, यहाँ कोई भी चीज मुक्त नहीं हो सकती है और फिर भी, आप यह कहने के लिए विवश हैं कि वे मुक्त हैं; वे इसमें कुछ नहीं कर सकते! जब तक हम यह कहना प्रारंभ नहीं करते कि हम मुक्त हैं, तब तक बात आगे नहीं बढ़ सकेगी। अर्थात् जिस मुक्ति की हम चर्चा कर रहे हैं, वह बादलों के बीच से दिखाई देनेवाली नील गगन की एक झलक है और यह कि वास्तविक मुक्ति—नील गगन—उसके पीछे है। सच्ची मुक्ति भ्रम, कल्पना एवं मूर्खता के इस संसार; इंद्रियों, शरीर और मन के इस ब्रह्मांड के मध्य विद्यमान नहीं रह सकती है। ये सब सपने हैं, जिनका कोई आदि और अंत नहीं है, जो अनियंत्रित एवं अनियंत्रणीय हैं। ब्रह्मांड के विषय में हमारा यही क्षुद्र, भग्न एवं असंगत विचार है। सपने में जब आप किसी बीस सिरवाले राक्षस को अपना पीछा करते हुए देखते हैं और उससे बचने के लिए भाग रहे होते हैं तो यह नहीं सोचते कि वह असंगत है, मिथ्या है। आप उसे उचित और सही मानते हैं। इसी प्रकार, यह नियम है। जिसे आप अनभिज्ञता में नियम कह देते हैं, वह एक निरर्थक अवसर है। इसी स्वप्निल अवस्था में आप उसे 'नियम' कहते हैं। माया के अंतर्गत जब तक काल, स्थान एवं कार्य-कारण संबंध का यह नियम मौजूद है, तब तक कोई मुक्ति नहीं है; और उपासना के विभिन्न स्वरूप भी इसी माया के अंतर्गत हैं। ईश्वर का विचार एवं पशु तथा

मनुष्य के ये विचार भी माया के अधीन ही हैं और इस रूप में वे समानवत् विभ्रम हैं; सब-के-सब सपने हैं। परंतु आप लोगों को अनिवार्यत: यह बात ध्यान में रखनी चाहिए कि आप जिन्हें यहाँ सुन रहे हैं, उनके साथ सामान्य व्यक्तियों की भाँति वाद-विवाद न करें। वे कहते हैं कि ईश्वर का विचार एक भ्रम है, परंतु इस जगत् का विचार सत्य है। दोनों विचार समानवत् तर्क के आधार पर गिरते और खड़े होते हैं। केवल उसे ही स्वयं को अनीश्वरवादी कहने का अधिकार है, जो इस संसार के साथ-साथ दूसरे संसार को भी निरस्त कर देता है। दोनों के लिए एक ही समान तर्क है। भ्रम का वही समुच्चय ईश्वर से विस्तारित होकर पशुओं तक पहुँचता है और घास की एक पत्ती से रचयिता तक पहुँचता है। वे समानवत् तर्क के आधार पर गिरते और खड़े होते हैं। वही समान व्यक्ति, जो ईश्वर के विचार को असत्य के रूप में देखता है, उसी असत्य के रूप में उसे अपने निजी शरीर या अपने मन के विचार को भी देखना चाहिए। जब ईश्वर लुप्त होता है तो मन एवं शरीर भी लुप्त हो जाते हैं और जब दोनों लुप्त हो जाते हैं तो सदा-सर्वदा के लिए एकमेव वास्तविक अस्तित्व शेष रह जाता है। "वहाँ न तो आँखें जा सकती हैं, न वाणी और न ही मन। हम उसे न तो देख सकते हैं और न जान सकते हैं।" अब हम यह समझ गए हैं कि जहाँ तक वाणी एवं विचार तथा ज्ञान एवं बुद्धि जा सकती है, वह सब इस माया के अधीन है, इसी दासता के अंदर है। उसके आगे सत्य है। वहाँ न तो विचार जा सकता है, न मन और न वाणी पहुँच सकती है।

अब तक बौद्धिक रूप से सबकुछ सही है; लेकिन इसके बाद रीति आती है। वास्तविक कार्य रीति में निहित है। क्या इस एकात्मकता को अनुभव करने हेतु किसी प्रकार की रीतियाँ आवश्यक हैं? अत्यधिक निर्णायक तौर पर। ऐसा नहीं है कि आप अचानक ब्रह्म बन गए हैं। वह तो आप पहले से ही हैं। ऐसा नहीं है कि आप ईश्वर या पूर्ण बनने जा रहे हैं। आप पहले से ही परिपूर्ण हैं; और जब कभी आप सोचते हैं कि आप पूर्ण नहीं हैं तो यह आपका भ्रम है। यही वह भ्रम है, जो कहता है कि आप श्रीमान अमुक या श्रीमती अमुक हैं और इस भ्रम से एक अन्य भ्रम द्वारा छुटकारा पाया जा सकता है और वह भ्रम है रीति, व्यवहार। जिस प्रकार अग्नि अग्नि को खाती है, उसी प्रकार आप एक भ्रम पर विजय पाने के लिए दूसरे भ्रम का उपयोग कर सकते हैं। एक बादल आएगा और दूसरे बादल को अपने साथ उड़ा ले जाएगा, और अंत में दोनों नष्ट हो जाएँगे। फिर ये रीतियाँ क्या हैं? हमें यह बात सदैव अपने मन में रखनी चाहिए कि हम मुक्त होने नहीं जा रहे हैं, बल्कि हम पहले से ही मुक्त हैं। ऐसा प्रत्येक विचार कि हम बँधे हुए हैं, एक भ्रम है। प्रत्येक विचार कि हम प्रसन्न या अप्रसन्न हैं, उससे भी बड़ा

भ्रम है और इसके बाद एक अन्य भ्रम आएगा कि हमें मुक्त होने के लिए कर्म, पूजा एवं संघर्ष करना चाहिए। यह भ्रम उत्पन्न होते ही पहला भ्रम दूर हो जाएगा और उसके बाद दोनों भ्रम समाप्त हो जाएँगे।

मुसलमानों एवं हिंदुओं द्वारा लोमड़ी को अत्यंत अपवित्र माना जाता है। एक कुत्ता भी जब आहार का कोई टुकड़ा खा लेता है अथवा उसे छू लेता है तो उस अन्न को बाहर फेंक दिया जाता है। उसे कोई व्यक्ति नहीं खा सकता है। कुछ मुसलिम घरों में एक लोमड़ी दाखिल हुई और वह मेज पर रखे भोजन को जूठा करके भाग गई। जिस आदमी ने वह खाना बनाया था, वह अत्यंत गरीब था। उसने उसे अपने खाने के लिए बनाया था और वह खाना नापाक कर दिया गया था। वह उसे खा नहीं सकता था। इसलिए वह उस जूठे भोजन को लेकर एक मौलवी के पास गया और उससे कहा, "मेरे साथ ऐसा हुआ; मेरा खाना एक लोमड़ी ने आकर मुँह भरकर खा लिया है और उसे नापाक कर दिया है। क्या किया जा सकता है? मैंने बड़े उत्साह से खाना बनाया था और उसे खाने का इच्छुक था कि इसी बीच लोमड़ी ने आकर उसे जूठा कर दिया और मेरा सारा मजा किरकिरा कर गई।"

मौलवी ने एक मिनट तक उसके मसले पर सोचा और फिर कहा, "तुम्हारे लिए इस मुसीबत से निजात पाने का एक ही तरीका है कि तुम एक कुत्ता पकड़ लाओ और लोमड़ी द्वारा जूठे किए गए खाने में से कुछ खाना उसे खिला दो; क्योंकि कुत्ते और लोमड़ियाँ हमेशा लड़ते रहते हैं। लोमड़ी द्वारा छोड़ा गया खाना उसके पेट में चला जाएगा और कुत्ते द्वारा जूठा किया गया खाना भी वहीं चला जाएगा और पेट में दोनों मिलकर पाक हो जाएँगे।"

हम सबकी भी पूर्णतया यही स्थिति है। यह हमारा मति-भ्रम है कि हम अपूर्ण हैं और हम पूर्ण होने के लिए एक अन्य रीति को उठा लेते हैं। इसके बाद एक व्यक्ति दूसरे व्यक्ति की नकल करने लगता है, ठीक उसी तरह जैसे हम एक काँटे को निकालने के लिए दूसरे काँटे का प्रयोग करते हैं और बाद में दोनों को फेंक देते हैं। संसार में ऐसे भी लोग हैं, जिनके लिए मात्र यही सुन लेना पर्याप्त ज्ञान है कि 'आप वह हैं।' एक ही झटके में यह संसार ओझल हो जाता है और वास्तविक प्रकृति चमकने लगती है; परंतु अन्य लोगों को दासता के इस विचार से मुक्ति पाने के लिए कठोर संघर्ष करना पड़ता है।

प्रथम प्रश्न है—कौन लोग ज्ञानयोगी बनने के पात्र हैं? वे, जो इन वांछनीयताओं से परिपूर्ण हैं—वे, जो इस जीवन में या अन्य जीवन में कर्म के फल और सभी मनोरंजनों

का त्याग करने के लिए तैयार हों। यदि आप इस ब्रह्मांड के रचयिता हैं तो आप जो कुछ पाने की इच्छा करेंगे, वह आपको प्राप्त होगी; क्योंकि उसका सृजन आप अपने लिए करेंगे। यह केवल समय का प्रश्न है। कुछ लोगों की इच्छाएँ तत्काल पूर्ण हो जाती हैं और कुछ लोगों को अपनी वांछित इच्छाएँ प्राप्त करने में समय लग जाता है, क्योंकि उनके पूर्व संस्कार उनके मार्ग में बाधा बनकर खड़े हो जाते हैं। चाहे वर्तमान जीवन हो या कोई अन्य जीवन, प्रथम स्थान हम मनोरंजन की इच्छाओं को देते हैं। हम इस बात से इनकार कर देते हैं कि इस जीवन के बाद कोई अन्य जीवन है, क्योंकि जीवन केवल मृत्यु का दूसरा नाम है। इस बात से इनकार कर दीजिए कि आप एक जीवधारी हैं। जीवन की चिंता कौन करता है ? जीवन इन्हीं विभ्रमों में से एक है और मृत्यु उसकी प्रेमिका है। खुशी इन विभ्रमों का एक भाग है और कष्ट दूसरा भाग, इत्यादि। आपको जीवन या मृत्यु से क्या लेना-देना है ? ये सब मन की रचनाएँ हैं। इसे ही इस जीवन में या अन्य जीवन में 'मनोरंजन की इच्छाओं के त्याग' की संज्ञा दी जाती है।

इसके बाद मन को नियंत्रित करने की बात आती है। इसे शांत कीजिए, ताकि सभी प्रकार की इच्छाओं की लहरों में गोता न लगाए। इसे कसकर पकड़िए और इसे आंतरिक या बाह्य कारणों के थपेड़ों से बचाइए। मन का नियंत्रण पूर्णतया आपकी इच्छा-शक्ति द्वारा किया जा सकता है। ज्ञानयोगी इनमें से कोई भी शारीरिक या मानसिक सहायता नहीं लेता है। वह सहजतः दार्शनिक तर्कणा, ज्ञान एवं अपनी निजी इच्छा-शक्ति से मन को नियंत्रित करता है और इन्हीं उपयोगिताओं पर विश्वास करता है। इसके बाद तितिक्षा व सहिष्णुता आती है, अर्थात् बिना कुछ कहे, बिना कोई शिकायत किए कष्टों को सहने की शक्ति। जब आपको कोई चोट लगे तो उस पर ध्यान मत दीजिए। चाहे आपके सामने कोई सिंह ही आकर क्यों न खड़ा हो जाए! कौन भागता है ? ऐसे अनेक लोग हैं, जो तितिक्षा का अभ्यास करते हैं और उसमें सफल होते हैं। ऐसे भी अनेक लोग हैं, जो भरी दोपहरी की गरमी में गंगा के तटों पर सोते हैं और शीत ऋतु में पूरा-पूरा दिन गंगा के जल में तैरते रहते हैं। वे तनिक भी चिंता नहीं करते हैं। लोग निर्वस्त्र होकर हिमालय की बर्फ पर बैठते हैं और उन्हें कपड़ों की कोई चिंता नहीं होती है। गरमी क्या है ? सर्दी क्या है ? ये चीजें आती और जाती रहेंगी, मुझे इन चीजों से क्या मतलब। मैं शरीर नहीं हूँ। पश्चिमी देशों के लोगों के लिए ऐसी बातों पर विश्वास करना कठिन है; परंतु यह जानना आपके लिए उत्तम होगा कि भारत में ऐसा होता है। जिस प्रकार आपके लोग तोप के मुँह में या युद्ध में कूदने के लिए वीर हैं, उसी प्रकार भारत के लोग अपने दर्शन के विषय में चिंतन करने और उसके अनुसार कर्म करने हेतु पर्याप्त साहसी हैं। वे इसके लिए अपना जीवन

न्योछावर कर देते हैं। उनका सूत्र वाक्य है—"मैं सत्-चित्-आनंद पूर्ण हूँ; मैं वह हूँ, मैं वही हूँ।" जिस प्रकार पश्चिमी लोगों का आदर्श जीवन में विलासिता बनाए रखना है, उसी प्रकार हमारा ध्येय अपने जीवन में उच्चतम आध्यत्मिकता बनाए रखना और यह दरशाना है कि 'धर्म' मात्र एक कोरा शब्द ही नहीं है, बल्कि उसके प्रत्येक अंश का इस जीवन में पालन किया जा सकता है। प्रत्येक चीज को सहन करना और कोई शिकायत न करना तितिक्षा है। मैंने स्वयं ऐसे लोगों को देखा है, जो कहते हैं, "मैं आत्मा हूँ, मेरे लिए यह संसार क्या चीज है? मेरे लिए न कोई खुशी है, न कोई गम; न कोई गुण और न कोई दोष; सर्दी या गरमी मेरे लिए कुछ भी नहीं है।" शरीर की खुशियों के पीछे न भागना ही तितिक्षा है। धर्म क्या है? यह प्रार्थना करना कि 'हे भगवान्! मुझे यह दो या वह चीज दो?' यह धर्म के बारे में मूर्खतापूर्ण विचार है! मेरे गुरुजी कहा करते थे, "गिद्ध तब तक ऊँची-से-ऊँची उड़ान भरता रहता है, जब तक कि वह आकाश में एक काले धब्बे जैसा नहीं दिखाई देने लगता; परंतु उसकी दृष्टि सदैव पृथ्वी पर सड़े-गले मांस के टुकड़े पर ही रहती है।" अंततोगत्वा, धर्म के विषय में आपके विचारों का परिणाम क्या है? गलियों की सफाई और अधिक भोजन एवं वस्त्र प्राप्त करना? भोजन एवं वस्त्रों की चिंता कौन करता है? प्रतिपल करोड़ों लोग आते और चले जाते हैं। उनकी चिंता कौन करता है? इस छोटे से संसार की खुशियों और उतार-चढ़ावों की चिंता क्यों करें? यदि आपके अंदर साहस है तो आप इससे आगे बढ़ें, सिद्धांत से आगे जाएँ; चाहे संपूर्ण ब्रह्मांड नष्ट हो जाए, अकेले खड़े रहें—"मैं परिपूर्ण अस्तित्व हूँ। मैं परिपूर्ण ज्ञान हूँ और मैं ही संपूर्ण आनंद हूँ; मैं सच्चिदानंद हूँ; मैं वह हूँ, मैं वही हूँ।"

□

11

रामायण

भारत में संस्कृत भाषा में दो अत्यंत प्राचीन महाकाव्य हैं। वास्तव में, हमारे यहाँ इन दोनों के अतिरिक्त भी सैकड़ों अन्य महाकाव्यात्मक ग्रंथ हैं। संस्कृत भाषा एवं साहित्य अपने उद्‍भव से लेकर आज तक निरंतरता में बना रहा है; यद्यपि 2,000 वर्षों से भी अधिक समय से एक बोली जानेवाली भाषा के रूप में यह प्रचलन में नहीं है। अब मैं आपको उन दो प्राचीनतम महाकाव्यों के बारे में बताने जा रहा हूँ, जिनके नाम क्रमशः 'रामायण' एवं 'महाभारत' हैं। इन ग्रंथों में प्राचीन भारतीयों के शिष्टाचार, प्रथाएँ, सामाजिक स्थिति एवं सभ्यता इत्यादि के वर्णन को समाहित किया गया है। इन महाकाव्यों में सर्वाधिक प्राचीन ग्रंथ को 'रामायण' (राम का जीवन) कहा जाता है। इससे पूर्व भी भारत में कुछ काव्यात्मक ग्रंथ थे, जिन्हें हिंदुओं का सर्वाधिक पवित्र ग्रंथ 'वेद' कहा जाता है। वेद भी श्लोकों के रूप में लिखे गए हैं, परंतु 'रामायण' के विषय में इसके कविता के प्रादुर्भाव को लेकर आम सहमति है। 'रामायण' के रचयिता कवि या ऋषि का नाम वाल्मीकि था। कालांतर में इस महान् कवि के नाम से अनेक काव्यात्मक कथाओं को संपृक्त कर दिया गया। इसका परिणाम यह हुआ कि कुछ लोगों ने अपनी कहानियों को भी वाल्मीकि के नाम से जोड़ना आरंभ कर दिया, जो कि वास्तव में उनकी नहीं थीं। इन सब क्षेपकों के होते हुए भी 'रामायण' एक सुंदर प्रबंध काव्य है, जिसकी विश्व साहित्य में कोई समानता नहीं है।

प्राचीन काल में एक युवक था, जिसके पास अपने परिवार का भरण-पोषण करने का कोई साधन नहीं था। वह अत्यंत शक्तिशाली एवं साहसी था और अंततः वह एक

** 31 जनवरी, 1900 को शेक्सपियर क्लब, पासाडेना, कैलिफोर्निया में दिया गया वक्तव्य*

पथिक दस्यु बन गया। वह मार्ग में आने-जानेवाले यात्रियों को लूट लेता था और उनसे लूटे गए धन से अपने पिता, माता, पत्नी एवं बच्चों का भरण-पोषण करता था। उसका यह क्रम तब तक जारी रहा, जब तक कि एक दिन नारद नामक महान् ऋषि उस मार्ग से नहीं गुजरे। नारदजी को देखते ही उस युवक (दस्यु) ने उनके ऊपर आक्रमण कर दिया। ऋषि ने दस्यु से पूछा, "तुम मुझे क्यों लूटना चाहते हो? मानव प्राणियों को लूटना और उनकी हत्या करना बहुत बड़ा पाप है। तुम यह पाप-कर्म किसलिए करते हो?"

दस्यु ने कहा, "क्योंकि मैं इस धन से अपने परिवार का भरण-पोषण करना चाहता हूँ।"

ऋषि ने कहा, "अब तुम यह बताओ कि क्या तुम्हारे परिवार के लोग तुम्हारे पाप के सहभागी भी बनेंगे?"

"निश्चय ही बनेंगे।" दस्यु ने उत्तर दिया।

"अति उत्तम।" ऋषि ने कहा, "अब तुम मुझे यहाँ सुरक्षित बाँधकर अपने घर जाओ और अपने परिजनों से पूछो कि जिस प्रकार तुम यह पाप-कर्म करके धन अर्जित कर रहे हो और वे उसका लाभ उठा रहे हैं, क्या वे इसी प्रकार तुम्हारे पाप के भागीदार भी बनेंगे?"

ऋषि के कथनानुसार दस्यु अपने पिता के पास गया और पूछा, "पिताजी, क्या आप जानते हैं कि मैं किस प्रकार आपका पालन करता हूँ?"

पिता ने उत्तर दिया, "नहीं, मुझे कुछ ज्ञात नहीं है।"

दस्यु ने कहा, "मैं एक दस्यु हूँ। मैं लोगों की हत्या करके उन्हें लूट लेता हूँ।"

"क्या? तू ऐसा नीच कर्म करता है, पुत्र? भाग जा यहाँ से! तू अछूत है!"

इसके बाद वह अपनी माता के पास गया और उससे पूछा, "माँ, क्या तुम जानती हो कि मैं तुम्हारा पालन-पोषण कैसे करता हूँ?"

"नहीं।" उसकी माँ ने उत्तर दिया।

"मैं हत्या और लूट द्वारा प्राप्त किए धन से तुम्हें पालता हूँ।"

"कितना भयानक है यह!" माँ ने चिल्लाते हुए कहा।

"परंतु क्या तुम मेरे पाप की भागीदार बनोगी?" पुत्र ने पूछा।

"मैं तुम्हारे पाप की सहभागिनी क्यों बनूँगी? मैंने तो कभी कोई चोरी नहीं की।" माँ ने उत्तर दिया।

इसके बाद वह अपनी पत्नी के पास गया और उससे प्रश्न किया, "क्या तुम जानती हो कि मैं तुम सबका पालन-पोषण किस प्रकार करता हूँ?"

"नहीं।" उसने उत्तर दिया।

"मैं एक राहगीर दस्यु हूँ।" उसने बात को आगे बढ़ाते हुए कहा, "मैं वर्षों से लोगों को लूट रहा हूँ और उसी लूटे गए धन से तुम सबका भरण-पोषण कर रहा हूँ। अब मैं तुमसे यह जानना चाहता हूँ कि मैं जो पाप-कर्म कर रहा हूँ, क्या तुम उसके फल में भी भागीदार बनोगी?"

"किसी भी स्थिति में नहीं। तुम मेरे पति हो और मेरा भरण-पोषण करना तुम्हारा कर्तव्य है।"

उस दस्यु की आँखें खुल गईं—'संसार की यही रीति है। यद्यपि मैं अपने जिन निकटतम संबंधियों के लिए अब तक लोगों को लूटता रहा हूँ, वे भी मेरे कर्मफल के सहभागी बनने को तैयार नहीं हैं।' वह उस स्थान पर वापस गया, जहाँ उसने ऋषि को बाँध रखा था। उसने ऋषि के बंधन खोले और उनके पैरों पर गिरकर संपूर्ण वृत्तांत कह सुनाया। बोला, "आप मेरी रक्षा करें! अब मैं क्या करूँ?"

ऋषि ने कहा, "तुम अपनी वर्तमान जीवन-शैली का परित्याग कर दो। अब तुमने स्वयं देख लिया है कि तुम्हारे परिवार का कोई भी सदस्य तुमसे सचमुच प्रेम नहीं करता है। इसलिए इन सारे भ्रमों का परित्याग कर दो। वे तुम्हारी समृद्धि के सहभागी तो बनेंगे, परंतु जब तुम्हारे पास कुछ भी नहीं होगा तो वे तुम्हें अकेला छोड़ देंगे। ऐसा कोई भी नहीं है, जो तुम्हारी बुराइयों का सहभागी बने; परंतु वे सभी तुम्हारी अच्छाइयों के साझीदार अवश्य बनेंगे। इसलिए तुम उसकी, अर्थात् ईश्वर की पूजा करो, क्योंकि अकेला वही तुम्हारे अच्छे व बुरे दोनों समय में तुम्हारे साथ खड़ा होता है। वह हमें कभी नहीं छोड़ता है, क्योंकि वह हमसे प्रेम करता है और प्रेम कभी नीचा नहीं दिखाता, कोई प्रतिदान नहीं चाहता। उसके अंदर कोई स्वार्थप्रियता नहीं है।"

इसके बाद ऋषि नारद ने उसे पूजा करने की शिक्षा दी और वह सबकुछ छोड़कर वन में चला गया। वहाँ उसने तब तक ईश्वर की उपासना एवं ध्यान करना जारी रखा, जब तक वह स्वयं को पूर्णतया भूल नहीं गया और चींटियों ने आकर उसके शरीर एवं उसके आसपास चींटियों का एक पहाड़ नहीं बना लिया। वह इस घटना से पूरी तरह अनजान बना रहा। अनेक वर्षों बाद उसे एक आकाशवाणी सुनाई पड़ी, जिसमें कोई उससे कह रहा था, "जागो, हे ऋषि! जागो!"

इस प्रकार जागने के बाद उसने विस्मयपूर्वक कहा, "ऋषि? मैं तो एक दस्यु हूँ!"

"अब आप दस्यु नहीं रह गए हैं।" आकाशवाणी ने उत्तर दिया, "अब आप एक परिष्कृत व शुद्ध ऋषि हैं। आपका पुराना नाम लुप्त हो चुका है। अब चूँकि आपका ध्यान

इतना गहन था कि आपको इस तथ्य का भान ही नहीं रह गया था कि चींटियों ने आपके ऊपर चींटियों का पहाड़ बना लिया था, अतः अब से आपका नाम 'वाल्मीकि' होगा, अर्थात् वह व्यक्ति, जो चींटी के पर्वत पर जनमा हो।"

इस प्रकार, वह ऋषि बन गए।

अब उस घटना का वृत्तांत सुनिए, जिसके कारण वह कवि बने। एक दिन जब ऋषि वाल्मीकि पवित्र गंगा नदी में स्नान करने जा रहे थे, उन्होंने हंसों का एक जोड़ा देखा, जो गोल-गोल चक्कर काट रहा था और एक-दूसरे का चुंबन ले रहा था। ऋषि ने उनकी ओर देखा तो अत्यंत प्रसन्न हुए। परंतु एक पल बाद एक तीर आकर लगा और नर पक्षी की मृत्यु हो गई। नर के पृथ्वी पर गिरते ही मादा उसके मृत शरीर के चारों ओर शोक में विह्वल होकर चक्कर काटने लगी। पल भर में ही कवि की दशा अत्यंत दयनीय हो गई। जब उन्होंने आसपास देखा तो उन्हें एक बहेलिया (शिकारी) दिखाई पड़ा।

"तुम अत्यंत निर्दयी एवं नीच हो।" ऋषि ने विलाप करते हुए कहा, "तुम्हारे अंदर लेशमात्र भी दया नहीं है! तुम्हारे हत्यारे हाथ प्रेम के लिए भी नहीं रुके!" इतना कहने के बाद उन्होंने सोचा, 'यह सब क्या है? मैं यह क्या कह रहा हूँ?' ऋषि ने अपने मन में विचार किया, 'आज से पूर्व तो मैंने कभी भी इस तरह नहीं कहा था!'

इसके बाद आकाशवाणी हुई—"भयभीत मत हो। यह काव्य-पंक्ति है, जो इस समय तुम्हारे मुँह से निकल रही है। तुम जगत् के कल्याण हेतु श्रीराम का जीवन काव्यात्मक भाषा में लिखो।" और यही वह घटना है, जिसके कारण पहली काव्य-पंक्ति का जन्म हुआ। पहला श्लोक वाल्मीकि के मुँह से बाहर आया और इसके बाद उन्होंने सुंदर रामायण, राम के जीवन-चरित की रचना की।

किसी समय भारत में अयोध्या नामक एक प्राचीन नगर था और वह आज भी अस्तित्व में है। जिस राज्य में यह नगर अभी अवस्थित है, वह अवध कहलाता है और आप लोगों में से अधिकांश ने इसे भारत के मानचित्र में अवश्य देखा होगा। यह वही प्राचीन अयोध्या नगरी थी। प्राचीन काल में वहाँ दशरथ नामक राजा राज करते थे। उनके तीन रानियाँ थीं, परंतु उनमें से किसी से भी राजा की कोई संतान नहीं थी। संतान-प्राप्ति की इच्छा से राजा और तीनों रानियों ने तीर्थयात्राएँ कीं और वहाँ अनेक पूजा एवं व्रत किए। उचित समय आने पर उनके चार पुत्र पैदा हुए, जिनमें सबसे बड़े पुत्र का नाम राम था।

शिक्षा प्राप्त करने की आयु में चारों भाइयों को नियमानुसार अध्ययन की सभी शाखाओं की विधिवत् शिक्षा प्रदान की गई। वे शीघ्र ही पारंगत हो गए। प्राचीन भारत में

यह प्रथा थी कि किसी प्रकार के विवाद को टालने के लिए राजा अपने सबसे बड़े पुत्र को अपने उत्तराधिकारी के रूप में नामित करता था, जिसे 'युवराज' या 'युवा राजा' कहा जाता था।

उसी काल में एक अन्य राजा भी थे, जिनका नाम जनक था और उनकी सीता नाम की एक सुंदर कन्या थीं। राजा जनक को सीता खेतों में हल चलाते समय प्राप्त हुई थीं, इसलिए वह 'भूमिजा' अर्थात् पृथ्वी की पुत्री कहलाती थीं, जिनके कोई माता-पिता नहीं थे। प्राचीन संस्कृत भाषा में 'सीता' का अर्थ हल द्वारा खेत में बनाई गई रेखाएँ हैं। भारत की प्राचीन पौराणिक कथाओं में आपको ऐसे अनेक पात्र मिलेंगे, जो एकल माता की संतानें होते थे अथवा वे बिना माता-पिता के यज्ञ की अग्नि से जनमते थे, खेत में पैदा होते थे या बादलों से पृथ्वी पर गिराए जाते थे। भारत की पौराणिक कथाओं में ऐसे चमत्कारी जन्मों की कहानियाँ भरी पड़ी हैं।

पृथ्वी की पुत्री होने के कारण सीता पवित्र एवं निष्कलंक थीं। उनका लालन-पालन राजा जनक द्वारा किया गया था। जब उनकी आयु विवाह योग्य हुई तो राजा को उनके लिए उपयुक्त वर की खोज की इच्छा हुई।

उन दिनों भारत में एक प्राचीन प्रथा थी, जिसे 'स्वयंवर' कहा जाता था। स्वयंवर का अर्थ है—कन्या अपने वर का चुनाव स्वयं करे। इस रीति के अनुसार लड़कियाँ अपने वर का चयन करती थीं। देश के अनेक भागों के राजकुमार आमंत्रित किए जाते थे और अपनी सुसज्जित वेशभूषा में युवती अपने हाथों में फूलों की माला लिये हुए अपनी सहेलियों के साथ स्वयंवर स्थल पर आती थी। उसके साथ बंदीजन (मुनादी करनेवाले) होते थे, जो विवाह के इच्छुक प्रत्येक राजकुमार के पास जाकर उसके कुल एवं वीरता का बखान किया करते थे। राजकुमारी वहाँ उपस्थित राजकुमारों के समूह में से किसी एक का पति के रूप में वरण करके उसके गले में माला डाल देती थी। स्वयंवर समाप्त होने के बाद पूरे विधि-विधान एवं धूमधाम से दोनों का विवाह कर दिया जाता था।

उस स्वयंवर में सीता के संग विवाह करने का स्वप्न पाले हुए अनेक राजकुमार पधारे थे। स्वयंवर के लिए जो परीक्षा या शर्त रखी गई थी, उसके अनुसार प्रत्येक राजा या राजकुमार को शिवजी के धनुष को तोड़ना था। समस्त राजकुमारों ने राजा जनक के प्रण को पूरा करने के लिए अपनी पूरी शक्ति लगा दी, परंतु सभी विफल रहे। अंत में, राम ने उस शक्तिशाली धनुष को अपने हाथों में उठाया और उसे दो टुकड़ों में तोड़ दिया। इस प्रकार, सीता ने राजा दशरथ के पुत्र राम को अपने पति के रूप में चुन लिया और बड़े हर्षोल्लास एवं धूमधाम से दोनों का विवाह संपन्न हुआ। इसके बाद राम अपनी दुलहन

सीता को लेकर अपने राज्य अयोध्या गए और उनके वृद्ध पिता ने विचार किया कि अब उनके अवकाश ग्रहण करने तथा राम को युवराज घोषित करने का समय आ गया है। इस अवसर के लिए यथोचित तैयारियाँ की गईं और संपूर्ण अयोध्या यह दृश्य देखने के लिए अत्यंत उत्साहित थी। इसी बीच राजा दशरथ की सबसे छोटी रानी कैकेयी की दासी ने उसे राजा दशरथ द्वारा बहुत समय पूर्व दिए गए दो वरदानों की याद दिलाई। कैकेयी ने किसी समय राजा की सहायता की थी, जिससे प्रसन्न होकर उन्होंने उसे दो वरदान देने का वचन दिया था। राजा दशरथ ने उसे कहा कि मेरी शक्ति एवं सामर्थ्य के अधीन तुम कोई भी दो वरदान माँग सकती हो, जिसे मैं तुम्हें अवश्य दूँगा। परंतु उस समय कैकेयी ने राजा से कोई भी वर नहीं माँगा था। वह तो उस पूरे घटनाक्रम के बारे में पूर्णतया भूल ही गई थी। परंतु दुष्ट प्रकृतिवाली उसकी दासी को राम का युवराज बनना तनिक भी अच्छा नहीं लग रहा था। दासी ने कैकेयी के कान भरे कि कितना अच्छा हो, यदि तुम्हारा पुत्र राजा का उत्तराधिकारी एवं युवराज बने! रानी जब तक ईर्ष्या से पूर्णतया विक्षिप्त नहीं हो गई, तब तक दासी उसके कान भरती रही। इसके बाद दासी ने उसे राजा से अपने दोनों पुराने वरदान माँगने का सुझाव दिया। दासी ने रानी से कहा कि तुम राजा से पहला वरदान यह माँगो कि तुम्हारे अपने पुत्र भरत को सिंहासन पर बैठाया जाए और दूसरे वरदान के रूप में श्रीराम को चौदह वर्षों के लिए वन में निवास करने हेतु भेज दिया जाए।

राम वृद्ध राजा का जीवन एवं आत्मा थे। जब उन्होंने अपनी रूठी रानी का यह कुटिल अनुरोध सुना तो उन्होंने एक राजा के रूप में विचार किया कि वे अपने वचन से पीछे नहीं हट सकते थे। अत: उनकी समझ में कुछ नहीं आया कि इस स्थिति में वे क्या करें? परंतु राम आगे आए और स्वेच्छापूर्वक सिंहासन त्यागने और वन में जाने का प्रस्ताव दिया, ताकि उनके पिता पर मिथ्यावादी होने का दोष न लगे। राम अपनी प्रिय पत्नी सीता एवं अपने निष्ठावान् अनुज लक्ष्मण के साथ वन में चले गए, क्योंकि लक्ष्मण को किसी भी अवस्था में राम से अलग नहीं किया जा सकता था।

आर्यों को उस समय घने एवं भयानक वनों के निवासियों के बारे में जानकारी नहीं थी। उन दिनों वनों में रहनेवाले लोगों को आदिवासी लोग 'बंदर' कहते थे और उनमें से कुछ शक्तिशाली एवं तथाकथित बंदरों को वे 'राक्षस' भी कहते थे।

इस प्रकार, बंदरों एवं राक्षसों द्वारा आवासित वनों में राम, लक्ष्मण एवं सीता निवास करने चले गए। जब सीता ने राम के साथ वन जाने का अनुरोध किया तो राम ने कहा, "एक राजकुमारी होकर तुम किस तरह मेरे साथ वन की कठिनाइयों और अज्ञात संकटों का सामना करोगी?" लेकिन सीता ने उत्तर दिया, "जहाँ-जहाँ राम जाएँगे, वहाँ-वहाँ

सीता भी जाएगी। आप मुझसे राजकुमारी और राजसी जन्म की बात कैसे कह सकते हैं? मैं आपके पीछे-पीछे चलूँगी।" अत: सीता उनके साथ वन में चली गईं। उनके छोटे भाई लक्ष्मण भी उन दोनों के साथ वन में चले गए।

वे वन में बहुत अंदर तक तब तक चलते रहे, जब तक कि वे गोदावरी नदी के तट पर नहीं पहुँच गए। नदी के तट पर उन्होंने पत्तों की एक छोटी सी पर्णकुटी बनाई। राम एवं लक्ष्मण कंद-मूल व फल एकत्रित करते थे। वहाँ निवास करते हुए जब कुछ समय बीत गया तो एक दिन वहाँ एक राक्षसी आई। वह लंका (सीलोन) के राक्षस राजा रावण की बहन थी। अपनी इच्छानुसार वन में भ्रमण करती हुई एक दिन वह राम के निकट पहुँच गई और देखा कि राम एक अत्यंत आकर्षक पुरुष थे। वह राम को देखते ही उन पर मोहित हो गई। परंतु राम अत्यंत पवित्रतम व्यक्ति थे और वह विवाहित भी थे, इसलिए उनके लिए उस राक्षसी के प्रेम का प्रतिदान असंभव था। प्रतिशोध की ज्वाला में जलती हुई वह अपने भाई राक्षस राज के पास गई और उसे राम की सुंदर पत्नी सीता के बारे में विस्तार से बताया।

राम नश्वर जीवधारियों में सर्वाधिक शक्तिशाली थे। ऐसा कोई देवता या राक्षस इतना शक्तिशाली नहीं था, जो राम को जीत सके। इसलिए राक्षस राज ने राम के साथ छल करने का निर्णय लिया। उसने एक अन्य मायावी राक्षस को अपने साथ लिया और उसे एक सुंदर स्वर्ण मृग में परिवर्तित कर दिया। नकली स्वर्ण मृग बना राक्षस राम की कुटिया के पास जाकर उछल-कूद मचाने लगा। सीता उसके सौंदर्य को देखकर उसकी ओर आकर्षित हो गईं और उन्होंने श्रीराम से कहा कि वे उसके लिए उस हिरण को पकड़ लाएँ। राम उस मृग को पकड़ने वन में चले गए और लक्ष्मण को सीता की रक्षा हेतु कुटिया में छोड़ गए। इसके बाद लक्ष्मण ने कुटिया के चारों ओर अग्नि का एक वृत्त बना दिया और सीता से कहा, "आज मैं देख रहा हूँ कि आपके ऊपर कोई भीषण संकट आने वाला है, इसलिए मैं आपको किसी भी दशा में इस जादुई वृत्त (लक्ष्मण रेखा) से बाहर न निकलने की चेतावनी दे रहा हूँ। यदि आप ऐसा करेंगी तो किसी संकट में पड़ जाएँगी।"

इस बीच राम ने उस माया मृग को अपने बाणों से छलनी कर दिया था। बाण लगते ही वह हिरण एक मनुष्य के रूप में परिवर्तित होकर मर गया; परंतु मरने से पूर्व उसने राम के छद्म स्वर में 'हा लक्ष्मण! हा लक्ष्मण!' की ध्वनि की।

उसके तत्काल बाद कुटिया में राम के चीखने की आवाज सुनाई पड़ी, "हे लक्ष्मण! मेरी सहायता के लिए आओ!" सुनकर सीता ने कहा, "लक्ष्मण, तुम तत्काल वन में जाकर अपने भैया की सहायता करो!" लक्ष्मण ने प्रतिवाद करते हुए कहा, "यह भैया

का स्वर नहीं है।" परंतु सीता के उलाहनों को सुनकर लक्ष्मण को राम की खोज में जाना पड़ा। जैसे ही लक्ष्मण कुटिया से दूर गए, साधु का वेश धारण किए राक्षस राज ने कुटिया के द्वार पर खड़े होकर भिक्षा देने की प्रार्थना की।

"थोड़ी देर प्रतीक्षा करो।" सीता ने कहा, "तब तक मेरे पति आ जाएँगे और मैं आपको ढेर सारी भिक्षा दे दूँगी।"

"मैं प्रतीक्षा नहीं कर सकता सुंदर स्त्री!" साधु ने कहा, "मैं अत्यंत भूखा हूँ। तुम्हारे पास जो कुछ भी हो, मुझे दे दो।" इसके बाद सीता कुटिया में रखे कुछ फल बाहर ले आईं। लेकिन नकली संन्यासी अनेक अनुरोधों के बावजूद बार-बार फलों की भिक्षा को उसके पास लाने की बात कहता रहा और उसने सीता को आश्वस्त किया कि तुम्हें मुझसे भयभीत होने की कोई आवश्यकता नहीं है, क्योंकि मैं एक पवित्र व्यक्ति हूँ। अत: सीता भिक्षा लेकर लक्ष्मण रेखा से बाहर निकल आईं और साधु दिखाई देनेवाला व्यक्ति तत्काल एक शक्तिशाली राक्षस के रूप में परिवर्तित हो गया और सीता को अपनी बलिष्ठ भुजाओं में जकड़ने के बाद अपने जादुई रथ (पुष्पक विमान) को बुलाया और उसमें बैठकर बिलखती सीता के साथ उड़ गया। असहाय सीता! वह पूर्णतया असहाय थीं, क्योंकि उस समय वहाँ उनकी सहायता करनेवाला कोई न था। जिस समय वह दुष्ट राक्षस सीता को लेकर उड़ा जा रहा था, सीता ने अपने हाथों के कुछ आभूषण थोड़ी-थोड़ी दूरी पर नीचे पृथ्वी पर गिरा दिए।

रावण द्वारा सीता को अपनी राजधानी लंका ले जाया गया। उसने सीता को अपनी रानी बनने के लिए बहुत धमकाया और अपना प्रणय निवेदन स्वीकार करने के लिए अनेक यत्न किए; परंतु सीता स्वयमेव पवित्रता की प्रतिमूर्ति थीं। उन्होंने राक्षस से बात तक नहीं की। रावण ने दंडित करने के लिए सीता को एक वृक्ष के नीचे (अशोक वाटिका) रहने हेतु विवश कर दिया और बोला कि जब तक तुम मेरी पत्नी बनने के लिए मेरा अनुरोध स्वीकार नहीं करोगी, इसी तरह रात-दिन इसी पेड़ के नीचे रहोगी।

जब राम व लक्ष्मण कुटिया में वापस आए और वहाँ सीता को नहीं पाया तो उनके दुःख की कोई सीमा न रही। वे कल्पना भी नहीं कर सके कि सीता के साथ क्या हुआ होगा! सीता को खोजने के लिए दोनों भाई वन-वन भटकते रहे, परंतु उन्हें उनका कोई चिह्न तक कहीं नहीं मिला। लंबी खोज के बाद उनका सामना 'बंदरों' के एक समूह से हुआ, जिसके मध्य में देव कपि हनुमान भी थे। सर्वश्रेष्ठ कपि हनुमान आगे चलकर श्रीराम के सर्वाधिक विश्वासपात्र सेवक बन गए और उन्होंने सीता की खोज में श्रीराम की सहायता की। राम के प्रति उनकी निष्ठा इतनी प्रबल थी कि आज भी उन्हें हिंदू लोग

ईश्वर का सच्चा भक्त एवं सच्चे सेवक का आदर्श मानकर उनकी पूजा करते हैं। आप समझते ही हैं कि 'वानरों' एवं 'राक्षसों' का अर्थ दक्षिण भारत का आदिम निवासी है।

इस प्रकार, श्रीराम को वानरों ने चारों ओर से घेर लिया और उन्हें बताया कि उन्होंने आकाश में एक उड़ता हुआ रथ देखा था, जिस पर एक राक्षस किसी सुंदर स्त्री को लेकर चला जा रहा था। वह स्त्री निरंतर रोती जा रही थी और जैसे ही उन्होंने हम लोगों को नीचे खड़े देखा, उन्होंने हमारा ध्यान अपनी ओर आकर्षित करने के लिए अपना एक आभूषण नीचे गिरा दिया। इसके बाद उन्होंने राम को वह आभूषण दिखाया। लक्ष्मण ने उस आभूषण को अपने हाथ में लेकर कहा, "मुझे नहीं ज्ञात कि यह आभूषण किसका है?" राम ने लक्ष्मण से वह आभूषण ले लिया और उसे तत्काल पहचानते हुए कहा, "हाँ, यह सीता का ही है।"

लक्ष्मण उस आभूषण को इसलिए नहीं पहचान पाए, क्योंकि भारत में बड़े भाई की पत्नी का बहुत सम्मान किया जाता है, इसलिए उन्होंने सीता की भुजाओं एवं गले की ओर कभी दृष्टि ही नहीं डाली थी। अब आप समझ सकते हैं कि वह गले का हार था और लक्ष्मण नहीं पहचान पाए कि वह किसका था! इस प्रकरण में आप पवित्र प्राचीन भारतीय प्रथा का स्पर्श देख सकते हैं। इसके बाद कपियों ने श्रीराम से कहा कि वे जानते हैं कि वह राक्षस कौन था और कहाँ रहता था। इसके बाद वे सभी मिलकर सीता को खोजने के लिए निकल पड़े।

उन दिनों वानर राज बालि और उसका छोटा भाई सुग्रीव राज्य के लिए एक-दूसरे से युद्ध कर रहे थे। छोटे भाई की श्रीराम द्वारा सहायता की गई और उसने बालि से अपना राज्य वापस पा लिया, जिसे बालि ने भगा दिया था। इस सहायता के प्रतिदाय में सुग्रीव ने राम को सीता की खोज में सहायता करने का वचन दिया था। उन्होंने अपने देश में चारों ओर खोज की, परंतु सीता उन्हें कहीं नहीं मिलीं। अंत में, हनुमान ने भारतीय समुद्र तट से एक लंबी छलाँग मारी और एक ही बार में वह लंका द्वीप पहुँच गए। वहाँ उन्होंने समूची लंका में सीता को खोजा, परंतु वह उसे कहीं नहीं मिली।

आप देखिए कि राक्षसों के राजा ने समस्त देवताओं, मनुष्यों और यहाँ तक कि सारे संसार को जीत लिया था और वहाँ की सारी सुंदर स्त्रियों को अपनी सहवासिनियाँ (रखैलें) बना लिया था। हनुमान ने अपने मन में विचार किया, 'सीताजी उसके साथ महलों में नहीं हो सकती हैं। वह किसी महल में रहने की अपेक्षा मर गई होंगी।' इसलिए हनुमान ने सीता को महलों से बाहर किसी अन्य स्थान पर खोजना प्रारंभ किया। अंत में, उन्होंने सीता को एक पेड़ के नीचे विवर्ण एवं दुर्बल अवस्था में बैठे देखा। वह क्षितिज

में चंद्रमा के समान दिखाई दे रही थीं। वहाँ पहुँचकर हनुमान ने एक छोटे वानर का रूप धारण किया और पेड़ पर छिपकर बैठ गए। पेड़ पर बैठे-बैठे हनुमान ने देखा कि किस प्रकार रावण द्वारा भेजी गई राक्षसियाँ सीता को डरा रही थीं और उन्हें रावण की बात मान लेने के लिए धमका रही थीं, परंतु वह राक्षस राजा का नाम तक सुनने के लिए तैयार नहीं थीं।

इसके बाद हनुमान पेड़ से नीचे उतरकर सीता के निकट गए और उन्हें बताया कि वह किस प्रकार राम के दूत बने, जिन्होंने उन्हें आपकी खोज करने के लिए भेजा है। हनुमान ने सीता को वह अँगूठी दिखाई, जिसे श्रीराम ने उन्हें अपनी पहचान सिद्ध करने के लिए दी थी। उन्होंने सीता को यह भी बताया कि जैसे ही श्रीराम को आपके बारे में पता चलेगा, वे एक विशाल सेना के साथ आएँगे और इस राक्षस को जीतकर आपको छुड़ा लेंगे। फिर भी उन्होंने सीताजी से कहा कि यदि आप चाहें तो मैं आपको अपने कंधों पर बैठाकर एक ही छलाँग में समुद्र के पार जा सकता हूँ और आपको श्रीराम के पास पहुँचा सकता हूँ। सीताजी को हनुमान का यह प्रस्ताव स्वीकार नहीं हुआ, क्योंकि वह पवित्रता की प्रतिमूर्ति थीं और अपने पति के अतिरिक्त किसी अन्य व्यक्ति के शरीर का स्पर्श तक नहीं कर सकती थीं। अत: सीता अपने स्थान पर यथावत् बनी रहीं। परंतु उन्होंने हनुमान को श्रीराम के पास ले जाने के लिए अपने बालों की एक मणि (चूड़ामणि) निकालकर दे दी, जिसे लेकर हनुमान वापस लौट आए।

हनुमान से सीता का संपूर्ण विवरण जानने के बाद श्रीराम ने एक सेना तैयार की और उसके साथ भारत के सुदूर दक्षिणी छोर की ओर चल पड़े। वहाँ राम की वानर सेना ने समुद्र पर एक विशाल सेतु का निर्माण किया, जिसे 'सेतुबंध' कहा जाता है। यह सेतु भारत को लंका से जोड़ता है। यह समुद्र में कम पानीवाले क्षेत्र में बनाया गया था और आज भी लोगों के लिए भारत से लंका जाना संभव है।

श्रीराम ईश्वर का अवतार थे, अन्यथा वे यह सबकुछ कैसे कर पाते? हिंदुओं के अनुसार, वे ईश्वर का अवतार थे। वे भारत में उन्हें ईश्वर का सातवाँ अवतार मानते हैं।

वानरों ने समस्त पहाड़ियों व वृक्षों को उखाड़कर समुद्र में डाल दिया और उनके ऊपर वृक्षों एवं छोटे-छोटे पत्थरों का पुल बना दिया। कहा जाता है कि सेतु निर्माण के समय एक नन्ही गिलहरी भी अपने शरीर को रेत में लपेटकर पुल पर जाती और वहाँ अपने शरीर में लगा रेत गिरा देती थी। अपने इस उपक्रम के माध्यम से वह राम सेतु के निर्माण में रेत पहुँचाकर अपना योगदान कर रही थी। चूँकि वानर सेतु निर्माण हेतु बड़े-बड़े पर्वत एवं वृक्ष उखाड़कर ला रहे थे, इसलिए जब उन्होंने उस नन्ही गिलहरी

को अपने शरीर में रेत लपेटकर उसे पुल पर गिराते हुए देखा तो उन्होंने उसकी हँसी उड़ाई। परंतु राम उसके इस कृत्य को स्वयं देख रहे थे। उन्होंने उसके सहयोग के लिए उसे धन्यवाद देते हुए कहा, "तुम्हारा कल्याण हो, नन्ही गिलहरी! तुम अपनी शक्ति एवं सामर्थ्य के अनुसार अपना सर्वोत्तम कर्म कर रही हो।" उन्होंने वानरों से कहा, "वह तुम सब लोगों में महानतम है।" इसके बाद राम ने नन्ही गिलहरी की बड़े स्नेहपूर्वक पीठ थपथपाई और राम की उँगलियों की छाप लंबाई में गिलहरी के शरीर पर पड़ गई। गिलहरी की पीठ पर वह छाप आज भी देखी जा सकती है।

सेतु निर्माण का कार्य पूरा हो जाने के बाद राम एवं लक्ष्मण के नेतृत्व में वानरों की संपूर्ण सेना लंका में प्रवेश कर गई। तत्पश्चात् कई महीने तक भीषण युद्ध एवं रक्तपात जारी रहा। अंत में, राक्षसों के राजा रावण को जीतकर उसका वध कर दिया गया और शुद्ध एवं ठोस सोने से निर्मित उसकी राजधानी तथा महलों पर अधिकार कर लिया गया। जब मैं आंतरिक भारत के सुदूर गाँवों में लोगों को बताता हूँ कि मैं लंका गया था तो सीधे-सादे ग्रामीण मुझसे पूछते हैं, "क्या हमारी पुस्तकों में वर्णित आख्यान के अनुसार वहाँ आज भी सोने से घर बनाए जाते हैं?" इस प्रकार संपूर्ण स्वर्ण नगरी राम के अधिकार में आ गई, जिसे उन्होंने रावण के छोटे भाई विभीषण को सौंप दिया और उन्हें लंका के सिंहासन पर आसीन कर दिया, क्योंकि युद्ध के दौरान विभीषण ने राम को अपनी अत्यंत मूल्यवान् सेवाएँ दी थीं।

इसके बाद राम ने सीता एवं अपने साथियों के साथ लंका छोड़ दी। परंतु इसी बीच राम के समर्थकों के बीच कानाफूसी शुरू हो गई। उन्होंने सीता की अग्निपरीक्षा की माँग उठाई। उन्होंने कहा कि सीता ने इस बात की अग्निपरीक्षा नहीं दी है कि वह इतने दिनों तक रावण के घर में रहने के बाद पूर्णतया पवित्र है।

"पवित्र! वह तो स्वयमेव पवित्रता हैं।" राम ने उन्हें संबोधित करते हुए कहा, "चिंता की कोई बात नहीं है! फिर भी, हम अग्निपरीक्षा चाहते हैं।" लोगों ने जोर देकर कहा। परिणामतः एक विशाल यज्ञाग्नि तैयार की गई, जिसके अंदर कूदकर सीता को स्वयं बाहर आना था। राम यह सोचकर व्यथित थे कि कहीं उन्हें सीता से फिर से न बिछुड़ना पड़े! परंतु पल भर में ही अग्नि देवता स्वयं मुकुट पहने हुए प्रकट हुए। उनके मुकुट में सीता दिखाई दे रही थीं। तत्पश्चात् सबने व्यापक आनंद प्रकट किया और प्रत्येक व्यक्ति संतुष्ट हो गया।

पूर्व में, वनवास की अवधि के दौरान श्रीराम के छोटे भाई भरत ने वन में आकर राम को सूचना दी कि पिताजी का स्वर्गवास हो गया है और श्रीराम से अयोध्या के

सिंहासन पर बैठने का पुरजोर आग्रह किया। राम की वनवास अवधि के दौरान भरत किसी भी स्थिति में सिंहासन पर नहीं बैठ सकते थे, अतः सम्मानस्वरूप उन्होंने राम की चरण-पादुकाओं को अपने भाई के विकल्प के रूप में सिंहासन पर स्थापित कर दिया। इसके बाद राम अयोध्या लौटे और अपने लोगों की सामान्य सहमति द्वारा अयोध्या के राजा बन गए।

श्रीराम ने जब अपना राज्य वापस पा लिया तो उन्होंने अनिवार्य शपथ ली, जिसे प्राचीन काल में राजा को अपनी प्रजा की भलाई के लिए लेना अनिवार्य था। उस युग में राजा अपनी प्रजा का सेवक होता था और उसे जनमत के समक्ष शीश झुकाना पड़ता था, जिसे हम आगे चलकर देखेंगे। राम ने सीता के साथ कुछ वर्ष प्रसन्नतापूर्वक बिताए। उनके राज्य में एक बार फिर सीता की पवित्रता को लेकर कानाफूसी होने लगी। उन्होंने कहा कि सीता को एक राक्षस चुराकर समुद्र के पार ले गया था। अयोध्या के नागरिक पहले ली गई अग्निपरीक्षा से संतुष्ट नहीं थे। उन्होंने शोर मचाया कि एक बार फिर परीक्षा ली जानी चाहिए, अन्यथा सीता को राज्य से निष्कासित कर दिया जाना चाहिए।

नागरिकों को संतुष्ट करने के लिए सीता को महल से निष्कासित कर दिया गया और उन्हें वन में रहने के लिए छोड़ दिया गया, जहाँ ऋषि वाल्मीकि का आश्रम था। ऋषि ने सीता को रोती हुई एवं लाचार अवस्था में पाया और उनकी व्यथा कथा सुनकर उन्हें अपने आश्रम में शरण दे दी। सीता शीघ्र ही माँ बनने वाली थीं। कुछ दिनों बाद उन्होंने आश्रम में जुड़वाँ बच्चों को जन्म दिया। ऋषि ने बच्चों को कभी नहीं बताया कि वस्तुतः वे कौन और किसके पुत्र थे। ऋषि ने उन दोनों को ब्रह्मचारियों के रूप में बड़ा किया। इसके बाद उन्होंने 'रामायण' नामक काव्य की रचना की और उसे संगीतबद्ध करके एक नाटक का रूप दे दिया।

भारत में नाटक को अत्यंत पवित्र चीज माना जाता था। अभिनय एवं संगीत ने अपने आप में एक धर्म का रूप धारण कर लिया था। प्रत्येक गीत, चाहे वह कोई प्रेम गीत हो या कोई अन्य गीत, यदि उसमें किसी की संपूर्ण आत्मा होती थी तो वह बिना कोई अन्य उपाय किए मुक्ति प्राप्त कर सकता था। उनका कथन है कि ध्यान की तरह वह भी व्यक्ति को उसी लक्ष्य तक ले जाता है।

अतः महर्षि वाल्मीकि ने 'रामायण' अर्थात् 'राम के जीवन' को नाटकबद्ध किया और राम के दोनों पुत्रों को सिखाया कि उन्हें कैसे इसका उच्चारण एवं गायन करना है।

कुछ समय बाद श्रीराम ने एक विशाल यज्ञ का आयोजन किया। प्राचीन काल में वृद्ध राजा ऐसे यज्ञों का आयोजन किया करते थे। परंतु उस समय भारत में कोई विवाहित

राजा अपनी पत्नी के बिना कोई यज्ञ या अन्य संस्कार नहीं कर सकता था। उसके साथ उसकी पत्नी का होना अनिवार्य था। भारत में सहधर्मिणी को पत्नी के रूप में माना जाता था। हिंदू गृहस्थ को सैकड़ों संस्कार करने पड़ते हैं। परंतु शास्त्रों के अनुसार, ऐसे किसी भी संस्कार को तब तक पूर्ण नहीं माना जाता था, जब तक कि उसमें उसकी पत्नी की भूमिका न हो।

उस समय राम की पत्नी सीता तो उनके साथ थीं नहीं, क्योंकि उन्हें निष्कासित कर दिया गया था। लोगों ने राम से दूसरा विवाह करने का आग्रह किया। परंतु राम अपने जीवन में पहली बार अपने लोगों की इस माँग के विरुद्ध खड़े हुए और उन्होंने कहा, "ऐसा नहीं हो सकता है। मेरे जीवन में सीता के अतिरिक्त कोई दूसरी स्त्री नहीं आ सकती है।" अत: पत्नी के विकल्प के रूप में सीता की एक स्वर्ण आकृति निर्मित की गई, ताकि यज्ञ की विधि पूरी की जा सके। इस महान् उत्सव में नगरवासियों ने धार्मिक भावनाओं को बढ़ावा देने के लिए नाटकीय मनोरंजन का भी प्रबंध किया। महान् ऋषि एवं कवि वाल्मीकि अपने शिष्यों और राम के अज्ञात पुत्रों लव व कुश के साथ पधारे। एक मंच का निर्माण किया गया और उस पर अभिनय की संपूर्ण सामग्री उपलब्ध कराई गई। राम और उनके अन्य भ्राता अपने सभी मंत्रियों एवं श्रेष्ठ जनों के साथ उस कार्यक्रम में शामिल हुए। दर्शकों का एक विशाल समूह उस समय नाट्यशाला में उपस्थित था। महर्षि वाल्मीकि के निर्देशन में लव एवं कुश द्वारा राम के जीवन को गाकर सुनाया गया, जिन्होंने संपूर्ण सभा को अपने मधुर स्वर एवं वेशभूषा से मोहित कर लिया। नाटक में जब सीता के वनवास का दृश्य आया तो राम लगभग विक्षिप्त ही हो गए और उन्हें कुछ समझ नहीं आया कि वे क्या करें? उनकी दशा देखकर ऋषि ने उनसे कहा, "आप शोकाकुल न हों, क्योंकि मैं आपको सीता के दर्शन कराऊँगा।" तत्पश्चात् सीता को मंच पर लाया गया और राम अपनी पत्नी को देखकर अत्यंत प्रसन्न हो गए। तभी अचानक फिर वही पुरानी कानाफूसी प्रारंभ हो गई और लोग 'परीक्षा! परीक्षा' कहकर चिल्लाने लगे। असहाय सीता अपनी प्रतिष्ठा पर उठनेवाले उन निर्मम स्वरों को सुनकर अत्यंत आहत हुईं और अब उन्हें यह सब अत्यंत असह्य लगने लगा। उन्होंने अपनी निर्दोषिता का साक्ष्य देने के लिए देवताओं से प्रार्थना की और तभी पृथ्वी दो भागों में खुल गई और सीता ने लोगों को संबोधित करते हुए कहा, "यह रही परीक्षा।" और अपने इसी कथन के साथ वह पृथ्वी की गोद में समा गईं। इस त्रासद अंत को देखकर लोग सन्न रह गए और राम अत्यंत व्याकुल हो गए।

सीता के अदृश्य हो जाने के बाद राम के पास देवताओं का एक दूत आया, जिसने उन्हें सूचित किया कि पृथ्वी पर आने का उनका उद्देश्य पूरा हो चुका है, इसलिए अब

उन्हें स्वर्ग में वापस लौट जाना चाहिए। इन समाचारों ने राम को अपने वास्तविक स्वत्व का बोध कराया। वह अपनी राजधानी में बहनेवाली सरयू नदी के जल में कूद गए और दूसरे जगत् में जाकर सीता के साथ मिल गए।

यह भारत का महान् प्राचीन महाकाव्य है। राम और सीता भारतीय राष्ट्र के आदर्श हैं। सभी बालक, विशेषतया लड़कियाँ, सीता की पूजा करती हैं। किसी भी स्त्री का उच्चतम लक्ष्य सीता बनना है—पवित्र, निष्ठावान्, सारे कष्ट उठानेवाली पूर्णतया सहनशील सीता! जब आप इन चरित्रों का अध्ययन करेंगे तो तत्काल समझ जाएँगे कि भारत का आदर्श पश्चिम से कितना भिन्न है। भारतीय जाति के लिए सीता कष्ट सहन करने का आदर्श है। पश्चिम कहता है, "करो! अपने कर्म द्वारा अपनी शक्ति का प्रदर्शन करो।" भारत कहता है, "अपनी कष्ट उठाने की सहनशीलता द्वारा अपनी शक्ति का प्रदर्शन करो।" पश्चिम ने इस समस्या का समाधान किया है कि कोई व्यक्ति कितना अधिक रख सकता है; भारत ने इस समस्या का समाधान किया है कि व्यक्ति के पास कितना कम होना चाहिए। आप दोनों अतिरेकों को समझ सकते हैं। सीता भारतीय दृष्टिकोण की प्रतिमूर्ति हैं—एक आदर्शीकृत भारत! प्रश्न यह नहीं है कि सीता कभी थीं या नहीं, या कि यह कहानी इतिहास है या नहीं, परंतु हम इतना अवश्य जानते हैं कि वहाँ आदर्श है। हमारे यहाँ ऐसी कोई अन्य पौराणिक कथा नहीं है, जिसने संपूर्ण राष्ट्र को अपने अंदर समाहित कर लिया हो, जो जन-जन के जीवन में इस तरह प्रविष्ट कर गई हो। हमारी संपूर्ण जाति के रक्त की प्रत्येक बूँद में सीता का आदर्श है। सीता भारत में प्रत्येक उत्तम, शुद्ध एवं पवित्र चीज का पर्यायवाची नाम है। सीता के अंदर वह प्रत्येक चीज है, जिसे हम 'नारीत्व' कहते हैं। जब कोई पुजारी किसी स्त्री को आशीर्वाद देता है तो कहता है, "सीता बनो!" जब वह किसी बालिका को आशीर्वाद देता है तो कहता है, "सीता बनो!" वे सभी सीता की संतानें हैं और सीता बनने के लिए संघर्ष कर रही हैं। वह सीता, जो अत्यंत धीर-गंभीर, सतत सहनशील एवं सर्वनिष्ठ, पवित्र पत्नी। अपने इन समस्त कष्टों के माध्यम से वह अनुभव करती हैं कि उनके मन में राम के विरुद्ध एक भी कटु वचन नहीं है। वह उसे अपने कर्तव्य के रूप में देखती हैं और उसमें अपनी भूमिका निभाती हैं। उन्हें वन में निष्कासित कर दिए जाने जैसे भीषण अन्याय के प्रति विचार कीजिए! परंतु सीता के मन में कोई क्षुद्रता नहीं है। यह पुनः एक भारतीय आदर्श है। बुद्ध कहते हैं, "यदि कोई व्यक्ति आपको आहत करता है और बदले में आप भी उसे आहत करते हैं। वह पहले घाव का उपचार नहीं होगा। आपका वह कृत्य संसार में अधिक दुष्टता को बढ़ावा देगा।" सीता स्वाभाविक रूप से सच्ची भारतीय थीं। उन्होंने कभी किसी को आहत नहीं किया।

कौन जानता है कि कौन सा आदर्श सत्यतम है! पश्चिम में स्पष्ट दिखाई देनेवाली शक्ति-संपन्नता या भारत की कष्टों की किलेबंदी?

पश्चिम कहता है, "हम बुराई पर विजय प्राप्त कर उसे न्यूनतम करते हैं।" भारत कहता है कि "हम बुराई का नाश सहनशीलता एवं कष्टों के माध्यम से करते हैं और तब तक कष्ट सहते रहते हैं, जब तक वह पूर्णतया निर्मूल होकर मनोरंजन नहीं बन जाती है।" अच्छी बात है। दोनों ही महान् आदर्श हैं। कौन जानता है कि अधिक समय तक कौन सा आदर्श बना रहेगा? कौन जानता है कि कौन सी प्रवृत्ति वास्तव में मानवता को लाभान्वित करेगी? कौन जानता है कि पाशविकता को कौन निरस्त्र करेगा और उस पर विजय पाएगा? क्या वह कष्ट सहन करना होगा या कर्म करना?

इस बीच हमें एक-दूसरे के आदर्शों को नष्ट करने का प्रयास नहीं करना चाहिए। हम दोनों ही बुराई के उन्मूलन के जैसे समान विचार पर स्थिर हैं। आप अपना तरीका आजमाइए और हमें अपने तरीके से काम करने दीजिए। हमें आदर्शों को नष्ट नहीं करना चाहिए। मैं पश्चिम से यह नहीं कहता कि 'हमारी पद्धति को अपनाइए।' कदापि नहीं। यद्यपि लक्ष्य समान है, परंतु पद्धतियाँ समान नहीं हो सकती हैं। इसलिए, भारत के आदर्शों को सुनने के बाद मुझे आशा है कि आप भी उसी साँस में भारत से कहेंगे, "हम जानते हैं कि हमारे दोनों के लिए लक्ष्य एवं आदर्श पूर्णतया सही हैं। आप अपने तरीके से अपने निजी आदर्श का पालन कीजिए। आप अपनी प्रणाली का अपने तरीके से अनुसरण कीजिए। ईश्वर आपकी यात्रा सफल करे!" मेरे जीवन में मेरा उद्‌देश्य पूर्व और पश्चिम को यह संदेश देना है कि भिन्न आदर्शों के ऊपर आपस में संघर्ष मत करो, बल्कि उन्हें यह दिखाओ कि दोनों मामलों में लक्ष्य एक ही है, चाहे वह कितना ही विपरीत क्यों न दिखाई देता हो! जब हम जीवन की इस घाटी में अपना मार्ग बनाने का प्रयास कर रहे हैं, आइए, एक-दूसरे को शुभकामनाएँ दें।

□

12

महाभारत

आज शाम को मैं आपके समक्ष जिस अन्य महाकाव्य के विषय में चर्चा करने जा रहा हूँ, उसे 'महाभारत' कहा जाता है। इसमें उस कुल की कथा है, जो महान् राजा भरत के कुल से संबंधित है, जो महाराज दुष्यंत एवं शकुंतला के पुत्र थे। उन्हीं के नाम पर हमारे देश का नाम 'भारत' पड़ा है। 'महा' का अर्थ—महान् है और 'भारत' का अर्थ—भरत का वंशज है। 'महाभारत' का पूरा अर्थ महान् भारत या महान् भरत के वंशजों की कथा है। इस महाकाव्य का दृश्य कुरुओं का प्राचीन राज्य हस्तिनापुर है और इसमें कौरवों एवं पांडवों के मध्य हुए ऐतिहासिक युद्ध को दरशाया गया है। यद्यपि इस संघर्ष का क्षेत्र अधिक विशाल नहीं है, फिर भी यह महाकाव्य भारत में अत्यंत लोकप्रिय है। इसे भारत में वही महत्त्व प्राप्त है, जो महत्त्व होमर के काव्य को यूनानियों में प्राप्त था। समय बीतने के साथ इसमें अधिकाधिक सामग्री तब तक जोड़ी जाती रही है, जब तक कि यह लगभग एक लाख दोहों व चौपाइयों से युक्त महान् ग्रंथ नहीं बन गया। इसमें समय-समय पर सभी प्रकार की कहानियाँ, परंपराएँ एवं पौराणिक मिथक, दार्शनिक निबंध और इतिहास की कतरनें तथा चर्चाएँ तब तक जोड़ी जाती रही हैं, जब तक कि यह एक व्यापक, विशालकाय साहित्य का समुच्चय नहीं बन गया; और इन्हीं सबके मध्य इसकी मूल कथा चलती है। महाभारत की केंद्रीय कथा उस युद्ध से जुड़ी है, जो भारत का साम्राज्य प्राप्त करने हेतु एक ही परिवार के चचेरे भाइयों के बीच हुआ था। एक परिवार को 'कौरव' और दूसरे को 'पांडव' कहा जाता था।

आर्य लोग भारत में छोटे-छोटे समूहों में आए थे। धीरे-धीरे इन कबीलों ने विस्तारित होना प्रारंभ किया और अंततोगत्वा वे भारत के निर्विवाद शासक बन गए। उसके बाद

---

* *1 फरवरी, 1900 को शेक्सपियर क्लब, पासाडेना, कैलिफोर्निया में दिया गया वक्तव्य*

एक ही परिवार की दो शाखाओं में राज्य का स्वामित्व पाने हेतु यह युद्ध शुरू हो गया। आप लोगों में से जिन्होंने 'गीता' पढ़ी होगी, वे जानते हैं कि इस पुस्तक का प्रारंभ किस प्रकार रणभूमि के विवरण के साथ होता है, जिसमें दो सेनाएँ एक-दूसरे के सामने खड़ी थीं। वही महाभारत का युद्ध है।

सम्राट् के दो पुत्र थे, जो आपस में भाई-भाई थे। बड़े भाई का नाम धृतराष्ट्र एवं छोटे भाई का पांडु था। राजा का बड़ा पुत्र धृतराष्ट्र नेत्रहीन पैदा हुआ था। भारतीय नियमों के अनुसार कोई भी ऐसा व्यक्ति राज्य का उत्तराधिकारी नहीं हो सकता था, जो नेत्रहीन, अपंग, हकलानेवाला, क्षय रोगी अथवा संवैधानिक रूप से रुग्ण हो। वह राज्य से केवल भरण-पोषण भत्ता ले सकता था। यही कारण था कि बड़ा पुत्र होने के बावजूद धृतराष्ट्र सिंहासन पर नहीं बैठ सकता था, इसलिए छोटे पुत्र पांडु को राजा बना दिया गया।

धृतराष्ट्र के सौ पुत्र थे, जबकि पांडु के केवल पाँच। अल्पायु में ही पांडु की मृत्यु हो जाने के कारण धृतराष्ट्र को कुरुओं का राजा बना दिया गया और उसने अपने पुत्रों के साथ-साथ पांडु-पुत्रों को भी पाल-पोसकर बड़ा किया। जब वे बड़े हुए तो उन्हें अध्ययन हेतु युद्धकला के महान् आचार्य द्रोण को सौंप दिया गया, जिन्होंने उन्हें कला एवं विज्ञान के साथ-साथ विभिन प्रकार के युद्ध-कौशलों की शिक्षा दी। राजकुमारों की शिक्षा पूर्ण होने के पश्चात् धृतराष्ट्र ने पांडु के ज्येष्ठ पुत्र युधिष्ठिर को उसके पिता के सिंहासन पर बैठा दिया। युधिष्ठिर के अद्वितीय गुणों और उसके भाइयों की निष्ठा एवं पराक्रम ने नेत्रहीन राजा धृतराष्ट्र के पुत्रों के हृदय में ईर्ष्या की ज्वाला उत्पन्न कर दी। धृतराष्ट्र के सबसे ज्येष्ठ पुत्र दुर्योधन के उकसावे पर पाँचों पांडवों को एक धार्मिक समारोह के बहाने वार्णावर्त की यात्रा पर भेज दिया गया। वहाँ उन्हें दुर्योधन के निर्देशानुसार बनाए गए महल में विश्राम करने के लिए स्थान दिया गया। कहा जाता है कि दुर्योधन ने 'लाक्षागृह' नामक उस महल के निर्माण में सुतली, बिरोजा एवं लाख और अन्य ज्वलनशील पदार्थों का प्रयोग करवाया था, जिसमें रात के समय गुप्त रूप से आग लगा दी गई। परंतु धृतराष्ट्र के सौतेले भाई महात्मा विदुर को दुर्योधन और उसकी मंडली के कुत्सित इरादों की भनक पहले ही लग गई थी, अत: उन्होंने पांडवों को इस षड्यंत्र की जानकारी दे दी थी, जिसके कारण वे सभी अज्ञात रूप से उस लाक्षागृह से बचकर निकल गए। जब कौरवों ने देखा कि वह भवन जलकर राख हो चुका था तो उन्होंने राहत की साँस ली और सोचा कि उनके मार्ग की सभी बाधाएँ अब समाप्त हो चुकी हैं। इसके बाद धृतराष्ट्र के पुत्रों ने राज्य का कार्यभार अपने हाथों में ले लिया।

इधर पाँचों पांडव बंधु अपनी माता कुंती के साथ वन में चले गए। वे वहाँ ब्राह्मणों के वेश में रहने लगे और भिक्षा माँगकर अपना जीवन-यापन करने लगे। घने जंगलों में उन्हें अनेक कठिनाइयों व संघर्षों का सामना करना पड़ा; परंतु उनके मनों के धैर्य एवं शक्ति तथा साहस ने उन्हें सभी खतरों पर विजय प्राप्त करने में सफल बनाया। इस प्रकार, उनके दिन बीतते रहे कि तभी एक दिन उन्होंने पड़ोसी देश की राजकुमारी के निकट आते विवाह का समाचार सुना।

मैंने कल रात आप लोगों को प्राचीन भारत की विशिष्ट विवाह-पद्धति के बारे में बताया था। उसे 'स्वयंवर' कहा जाता था, जिसके अंतर्गत राजकुमारी द्वारा अपने भावी पति का चुनाव किया जाता था। स्वयंवर स्थल पर बड़ी संख्या में राजकुमार एवं श्रेष्ठ जन एकत्र होते थे, जिनके मध्य से राजकुमारी को किसी एक का अपने वर के रूप में चयन करना होता था। राजकुमारी अपने बिगुल वादकों एवं अंगरक्षकों के आगे-आगे अपने हाथ में फूलों की माला लिये हुए चलती थी। उसका हाथ पाने की अभिलाषा में प्रत्येक आसन पर बैठे प्रत्याशी के समक्ष बिगुल-वादकों द्वारा उस राजकुमार का प्रशस्ति-गान किया जाता था और युद्ध में दिखाए गए उसके रण-कौशल का वर्णन किया जाता था। जब राजकुमारी यह निर्णय कर लेती थी कि उसे कौन सा राजकुमार अपने पति के रूप में पसंद है, तो अपनी रुचि का प्रदर्शन वह उस राजकुमार के गले में वरमाला डालकर करती थी। तत्पश्चात् विवाह की विधि संपन्न की जाती थी। राजा द्रुपद एक महान् राजा थे और वे पंचाल देश के राजा थे। उनकी पुत्री द्रौपदी के सौंदर्य एवं निपुणता की ख्याति बहुत दूर-दूर तक थी और आज वह एक नायक का चुनाव करने जा रही थी।

स्वयंवर में सदैव शस्त्रों का कोई असाधारण उपक्रम अथवा इस प्रकार का कोई अन्य कृत्य होता था। द्रौपदी के स्वयंवर के अवसर पर सभी प्रतियोगी अभ्यर्थियों के लिए परीक्षा के लिए जो मानक निर्धारित किए गए थे, उसके अनुसार मंडप की छत में एक मछली लगाई गई थी, जिसके नीचे एक निरंतर घूमनेवाला चक्र था, जिसमें एक छिद्र बना हुआ था। नीचे फर्श पर जल का एक पात्र रखा हुआ था। प्रत्येक प्रतिस्पर्धी को नीचे रखे जल में मछली की छाया को देखकर उसकी आँख में बाण मारना था। सफल होनेवाले प्रत्याशी के साथ राजकुमारी का विवाह किया जाना था। उस स्वयंवर में भारत के विभिन्न राज्यों के राजा एवं राजकुमार भाग लेने आए थे और सभी राजकुमारी से विवाह के लिए व्यग्र थे। एक के बाद एक सभी राजाओं ने अपने कौशल का प्रदर्शन किया; परंतु सभी मछली की आँख में निशाना लगाने में विफल रहे।

आप जानते ही हैं कि भारत में चार प्रमुख जातियाँ हैं—इनमें सर्वोच्च जाति आनुवंशिक पुरोहितों या ब्राह्मणों की है। अगली जाति क्षत्रियों की है, जिनमें राजा और वीर योद्धा होते थे। तीसरी जाति वैश्यों की है, जो व्यापारी या कारोबारी हैं और चौथी जाति शूद्रों या सेवकों की है। वह राजकुमारी निश्चय ही दूसरी जाति क्षत्रिय से थी।

जब सभी राजकुमार लक्ष्य को वेधने में विफल हो गए तो राजा द्रुपद के पुत्र ने स्वयंवर स्थल के मध्य खड़े होकर कहा, "क्षत्रिय अर्थात् राजाओं की जाति असफल रही है। अब यह स्वयंवर अन्य जातियों के लिए भी खुल गया है। अब इसमें कोई ब्राह्मण, यद्यपि एक शूद्र भी, भाग ले सकता है। जो भी लक्ष्य-वेधन करेगा, उसी के साथ द्रौपदी का विवाह कर दिया जाएगा।"

ब्राह्मणों के मध्य पांडव बंधु भी विराजमान थे। उनका तीसरा भाई अर्जुन एक महान् धनुर्धर था। वह उठा और आगे बढ़ा। चूँकि ब्राह्मण एक जाति के रूप में अत्यंत शांत एवं अपेक्षाकृत भीरु लोग माने जाते हैं, इस नियम के अनुसार उन्हें अनिवार्यतः कोई युद्धक शस्त्र नहीं उठाना चाहिए और उन्हें किसी भी अवस्था में तलवार भी नहीं लहरानी चाहिए तथा किसी वीरोचित उद्यम में भी नहीं जाना चाहिए। उनका जीवन अध्ययन व अध्यापन तथा अपनी आंतरिक प्रकृति पर नियंत्रण के लिए है। आप लोग स्वयं निर्णय करें कि वे कितने शांत एवं शांतिप्रिय लोग हैं! जब ब्राह्मणों ने ब्राह्मण वेशधारी अर्जुन को उठते हुए देखा तो उन्होंने सोचा कि यह व्यक्ति क्षत्रियों का कोपभाजन बनने जा रहा है और इसके कारण सभी ब्राह्मण मार डाले जाएँगे। अतः उन्होंने उसे रोकने का प्रयास किया। परंतु अर्जुन ने उनकी एक भी न सुनी, क्योंकि वह एक योद्धा था। उसने स्वयंवर स्थल पर रखे धनुष को उठाया और बिना किसी प्रयास के उसकी प्रत्यंचा चढ़ाई तथ चक्र के मध्य से मछली की आँख में बाण चलाकर लक्ष्य-वेधन कर दिया।

इसके बाद वहाँ व्यापक हर्ष-ध्वनि हुई और वातावरण उल्लासपूर्ण हो गया। राजकुमारी द्रौपदी ने अर्जुन के पास जाकर उसके गले में फूलों की सुंदर माला डाल दी। परंतु प्रतियोगिता में विफल रहे राजकुमारों ने शोर मचाना प्रारंभ कर दिया; क्योंकि उन्हें उस मंडप में इतने सारे क्षत्रिय राजकुमारों के होते हुए द्रौपदी का किसी निर्धन ब्राह्मण को अपना पति चुनना पसंद नहीं आया। अतः वे अर्जुन से युद्ध करके द्रौपदी को बलात् छीन लेना चाहते थे। पाँचों भाइयों ने क्षत्रिय योद्धाओं से भीषण युद्ध किया, जिसमें उनकी विजय हुई और वे विजेता के रूप में वधू द्रौपदी को अपने साथ ले गए।

पाँचों भाई राजकुमारी को साथ लेकर अपनी माता कुंती के पास गए। ब्राह्मणों को भिक्षा माँगकर जीवन-यापन करना पड़ता था। इसलिए जो ब्राह्मणों के रूप में रहते थे, वे

नित्य प्रति भिक्षा माँगकर घर लाते थे और उनकी माँ उस भिक्षा को पाँचों भाइयों में बाँट देती थी। इसलिए पाँचों भाई द्रौपदी के साथ कुंती की कुटिया में आए। उन्होंने कुटिया के बाहर से माँ को पुकारकर उससे विनोदपूर्ण वाणी में कहा, "माँ, आज हम लोग बड़ी सुंदर भिक्षा लेकर आए हैं।" माता ने कुटिया के अंदर से ही उन्हें आदेश दिया, "पुत्रो! इस भिक्षा को आपस में समान रूप से बाँट लो।" इसके बाद माता कुंती ने राजकुमारी को देखने के बाद कहा, "अरे, मैंने यह क्या कह दिया! यह तो लड़की है!" परंतु अब कुछ नहीं किया जा सकता था। माता के शब्द अंतिम तौर पर बोले जा चुके थे। उसके वचन का अपमान नहीं किया जा सकता था। माता की वाणी को अनिवार्यत: पूरा ही करना था। माता को मिथ्यावादी नहीं बनाया जा सकता था, क्योंकि उसने कभी झूठ नहीं बोला था। अत: द्रौपदी पाँचों भाइयों की सामान्य रूप से पत्नी बन गई।

आप लोग जानते हैं कि प्रत्येक समाज में विकास के कई चरण होते हैं। इस महाकाव्य की पृष्ठभूमि में प्राचीन काल के इतिहास की अद्‌भुत झलक है। कवि अपने महाकाव्य में एक ही स्त्री के साथ पाँच भाइयों के विवाह के तथ्य का उल्लेख तो करता ही है, उसे महिमामंडित करने के लिए एक बहाना भी खोज लेता है। उसने इस कृत्य को माँ के आदेश का रूप दे दिया। इस सगाई को माँ ने अपनी स्वीकृति दी थी। आप तो जानते ही हैं कि प्रत्येक देश में कभी-न-कभी कोई ऐसा चरण अवश्य आया है, जब समाज ने बहुपतित्व को अनुमति दी है—किसी परिवार के सभी भाई सामान्य रूप से एक ही स्त्री के साथ विवाह कर सकते थे। आप इसे स्पष्टत: अतीत के बहुपतित्व चरण की एक झलक एवं साक्ष्य मान सकते हैं।

इस बीच, राजकुमारी के भाई के मन एवं विचारों में बड़ी उथल-पुथल मची हुई थी—"वह यह जानने के लिए व्याकुल था कि ये लोग कौन हैं! जिस व्यक्ति से मेरी बहन विवाह करने जा रही है, वह कौन है? न उसके पास कोई रथ है, न घोड़े और न कोई अन्य चीज। वे लोग पैदल क्यों चलते हैं?" अत: उनके बारे में सत्य जानने के लिए उसने कुछ दूरी से उनका पीछा किया और रात में उनका वार्त्तालाप सुनकर वह इस तथ्य से पूर्णतया सहमत हो गया कि वास्तव में वे पाँचों क्षत्रिय थे। जब उसके पिता राजा द्रुपद को यह सूचना मिली तो वे अत्यंत हर्षित हुए।

प्रारंभ में इस पर बहुत अधिक आपत्ति की गई; परंतु जब व्यास द्वारा घोषणा की गई कि इन राजकुमारों के लिए ऐसा विवाह अनुमत्य है तो उनके विवाह की स्वीकृति दे दी गई। अत: राजा द्रुपद को इस बहुपतित्वात्मक विवाह के लिए सहमत होना पड़ा और उन्होंने अपनी पुत्री का विवाह पांडु के पाँचों पुत्रों के साथ कर दिया।

इसके बाद पांडव सुख, शांति एवं समृद्धिपूर्वक रहने लगे और वे दिन-प्रतिदिन शक्तिशाली होते चले गए। यद्यपि दुर्योधन एवं उसकी दुष्ट मंडली ने पांडवों को नष्ट करने का नया षड्यंत्र रचा, परंतु महाराज धृतराष्ट्र ने अपने विद्वान् मंत्रियों एवं वरिष्ठ जनों के परामर्श को स्वीकार करते हुए पांडवों के साथ शांति स्थापित करने का निर्णय लिया। इसलिए उन्होंने बड़े उत्साह के साथ पांडवों को आमंत्रित किया और उन्हें आधा राज्य दे दिया। तत्पश्चात् पाँचों पांडवों ने अपने लिए इंद्रप्रस्थ नामक एक सुंदर नगर का निर्माण किया और अपने राज्य की सीमाओं का विस्तार किया तथा सभी लोगों को अपना आज्ञाकारी बना लिया। इसके बाद युधिष्ठिर ने प्राचीन भारत के सभी राजाओं को अपने अधीन लाने और स्वयं को उनका सम्राट् घोषित करने के उद्देश्य से राजसूय यज्ञ करने का निर्णय लिया। इस यज्ञ के अंतर्गत विजित राजाओं को सम्राट् का आधिपत्य स्वीकार करने और उसके प्रति निष्ठावान् रहने की शपथ लेनी होती थी तथा यज्ञ में व्यक्तिगत रूप से उपस्थित होकर सेवा करनी होती थी। श्रीकृष्ण, जो उनके मित्र एवं संबंधी बन चुके थे, उनके पास आए और उनके इस विचार को अपनी स्वीकृति दी। परंतु पांडवों के राजसूय यज्ञ में सबसे बड़ी बाधा एक अन्य राजा जरासंध था, जिसका लक्ष्य सौ राजाओं की बलि देने का था और साठ राजाओं को उसने अपने यहाँ बंधक बना रखा था। श्रीकृष्ण ने पांडवों को जरासंध पर आक्रमण करने हेतु प्रेरित किया। अत: उन्होंने भीम एवं अर्जुन के साथ जरासंध को युद्ध की चुनौती दी और चौदह दिनों के अनवरत द्वंद्व युद्ध के पश्चात् अंतत: भीम ने उस पर विजय प्राप्त कर ली। सभी बंधक राजाओं को कारागार से मुक्त कर दिया गया।

इसके बाद युधिष्ठिर के चारों छोटे भाई सेनाएँ लेकर विजय अभियान पर निकले। प्रत्येक भाई अलग दिशा में गया और सभी राजाओं को युधिष्ठिर के अधीन कर लिया। विजय अभियान से वापस लौटने के बाद चारों भाइयों ने जीता गया समस्त धन अपने बड़े भाई युधिष्ठिर के चरणों में रख दिया, ताकि वे इस महान् यज्ञ में होनेवाले व्यय को वहन कर सकें।

इस प्रकार, युधिष्ठिर के राजसूय यज्ञ में भीम द्वारा मुक्त कराए गए सभी बंधक राजा तो आए ही, वे राजा भी आए, जिन्हें चारों पांडव भाइयों द्वारा जीता गया था। इन सभी राजाओं ने युधिष्ठिर के प्रति अपनी संपूर्ण निष्ठा व्यक्त की। यज्ञ में भाग लेने के लिए महाराज धृतराष्ट्र एवं उनके पुत्रों को भी आमंत्रित किया गया। यज्ञ की समाप्ति के पश्चात् युधिष्ठिर को सम्राट् के सिंहासन पर विराजमान किया गया और उन्हें सर्वोच्च शासक घोषित किया गया। इसी के साथ दोनों घरानों में भावी शत्रुता का बीजारोपण भी

हो गया। दुर्योधन राजसूय यज्ञ से युधिष्ठिर के प्रति अत्यंत ईर्ष्यालु बनकर लौटा, क्योंकि उनकी संप्रभुता एवं विशाल वैभव व ऐश्वर्य को सहन कर पाना दुर्योधन के लिए अत्यंत कठिन था। चूँकि वह जानता था कि पांडवों को युद्ध में पराजित नहीं किया जा सकता था, इसलिए उसने उन्हें नष्ट करने की एक कपट योजना बनाई। नए राजा युधिष्ठिर को द्यूत क्रीड़ा (जुआ) के लिए आमंत्रित किया गया और उनसे कहा गया कि वह कपटी, जुआरी और दुर्योधन के मामा शकुनि के साथ द्यूत खेलें। प्राचीन भारत में यदि किसी क्षत्रिय को युद्ध की चुनौती दी जाती थी तो उसे अपनी प्रतिष्ठा बचाए रखने के लिए हर कीमत पर उस चुनौती को स्वीकार ही करना पड़ता था। और यदि उसे द्यूत खेलने की चुनौती दी जाती थी तो उसे स्वीकार करना उसके लिए सम्मान की बात थी और यदि वह उसे ठुकरा देता तो उसका अपयश होता था। महाकाव्य का कथन है कि सम्राट् युधिष्ठिर समस्त गुणों के भंडार थे। यद्यपि ऐसे ऋषि-तुल्य सम्राट् को भी दुर्योधन की चुनौती स्वीकार करनी पड़ी। शकुनि और उसकी मंडली ने नकली पाँसे बना रखे थे। अत: युधिष्ठिर चाल-दर-चाल पराजित होते रहे और हानि उठाते रहे; और जब तक वे अपना सर्वस्व नहीं हार गए, तब तक द्यूत क्रीड़ा से नहीं उठे। अंत में, जब उनके पास कुछ भी शेष नहीं रह गया तो दुर्योधन ने उन्हें एक बार फिर द्यूत खेलने की चुनौती दी। इस बार उन्होंने एक-एक करके अपने सभी भाइयों को दाँव पर लगा दिया और अंत में स्वयं तथा अपनी सुंदर रानी द्रौपदी को भी द्यूत में हार गए। अब सम्राट् युधिष्ठिर और उनके सभी भाई कौरवों की दया पर आश्रित हो गए, जो उन्हें सब प्रकार से अपमानित करते थे तथा द्रौपदी के साथ तो उन्होंने सर्वाधिक अमानवीय व्यवहार किया। अंत में, दृष्टिहीन राजा धृतराष्ट्र के हस्तक्षेप के बाद उन्हें उनका खोया हुआ राज्य और प्रत्येक वस्तु वापस लौटा दी गई। इसके बाद दुर्योधन ने भावी संकट को भाँपते हुए अपने पिता से एक दाँव और खेलने की अनुमति माँगी और कहा कि जो पक्ष पराजित हो, वह बारह वर्षों तक वनवास में तथा एक वर्ष अज्ञातवास में बिताए। परंतु यदि अज्ञातवास के दौरान वे पहचान लिये जाएँ तो उन्हें पुन: उसी अवधि के लिए वनवास एवं अज्ञातवास में जाना होगा। युधिष्ठिर यह अंतिम दाँव भी हार गए और पाँचों पांडव द्रौपदी के साथ निर्वासित होकर वन में जाकर रहने लगे। वे बारह वर्षों तक घने जंगलों एवं पर्वतों पर रहे। इस दौरान वे अनेक धार्मिक एवं सात्त्विक तथा पराक्रमी कार्य करते रहे और यदा-कदा दीर्घ अंतराल हेतु तीर्थ-यात्रा पर चले जाते और अनेक पवित्र स्थलों के दर्शन करते थे। इस महाकाव्य का यह भाग अत्यंत रोचक है और इसमें अनेक रोचक एवं शिक्षाप्रद कहानियाँ भरी पड़ी हैं। इसमें प्राचीन भारत की अत्यंत सुंदर एवं उदात्त धार्मिक व दार्शनिक कथाएँ हैं। वनवास के दौरान अनेक महान् ऋषि उन पाँचों

भाइयों से मिलने आते और उन्हें प्राचीन भारत की अनेक महत्त्वपूर्ण कहानियाँ सुनाते थे, ताकि वे अपने वनवास के कष्ट को सरलतापूर्वक सहन कर सकें। मैं आपको यहाँ ऐसी केवल एक कहानी सुनाऊँगा।

प्राचीन काल में अश्वपति नामक एक राजा थे। राजा की एक अत्यंत रूपवती एवं गुणवती पुत्री थी, जिसका नाम सावित्री था, जो हिंदुओं के लिए एक प्रार्थना का पवित्र नाम है। जब सावित्री सयानी हो गई तो उसके पिता ने उससे अपने लिए कोई योग्य वर चुनने का आग्रह किया। प्राचीन काल की ये राजकुमारियाँ अत्यंत स्वतंत्र होती थीं और अपने लिए किसी योग्य राजकुमार का चयन कर लेती थीं।

सावित्री ने अपने लिए वर खोजने के लिए पिता के आग्रह को अपनी सहमति दे दी और एक स्वर्णिम रथ पर सवार होकर सुदूर देशों की यात्रा पर निकल पड़ी। उसके साथ उसके अंगरक्षक एवं सेविकाएँ भी थीं। वह अनेक महलों में जाती और राजकुमारों को देखती थी, परंतु कोई भी सावित्री का दिल नहीं जीत सका। अंत में, वह वन में एक पवित्र कुटिया में पहुँची। प्राचीन भारत का वह वन पशुओं के लिए आरक्षित था, जिसमें किसी पशु की हत्या करने की अनुमति नहीं थी। पशुओं ने मनुष्यों से भयभीत होना त्याग दिया था; यहाँ तक कि मछलियाँ भी झील के किनारे खड़े मनुष्यों के हाथों से चारा खा लेती थीं। हजारों वर्षों से उस वन में किसी ने किसी का वध नहीं किया था। संन्यासी एवं वृद्ध जन हिरणों एवं पक्षियों के बीच निवास करने जाते थे। यहाँ तक कि अपराधी भी वहाँ स्वयं को सुरक्षित महसूस करते थे। यदि कोई व्यक्ति अपने जीवन से ऊब जाता था तो वह शांति पाने के लिए वन में चला जाता था और वहाँ ऋषियों व संन्यासियों के मध्य रहकर धार्मिक प्रवचन सुनता था और ध्यान करते हुए अपना शेष जीवन व्यतीत करता था।

संयोगवश, उस जंगल में द्युमत्सेन नामक एक राजा रहते थे, जिन्हें उनके शत्रुओं ने पराजित करके उन्हें अपने राज्य से वंचित कर दिया था; क्योंकि वह अत्यधिक वृद्ध हो चुके थे। उन्होंने अपनी दृष्टि भी खो दी थी। उस असहाय, वृद्ध एवं दृष्टिहीन राजा ने अपनी रानी एवं पुत्र के साथ इस वन में शरण ली थी और कठोर तपस्या में अपना जीवन व्यतीत कर रहे थे। उनके पुत्र का नाम सत्यवान था।

अनेक महलों एवं दरबारों की यात्रा करने के बाद सावित्री अंत में इस पवित्र स्थान या कुटिया पर पहुँची। उन आश्रमों के सामने से कोई बड़े-से-बड़ा राजा भी ऋषियों को अपने श्रद्धा सुमन अर्पित किए बिना नहीं गुजरता था, क्योंकि वह इन धार्मिक एवं पावन व्यक्तियों के प्रति अत्यंत सम्मान की भावना रखता था। भारत का महानतम सम्राट् भी किसी ऐसे महान् ऋषि का वंशज होने पर गर्व महसूस करता था, जो वन में रहकर केवल

कंद-मूल व फलों पर जीवित रहते थे और जीर्ण-शीर्ण वस्त्र धारण करते थे। हम सभी ऋषियों की संतानें हैं। भारत में धर्म का इतना अधिक आदर किया जाता है। इसलिए जब कोई राजा उनके आश्रम के निकट से होकर गुजरता था तो ऋषियों के पास जाकर उन्हें प्रणाम करता था और स्वयं को गौरवान्वित अनुभव करता था। यदि कोई राजा अश्व पर सवार होकर भी जाता था तो वह आश्रम से कुछ दूर पहले ही अपने अश्व से नीचे उतर जाता था और ऋषि के पास पैदल चलकर जाता था। यदि वे किसी रथ पर सवार होते थे तो ऋषि के पास जाने से पूर्व उन्हें अनिवार्यत: अपने रथ का त्याग करना पड़ता था। कोई भी सैनिक या पराक्रमी योद्धा आश्रम में तब तक प्रवेश नहीं कर सकता था, जब तक कि वह एक धार्मिक व्यक्ति और सभ्य, शांत व सुशील बनकर न आए।

अत: सावित्री उस आश्रम में गई और वहाँ उसने संन्यासी के रूप में रह रहे राजा के पुत्र सत्यवान को देखा, जिसने उसका हृदय जीत लिया था। वह सभी राज-महलों के राजकुमारों को अनदेखा करती आई थी, परंतु यहाँ वन में राजा द्युमत्सेन की शरणस्थली में उनके पुत्र सत्यवान ने उसका हृदय चुरा लिया था।

जब सावित्री अपने पिता के घर लौटी तो उसके पिता ने उसे बड़े प्रेम से अपने पास बुलाया और कहा, "मेरी प्रिय पुत्री सावित्री, कुछ तो बोलो! क्या तुम्हें कोई ऐसा योग्य युवक मिला, जिसके साथ तुम विवाह करना चाहोगी?"

सावित्री ने अत्यंत संकोच एवं लज्जा के साथ कहा, "हाँ, पिताजी।"

"उस राजकुमार का नाम क्या है?"

सावित्री ने अपने पिता को बताया कि "वह कोई राजकुमार नहीं है, बल्कि राजा द्युमत्सेन का पुत्र है, जिसने अपना राज्य खो दिया है; अर्थात् वह एक राज्य-विहीन राजकुमार है, जो वन में संन्यासी का जीवन व्यतीत करता है और अपने वृद्ध माता-पिता के भरण-पोषण के लिए वन में लकड़ियाँ काटता है तथा कंद-मूल एवं फल एकत्रित करता है, जो एक कुटिया में रहते हैं।"

पुत्री की बात सुनने के बाद पिता ने देवर्षि नारद से विचार-विमर्श किया, जो संयोगवश वहाँ पधारे हुए थे। उन्होंने घोषणा की कि किसी राजकुमारी द्वारा अब तक लिया गया यह सर्वाधिक दुर्भाग्यपूर्ण निर्णय है। तत्पश्चात् राजा ने उनसे पूछा कि ऋषिवर, आप ऐसा क्यों कह रहे हैं? कृपया स्पष्ट बताएँ। नारद ने कहा, "आज से बारह महीनों के अंदर इस युवक की मृत्यु हो जाएगी।"

नारदजी के उत्तर से भयभीत पिता ने अपनी पुत्री से कहा, "सावित्री! उस युवक की बारह महीनों के अंदर मृत्यु हो जाएगी और तुम विधवा बन जाओगी। इस विषय में

विचार करो! अपने इस चयन पर पुनर्विचार करो, मेरी पुत्री! तुम्हें ऐसे अल्पजीवी एवं हतभाग्य वर से विवाह कदापि नहीं करना चाहिए।"

सावित्री ने कहा, "आप चिंता न करें, पिताजी। मुझे किसी अन्य व्यक्ति से विवाह करने की बात कहकर मेरे मन की पवित्रता को दूषित मत कीजिए; क्योंकि मैंने अपने मन में श्रेष्ठ एवं वीर सत्यवान को अपने पति के रूप में स्वीकार कर लिया है। कोई कुँवारी कन्या केवल एक बार अपने पति का चयन करती है और वह अपनी प्रतिज्ञा कभी भंग नहीं करती है।"

जब राजा ने देखा कि सावित्री अपने मन एवं हृदय से दृढ़ संकल्पित है तो उन्होंने उसकी बात मान ली। इसके बाद सावित्री ने राजकुमार सत्यवान के साथ विवाह कर लिया और अपने पिता के महल से निकलकर वन में अपने चयनित पति के बूढ़े माता-पिता की सेवा करने चली गई। अब यद्यपि सावित्री को सत्यवान की मृत्यु की अंतिम तिथि का ज्ञान था, तथापि उसने अपने पति से इस सत्य को छिपाए रखा। वह प्रतिदिन घने जंगल में जाकर फल व फूल चुनता, लकड़ियाँ इकट्ठी करता और उसके बाद अपनी कुटिया में वापस आ जाता था। सावित्री भोजन बनाती और वृद्ध लोगों की सेवा व सहायता करती थी। इस प्रकार, उनका जीवन चलता रहा और अंततः वह दुर्भाग्यपूर्ण घड़ी आने में केवल तीन दिन शेष रह गए। उसने तीन रातों की तपस्या एवं पवित्र व्रत की भीषण प्रतिज्ञा ली और कठोर निगरानी बनाए रखी। सावित्री ने उस भयावह प्रभात के आने से पूर्व उत्कट प्रार्थना और अदृश्य आँसुओं के साथ दुःखद एवं अनिद्रित तीन रातें बिताईं। सावित्री ने उस दिन एक पल के लिए भी अपने पति को आँखों से ओझल नहीं होने दिया। जब वह नित्य की भाँति वन में वनस्पतियाँ, ईंधन एवं फल-फूल एकत्रित करने के लिए जाने लगा तो सावित्री ने उसके माता-पिता से उसके साथ जाने की अनुमति माँगी और उनकी सहमति पाकर वह अपने पति के पीछे-पीछे चल पड़ी।

सत्यवान ने अचानक लड़खड़ाते स्वर में सावित्री से कहा कि वह मूर्च्छित हो रहा है। "मेरा सिर भारी महसूस हो रहा है और मेरा मस्तिष्क चकरा रहा है। प्रिय सावित्री, मुझे बहुत तेज नींद आ रही है। मुझे कुछ देर अपने पास विश्राम करने दो।"

भय एवं काँपती आवाज में सावित्री ने कहा, "आइए, मेरे प्रियतम स्वामी, मेरी गोद में अपना सिर रखकर लेट जाइए।"

सत्यवान ने अपनी पत्नी की गोद में ज्वर से तपता अपना सिर रखा और शीघ्र ही एक लंबी साँस लेकर प्राण त्याग दिए। सावित्री उस निर्जन वन में अपने पति का शव

लिये तब तक आँसू बहाती रही, जब तक कि सत्यवान की आत्मा को अपने साथ ले जाने के लिए यमराज के दूत नहीं आ गए। परंतु वे उस स्थान के पास भी नहीं गए, जहाँ सावित्री अपने पति का शव अपनी गोद में लिये बैठी थी। सावित्री के चारों ओर पवित्र अग्नि का घेरा था, जिसमें यमराज के दूत प्रवेश नहीं कर सकते थे। वे सब वहाँ से भागकर यमराज के पास वापस चले गए और उन्हें सत्यवान की आत्मा को न ला पाने का कारण बताया।

तत्पश्चात् मृत्यु के देवता एवं मृतात्माओं के न्यायाधीश यमराज स्वयं आए। सत्यवान पृथ्वी पर मृत्यु को प्राप्त होनेवाला पहला व्यक्ति था, जिसकी आत्मा को लेने के लिए मृत्यु के देवता को स्वयं आना पड़ा। वे मृतक आत्मा के कर्मों के आधार पर निर्णय करते हैं कि उसे दंडित किया जाए या पुरस्कृत। इसलिए वे स्वयं पधारे। निस्संदेह वे उस अग्निरेखा के भीतर जा सकते थे, क्योंकि वे एक देवता थे। उन्होंने सावित्री से कहा, "पुत्री, अपने पति के शव को दे दो, क्योंकि नश्वर देह की मृत्यु होना निश्चित है; और मैं पहला नश्वर था, जिसे मृत्यु प्राप्त हुई थी। उसके बाद से प्रत्येक जीवधारी की मृत्यु निश्चित है। जिसने जन्म लिया है, उसकी मृत्यु भी अवश्य होगी। मृत्यु प्रत्येक मनुष्य का भाग्य है।"

यमराज के इतना कहने के बाद सावित्री अपने पति के शव से दूर हट गई और वे सत्यवान की आत्मा को लेकर जाने लगे। इससे पहले कि वे अधिक दूर जाते, उन्हें अपने पीछे किसी की पदचाप सुनाई पड़ी। उन्होंने पीछे मुड़कर सावित्री को आते देखा। उन्होंने कहा, "पुत्री सावित्री, तुम मेरा पीछा क्यों कर रही हो? सभी नश्वर देहों का यही भाग्य है।"

सावित्री ने उत्तर दिया, "हे देव! मैं आपका पीछा नहीं कर रही हूँ। परंतु प्रत्येक स्त्री का यह भी भाग्य है कि उसका प्रेम उसे जहाँ ले जाए, उसे वहाँ जाना पड़ता है और दैवीय नियम भी किसी प्यारे पति एवं उसकी सत्यनिष्ठ पत्नी को कभी पृथक् नहीं करता है।"

तत्पश्चात् यमराज ने सावित्री से कहा कि "मैं तुम्हारे उत्तर से अत्यंत प्रभावित हूँ। तुम अपने पति के जीवन के अतिरिक्त कोई वरदान माँग लो।"

सावित्री ने कहा, "हे मृत्यु के देवता! यदि आप मुझे वरदान देने के लिए प्रसन्न हैं तो मैं आपसे यह वरदान माँगती हूँ कि मेरे श्वसुर की दृष्टिहीनता का उपचार हो जाए और वह प्रसन्न हो जाएँ।"

यमराज बोले, "हे कर्तव्यनिष्ठ पुत्री! तुम्हारी यह इच्छा पूर्ण हो।" इसके बाद यमराज सत्यवान की आत्मा के साथ आगे बढ़ गए। उन्हें कुछ दूर बाद अपने पीछे पुनः

वही पदचाप सुनाई पड़ी। उन्होंने पीछे मुड़कर देखा तो वह सावित्री थी। "पुत्री सावित्री, तुम अब भी मेरे पीछे-पीछे चली आ रही हो?"

"हाँ, भगवन, मैं ऐसा करने से स्वयं को रोक नहीं पा रही हूँ। मैं हर बार वापस जाने का प्रयास करती हूँ, परंतु मेरा मन मेरे पति के पास चला जाता है और शरीर उसकी बात मान लेता है। मेरे पति की आत्मा तो पहले ही आपने निकाल ली है; परंतु उनकी आत्मा में मेरी भी आत्मा शामिल है; और जब आप आत्मा निकाल लेते हैं तो शरीर पीछा करने लगता है। क्या ऐसा नहीं है?"

"मैं तुम्हारे उत्तर से प्रसन्न हूँ, सुशील सावित्री! तुम मुझसे कोई अन्य वरदान माँगो। परंतु वह अनिवार्यतः तुम्हारे पति का जीवन नहीं होना चाहिए।"

"हे देव! यदि आप मुझ पर अत्यंत प्रसन्न हैं तो कृपया मुझे यह वरदान दीजिए कि मेरे श्वसुर का खोया हुआ राज्य एवं धन-संपत्ति उन्हें पुनः वापस मिल जाए।"

यमराज ने कहा, "प्रिय पुत्री, मैं तुम्हें यह वरदान भी देता हूँ। परंतु अब तुम वापस लौट जाओ, क्योंकि जीवित नश्वर यमराज के साथ नहीं जा सकते हैं।" इतना कहकर यमराज आगे बढ़ गए। परंतु विनीत सावित्री अपने दिवंगत पति के पीछे-पीछे चलती रही। यम देवता पुनः वापस मुड़े, "श्रेष्ठ सावित्री, निरर्थक शोकाकुल होकर मेरा पीछा मत करो।"

सावित्री ने पुनः वही उत्तर दिया, "मेरे पास मेरे प्रिय पति का पीछा करने के अतिरिक्त कोई विकल्प नहीं है। आप इन्हें जहाँ ले जाएँगे, मैं वहीं जाऊँगी।"

यमराज ने कहा, "फिर तो सावित्री, तुम यह मान लो कि तुम्हारा पति एक पापी था और उसे नरक में जाना पड़ेगा।"

सावित्री ने यमराज से कहा, "यदि ऐसी बात है तो मैं उसके साथ हूँ, जिससे मैं प्रेम करती हूँ।"

यमराज ने कहा, "अति सुंदर! मैं तुम्हारे इस उत्तर से अत्यंत प्रसन्न हूँ कि तुम चाहे जीवन हो या मृत्यु, स्वर्ग हो या नरक, प्रत्येक दशा में तुम अपने पति के साथ रहना चाहती हो। तुम्हारे शब्द अत्यंत विनम्र हैं, जिन्हें सुनकर मैं अत्यंत प्रसन्न हूँ। एक और वरदान माँग लो; परंतु मृतक को पुनः उसका जीवन नहीं मिल सकता है।"

"चूँकि आप मुझे वरदान माँगने की आज्ञा दे रहे हैं, इसलिए अब आप मुझे यह वरदान दीजिए कि मेरे श्वसुर की राजसी वंशावली कभी नष्ट न हो। उनके राज्य का उत्तराधिकार सत्यवान के पुत्रों को प्रदान कीजिए।"

सावित्री की बातें सुनकर यमराज मुसकराए, "मेरी पुत्री, तुम्हारी यह इच्छा भी अभी पूर्ण होगी। यह रही तुम्हारे पति की आत्मा और अब यह पुनः जीवित हो जाएगा। यह एक

पिता के रूप में जिएगा और समय आने पर तुम्हारे पुत्र शासन भी करेंगे। अब घर लौट जाओ। प्रेम ने मृत्यु पर विजय प्राप्त कर ली है! कोई भी स्त्री तुम्हारे जैसा प्रेम कभी नहीं करती और तुम इस तथ्य का साक्षात् प्रमाण हो कि यद्यपि मैं, मृत्यु का देवता, भी तुम्हारे सच्चे प्रेम के समक्ष विवश हूँ!"

यह थी सावित्री की कथा। भारत में प्रत्येक लड़की सावित्री के समान होने का स्वप्न देखती है, जिसके प्रेम को मृत्यु भी परास्त नहीं कर सकती है और जिसने अपने असीम प्रेम के बल पर यमराज से भी अपने पति की आत्मा को वापस प्राप्त कर लिया था।

यह महाकाव्य ऐसी सैकड़ों रोचक कथाओं एवं प्रसंगों से भरा पड़ा है। मैंने अपनी बात आपको यह बताने के साथ प्रारंभ की थी कि महाभारत विश्व के महानतम ग्रंथों में से एक है और इसके 18 पर्वों या खंडों में लगभग 1 लाख श्लोक समाहित हैं।

अब अपनी मुख्य कथा पर वापस लौटते हैं। हमने पांडव बंधुओं को वनवास में छोड़ा था। यद्यपि वहाँ भी वे दुर्योधन के कुत्सित षड्यंत्रों का शिकार हुए बिना नहीं रह सके, परंतु दुर्योधन के सारे षड्यंत्र विफल हो गए थे।

अब मैं आपको उनके अरण्य जीवन (वनवास) की एक कथा सुनाऊँगा। एक दिन वन में विचरण करते हुए पांडव बंधुओं को प्यास लगी। युधिष्ठिर ने अपने छोटे भाई सहदेव को जल लाने का आदेश दिया। वह तत्काल पानी लेने के लिए चल पड़ा। कुछ दूर जाने के बाद उसे निर्मल जल का एक जलाशय दिखाई पड़ा। सहदेव अभी जलाशय से जल पीने ही वाला था कि उसे एक चेतावनी भरा स्वर सुनाई पड़ा, "ठहरो! पहले मेरे प्रश्न का उत्तर दो, तभी तुम इस जलाशय का जल पी सकते हो।" लेकिन सहदेव को बहुत तेज प्यास लगी थी। उसने चेतावनी की अवहेलना करते हुए जल पी लिया। जल पीते ही वह जलाशय के पास गिर पड़ा और उसकी मृत्यु हो गई।

बहुत देर तक सहदेव जब जल लेकर नहीं आया तो महाराज युधिष्ठिर ने नकुल को छोटे भाई सहदेव को खोजने और उसके साथ जल लाने का आदेश दिया। नकुल ने जलाशय के पास पहुँचकर अपने भाई को वहाँ मृत पाया। अपने भाई की मृत्यु से संतप्त एवं प्यास से व्याकुल नकुल जल पीने गया और उसे भी वही आकाशवाणी सुनाई पड़ी, "हे युवक! पहले मेरे प्रश्नों का उत्तर दो, उसके बाद जल पियो।"

किंतु उसने भी आकाशवाणी की अवहेलना करते हुए जल पी लिया और वह भी वहीं गिरकर मर गया। तत्पश्चात् अर्जुन एवं भीम को बारी-बारी से जल लेने के लिए भेजा गया, परंतु उनका भी वही परिणाम हुआ। जल पीते ही उन दोनों की भी मृत्यु हो गई।

अंत में, युधिष्ठिर स्वयं अपने भाइयों की खोज में गए। जलाशय के निकट जाकर

उन्होंने अपने चारों भाइयों को मृत पाया। वह दृश्य देखकर उनका हृदय वेदना से भर गया और उन्होंने विलाप करना प्रारंभ कर दिया। अचानक उन्हें भी वही शब्द सुनाई पड़े, "नहीं, युधिष्ठिर, इस प्रकार शोक मत करो। मैं एक यक्ष हूँ और यहाँ एक सारस या छोटी मछली के रूप में निवास करता हूँ। वह मैं ही हूँ, जिसके कारण तुम्हारे भाइयों की यह दशा हुई है। हे राजन्! यदि तुम मेरे प्रश्नों का उत्तर नहीं दोगे तो पाँचवाँ शव तुम्हारा होगा। हे कुंती पुत्र! पहले मेरे प्रश्नों का उत्तर दो, तत्पश्चात् तुम जल पी सकते हो और यहाँ से अपनी आवश्यकतानुसार जल भी ले जा सकते हो।"

युधिष्ठिर ने कहा, "मैं अपनी योग्यतानुसार आपके प्रश्नों का उत्तर देने का प्रयास करूँगा। अब आप कृपया मुझसे प्रश्न करें।"

यक्ष ने उनसे अनेक प्रश्न किए, जिनके उन्होंने संतोषजनक उत्तर दे दिए। यक्ष द्वारा किए गए प्रश्नों में एक प्रश्न यह था—"जगत् का सर्वाधिक अद्भुत तथ्य क्या है?"

युधिष्ठिर ने उत्तर दिया, "हम नित्य प्रति अपने संगी-साथियों को मृत्यु के मुख में जाता देखते हैं; परंतु जीवित बचे लोग सदैव यही मानते हैं कि उनकी मृत्यु नहीं होगी। सबसे महत्त्वपूर्ण तथ्य यही है कि मृत्यु को देखने पर भी कोई यह विश्वास नहीं करता कि उसकी भी मृत्यु होगी!"

उनसे दूसरा प्रश्न यह किया गया, "धर्म के रहस्य को जानने का क्या मार्ग है?"

युधिष्ठिर ने उत्तर दिया, "वाद-विवाद से किसी भी समस्या का समाधान नहीं किया जा सकता है। अनेक सिद्धांत हैं और विभिन्न धर्मग्रंथ हैं, जिनका एक भाग दूसरे का खंडन करता है। ऐसे कोई दो ऋषि नहीं हैं, जिनके विचारों में भिन्नता न हो। धर्म का रहस्य अत्यंत गहराई में दबा हुआ है, अँधेरी गुफाओं में बंदी है। अत: अनुसरण किए जानेवाला मार्ग वह है, जिस पर महान् लोग चले हैं।"

इसके बाद यक्ष ने कहा, "मैं प्रसन्न हूँ। मैं न्याय का देवता धर्म हूँ और एक सारस के रूप में यहाँ तुम्हारी परीक्षा लेने आया था। अब तुम देख सकते हो कि तुम्हारे किसी भी भाई की मृत्यु नहीं हुई है। यह सब मेरा चमत्कार था। चूँकि तुम्हारी दृष्टि में अनाहत होने का स्थान लाभ एवं सुख से ऊँचा है, इसलिए हे भरत श्रेष्ठ! अपने सभी भाइयों को अपने साथ जीवित लेकर जाओ।"

यक्ष के इतना कहते ही मृत पड़े पांडव उठकर खड़े हो गए।

इस दृष्टांत में राजा युधिष्ठिर के स्वभाव की एक झलक मिलती है। उनके उत्तरों के माध्यम से हम पाते हैं कि वह एक राजा की अपेक्षा एक दार्शनिक एवं एक योगी अधिक थे।

अब चूँकि उनके वनवास का तेरहवाँ वर्ष अज्ञातवास प्रारंभ होने वाला था, इसलिए यक्ष ने उन्हें राजा विराट् के राज्य में जाकर अपनी इच्छानुसार सर्वोत्तम वेश धारण करके वहाँ निवास करने का परामर्श दिया।

अत: वनवास की बारह वर्षों की अवधि समाप्त होने के पश्चात् कुंती सहित सभी पांडव अपने अज्ञातवास की अवधि बिताने हेतु विभिन्न वेश धारण करके विराट्-नरेश के महल में विभिन्न कार्य करने लगे। इस प्रकार, युधिष्ठिर ने ब्राह्मण का वेश धारण किया और एक कुशल द्यूत क्रीड़ा विशेषज्ञ के रूप राजा के दरबारी बन गए; भीम को रसोइए के रूप में नियुक्त कर दिया गया; अर्जुन ने एक नपुंसक संगीत शिक्षक का रूप धारण किया एवं उसे राजकुमारी उत्तरा के नृत्य शिक्षक के रूप में राजा के अंत:पुर में नियुक्त कर दिया गया; नकुल को राजा के अश्वों की देख-रेख का दायित्व मिल गया और सहदेव गायों की देखभाल करने लगा; तथा द्रौपदी को महारानी की परिचारिका के रूप में नियुक्त कर दिया गया। इस प्रकार, सभी पांडवों ने छद्म वेश धारण करके अपने अज्ञातवास का एक वर्ष पूरा किया और उन्हें खोजने के दुर्योधन के सारे प्रयास विफल हो गए। उसे उनकी जानकारी अज्ञातवास की अवधि समाप्त होने के बाद ही मिल सकी।

इसके बाद युधिष्ठिर ने अपने एक दूत को धृतराष्ट्र के पास भेजा और उनसे माँग की कि उन्हें उनका आधा राज्य अब वापस लौटा दिया जाए। परंतु दुर्योधन अपने चचेरे भाइयों से घृणा करता था। वह उनके वैधानिक अधिकार देने हेतु सहमत नहीं था। पांडव तो एक राज्य की बजाय पाँच गाँव भी स्वीकार करने हेतु तैयार थे। परंतु मतिमंद दुर्योधन ने घोषणा की कि वह पांडवों को युद्ध के बिना पाँच गाँव तो क्या, सुई की नोक के बराबर भी भूमि नहीं देगा। धृतराष्ट्र ने बारंबार शांति स्थापित करने और पांडवों से संधि करने की दलील दी, परंतु उनके सभी प्रयास विफल हो गए। श्रीकृष्ण ने भी आसन्न युद्ध और निर्दोष नागरिकों की अकारण मृत्यु को रोकने का प्रयास किया और ऐसा ही राज्य के श्रेष्ठ जनों ने भी किया; परंतु दुर्योधन ने किसी की एक न सुनी और राज्य के शांतिपूर्ण विभाजन के सारे प्रयास विफल हो गए। अंततोगत्वा, दोनों पक्षों की ओर से युद्ध की तैयारियाँ प्रारंभ कर दी गईं और सभी शक्तिशाली राजाओं ने इस युद्ध में भाग लिया।

इस युद्ध में क्षत्रियों की सभी प्राचीन परंपराओं का पालन किया गया। दुर्योधन एक ओर था तो युधिष्ठिर दूसरी ओर। युधिष्ठिर ने तत्काल अपने सहयोगी राजाओं के पास अपने दूत भेज दिए; क्योंकि सम्मानित लोग पहले उसी की प्रार्थना स्वीकार करते हैं, जो उनके पास पहले पहुँचता है। इसलिए सभी देशों के राजा कौरवों एवं पांडवों के पक्ष में उनके अनुरोध की पहल के अनुसार एकत्र हो गए। इस युद्ध में एक भाई एक पक्ष की

ओर से युद्ध कर रहा था तो दूसरा भाई दूसरे पक्ष की ओर से। पिता एक पक्ष में था तो पुत्र दूसरे पक्ष में। उन दिनों सर्वाधिक महत्त्वपूर्ण युद्ध की आचार-संहिता थी; जैसे ही सूर्यास्त के पश्चात् उस दिन के युद्ध की समाप्ति की घोषणा होती, दोनों ओर के प्रतिद्वंद्वी एक-दूसरे के शिविरों में जाकर आपस में मित्रवत् मेल-मुलाकात करते और प्रात:काल युद्ध आरंभ होने पर पुन: एक-दूसरे से युद्ध करने लगते थे। यह ऐसा विचित्र नियम था, जिसका पालन हिंदुओं ने मुसलिम आक्रांताओं के समय भी किया। महाभारत के युद्ध में एक नियम यह भी था कि कोई अश्वारोही सैनिक किसी पैदल सैनिक पर आक्रमण नहीं करेगा; अनिवार्यत: अपने शस्त्र में विष का प्रयोग नहीं करेगा, अनिवार्यत: कोई असमान युद्ध में लिप्त नहीं होगा अथवा किसी की अधर्मपूर्ण हत्या नहीं करेगा और कोई सैनिक किसी सैनिक की विवशता का अनुचित लाभ नहीं उठाएगा। यदि कोई योद्धा इन नियमों का उल्लंघन करता था तो उसे तिरस्कृत एवं बहिष्कृत कर दिया जाता था। क्षत्रियों को इसी प्रकार प्रशिक्षित किया जाता था। यही कारण है कि जब दक्षिण एशिया के विदेशी आक्रांता भारत आए तो हिंदुओं ने उनके साथ अपनी प्राचीन एवं परंपरागत नीति के अनुसार व्यवहार किया। उन्होंने विदेशी आक्रमणकारियों को कई बार पराजित किया और अनेक अवसरों पर तो उन्हें उपहार आदि देकर वापस उनके देश भेज दिया गया। भारत में युद्ध के जो प्राचीन नियम बने थे, उनके अनुसार कोई किसी अन्य के देश को अधिगृहीत नहीं करेगा; और यदि कोई व्यक्ति परास्त हो जाए तो उसे उसके पद के अनुसार सम्मानपूर्वक उसके देश वापस भेज दिया जाए। मुसलिम आक्रांता हिंदुओं के साथ भिन्न रूप से व्यवहार करते थे और उन्हें अकेला पाकर बिना किसी पश्चात्ताप के उन्हें नष्ट कर देते थे।

आप लोगों को इस बात पर विशेष ध्यान देना चाहिए कि मैं इस कथा में किस युग की बात कर रहा हूँ! ग्रंथ कहता है कि उन दिनों आयुध विज्ञान मात्र धनुष व बाणों तक ही सीमित नहीं था। वह एक चमत्कारिक धनुर्विद्या थी, जिसमें मंत्रों एवं एकाग्रता इत्यादि का प्रयोग किया जाता था, जो अत्यंत महत्त्वपूर्ण भूमिका निभाते थे। एक व्यक्ति लाखों लोगों के साथ युद्ध कर सकता था और उन्हें अपनी इच्छानुसार जलाकर नष्ट कर सकता था। वह एक बाण चलाता था, जो अनेक बाण बनकर बाणों की वर्षा कर देता था; वह किसी भी वस्तु को जला सकता था। यह सब किसी जादुई चमत्कार से कम नहीं था। इन दोनों महाकाव्यों—रामायण एवं महाभारत—में एक तथ्य अत्यंत महत्त्वपूर्ण है कि उन दिनों भी आग्नेयास्त्रों (तोपों) का प्रयोग किया जाता था। तोप एक अत्यंत प्राचीन अस्त्र है, जिसका प्रयोग चीनियों व हिंदुओं—दोनों की ओर से किया जाता था। वे लोहे की एक

खोखली नली में बारूद भरकर, उसमें एक गोला डालकर अपने नगर की बाहरी दीवारों से शत्रुओं पर चला देते थे, जिससे सैकड़ों लोग मारे जाते थे। लोग मानते थे कि चीनियों ने लोहे की एक खोखली नली में जादू करके किसी शैतान को उसमें डाल दिया है और जैसे ही वे नली के छिद्र में अग्नि दिखाते थे, शैतान भयानक ध्वनि के साथ बाहर निकल आता था और सैकड़ों लोगों को मार डालता था।

महाभारत काल में जादुई बाणों के साथ युद्ध किया जाता था। एक व्यक्ति अन्य लाखों लोगों के साथ युद्ध करने में समर्थ होता था। उनके अपने सैन्य प्रबंध एवं नीतियाँ थीं। उन दिनों पैदल सैनिक होते थे, जिन्हें 'पदातिक' कहा जाता था। अश्वारोहियों को 'तुरंग' के नाम से जाना जाता था और दो अन्य शाखाएँ भी होती थीं, जिन्हें आधुनिकों ने पूर्णतया विस्मृत कर दिया है, वह थी गज सेना। उस सेना में हजारों हाथी होते थे, जिनकी पीठ पर एक सुरक्षित हौदा रखा होता था, जिसमें बैठकर गजारोही अपने शत्रुओं पर बाणों या बरछी-भालों की वर्षा करता था। सबसे महत्त्वपूर्ण बात यह कि जिस क्षेत्र से हाथी निकलते थे, उनके सामने आनेवाले हजारों सैनिक उनके पाँवों के नीचे कुचलकर मारे जाते थे। इन हाथियों के अतिरिक्त रथ भी युद्ध में शामिल होते थे। आप लोगों ने इन रथों को चित्रों में अवश्य देखा होगा। उनका प्रयोग प्रत्येक देश द्वारा किया जाता था। प्राचीन काल में सेना की यही चार शाखाएँ होती थीं।

कौरव एवं पांडव—दोनों ही श्रीकृष्ण की सहायता प्राप्त करने के इच्छुक थे; परंतु कृष्ण ने युद्ध में सक्रिय भाग लेने और युद्ध करने से इनकार कर दिया था। किंतु उन्होंने अर्जुन के रथ का सारथि बनने की सहमति अवश्य दे दी थी। उन्होंने दुर्योधन को अपनी विशाल सेना दे दी।

तत्पश्चात् कुरुक्षेत्र के विशाल मैदान में यह ऐतिहासिक युद्ध हुआ, जिसमें भीष्म, द्रोण, कर्ण एवं दुर्योधन के पुत्रों और उनके परिवार के लोगों ने भाग लिया। दोनों ओर के हजारों योद्धा वीरगति को प्राप्त हुए। वह युद्ध अठारह दिनों तक चला था। वास्तव में, अठारह अक्षौहिणी सेना में से केवल कुछ सैनिक ही जीवित बचे थे। दुर्योधन की मृत्यु के साथ युद्ध पांडवों के पक्ष में समाप्त हुआ। इसके पश्चात् महारानी गांधारी और युद्ध में वीरगति प्राप्त सैनिकों की विधवाओं ने रणभूमि में विलाप किया।

इस युद्ध की महानतम घटना अद्बितीय एवं अनश्वर गीता—दिव्य गीता—का उपदेश था। यह भारत का एक सर्वाधिक लोकप्रिय ग्रंथ है और यह सभी शिक्षाओं में सर्वोच्च है। 'गीता' में श्रीकृष्ण एवं अर्जुन के मध्य कुरुक्षेत्र के मैदान में युद्ध प्रारंभ होने से पूर्व हुए संवाद को वर्णित किया गया है। आप लोगों में से जिन्होंने 'गीता' नहीं पढ़ी

है, मैं उन्हें उसे पढ़ने का परामर्श दूँगा। क्या आप लोग जानते हैं कि आपके अपने देश को इस ग्रंथ (गीता) ने कितना प्रभावित किया है ? यदि आप इमर्सन को प्राप्त प्रेरणा के विषय में जानना चाहते हों तो मैं आपको बता दूँ कि उन्हें प्रेरित करनेवाली यही पुस्तक थी। एक बार इमर्सन कार्लाइल से मिलने गए। कार्लाइल ने उन्हें उपहार के रूप में 'गीता' दी। वही नन्ही पुस्तक अमेरिका में सहयोग आंदोलन के लिए उत्तरदायी है। अमेरिका में होनेवाले बड़े आंदोलन एक या दूसरे रूप में कॉन्कॉर्ड पार्टी के ऋणी हैं।

'गीता' के केंद्रीय पात्र श्रीकृष्ण हैं। जिस प्रकार आप पृथ्वी पर अवतरित ईश्वर मानकर नजारत के जीसस की पूजा करते हैं, उसी प्रकार हिंदू ईश्वर के अनेक अवतारों की पूजा करते हैं। हिंदू जन किसी एक या दो में नहीं, बल्कि ईश्वर के सभी अवतारों में विश्वास करते हैं और उनकी पूजा करते हैं, जो ईश्वर ने संसार में धर्म के उत्थान एवं अधर्म के विनाश के लिए समय-समय पर धारण किए थे। प्रत्येक धार्मिक संप्रदाय एक ईश्वर की पूजा करता है और श्रीकृष्ण उनमें से एक हैं। ईश्वर के अन्य अवतारों की अपेक्षा श्रीकृष्ण के उपासकों की संख्या सर्वाधिक है। कृष्ण के अनुयायी उन्हें ईश्वर का 'पूर्ण अवतार' मानते हैं। क्यों ? क्योंकि उनका कथन है—"बुद्ध एवं अन्य अवतारों पर दृष्टि डालिए। वे सभी संन्यासी थे और विवाहित लोगों के साथ उनकी कोई संवेदना नहीं थी। फिर वे उन्हें अपना ईश्वर कैसे मानते ? अब आप श्रीकृष्ण को देखें। वे एक पुत्र के रूप में, एक राजा के रूप में, एक पिता के रूप में महान् थे। उन्होंने अपने संपूर्ण जीवन में संसार को जो शिक्षाएँ दी थीं, उन शिक्षाओं का पालन उन्होंने स्वयं भी किया था। जो व्यक्ति जीवन की संपूर्ण कोलाहलपूर्ण परिस्थितियों में शांत एवं अतीव शांत परिस्थितियों में सक्रिय रह सकता है, उसने जीवन के रहस्य को जान लिया है।" श्रीकृष्ण हमें यह करने का मार्ग दिखाते हैं और यह मार्ग अनासक्ति का मार्ग है—प्रत्येक कर्म करो, परंतु उस कर्म को अपनी पहचान मत बनाओ। आप एक आत्मा हैं, सार्वकालिक शुद्ध एवं स्वतंत्र आत्मा। आप साक्षी हैं। हमारे कष्ट का कारण हमारे कार्य नहीं हैं, बल्कि किसी चीज के प्रति हमारी आसक्ति है। उदाहरण के लिए, धन को ही ले लीजिए। धन रखना एक बड़ी चीज है। उसे अर्जित करो। श्रीकृष्ण कहते हैं कि धनार्जन हेतु कठोर परिश्रम करो, परंतु उससे चिपके मत रहो। इसलिए आपको पत्नी, बच्चे, पति, संबंधी, ख्याति एवं अन्य किसी चीज को त्यागने की आवश्यकता नहीं है, केवल उनके प्रति अनासक्त बने रहना है। संसार में केवल एक ही आसक्ति है और वह है ईश्वर के प्रति आसक्ति, किसी अन्य चीज के प्रति नहीं। उनके लिए कर्म करो, उनसे प्रेम करो, आवश्यकता पड़े तो उनके लिए सैकड़ों जीवनों का बलिदान कर दो; परंतु आसक्त कभी मत रहो। श्रीकृष्ण

का स्वयं का जीवन इसका सर्वोत्तम उदाहरण है।

आप लोग इस बात को स्मरण रखें कि जो पुस्तक श्रीकृष्ण के जीवन का वर्णन करती है, वह हजारों वर्ष पुरानी है और उनके जीवन के कुछ अंश तो नजारत के जीसस के जीवन के समान हैं। श्रीकृष्ण का जन्म एक राजपरिवार में हुआ था। उस युग में कंस नामक एक अत्याचारी राजा था। एक दिन आकाशवाणी हुई कि अमुक-अमुक परिवार में किसी बालक का जन्म होगा, जो राजा बनेगा। इसलिए क्रूर कंस ने उस दिन जनमे सभी बालकों की हत्या करा दी। कृष्ण की माता एवं पिता को कंस ने कारागार में डाल दिया था। वहीं उनका जन्म हुआ। कारागार में अचानक एक तीव्र प्रकाश आया और नवजात बालक ने कहा, "मैं संसार की ज्योति हूँ और मैंने जगत् के कल्याण हेतु जन्म लिया है।" आप श्रीकृष्ण को गायों के साथ चित्रित देखते हैं। उन्हें महान् ग्वाला (गोपालक) कहा जाता है। ऋषियों ने इस तथ्य की पुष्टि की थी कि उस बालक के रूप में स्वयं ईश्वर ने जन्म लिया था और ऋषि-मुनियों ने उनकी स्तुति की थी। इस कथा के अन्य भागों में दोनों के मध्य यह समानता अनवरत बनी रहती है।

श्रीकृष्ण ने उस अत्याचारी कंस को परास्त कर दिया था, परंतु उन्होंने सिंहासन पर बैठने के बारे में कभी विचार नहीं किया। उनका कंस के सिंहासन से कोई लेना-देना नहीं था। अपना कर्तव्य पूरा करते ही उनकी भूमिका समाप्त हो गई थी।

कुरुक्षेत्र में युद्ध की समाप्ति के बाद महान् योद्धा पितामह भीष्म, जिन्होंने अठारह दिनों के युद्ध में दस दिनों तक युद्ध किया था, वह अभी भी कुरुक्षेत्र के मैदान में शर-शैया (बाणों की शैया) पर लेटे हुए थे। उन्होंने युधिष्ठिर को विभिन्न विषयों की शिक्षा दी, जिनमें शामिल थे—राजा का कर्तव्य, चारों जातियों के कर्तव्य, विवाह के नियम और प्राचीन ऋषियों की शिक्षाओं पर आधारित अनेक अन्य उपदेश आदि। उन्होंने युधिष्ठिर को सांख्य दर्शन व योग दर्शन की शिक्षा दी और उन्हें संतों, देवताओं तथा राजाओं से जुड़ी अनेक कहानियाँ सुनाईं। ये शिक्षाएँ समूचे हिंदू धर्मशास्त्र के लगभग एक-चौथाई भाग को आच्छादित कर लेती हैं और इन्हें हिंदू कानूनों एवं नैतिक संहिताओं का भंडार भी कहा जाता है। इस बीच युधिष्ठिर का राज्याभिषेक हो गया। परंतु भीषण रक्तपात और वरिष्ठ जनों एवं संबंधियों की मृत्यु ने उनके मन को अत्यंत बोझिल कर दिया था। तत्पश्चात् महर्षि व्यास के मार्गदर्शन में उन्होंने अश्वमेध यज्ञ का आयोजन किया।

युद्ध के पश्चात् धृतराष्ट्र ने युधिष्ठिर एवं उनके भाइयों के साथ पंद्रह वर्ष अत्यंत सम्मान के साथ तथा शांतिपूर्वक बिताए। उसके बाद वृद्ध राजा धृतराष्ट्र युधिष्ठिर को सिंहासन पर बैठा छोड़कर अपनी निष्ठावान् पत्नी गांधारी और पांडवों की माता कुंती के

साथ अपने जीवन के शेष दिन तपश्चर्या में बिताने हेतु वन में चले गए।

युधिष्ठिर को अपना साम्राज्य पुनः प्राप्त किए हुए अब तक 36 वर्ष बीत चुके थे। इस बीच उन्हें सूचना मिली कि श्रीकृष्ण ने अपनी नश्वर देह त्याग दी है। उनके मित्र, उनके मार्गदर्शक, उनके परामर्शदाता और ऋषि श्रीकृष्ण संसार से चले गए थे। अर्जुन तुरंत द्वारका के लिए प्रस्थान कर गए और इस समाचार की पुष्टि के साथ वापस आए कि श्रीकृष्ण एवं समस्त यादवों की मृत्यु हो चुकी है। श्रीकृष्ण की मृत्यु के शोक से उबरने के बाद सम्राट् युधिष्ठिर और उनके अन्य भाइयों ने घोषणा की कि अब उनके भी जाने का समय आ गया है। अतः वे राज-काज का सारा भार अर्जुन के पौत्र परीक्षित् के कंधों पर डालकर अपने महाप्रस्थान हेतु हिमालय पर चले गए। यह एक विशिष्ट प्रकार का संन्यास था। भारत में वृद्ध राजाओं के संन्यासी बनने की प्रथा बहुत पुरानी है। प्राचीन भारत में जब लोग अत्यंत वृद्ध हो जाते थे तो प्रत्येक वस्तु का त्याग कर देते थे। राजा भी वैसा ही करते थे। जब किसी व्यक्ति की जीने की इच्छा समाप्त हो जाती थी तो वह हिमालय की ओर चला जाता था और बिना कुछ खाए-पिए केवल ईश्वर का ध्यान करते हुए तब तक चलता रहता था, जब तक कि उसका शरीर साथ न छोड़ दे।

इसके बाद देवता एवं ऋषिगण आए और उन्होंने युधिष्ठिर को परामर्श दिया कि अब उन्हें स्वर्ग के लिए प्रस्थान करना चाहिए। स्वर्ग जाने के लिए व्यक्ति को हिमालय के सर्वोच्च शिखर को पार करना पड़ता था। हिमालय से आगे मेरु पर्वत है। मेरु पर्वत की चोटी पर स्वर्ग है। स्वर्ग में कोई भी अपने इस शरीर के साथ नहीं गया। युधिष्ठिर को स्वर्ग जाने का सुझाव देने हेतु देवता स्वयं पृथ्वी पर आए थे।

अतः पाँचों भाइयों एवं उनकी पत्नी ने वल्कल वस्त्र धारण किए और अपनी अंतिम यात्रा पर निकल पड़े। मार्ग में उनके साथ-साथ एक श्वान (कुत्ता) भी चल रहा था। वे निरंतर चलते रहे। उन्होंने अपने थके-माँदे पाँवों को उत्तर दिशा की ओर मोड़ दिया, जहाँ हिमालय की उच्चतम चोटियाँ अपना सिर उठाए हुए खड़ी रहती हैं। वहाँ पहुँचकर उन्होंने मेरु पर्वत को अपने सामने देखा। वे शांत होकर बर्फ पर चलते रहे। तभी अचानक द्रौपदी दोबारा कभी न उठने के लिए गिर पड़ी।

सबसे आगे चलनेवाले युधिष्ठिर से भीम ने कहा, "ठहरिए, राजन्! रानी गिर पड़ी हैं।"

राजा ने आँसू बहाए, परंतु पीछे मुड़कर नहीं देखा। उन्होंने कहा, "हम श्रीकृष्ण से मिलने जा रहे हैं। हमारे पास पीछे मुड़कर देखने का समय नहीं है। चलते रहो।"

कुछ देर बाद भीम ने पुनः कहा, "रुक जाइए भ्राता, सहदेव गिर गया है।"

युधिष्ठिर ने आँसू बहाए, परंतु रुके नहीं। उन्होंने केवल यही कहा, "चलते रहो।"

एक के बाद एक चारों भाई बर्फ में समा गए; परंतु अकेले होने के बावजूद अविचलित राजा युधिष्ठिर आगे बढ़ते रहे। उन्होंने पीछे मुड़कर देखा कि उनका स्वामीभक्त श्वान अभी भी उनके पीछे चला आ रहा था। इस प्रकार, राजा और श्वान बर्फ के बीच से पर्वत की चोटी की ओर तब तक बढ़ते रहे, जब तक कि दोनों मेरु पर्वत की चोटी पर नहीं पहुँच गए। शिखर पर पहुँचने के बाद उन्हें स्वर्ग की घंटियाँ एवं मधुर ध्वनियाँ सुनाई पड़ीं। देवताओं ने उनके ऊपर पुष्प-वर्षा की। उसके बाद देवताओं का रथ आया और इंद्र ने युधिष्ठिर से कहा, "हे नर श्रेष्ठ! केवल आप ही ऐसे जीवधारी हैं, जिसे बिना शरीर त्यागे स्वर्ग में प्रवेश करने की अनुमति दी गई है।"

किंतु युधिष्ठिर ने कहा, "नहीं, मैं अपने भाइयों एवं रानी को लिये बिना स्वर्ग नहीं जा सकता।" इस पर इंद्र ने उन्हें बताया कि उनके भाई उनसे पहले ही स्वर्ग में पहुँच चुके हैं।

युधिष्ठिर ने पीछे मुड़कर अपने प्रिय श्वान को देखा और उससे कहा, "इस रथ पर सवार हो जाओ, प्रिय।"

उनकी बात सुनकर देवता हतप्रभ रह गए। 'क्या! स्वर्ग में श्वान!' देवताओं ने प्रश्न किया, "क्या आप इस श्वान को रथ से नीचे नहीं उतार सकते? स्वर्ग में श्वानों को प्रवेश की अनुमति नहीं है। हे श्रेष्ठ राजन्! आपके कहने का क्या अर्थ है? क्या आप विक्षिप्त (पागल) हो गए हैं? आप मानव जाति के सर्वश्रेष्ठ व चरित्रवान् व्यक्ति हैं। केवल आप ही सशरीर स्वर्ग में प्रवेश कर सकते हैं।"

युधिष्ठिर ने कहा, "परंतु यह श्वान समूचे बर्फीले मार्ग में मेरा सहयात्री एवं साथी रहा है। जब मेरे भाइयों एवं रानी द्रौपदी की मृत्यु हो गई, तब भी इसने मेरा साथ नहीं छोड़ा। अब मैं इसे कैसे छोड़ सकता हूँ!"

देवताओं ने कहा, "स्वर्ग में श्वान के साथ जानेवाले मनुष्य के लिए कोई स्थान नहीं है। इसे आपको पीछे छोड़कर ही जाना होगा। इसमें कोई अधार्मिकता नहीं है।"

युधिष्ठिर ने दृढ़तापूर्वक कहा, "फिर तो इस श्वान के बिना मैं भी स्वर्ग में नहीं जाऊँगा। मैं अपनी शरण में आए किसी व्यक्ति या पशु को नहीं त्याग सकता हूँ, जिसने जीवन भर मेरा साथ दिया और अब अंत में भी यह मेरे साथ है। मैं आनंददायक स्वर्ग एवं देवताओं के अनुरोध को भी ठुकरा सकता हूँ, परंतु धर्म के मार्ग से कदापि विचलित नहीं हो सकता हूँ।"

इसके बाद इंद्र ने कहा, "फिर तो एक ही शर्त पर यह श्वान स्वर्ग में जा सकता है

कि आप इसे अपने स्थान पर स्वर्ग भेज दें। आप पृथ्वी पर सर्वश्रेष्ठ एवं सद्गुणी व्यक्ति हैं और यह पापी श्वान पशुओं को मारकर उनका मांस खाता रहा है। यह पापी है, दूसरों का जीवन लेता रहा है। आप स्वर्ग के बदले इसे अपने साथ रखना चाहते हैं?"

युधिष्ठिर ने इंद्र से कहा, "मुझे आपकी शर्त स्वीकार है। आप मेरे स्थान पर इसे स्वर्ग जाने दें।"

पल भर में सारा दृश्य परिवर्तित हो गया। युधिष्ठिर के इतने उत्तम वचन सुनकर श्वान ने स्वयं को धर्मराज के रूप में परिवर्तित कर लिया। वह श्वान कोई और नहीं, बल्कि स्वयं न्याय एवं मृत्यु के देवता यम थे। धर्मराज ने युधिष्ठिर को संबोधित करते हुए कहा, "राजन्, मेरी बात ध्यानपूर्वक सुनो; मृत्युलोक में आप जैसा निस्स्वार्थी मनुष्य अन्य कोई नहीं हुआ है, जो एक तुच्छ श्वान के बदले स्वर्ग को त्याग सकता हो और जिसके लिए वह नरक में भी जाने को तैयार हो। हे राजाओं के राजा! आप उत्तम कुल में जनमे हैं। आपके मन में सभी प्राणियों के प्रति करुणा है और हे भरत श्रेष्ठ! आप इस करुणा के देदीप्यमान उदाहरण हैं। इसलिए हे राजन्, यह अनश्वर स्वर्ग क्षेत्र आपका है! आपने इसे जीत लिया है। हे राजन्! आपकी कीर्ति अक्षय हो और आप एक नक्षत्र की भाँति प्रकाशित हों।"

तत्पश्चात् युधिष्ठिर इंद्र एवं धर्मराज तथा अन्य देवताओं के साथ रथ पर सवार होकर स्वर्ग की ओर प्रस्थान कर गए। वहाँ पहुँचकर उन्होंने स्वर्ग की गंगा में स्नान किया, एक नैसर्गिक देह धारण की। वे अपने अमर हो चुके भाइयों से मिले और असीम सुख प्राप्त किया।

इस प्रकार, धर्म की विजय एवं अधर्म की पराजय जैसा सर्वोच्च मानक स्थापित करनेवाली 'महाभारत' की कथा समाप्त होती है।

आपके समक्ष 'महाभारत' की कथा का वर्णन करते हुए मेरे लिए उन अनेक महानायकों एवं योद्धाओं के चरित्रों का वर्णन कर पाना असंभव था, जिनका उल्लेख इस कथा के लेखक महान् ऋषि व्यास ने किया है। बूढ़े एवं नेत्रहीन राजा धृतराष्ट्र के मन में धर्म एवं पुत्र-मोह के बीच चलनेवाले द्वंद्व का मूल्य यद्यपि बहुत बड़ा था, फिर भी महाराज धृतराष्ट्र एवं पितामह भीष्म जैसे महान् पात्रों को उसे चुकाना ही पड़ा। 'महाभारत' की इस कथा में श्रीकृष्ण के अक्षत चरित्र एवं मानवीय बुद्धिमत्ता का उत्तम चित्रण किया गया है। इसके साथ-साथ कवि ने मानवमात्र को सन्मार्ग पर चलने की प्रेरणा दी है। युधिष्ठिर और उनके अन्य चारों भाइयों की वीरता एवं साहस, त्याग तथा धर्मनिष्ठता एवं आज्ञाकारिता का इस कथा में उत्कृष्ट वर्णन किया गया है। 'महाभारत'

में इसके रचयिता ने महारानी कुंती, स्नेहिल माता कुंती तथा समर्पित एवं कष्टों के प्रति सदैव सहनशील बनी रहनेवाली द्रौपदी जैसे नारी चरित्रों का भी उत्तमोत्तम वर्णन किया है। 'महाभारत' एवं 'रामायण' जैसे महाकाव्य में ऐसे अनेक श्रेष्ठ चरित्रों को दरशाया गया है, जो विगत कई हजार वर्षों से संपूर्ण हिंदू जगत् की विरासत रहे हैं और वही उनके विचारों एवं नैतिक दृष्टिकोण का आधार रहे हैं। वास्तव में, 'रामायण' एवं 'महाभारत' दो ऐसे विश्वकोश हैं, जो प्राचीन आर्य जीवन तथा विवेक एवं आदर्श सभ्यता का निरूपण करते हैं, मानवता जिसे प्राप्त करने का स्वप्न देखती है।

□

13

गीता-I

'गीता' को समझने के लिए उसकी ऐतिहासिक पृष्ठभूमि को जानने की आवश्यकता है। 'गीता' उपनिषदों पर किया गया भाष्य है। उपनिषद् भारत की 'बाइबल' हैं। उन्हें भारत में वही स्थान प्राप्त है, जो पश्चिम में 'न्यू टेस्टामेंट' (नव विधान) को। उपनिषदों को समाहित करनेवाली सौ से अधिक छोटी-बड़ी पुस्तकें लिखी गई हैं, परंतु प्रत्येक अपने आप में एक पृथक् ग्रंथ है। उपनिषद् किसी गुरु के जीवन को उद्घाटित नहीं करते, बल्कि वे केवल सिद्धांतों की शिक्षा देते हैं। वे अपने यथावत् रूप में संक्षिप्त टिप्पणियाँ हैं, जो राजाओं के दरबार में होनेवाली विद्वत् सभाओं में परिचर्चा के दौरान की गई थीं। उपनिषद् का शाब्दिक अर्थ संभवत: 'बैठकें' (या 'गुरु के समीप बैठना') है। आप लोगों में से जिस किसी ने भी उपनिषदों का अध्ययन किया होगा, वह समझ सकता है कि वे किस प्रकार संक्षिप्त एवं संकुचित हैं। लंबी चर्चा के पश्चात् संभवत: स्मृति से इन्हें संकलित कर लिया जाता था। कठिनाई यह है कि आपको इनकी पृष्ठभूमि का ज्ञान बहुत कम है। उनमें केवल उद्दीप्त बिंदुओं का उल्लेख किया गया है। प्राचीन संस्कृत भाषा का उद्भव ईसा से 5,000 वर्ष पूर्व हुआ था और उपनिषद् उससे न्यूनतम 2,000 वर्ष अधिक प्राचीन हैं। कोई भी ठीक-ठीक नहीं जानता कि वस्तुत: वे कितने प्राचीन हैं! गीता उपनिषदों के विचारों को ग्रहण करती है और कुछ मामलों में तो वह उन्हें अक्षरश: आत्मसात् कर लेती है। 'गीता' में उपनिषदों के उन संपूर्ण विषयों को संक्षिप्त एवं समेकित रूप में उद्धृत किया गया है, जिन पर पूर्व में चर्चा की गई थी।

हिंदुओं के मूल धर्मग्रंथ को वेद कहा जाता है। वे इतने व्यापक हैं कि यदि उनके

** 26 मई, 1900 को सैन फ्रांसिस्को में दिया गया वक्तव्य*

केवल संपूर्ण लिखित पाठों को यहाँ लाया जाए तो इस कक्ष में वे नहीं समाएँगे। उनमें से अनेक ग्रंथ खो चुके हैं। उन्हें कई खंडों में विभक्त किया गया है और प्रत्येक खंड का नागकरण उन गुरुओं के नाम पर किया गया है, जिन्होंने अपनी स्मृति के बल पर उन्हें जीवंत बनाए रखा था। भारत में आज भी ऐसे लोग विद्यमान हैं। वे वेदों के प्रत्येक खंड का एक भी उद्धरण छोड़े बिना अक्षरश: वाचन कर सकते हैं। वेदों का एक बड़ा भाग लुप्त हो चुका है। जो भाग शेष बचा हुआ है, वह अपने आप में एक पुस्तकालय में समाने योग्य है। इनमें से प्राचीनतम खंड में ऋग्वेद की ऋचाओं को संकलित किया गया है। आधुनिक विद्वानों का उद्‌देश्य वैदिक श्लोकों का क्रमबद्ध संकलन करना है। वेदों का प्राचीन रूढ़िवादी दृष्टिकोण पूर्णतया ठीक उसी प्रकार भिन्न है, जैसे आप लोगों का 'बाइबल' के प्रति प्राचीन रूढ़िवादी दृष्टिकोण है। वेदों को दो भागों में विभक्त किया गया है—प्रथम भाग उपनिषद्, अर्थात् दार्शनिक भाग है और द्वितीय भाग कर्म भाग है।

हम आपको अब कर्म भाग के विषय में संक्षिप्त जानकारी देने का प्रयास करेंगे। इस भाग में विभिन्न देवताओं को संबोधित अनेक संस्कार एवं श्लोक हैं। संस्कार खंड में उन संस्कारों को शामिल किया गया है, जिनमें से कुछ अत्यंत विस्तृत हैं, जिन्हें संपन्न कराने में अनेक पुरोहितों की आवश्यकता पड़ती है। संस्कारों से जुड़े कर्मों के निष्पादन हेतु पुरोहिताई अपने आप में एक विज्ञान बन गई है। कालांतर में धीरे-धीरे इन श्लोकों एवं संस्कारों के प्रति सम्मान का लोकप्रिय विचार उत्पन्न हुआ। भारत में यह एक अत्यंत महत्त्वपूर्ण घटना थी। रूढ़िवादी हिंदू (मीमांसक) देवताओं में विश्वास नहीं करते थे; केवल अरूढ़िवादी ही उनमें विश्वास करते थे। यदि आप किसी रूढ़िवादी हिंदू से वेदों में देवताओं का अर्थ पूछेंगे तो वह इस प्रश्न का संतोषजनक उत्तर नहीं दे पाएगा। पुरोहित इन श्लोकों का पाठ करने के साथ-साथ अग्नि में आहुति डालते जाते हैं। यदि आप किसी रूढ़िवादी हिंदू से इस संस्कार का अर्थ पूछेंगे तो वह कहेगा कि इन शब्दों में कुछ निश्चित परिणाम देने की शक्ति होती है। इसके अतिरिक्त कुछ नहीं। इनमें प्रत्येक विद्यमान लौकिक एवं अलौकिक शक्तियाँ हैं। वेद सहजत: शब्द हैं, जिनका यदि सही उच्चारण किया जाए तो उनमें परिणाम उत्पन्न करने की रहस्यमयी शक्ति होती है। यदि एक भी उच्चारण की ध्वनि गलत होगी तो मंत्र निष्प्रभावी हो जाएगा। प्रत्येक पुरोहित को अनिवार्यत: कुशल होना चाहिए। इस प्रकार, जिसे अन्य धर्मों में 'उपासना' कहा जाता है, वह लुप्त हो गई और वेद ही देवता बन गए। अत: आप देखेंगे कि वेदों की वाणी को अत्यंत महत्त्व दिया जाता है। ये वही ईश्वरीय शब्द हैं, जिनसे संपूर्ण ब्रह्मांड उत्पन्न हुआ। शब्द के बिना कभी कहीं कोई विचार नहीं हो सकता है। इस प्रकार, इस जगत्

में जो कुछ भी है, वह विचारों का विस्तार है और विचार केवल शब्दों के माध्यम से ही व्यक्त किए जा सकते हैं। जिन शब्दों के समुच्चय से अप्रकट विचार प्रकट हो जाते हैं, उन्हीं का अर्थ वेद है। इनमें कहा गया है कि प्रत्येक वस्तु का बाह्य अस्तित्व चिंतन हेतु वेदों पर आश्रित है और उसका शब्द के बिना कोई अस्तित्व नहीं है। यदि 'अश्व' नामक शब्द का अस्तित्व न होता तो कोई भी अश्व के विषय में सोच भी नहीं सकता था। अत: विचार, शब्द एवं बाह्य तत्त्व के मध्य अनिवार्यत: एक घनिष्ठ संबंध अवश्य होना चाहिए। वास्तविकता में ये शब्द कौन से हैं? वेद। वे इसे किसी भी रूप में संस्कृत भाषा कदापि नहीं कहते हैं; बल्कि वे इसे वैदिक भाषा या देव भाषा कहते हैं। संस्कृत वैदिक भाषा का एक अपभ्रंश रूप है। इसी प्रकार अन्य भाषाएँ भी हैं। वैदिक भाषा से प्राचीन कोई भी अन्य भाषा नहीं है। आप पूछ सकते हैं, "वेदों को किसने लिखा?" वे लिखे नहीं गए थे। शब्द ही वेद हैं। यदि मैं सही रूप में उच्चारण करूँ तो प्रत्येक शब्द वेद है। इसके पश्चात् वह आपको तत्काल वांछित परिणाम देगा।

वेदों का यह समुच्चय अनंतत: विद्यमान है और संपूर्ण जगत् इस शब्द समुच्चय का विस्तार है। तत्पश्चात् जब एक चक्र पूर्ण हो जाता है, ऊर्जा का यह समूचा विस्तार परिष्कृत से परिष्कृततम हो जाता है और केवल शब्द रह जाता है तथा उसके बाद विचार। दूसरे चक्र में पहले विचार शब्दों में परिवर्तित होता है, तत्पश्चात् इन्हीं शब्दों से संपूर्ण जगत् की उत्पत्ति होती है। यदि इस संसार में ऐसी कोई चीज है, जो वेदों में नहीं है तो वह है आपका भ्रम; और भ्रम का कोई अस्तित्व नहीं होता है।

केवल इसी एक विषय पर असंख्य पुस्तकें हैं, जो वेदों का समर्थन करती हैं। यदि आप इन पुस्तकों के लेखकों से कहेंगे कि वेदों का उच्चारण अवश्य ही मनुष्यों द्वारा किया गया होगा तो वे सहजत: हँस पड़ेंगे। आपने वेदों का उच्चारण पहली बार करते किसी व्यक्ति को कभी नहीं सुना होगा। बुद्ध के शब्दों को ले लीजिए। उनके यहाँ यह परंपरा है कि बुद्ध ने अपने जीवन-काल में कई बार पहले भी ऐसी बातें कही हैं। यदि कोई ईसाई खड़ा होकर कहता है, "मेरा धर्म एक ऐतिहासिक धर्म है और इसलिए आपका धर्म गलत है और मेरा धर्म सत्य है।" इस कथन के उत्तर में मीमांसक उत्तर देता है, "आप स्वयं स्वीकार कर रहे हैं कि आपका धर्म ऐतिहासिक है और आपके धर्म की खोज 1,900 वर्ष पूर्व किसी व्यक्ति द्वारा की गई है। परंतु जो सत्य है, वह असीम एवं अनंत है। सत्य का यह पहला मानक है। सत्य का कभी क्षय नहीं होता है। वह सदैव समान रहता है। आप स्वीकार करते हैं कि आपके धर्म का सृजन अमुक-अमुक व्यक्ति द्वारा किया गया था। वेदों की रचना किसी ने नहीं की थी। न किसी ऋषि द्वारा, न किसी

अन्य व्यक्ति द्वारा उनका सृजन हुआ था···वेद केवल अनंत शब्द हैं और शब्द अपनी प्रकृति से ही अनंत हैं, जिनके माध्यम से यह संपूर्ण जगत् उत्पन्न एवं नष्ट होता रहता है। सारांशत: यह पूर्णतया सही है। अनिवार्यत: ध्वनि से ही सृजन की शुरुआत होती है। जगत् में अनिवार्यत: जीव-द्रव्य जैसे ध्वनि जीवाणु हैं। शब्दों के बिना कोई विचार नहीं हो सकते हैं···जहाँ कहीं भी संवेदनाएँ, विचार एवं भावनाएँ हैं, वहाँ शब्द भी अवश्य होंगे। कठिनाई तब उत्पन्न होती है, जब वे कहते हैं कि ये चार पुस्तकें केवल वेद हैं। इसके अतिरिक्त और कुछ भी नहीं। तब बौद्ध धर्मावलंबी खड़ा होगा और कहेगा, "वेद हमारे हैं। वे कालांतर में हमारे समक्ष प्रकट हुए थे।" ऐसा नहीं हो सकता है। प्रकृति इस मार्ग पर नहीं चलती है। प्रकृति अपने नियमों का प्रकटीकरण अंश-प्रति अंश नहीं करती है। उसके गुरुत्वाकर्षण का एक इंच आज, एक इंच कल उत्पन्न नहीं होगा। नहीं, प्रत्येक सिद्धांत पूर्ण है। सिद्धांत का कोई विकास कदापि नहीं होता है। एक बार प्रतिपादित हो जाने के बाद वह सदा-सर्वदा के लिए समान बना रहता है। यह कहना कोरी मूर्खता है कि यह एक नया धर्म एवं उत्तम प्रेरणा है।" इन सब बातों का कोई अर्थ नहीं है। संसार में लाखों विधान हो सकते हैं, परंतु मनुष्य उनमें से कुछेक को ही आज जान सकता है। संपूर्ण निहितार्थ यह है कि हम सिद्धांतों की खोज करते हैं। जिन वृद्ध पुरोहितों एवं ऋषियों ने अपने शब्दों के अनंत होने का दावा किया, उन्होंने देवताओं को पदच्युत कर दिया था और स्वयं देवता का स्थान प्राप्त कर लिया था। उन्होंने कहा था, "आप शब्दों की शक्ति को नहीं जानते हैं। हम जानते हैं कि उन्हें कैसे प्रयोग किया जाए। हम संसार के जीवित देवता हैं। हमें भुगतान करो, हम शब्दों में हेर-फेर कर देंगे। आप जो चाहेंगे, वह आपको मिल जाएगा। क्या तुम उन शब्दों का उच्चारण स्वयं कर सकते हो? नहीं, तुम नहीं कर सकते; क्योंकि शब्दों के उच्चारण का एक भी दोष विपरीत परिणाम उत्पन्न करेगा। आप अमीर होना चाहते हैं, स्वस्थ होना चाहते हैं, दीर्घ जीवन और एक सुंदर पति या पत्नी चाहते हैं?" आप पुरोहित को दक्षिणा दीजिए और शांत हो जाइए!

फिर भी, इसका एक अन्य पक्ष भी है। वेदों के पहले भाग का आदर्श उसके दूसरे भाग उपनिषदों के आदर्श से भिन्न है। वेदों के प्रथम भाग का आदर्श वेदांत को छोड़कर विश्व के अन्य सभी धर्मों के समान है। यह आदर्श इस जीवन में और इसके बाद के जीवन में आनंद की प्राप्ति है—पति एवं पत्नी तथा बच्चे हैं। आप पादरी को अपने डॉलर दे दीजिए, पादरी उसके बदले में आपको एक प्रमाण-पत्र दे देगा और आप स्वर्ग में सुखी जीवन बिता सकेंगे। आपको अपने सभी लोग वहाँ मिल जाएँगे और आपके आमोद-प्रमोद का यह क्रम स्वर्ग में भी जारी रहेगा। कोई आँसू नहीं, कोई रोना-धोना नहीं, केवल

मुसकान-ही-मुसकान। आप वहाँ कितना भी खाते जाएँ, कभी आपके पेट में दर्द नहीं होगा। कितनी भी पार्टियाँ करें, कोई सिरदर्द नहीं होगा। पादरियों के विचार में मनुष्य का केवल यही उच्चतम लक्ष्य है।

इस दर्शन में एक अन्य विचार भी है, जो आपके आधुनिक विचारों के अनुकूल है। मनुष्य प्रकृति का दास है और दास को अंततः दास ही बने रहना है। हम इसे कर्म कहते हैं। कर्म का अर्थ है—नियम और नियम हर जगह लागू होता है। प्रत्येक चीज कर्म से बँधी हुई है। "क्या इसका कोई उपाय नहीं है ?" नहीं! संपूर्ण जीवन दास बने रहो—उत्तम दास। "हम शब्दों को इस तरह परिवर्तित कर देंगे, ताकि तुम्हें हमेशा अच्छी चीजें ही मिलें और बुरी चीजें कभी दिखाई ही न दें—बशर्ते कि तुम हमें पर्याप्त भुगतान कर दो।" यह मीमांसकों का आदर्श था। ये ऐसे आदर्श हैं, जो युगों-युगों से लोकप्रिय हैं। प्राणिमात्र का व्यापक समूह कभी चिंतक नहीं होता है। यद्यपि वे कभी सोचने का प्रयास भी करें तो उनके ऊपर अंधविश्वासों का विशाल पिंड दुःखदायी होगा। जब वे दुर्बल होते हैं तो एक भी धक्का लगने पर उनकी रीढ़ के बीसियों टुकड़े हो जाते हैं। वे केवल प्रलोभन एवं धमकियों के माध्यम से हिल पाएँगे। वे कभी अपनी इच्छानुसार चल-फिर नहीं पाएँगे। वे हर समय अनिवार्यतः आतंकित एवं भयभीत रहेंगे और वे सदैव आपके दास बने रहेंगे। आपके पास उनको भुगतान करने और उनकी आज्ञा का पालन करने के अतिरिक्त अन्य कोई विकल्प नहीं है। प्रत्येक चीज पादरी द्वारा की जाएगी। आपके लिए धर्म कितना सरल बन जाता है! आपको कुछ भी नहीं करना है। घर जाइए और आराम से बैठ जाइए। तुम्हारे लिए सारा काम कोई अन्य व्यक्ति कर रहा है—दुर्बल, असहाय पशुओ!

इसके साथ-साथ एक अन्य तंत्र भी था। उपनिषद् अपने सभी निष्कर्षों में विरोधाभासी हैं। सबसे पहली बात तो यह कि उपनिषद् ईश्वर, संसार के रचयिता एवं उसके शासक में विश्वास करते हैं। आगे चलकर आप इसे दयालु विधाता के विचार के रूप में देखेंगे। यह समग्रतः एक विपरीत संकल्पना है। यद्यपि जब हम पुरोहित को सुनते हैं तो आदर्श हमें अत्यंत सौम्य दिखाई देता है। उन्होंने अनेक देवताओं की बजाय केवल एक ईश्वर बनाया।

दूसरा विचार यह है कि आप सभी कर्म के नियम से बँधे हुए हैं। उपनिषद् इसे स्वीकार तो करते हैं, परंतु वे आपको उपाय भी सुझाते हैं। मनुष्य का उद्देश्य नियम से आगे जाना है। खुशियाँ कभी भी कोई उद्देश्य नहीं बन सकती हैं, क्योंकि खुशियाँ केवल प्रकृति में हो सकती हैं।

तीसरी बात यह कि उपनिषद् सभी प्रकार के यज्ञों की निंदा करते हैं और कहते

हैं कि यह स्वाँग (ढकौसला) है। वे आपको वह सबकुछ दे सकते हैं, जिसकी आप इच्छा करते हैं; परंतु यह वांछनीय नहीं है, क्योंकि आप जितना अधिक पाएँगे, आपकी इच्छा भी उतनी अधिक बढ़ती जाएगी और आप इच्छाओं के अनंत चक्र में प्रसन्न एवं व्यक्ति होकर गोल-गोल घूमते रहेंगे। अनंत प्रसन्नता जैसी कोई चीज कहीं भी असंभव है। यह किसी बालक के सपने के समान है। समान ऊर्जा सुख एवं दु:ख बन जाती है।

आज मैंने अपने दर्शन के विषय को आंशिक तौर पर परिवर्तित कर दिया है। मुझे अधिक महत्त्वपूर्ण तथ्य मिल गया है। आपके पास कोई विचार है और आप उस विचार को नहीं रखना चाहते हैं। आप किसी अन्य चीज के बारे में सोचते हैं और जिस विचार को आप दबाना चाहते हैं, वह पूर्णतया दमित हो जाता है। वह विचार क्या है ? मैंने उसे पिछले पंद्रह मिनटों में आते देखा है। वह विचार आया और उसने मुझे झकझोर दिया। वह विचार अत्यंत प्रबल था और वह इतने भयावह एवं हिंसक रूप में आया कि मैंने सोचा कि मैं पागल हो जाऊँगा। और जब वह विचार मर गया तो जो कुछ हुआ, वह अपनी पूर्व भावना का दमन था। निष्कर्ष क्या निकला ? वह मेरा अपना बुरा विचार था, जिसे ठीक किए जाने की आवश्यकता थी। "प्रकृति अपने तरीके से काम करेगी। दमन क्या कर सकता है ? 'गीता' में यह एक भ्रामक वक्तव्य है। ऐसा लगता है कि अंततोगत्वा हमारे द्वारा किए जानेवाला प्रत्येक कार्य एक निरर्थक संघर्ष है। आपके पास एक समय में लाखों प्रतिस्पर्धी विचार हो सकते हैं। उस समय तो आप उन्हें दबा सकते हैं, परंतु जैसे ही स्प्रिंग खुलती है, प्रत्येक चीज पुन: सामने आ जाती है।

परंतु इसमें भी आशा है। यदि आप पर्याप्त रूप से सशक्त हैं तो एक ही समय में अपनी चेतना को बीस भागों में विभाजित कर सकते हैं। मैं अपना मनोविज्ञान बदल रहा हूँ। मन उन्नत होता है। यह बात योगी भी कहते हैं। आपके मन में एक चाहत है और जब दूसरी चाहत उत्पन्न होती है तो पहलेवाली चाहत मर जाती है। आप यदि एक पल रुष्ट हैं और दूसरे पल प्रसन्न हैं तो अगले पल क्रोध समाप्त हो जाता है। उस क्रोध के परिणामस्वरूप आपने अगली दशा का निर्माण किया। ये दशाएँ सदैव अंत:परिवर्तनीय हैं। अनंत खुशियाँ एवं कष्ट किसी बालक के सपने के समान हैं। उपनिषद् संकेत देते हैं कि मनुष्य का लक्ष्य न तो खुशी है और न ही कष्ट; परंतु हमें अनिवार्यत: उस दशा का स्वामी बनना होगा, जिनके कारण ये पैदा होती हैं। हमें अनिवार्यत: परिस्थितियों के मूल का स्वामी बनना होगा।

भिन्नता का एक अन्य बिंदु है—उपनिषद् सभी संस्कारों की निंदा करते हैं, विशेषतया

उनकी, जिनमें पशुओं का वध शामिल हो। उपनिषद् उन्हें मूर्खता कहते हैं। दार्शनिकों की एक शाखा कहती है कि यदि आपको निश्चित समय में परिणाम प्राप्त करना है तो आपको एक निश्चित अवधि में किसी-न-किसी पशु का वध अवश्य करना होगा। ऐसी स्थिति में आप यह उत्तर दे सकते हैं, "किंतु किसी पशु के प्राण लेना भी तो पाप है। आपको उस पाप का कष्ट भोगना होगा।" वे कहेंगे, यह मूर्खता है। आपको कैसे पता कि क्या सही है और क्या गलत? आप कहेंगे कि मेरा मन ऐसा कहता है! इस बात की चिंता कौन करता है कि आपका मन क्या कहता है? तुम कैसी मूर्खतापूर्ण बातें कर रहे हो? तुम अपने मन को धर्मग्रंथों के विरुद्ध ले जा रहे हो। यदि आपका मन एक बात कहता है और वेद दूसरी बात कहते हैं तो अपने मन को रोको और वेदों में विश्वास करो। यदि वे कहते हैं कि किसी मनुष्य का वध करना सही है तो वह सही है। यदि आप कहते हैं कि नहीं, मेरी अंतरात्मा इसके विपरीत कहती है तो उससे काम नहीं चलेगा। जिस पल आप किसी ग्रंथ को ईश्वरीय कथन के रूप में देखने लगते हैं तो आप उससे डरते हैं और आप अधिक प्रश्न नहीं करते। मैं यह बात नहीं समझ पा रहा हूँ कि आप लोग यहाँ 'बाइबल' में कैसे विश्वास करते हैं, जब आप उसके बारे में कहते हैं, "वे शब्द कितने अद्‌भुत, सही और कितने अच्छे हैं!" क्योंकि जब आप 'बाइबल' को ईश्वर के वचन मानकर उसका आदर करते हैं तो आपको उसका मूल्यांकन करने का कोई अधिकार नहीं है। जिस समय आप मूल्यांकन करने लगते हैं, आप सोचते हैं कि आप 'बाइबल' से ऊपर हैं। तब आपके लिए 'बाइबल' का कोई प्रयोजन नहीं रह जाता है। पुरोहित कहते हैं, "हम तुम्हारे 'बाइबल' या किसी अन्य के ग्रंथ से अपने ग्रंथ की तुलना करने से इनकार करते हैं। तुलना करने का कोई लाभ नहीं है, क्योंकि हमारे पास इसका क्या अधिकार है? बात यहीं समाप्त हो जाती है। यदि आप सोचते हैं कि कोई कार्य सही नहीं है तो जाइए और उसे वेदों के अनुसार सही कीजिए।"

उपनिषद् उनमें विश्वास करते हैं, परंतु उनका एक उच्च मानक भी है। एक ओर वे वेदों को अनदेखा भी नहीं करना चाहते, दूसरी ओर वे इन पशु-बलियों को देखते हैं और पुजारियों को सबसे धन ऐंठते हुए देखते हैं। परंतु दोनों का मनोविज्ञान समान है। आत्मा की प्रकृति के संबंध में सारे मतभेद दर्शन में हैं। क्या उसका कोई मन एवं शरीर है? क्या मन चालित नाड़ियों एवं संवेदी नाड़ियों का एक गट्ठर मात्र है? वे मानकर चलते हैं कि मनोविज्ञान एक पूर्ण विज्ञान है। इस बात पर किसी प्रकार का कोई मतभेद नहीं हो सकता है। सारी कलह हमेशा दर्शन को लेकर रही है—आत्मा एवं ईश्वर इत्यादि की प्रकृति को लेकर रही है।

तत्पश्चात् हम पुरोहितों एवं उपनिषदों के मध्य एक बड़ा मतभेद देखते हैं। उपनिषद्

कहते हैं—त्यागो। यही प्रत्येक चीज की परीक्षा है। प्रत्येक चीज का परित्याग कर दो। यह हमारी रचनात्मक बुद्धि ही है, जो हमें सभी प्रकार की उलझनों में लटकाए रखती है। मन जब शांत होता है तो अपनी निजी प्रकृति में रहता है। जिस पल आप इसे शांत व स्थिर कर लेंगे, उसी पल आप सत्य को जान जाएँगे। वह कौन सी चीज है, जो हमारे मन को आलोड़ित करती रहती है? कल्पना, रचनात्मक गतिविधि। जैसे ही आप रचना करना बंद करेंगे, आप सत्य को जान जाएँगे। संपूर्ण सृजनात्मक शक्ति समाप्त होते ही आपको तत्काल सत्य का ज्ञान हो जाएगा।

दूसरी ओर पुरोहित हैं, जिनका सारा उद्यम ही रचना पर आधारित है। आप ऐसे जीवन के तत्त्वों की कल्पना कीजिए, जिसमें कोई रचनात्मक गतिविधि नहीं है। यह बात विचारणीय नहीं है। लोगों के पास एक स्थिर समाज की रचना हेतु कोई योजना तो होनी ही चाहिए। पहले कठोर चयन की नीति अपनाई गई थी। उदाहरण के लिए, कोई भी नेत्रहीन एवं विकलांग व्यक्ति विवाह नहीं कर सकता था। उसका परिणाम यह हुआ कि दुनिया के किसी भी देश की अपेक्षा भारत में विकलांगों की संख्या कम है। वहाँ पागलों एवं मिर्गी के रोगियों की संख्या भी बहुत कम है। इसका कारण प्रत्यक्ष चयन है। पुरोहित कहते हैं, "उन्हें संन्यासी बन जाने दो।" दूसरी ओर, उपनिषद् कहते हैं, "नहीं-नहीं, वेदी पर पृथ्वी के सारे ताजा एवं सुंदर पुष्प ही चढ़ाए जाने चाहिए। जितने भी शक्तिशाली, युवा एवं उत्तम मन एवं बुद्धिवाले लोग हैं, उन्हें सत्य के लिए संघर्ष अवश्य करना चाहिए।"

इसलिए, मैंने आपको बताया था कि इतनी सारी भिन्नताओं के कारण पुरोहितों ने पहले ही स्वयं को एक जाति के रूप में अलग कर लिया था। दूसरा है राजाओं की जाति···संपूर्ण औपनिषदीय दर्शन राजाओं के मस्तिष्क की उपज है, पुरोहितों की नहीं। प्रत्येक धार्मिक संघर्ष के साथ-साथ एक आर्थिक संघर्ष भी चलता है। मनुष्य नामक इस पशु का कुछ धार्मिक प्रभाव भी होता है; परंतु वह अर्थव्यवस्था से निर्देशित होता है। सामान्यजन किसी अन्य चीज से प्रेरित होते हैं; परंतु प्राणिमात्र के बड़े समूह ने तब तक कोई नया अभियान नहीं चलाया, जब तक उसमें अर्थव्यवस्था शामिल नहीं थी। आप किसी ऐसे धर्म का उपदेश दे सकते हैं, जो संभवतः प्रत्येक दृष्टि से परिपूर्ण न हो; परंतु यदि उस धर्म में धन शामिल होगा, अर्थात् उसकी पृष्ठभूमि आर्थिक होगी और उस धर्म के प्रचार हेतु आपके पास अच्छे वक्ता होंगे तो आप किसी वर्ग को ही नहीं, बल्कि पूरे देश को उस धर्म का पालन करने हेतु राजी कर सकते हैं।

प्रत्येक धर्म की सफलता के पीछे उसमें निहित उसका आर्थिक मूल्य होता है।

एक ही प्रकार के हजारों संप्रदाय सत्ता के लिए संघर्ष करेंगे; परंतु विजय उसी की होगी, जिसके पास वास्तविक आर्थिक समस्याओं को पूरा करने का सामर्थ्य होगा। मनुष्य उदर (पेट) द्वारा निर्देशित होता है। वह चलता है तो पहले पेट आता है और बाद में सिर। क्या आपने इस तथ्य को नहीं देखा है ? शीश को प्रथम स्थान प्राप्त करने के लिए युग बीत जाएँगे। जिस समय व्यक्ति की आयु 60 वर्ष की हो जाती है, उसे इस दुनिया से वापस बुला लिया जाता है, अर्थात् वह चल बसता है। हमारा संपूर्ण जीवन ही एक भ्रम है; और जब आप चीजों को उनके वास्तविक रूप में देखने योग्य होते हैं, तभी आपको छीन लिया जाता है। जब तक पेट का स्थान प्रथम था, आप बिल्कुल ठीक थे। जब बाल स्वप्न लुप्त होना प्रारंभ होता है और आप चीजों को उनके वास्तविक रूप में देखना प्रारंभ करते हैं, आपकी बुद्धि बढ़ने लग जाती है। जैसे ही बुद्धि को प्राथमिकता मिलने लगती है, आप इस संसार से विदा हो जाते हैं।

उपनिषदों के धर्म को लोकप्रिय बनाने का कार्य अत्यंत कठिन था, क्योंकि उसमें धन की संलिप्तता अत्यंत कम थी; किंतु उसमें परोपकार की भावना बहुत प्रबल थी।

उपनिषदों का साम्राज्य बहुत छोटा है; यद्यपि उनकी खोज सम्राटों द्वारा की गई थी, जिनके हाथों में संपूर्ण आर्थिक शक्तियाँ थीं। इसलिए संघर्ष भीषणतम होता गया। उसकी पराकाष्ठा 2,000 वर्षों बाद बौद्ध धर्म में हुई। यहाँ बौद्ध धर्म का बीज राजाओं एवं पुरोहितों के मध्य होनेवाले साधारण संघर्ष में है और इस संघर्ष में सभी धर्म पतित हो गए। एक वर्ग धर्म को बलिदान करना चाहता था, दूसरा वर्ग बलिदानों से चिपके रहना चाहता था, वैदिक देवताओं से जुड़े रहना चाहता था। बौद्ध धर्म ने समूहों की श्रृंखला को तोड़ दिया। सभी जातियाँ एवं धर्म क्षण भर में समान बन गए। इसलिए, यह कहना उचित होगा कि भारत में महान् धार्मिक विचार मौजूद हैं, परंतु उन्हें सामने लाने की आवश्यकता है, उनका उपदेश दिए जाने की आवश्यकता है, अन्यथा वे आपका कोई भला नहीं करेंगे।''

प्रत्येक देश में केवल पुरोहित या पादरी ही रूढ़िवादी हैं। इसके दो कारण हैं— पहला कारण तो यह है कि धर्म से ही उनकी रोजी चलती है और दूसरा कारण यह है कि केवल वही लोगों को धर्म के मार्ग पर संचालित कर सकते हैं। सभी पुरोहित या पादरी शक्तिशाली नहीं हैं। यदि लोग कहेंगे कि दो हजार देवताओं की स्तुति करो तो पुजारी या पादरी करेंगे। वे उस समूह के दास हैं, जो उन्हें धन देते हैं। ईश्वर उन्हें धन नहीं देता है। इसलिए पुरोहितों को दोष देने से पूर्व स्वयं को दोष दीजिए। आपको केवल वही सरकार, धर्म एवं पुरोहित या पादरी मिलेंगे, जिसके योग्य आप स्वयं होंगे। उससे अच्छे नहीं।

इस प्रकार, भारत में व्यापक संघर्ष प्रारंभ हुआ और उसका एक समापन बिंदु

'गीता' में मिला। जब लोगों में यह भय व्याप्त हुआ कि भारत दो भागों में विभाजित हो जाएगा तो उस स्थिति में हमारे समक्ष श्रीकृष्ण उपस्थित हुए और उन्होंने 'गीता' में लोगों एवं पुजारियों के दर्शन व संस्कारों के मध्य सुलह कराने का प्रयास किया। भारत में लोग श्रीकृष्ण की उसी प्रकार पूजा एवं प्रेम करते हैं, जिस प्रकार आप लोग ईसा मसीह से प्रेम करते हैं और उनकी उपासना करते हैं। अंतर केवल युग में है। हिंदू श्रीकृष्ण का जन्मदिन उसी प्रकार मनाते हैं, जैसे आप ईसा मसीह का जन्मदिन मनाते हैं। कृष्ण 5,000 वर्ष पूर्व हुए थे और उनका जीवन चमत्कारों से परिपूर्ण था। उनमें से कुछ चमत्कार ईसा मसीह के जीवन के चमत्कारों के समान थे। श्रीकृष्ण का जन्म कारागार में हुआ था। उनके पिता उन्हें ग्वालों के पास छोड़ आए थे। उस वर्ष जनमे सभी बच्चों की हत्याएँ करने का आदेश दिया गया था।...ईसा मसीह की भी हत्या की गई थी; यह उनका भाग्य था।

श्रीकृष्ण विवाहित थे। उनके बारे में हजारों पुस्तकें लिखी गई हैं। मेरी रुचि उन पुस्तकों में नहीं है। आप लोग जानते ही हैं कि हिंदू लोग कहानियाँ सुनाने में बड़े कुशल हैं। यदि कोई ईसाई धर्मावलंबी अपनी 'बाइबल' से एक कहानी सुनाएगा तो हिंदू बीस कहानियाँ सुना देगा। आप कहते हैं कि ह्वेल ने जोना को निगल लिया था; हिंदू कहेगा कि किसी ने हाथी को निगल लिया।...जब मैं बच्चा था तो मैंने श्रीकृष्ण के जीवन के बारे में सुना था। मैं यह मानकर चलता हूँ कि श्रीकृष्ण नामक व्यक्ति अवश्य रहा होगा और उसने 'गीता' नामक जो पुस्तक अपने पीछे छोड़ी थी, वह अत्यंत अद्भुत पुस्तक थी। मैंने आपको बताया था कि आप किसी व्यक्ति के चरित्र को तभी समझ सकते हैं, जब आप उसके चरित्र से जुड़ी दंतकथाओं का विश्लेषण करेंगे। उनमें अतिशयोक्ति की विशेषता होती है। आप अनिवार्यत: पाएँगे कि उन कहानियों को इस प्रकार बढ़ा-चढ़ाकर प्रस्तुत किया जाता है कि वे उस व्यक्ति के चरित्र से मेल खाएँ। उदाहरण के लिए, आप बुद्ध को ले लीजिए। उनकी शिक्षाओं का केंद्र-बिंदु त्याग है। उनके बारे में हजारों लोककथाएँ हैं, परंतु उन सभी में त्याग को अनिवार्यत: बनाए रखा गया है। लिंकन एवं उनकी विशेषताओं के बारे में हजारों कहानियाँ हैं, परंतु उन सभी में उस महान् व्यक्ति की खूबियों को अक्षुण्ण बनाए रखा गया है। आप सभी दंतकथाओं को पढ़ें और उसके केंद्रीय विचार को खोजें तो पाएँगे कि इस व्यक्ति का केंद्रीय महत्त्व अमुक था। आप श्रीकृष्ण के केंद्रीय विचार के रूप में 'अनासक्ति' को पाते हैं। उन्हें किसी चीज की आवश्यकता नहीं थी। वे कुछ पाना भी नहीं चाहते थे। वह कर्म के लिए कर्म करते थे।

"आप लोग भी कर्म के लिए कर्म कीजिए। पूजा के लिए पूजा कीजिए। भलाई

के लिए भलाई कीजिए, क्योंकि भलाई करना एक अच्छा कर्म है। अधिक प्रश्न मत कीजिए।" उस व्यक्ति का चरित्र ऐसा ही रहा होगा, अन्यथा ये दंतकथाएँ जन्म ही नहीं लेतीं और न ही उनका अनासक्ति का विचार सामने आ पाता। 'गीता' उनका पवित्र प्रवचन मात्र नहीं है।

मैं श्रीकृष्ण को अत्यंत विद्वान् व्यक्ति मानता हूँ, जो बुद्धि, हृदय एवं मन में समान रूप से विकसित थे। चाहे उनका चरित्र एक सज्जन व्यक्ति का हो, योद्धा का हो या मंत्री या कोई अन्य, उनके जीवन का प्रत्येक क्षण कर्म से भरपूर है। वे एक महान् सज्जन पुरुष, विद्वान् एवं कवि थे। उनकी इसी चतुर्दिक् एवं अद्भुत गतिविधि व मन, बुद्धि व हृदय का सम्मिलित रूप आप गीता एवं अन्य ग्रंथों में देखते हैं। उनके विशाल हृदय और उत्कृष्ट भाषा का कहीं कोई सानी नहीं है। व्यक्ति की यह व्यापक गतिविधि एवं छाप आज भी वहाँ विद्यमान है। 5,000 वर्ष बीत जाने के बाद भी वे करोड़ों-करोड़ लोगों को प्रेरित एवं प्रभावित कर रहे हैं। चाहे आप उन्हें जानते हों या नहीं, क्षण भर के लिए इस तथ्य पर विचार कीजिए कि श्रीकृष्ण नामक उस व्यक्ति का तत्कालीन विश्व पर कितना व्यापक प्रभाव था! मैं उनकी पूर्ण बुद्धिमत्ता एवं विवेक के लिए उनका सम्मान करता हूँ। उनकी बुद्धि में कोई अपरिपक्वता, कोई अंधविश्वास नहीं है। उन्हें प्रत्येक चीज की उपयोगिता का ज्ञान है और जब कभी वे किसी स्थान पर पहुँचना आवश्यक समझते हैं, उस स्थान पर तुरंत पहुँच जाते हैं। जो लोग वेदों के रहस्य को जानने की बातें करते हैं, वे वास्तव में सत्य को नहीं जानते हैं। ऐसे लोग धोखेबाजों के अतिरिक्त और कुछ नहीं हैं। यद्यपि वेदों में भी अंधविश्वास एवं अज्ञानता के लिए कुछ स्थान है। संपूर्ण रहस्य प्रत्येक चीज के उचित स्थान को खोजने में निहित है।

अब उनके हृदय की बात आती है! बुद्ध से पूर्व श्रीकृष्ण पहले व्यक्ति थे, जिन्होंने प्रत्येक जाति के लिए धर्म का द्वार खोला। कितना अद्भुत मन! कितना सक्रिय जीवन! बुद्ध की समस्त गतिविधियाँ शिक्षा के धरातल पर थीं। बुद्ध अपनी पत्नी एवं पुत्र के साथ नहीं रह सके और शिक्षक बन गए। श्रीकृष्ण ने रणभूमि में खड़े होकर युद्ध के दौरान उपदेश दिया। "जो व्यक्ति सघन गतिविधियों के मध्य अपार शांति का अनुभव कर सकता है और अनवरत शांति के मध्य गतिविधियों में लिप्त रह सकता है, वही महानतम योगी के साथ-साथ विवेकवान् व्यक्ति है।" इसका अर्थ यह है कि आप उस व्यक्ति (श्रीकृष्ण) के ऊपर चाहे कितने ही प्रक्षेपास्त्र छोड़ें, वे विचलित नहीं होते हैं। वे शांत व गंभीर बने रहकर जीवन एवं मृत्यु की समस्याओं पर चर्चा करते हैं। प्रत्येक उपदेशक अपनी शिक्षाओं पर स्वयं अपनी टिप्पणी है। यदि आप लोग 'न्यू टेस्टामेंट' के सिद्धांत के बारे में

जानने के इच्छुक होते हैं तो श्रीमान अमुक-अमुक के पास जाते हैं। आप इसकी बजाय बारंबार ईसा के चरित्र को पढ़िए और अपने गुरु के जीवन के प्रकाश के अद्भुत अवतरण को जानने का प्रयास कीजिए। महान् लोग चिंतन करते हैं और हम व आप भी चिंतन करते हैं। परंतु दोनों के चिंतन में अंतर है। हम जो चिंतन करते हैं, उसका साथ हमारा शरीर नहीं देता। हमारे कर्मों का हमारे विचारों से कोई तालमेल नहीं होता। हमारे शब्दों में उतनी शक्ति नहीं है कि वे वेद वाक्य बन जाएँ।...वे जो भी सोचते हैं, वह अनिवार्यतः पूर्ण हो जाता है। यदि वे कहते हैं, "मैं यह कार्य करूँगा।" उनका शरीर वह कार्य करने लगता है। पूर्ण आज्ञाकारिता! यही अंतर है। आप एक पल खुद को ईश्वर सोच सकते हैं, परंतु आप ईश्वर नहीं हो सकते। यही कठिनाई है। वे वही बन जाते हैं, जो वे सोचते हैं। हम भी वैसे बन सकते हैं, परंतु केवल आंशिक तौर पर।

अब तक आपने श्रीकृष्ण एवं उनके युग के बारे में जाना। अगले वक्तव्य में हम पूर्णतया उनकी पुस्तक के बारे में जानेंगे।

□

14

गीता-II

'श्रीमद्भगवद्गीता' की कुछ प्रारंभिक भूमिका की आवश्यकता है। इसका प्रारंभ स्थल कुरुक्षेत्र की रणभूमि है। लगभग 5,000 वर्ष पूर्व एक ही कुल की दो शाखाएँ भारत के साम्राज्य के लिए युद्ध कर रही थीं। पांडवों के पास अधिकार था, जबकि कौरवों के पास शक्ति थी। पांडव पाँच भाई थे और वे वनों में निवास कर रहे थे। श्रीकृष्ण पांडवों के मित्र थे। कौरव उन्हें सुई की नोक के बराबर भूमि भी देने को तैयार नहीं थे।

प्रारंभिक दृश्य रणभूमि का है, जहाँ दोनों पक्षों के लोग अपने संबंधियों व मित्रों को देख सकते थे। एक भाई एक पक्ष में था तो दूसरा भाई दूसरे पक्ष में। पितामह एक पक्ष में थे तो पौत्र दूसरे पक्ष में। जब अर्जुन अपने ही मित्रों व संबंधियों को दूसरी ओर देखता है और समझता है कि उसे उनका वध करना होगा तो उसका हृदय करुणा से द्रवित हो जाता है और वह कहता है कि वह युद्ध नहीं करेगा। यहीं से 'गीता' का प्रारंभ होता है।

इस संसार में रहनेवाले हम सभी लोगों के लिए जीवन एक सतत संघर्ष है। कई बार ऐसा समय आता है, जब हम अपनी दुर्बलता व कायरता को क्षमा एवं त्याग की संज्ञा देने लगते हैं। किसी भिक्षुक के त्याग का कोई महत्त्व नहीं है। यदि कोई व्यक्ति किसी को परास्त करने की स्थिति में हो और वह उसे क्षमा कर दे, तब उसका कुछ महत्त्व है। यदि किसी व्यक्ति के पास कुछ है और वह उसे किसी को दे देता है तो उसका महत्त्व है। हम जानते हैं कि अकसर हम अपने जीवन में अपनी सुस्ती एवं कायरता के कारण युद्ध का त्याग कर देते हैं और अपने मन को भ्रमित करने का प्रयास करते हैं कि हम साहसी हैं!

'गीता' का प्रारंभ इस महत्त्वपूर्ण श्लोक से होता है—"हे राजपुत्र! उठो। अपने इस

** 28 मई, 1900 को सैन फ्रांसिस्को में दिया गया वक्तव्य*

मोह को त्यागो, इस दुर्बलता को छोड़ो! खड़े होकर युद्ध करो!"

अर्जुन युद्ध के विषय पर तर्क देते हुए उच्च नैतिक विचारों के साथ श्रीकृष्ण से कहता है कि किस प्रकार प्रतिरोध न करना प्रतिरोध करने से उत्तम है। वह स्वयं को उचित सिद्ध करने का प्रयास करता है, परंतु वह श्रीकृष्ण को मूर्ख नहीं बना सकता था। श्रीकृष्ण उच्च आत्म या ईश्वर हैं। वे अपने तर्क के माध्यम से तत्काल समझ जाते हैं कि अर्जुन को मोह हो गया है और उसकी सारी दुर्बलता का कारण यही मोह है। अर्जुन अपने ही संबंधियों को रणभूमि में खड़ा देखता है और कहता है कि वह उन पर आक्रमण नहीं कर सकता है।...

अर्जुन के हृदय में अपनी भावना एवं कर्तव्य के मध्य द्वंद्व चल रहा है। हम पशु-पक्षियों के जितना अधिक निकट जाते हैं, उतना ही उनके प्रति भावना के नरक में धँसते जाते हैं। हम उसे 'प्रेम' कहते हैं। यह आत्म-संशय है। हम पशुओं की भाँति अपनी भावनाओं के वशीभूत हो जाते हैं। गाय अपने नन्हे बछड़े के लिए अपना जीवन बलिदान कर देती है। ऐसा ही प्रत्येक पशु करता है। इन सब चीजों का मनुष्यों के लिए क्या अर्थ है? अंधी एवं पक्षी जैसी भावना कभी पूर्णता की ओर नहीं ले जाती है। अनंत चेतना की अवस्था में पहुँचना केवल मनुष्य का लक्ष्य है! न तो उसमें भावनाओं का कोई स्थान है, न भावनात्मकता का और न ही इंद्रियों से संबंधित किसी अन्य चीज का—केवल शुद्ध कारण के प्रकाश की जरूरत है। उस दशा में पहुँचकर मनुष्य आत्मा के रूप में स्थिर हो जाता है।

इस समय अर्जुन इसी भावनात्मकता के नियंत्रण में था। वह, वह नहीं है, जो उसे होना चाहिए। उसे तो एक आत्म-नियंत्रित, ज्ञानोदित ऋषि के समान होना चाहिए, जो आत्मा के अनंत प्रकाश में कार्य करता है। वह एक पशु के समान बन गया था—एक बालक के समान, जो अपने हृदय को अपनी बुद्धि को इधर-उधर भटकाने एवं खुद को मूर्ख बनाने की अनुमति देता है और अपनी दुर्बलता को 'प्रेम' जैसे कोमल शब्दों के पीछे छिपाने का प्रयास करता है। श्रीकृष्ण उसकी स्थिति को तत्काल समझ जाते हैं। अर्जुन किसी मूर्ख की भाँति अनेक तर्क देता है और इसके साथ ही वह मूर्खों जैसी भाषा भी बोलता है।

श्रीकृष्ण कहते हैं, "ऋषि उन लोगों के लिए कभी व्यथित नहीं होता है, जो जीवित हैं और न ही वह उनकी चिंता करता है, जो मरते हैं। हे अर्जुन! न तो तू मर सकता है और न मैं। कभी कोई ऐसा समय नहीं था, जब हम न रहे हों। जिस प्रकार मनुष्य इस जीवन में बचपन से प्रारंभ करता है और यौवन से गुजरते हुए वृद्धावस्था को प्राप्त करता

है, उसी प्रकार वह मृत्यु के समय दूसरे शरीर में प्रवेश करता है। फिर किसी बुद्धिमान व्यक्ति को शोक क्यों करना चाहिए?" और तुम्हारी इस भावनात्मकता का मूल कहाँ है, जिसने तुम्हारे ऊपर नियंत्रण कर लिया है? यह भावना तुम्हारी इंद्रियों में है। "वह इंद्रियों का ही स्पर्श है, जो इस प्रकार के गरमी या सर्दी, प्रसन्नता एवं पीड़ा जैसे सभी अस्तित्वों को जन्म देता है। ये सभी आते हैं और चले जाते हैं। मनुष्य इस पल दु:खी है और अगले ही पल प्रसन्न हो जाता है। इस रूप में वह आत्मा की प्रकृति का अनुभव नहीं कर सकता है...

"अस्तित्व कभी अनस्तित्व नहीं बन सकता है और अनस्तित्व कभी अस्तित्व नहीं बन सकता है...इस तथ्य को समझो, अर्जुन! इसलिए इस संसार में जो कुछ सर्वव्यापक प्रतीत होता है, उसका न तो कोई प्रारंभ है और न ही कोई अंत। यह अपरिवर्तनीय है। इस ब्रह्मांड में ऐसी कोई चीज नहीं है, जो अपरिवर्तनीय को परिवर्तित कर सकती हो। यद्यपि इस शरीर का आदि व अंत है, परंतु इस शरीर में निवास करनेवाला असीम एवं अनंत है।"

"इसे समझते हुए खड़े हो जाओ और युद्ध करो! अब तुम्हारे पास पीछे लौटने का कोई विकल्प नहीं है। जो भी सामने आए, उसके साथ युद्ध करो। चाहे तारे आसमान से पृथ्वी पर आ जाएँ, चाहे संपूर्ण जगत् हमारे विरुद्ध खड़ा हो जाए! मृत्यु का अर्थ केवल परिधान परिवर्तन है। इसका क्या? अत: युद्ध करो! कायर बनने से तुम्हें कोई लाभ नहीं होने वाला। पीछे लौटकर तुम अपने दुर्भाग्य से बच नहीं सकते हो। तुमने संसार के सभी देवताओं के समक्ष विलाप किया। क्या तुम्हारे कष्टों का अंत हुआ? भारत की जनता 60 करोड़ देवताओं के समक्ष जाकर रोती है, परंतु फिर भी वह श्वानों की भाँति मरती है। ये देवी-देवता कहाँ हैं?...देवता आपकी सहायता करने तभी आते हैं, जब आप सफल हो जाते हैं। अत: इन सब चीजों का क्या लाभ है? सारा मृत्यु का खेल...हे मेरी आत्मा! तुम्हारा इस प्रकार अंधविश्वासों के समक्ष घुटने टेकना, अपने मन के हाथों अपने आप को बेच देना तुम्हारे योग्य नहीं है। तुम अनंत हो, मृत्यु-रहित, जन्म-रहित हो; क्योंकि तुम अनंत व अमर आत्मा हो। तुम्हारा इस प्रकार दास बनना तुम्हारे योग्य नहीं है।...उठो, जागो, खड़े होकर युद्ध करो! मरना भी पड़े तो मरो। तुम्हारी सहायता करनेवाला कोई नहीं है। संपूर्ण जगत् तुम स्वयं हो। तुम्हारी सहायता कौन कर सकता है?

"हमारे जन्म से पूर्व और मृत्यु के बाद के अस्तित्वों का ज्ञान हमारी इंद्रियों को नहीं है। यह तो मध्यांतर है, जिसमें वे विस्तारित होते हैं। ऐसी कौन सी चीज है, जिसके लिए शोक किया जाए?

"कुछ लोग इसे (आत्म को) आश्चर्य से देखते हैं। कुछ लोग इसके आश्चर्यजनक

होने की बात करते हैं। अन्य लोग इसे आश्चर्यजनक होने के बारे में सुनते हैं। अन्य लोग इसके बारे में सुनने पर भी इसे नहीं समझते हैं।

"परंतु यदि तुम कहते हो कि इन लोगों का वध करना पाप है तो अपने स्वयं के जाति-कर्तव्य के दृष्टिकोण से विचार करो···"प्रसन्नता एवं पीड़ा दोनों का निर्माण समान है, सफलता एवं पराजय का निर्माण समान है। क्या अब तुम खड़े होकर युद्ध करोगे?"

यह 'गीता' के एक अन्य विशिष्ट सिद्धांत का प्रारंभ है—यह अनासक्ति का सिद्धांत है। कहने का तात्पर्य यह कि हमें अपने कर्मों का फल स्वयं भुगतना होगा, क्योंकि हम स्वयं को अपने कर्मों से जोड़ देते हैं··· "जो कर्म केवल कर्म के लिए किया जाता है, केवल वही इस कर्म की आसक्ति को नष्ट कर सकता है।" इसमें कोई हानि नहीं है कि आप इसे अनदेखा कर सकते हैं···"यदि आप इस दिशा में लेशमात्र भी आगे बढ़ेंगे तो यह योग आपको जन्म व मृत्यु के भयावह चक्र से बचा लेगा।"

"इसे जानो, अर्जुन! केवल एकाग्र मन ही सफलता प्राप्त करता है। जो मन अपने साथ हजारों विषयों का भार लेकर चलता है, उसकी ऊर्जा विदीर्ण हो जाती है, तितर-बितर हो जाती है। कुछ लोग पुष्पों जैसी कोमल भाषा में बात करते हैं और सोचते हैं कि वेदों से आगे कुछ भी नहीं है। वे स्वर्ग जाने के इच्छुक हैं। चूँकि वे वेदों की शक्ति के माध्यम से उत्तम वस्तुएँ प्राप्त करना चाहते हैं, इसलिए वे यज्ञादि करते हैं। आध्यात्मिक जीवन में इनसे तब तक कोई सफलता नहीं प्राप्त की जा सकती, जब तक कि वे सभी भौतिकतावादी विचारों का त्याग न कर दें।"

यह एक अन्य बड़ा पाठ है। जब तक आप सभी पादार्थिक विचारों का परित्याग नहीं करेंगे, तब तक कभी भी आध्यात्मिकता नहीं प्राप्त की जा सकती है···लोग यद्यपि मृत्यु के बाद भी स्वर्ग में इनके प्रति मोह बनाए रखना चाहते हैं—एक जोड़ी आँखें और एक नाक। कुछ लोग यह कल्पना भी करते हैं कि शायद उनके पास स्वर्ग में इससे अधिक अंग हों! वे ईश्वर को किसी भौतिक शरीर में सदैव स्वर्ग के सिंहासन पर बैठे देखना चाहते हैं···ऐसे लोगों की इच्छाएँ शरीर के लिए हैं, खान-पान एवं मनोरंजन के लिए हैं। यह पादार्थिक जीवन को स्वर्ग में भी बनाए रखने के समान है। मनुष्य जीवन से आगे किसी चीज के विषय में सोच ही नहीं सकता है। "ऐसे व्यक्ति मुक्ति की ओर ले जानेवाली एकाग्रता कभी प्राप्त नहीं कर सकते हैं।"

"वेद केवल तीन गुणों—सत्, रज एवं तम—से संबद्ध चीजों की शिक्षा देते हैं।" वेद केवल उन्हीं चीजों के बारे में शिक्षा देते हैं, जो प्रकृति में विद्यमान हैं। लोग पृथ्वी पर किए गए अपने किसी कार्य को देखने के बारे में नहीं सोच सकते। यदि वे स्वर्ग के

विषय में भी सोचते हैं तो उनकी कल्पना में ईश्वर किसी सिंहासन पर बैठा दिखाई देता है, जिसके चारों ओर लोग अगरबत्तियाँ जलाए खड़े रहते हैं। यह सब प्रकृति है, प्रकृति से परे कुछ भी नहीं है। इसलिए वेद किसी अन्य चीज की बजाय केवल प्रकृति सिखाते हैं। "प्रकृति से आगे जाओ, अस्तित्व के द्वैत से आगे जाओ, अपनी निजी चेतना से आगे जाओ, अच्छी या बुरी किसी चीज की चिंता मत करो।"

हमने स्वयं को केवल शरीर के रूप में देखा है। हम केवल शरीर हैं अथवा ज्यादा-से-ज्यादा शरीर में अंतर्भूत हैं। यदि कोई मुझे चिकोटी काटता है तो मैं चीख पड़ता हूँ। चूँकि मैं आत्मा हूँ, इसलिए यह सब मूर्खता है। ये सारे कष्ट, कल्पनाएँ, पशु, देवता और राक्षस—प्रत्येक वस्तु और यह संपूर्ण जगत् हमें इसलिए दिखाई देते हैं, क्योंकि हम स्वयं को शरीर के रूप में पहचानते हैं। मैं आत्मा हूँ। यदि तुम मुझे चिकोटी काटो तो मैं क्यों उछलूँ?···इसकी दासता पर दृष्टिपात करो। क्या आप लज्जित नहीं हैं? हम धार्मिक हैं! हम दार्शनिक हैं! हम ऋषि हैं! ईश्वर हमारी रक्षा करे! हम क्या हैं? हम केवल ज्वलंत नरक मात्र हैं। हम कुल मिलाकर पागल हैं!

हम शरीर के विचार का परित्याग नहीं कर सकते हैं। हम पृथ्वी से बँधे हुए हैं··· हमारे विचार श्मशान हैं। जब हम यह शरीर छोड़ते हैं तो इन विचारों के हजारों तत्त्वों से बँधे होते हैं।

बिना आसक्ति के कौन कार्य कर सकता है? वास्तविक प्रश्न यही है। वह व्यक्ति, जो अपने कार्य की सफलता या विफलता में समान रहता है, यदि उसके जीवन का संपूर्ण कार्य पल भर में जलकर राख हो जाए तो भी उसके दिल में एक भी मिथ्या धड़कन नहीं होती है। "वह तो केवल ऋषि ही है, जो परिणाम की चिंता किए बिना केवल कार्य के लिए कार्य करता है। इस प्रकार, वह जन्म एवं मृत्यु की पीड़ा से परे चला जाता है। इस प्रकार, वह मुक्त बन जाता है।" इस अवस्था में पहुँचने पर वह इस आसक्ति को समूचा भ्रम समझता है। आत्म को कभी आसक्त नहीं बनाया जा सकता है।···ऐसे विचार आने के बाद वह सभी धर्मों एवं दर्शनों से आगे निकल जाता है। यदि हमारा मन इन पुस्तकों एवं धर्मग्रंथों के बवंडर में फँसकर भ्रमित हो गया है तो इनका क्या लाभ? एक ग्रंथ यह कहता है, दूसरा ग्रंथ वह कहता है। आप कौन सा ग्रंथ लेंगे? अकेले खड़े हो जाओ! अपनी आत्मा के गौरव को पहचानो और समझो कि तुम्हें कार्य करना होगा। इसके पश्चात् आप एक दृढ़ इच्छा-शक्ति वाले व्यक्ति बन जाएँगे।

अर्जुन प्रश्न करता है, "दृढ़ इच्छा-शक्तिवाला व्यक्ति कौन है?"

श्रीकृष्ण उत्तर देते हैं, "वह व्यक्ति, जिसने अपनी समस्त इच्छाओं का परित्याग कर

दिया है; जिसे किसी चीज की इच्छा नहीं है—न इस जीवन की, न मुक्ति की, न देवताओं की, न कर्म और न ही किसी अन्य चीज की। जब वह पूर्णतया संतुष्ट हो जाता है तो उसकी कोई भी तृष्णा शेष नहीं रहती है।" उसने अपनी आत्मा के गौरव को देख लिया है और समझ लिया है कि यह जगत्, ईश्वर और स्वर्ग—सबकुछ इस आत्मा के भीतर ही हैं। ऐसे व्यक्ति के लिए देवता, देवता नहीं रह जाते हैं; स्वर्ग, स्वर्ग नहीं रह जाता है; मृत्यु, मृत्यु नहीं रह जाती है और जीवन, जीवन नहीं रह जाता है। सबकुछ बदल जाता है। कहा जाता है कि यदि कोई व्यक्ति दृढ़ इच्छा-शक्तिवाला है, यदि उसका मन कष्टों से व्यथित नहीं है, यदि उसे किसी प्रकार की खुशियों की इच्छा नहीं है, यदि वह समस्त आसक्तियों से मुक्त है, सभी प्रकार के भय एवं क्रोध से मुक्त है तो वह प्रकाशित हो जाता है।...

"जिस प्रकार कोई कछुआ आपके आक्रमण करने पर अपने पाँव भीतर की ओर खींच लेता है और उसका एक भी पाँव बाहर नहीं आता है, उसी प्रकार ऋषि अपने सभी संवेदी अंगों को अंदर खींच लेते हैं।" और कोई उन्हें बलात् बाहर नहीं निकाल सकता है। कोई लालसा या अन्य चीज उसे हिला नहीं सकती है। चाहे ब्रह्मांड पलट जाए, उसके मन में एक भी तरंग नहीं उठती है।

इसके बाद एक अति महत्त्वपूर्ण प्रश्न आता है। कई बार लोग कई-कई दिनों तक उपवास रखते हैं...यदि कोई बुरे-से-बुरा व्यक्ति भी बीस दिनों तक उपवास कर ले तो वह अत्यंत सौम्य बन जाता है। उपवास एवं आत्मोत्पीड़न का अभ्यास संपूर्ण जगत् के लोगों द्वारा किया जाता है। श्रीकृष्ण की दृष्टि में यह एक मूर्खतापूर्ण विचार है। वे कहते हैं कि संभव है कि आत्मोत्पीड़न करनेवाले व्यक्ति की इंद्रियाँ पल भर के लिए शिथिल पड़ जाएँ, परंतु कुछ समय बाद वे बीस गुना अधिक शक्ति के साथ पुनः उभर आती हैं। ऐसी स्थिति में आपको क्या करना चाहिए? इसका उपाय सामान्य बन जाना है—कठोरता कदापि नहीं। जाओ और अनासक्ति के विचार के साथ कर्म करो! जिस व्यक्ति ने कभी अनासक्ति का अभ्यास नहीं किया है और उसने उसके रहस्य को नहीं जाना है, उसकी इच्छा किसी एक बिंदु पर दृढ़ नहीं रह सकती है।

मैं बाहर जाता हूँ और अपनी आँखें खोलता हूँ। यदि वहाँ कोई चीज होगी तो मैं उसे अवश्य देखूँगा। इस पर मेरा कोई वश नहीं है। मन इंद्रियों के पीछे भागता है। ऐसी स्थिति में इंद्रियाँ प्रकृति के साथ कोई प्रतिक्रिया अवश्य करेंगी।

"जब इंद्रियबद्ध व्यक्ति को यह संपूर्ण जगत् एक काली रात के समान प्रतीत होता है, उस समय आत्म-नियंत्रित व्यक्ति जाग्रत् होता है। उसके लिए वह दिन के प्रकाश के समान है...और जब संपूर्ण जगत् जागता है तो ऋषि सोता है।" जाग्रत् जगत् कहाँ है?

इंद्रियों में। लोग खाते-पीते, बच्चे पैदा करते हैं और उसके बाद वे किसी श्वान की मौत मर जाते हैं।…वे हमेशा इंद्रियों के लिए जागते हैं। यद्यपि उसका धर्म भी इन्हीं सब चीजों के लिए है। वे अपनी सहायता के लिए किसी ऐसे ईश्वर की खोज कर लेते हैं, जो उन्हें अधिक स्त्रियाँ दे, अधिक धन दे और अधिक बच्चे दे। वे कभी ऐसे ईश्वर की खोज नहीं करते, जो उन्हें देवता-तुल्य बनने में सहायता करे! "जहाँ सारा संसार जागता है, ऋषि सोता है; परंतु जहाँ अज्ञानी लोग सो रहे होते हैं, वहाँ ऋषि जाग्रत् बना रहता है। वह प्रकाश के ऐसे जगत् में होता है, जिसमें मनुष्य खुद को किसी पक्षी, किसी पशु अथवा शरीर के रूप में नहीं देखता है, बल्कि वह मृत्यु-रहित अनंत एवं अमर आत्मा के रूप में देखता है। जिस स्थान पर अज्ञानी मनुष्य सोता है और उसके पास न तो कुछ सोचने का समय होता है, न बुद्धि और न ही समझने की शक्ति, उस स्थान पर ऋषि सदैव जाग्रत् रहता है। उसके लिए वह दिन का प्रकाश है।

"जिस प्रकार संसार की समस्त नदियाँ अपना जल समुद्र में डालती हैं, परंतु समुद्र की धीर-गंभीर, भव्य एवं विशाल प्रकृति निर्बाध एवं अपरिवर्तित बनी रहती है, उसी प्रकार हमारी समस्त इंद्रियाँ अपनी सारी संवेदनाएँ प्रकृति से ग्रहण करती हैं। ऋषि का सागर सदृश हृदय न तो बाधित होता है, न ही भयभीत।" कष्टों की करोड़ों एवं खुशियों की सैकड़ों नदियों को आने दो! मैं न तो कष्टों का दास हूँ और न ही खुशियों का!

□

15

गीता-III

अर्जुन पूछता है, "आपने अभी-अभी कर्म करने का परामर्श दिया, फिर भी आप ब्रह्म के ज्ञान को जीवन का उच्चतम स्वरूप मानते हैं? प्रभु, यदि आप सोचते हैं कि ज्ञान कर्म से श्रेष्ठ है तो आप मुझे कर्म करने के लिए क्यों कह रहे हैं?"

श्रीकृष्ण बोले, "प्राचीन काल से ही ये दोनों प्रणालियाँ हमारे पास हैं। सांख्य दार्शनिक ज्ञान के सिद्धांत को आगे बढ़ाते हैं। योगीजन कर्म के सिद्धांत का समर्थन करते हैं; परंतु कोई भी व्यक्ति कर्मों का परित्याग करके शांति प्राप्त नहीं कर सकता है। इस जीवन में कोई व्यक्ति एक पल के लिए भी कर्म किए बिना नहीं रह सकता है। प्रकृति के गुण उसे कर्म करने हेतु विवश कर देंगे। जो व्यक्ति अपनी गतिविधियों को त्याग देता है और उसी समय वह कुछ प्राप्त करने के विषय में भी सोचता है, तो वह केवल ढोंगी बन जाता है। परंतु जो व्यक्ति अपने मन की शक्ति से अपनी इंद्रियों को धीरे-धीरे नियंत्रित कर लेता है और उन्हें कर्म में लिप्त कर देता है, वह श्रेष्ठ पुरुष है। इसलिए तुम कर्म करो…

"यद्यपि तुमने यह रहस्य जान लिया है कि तुम्हारा कोई कर्तव्य नहीं है, कि तुम मुक्त हो, फिर भी तुम्हें दूसरों की भलाई के लिए कर्म करना होगा; क्योंकि महान् लोग जो कर्म करते हैं, सामान्य जन भी उनका अनुसरण करते हैं। यदि जिस महान् व्यक्ति ने मन की शांति एवं मुक्ति प्राप्त कर ली है, यदि वह कर्म का त्याग कर देता है तो शेष लोग भी उस ज्ञान एवं शांति के बिना भी उसकी नकल करने का प्रयास करेंगे और उस स्थिति में भ्रम उत्पन्न हो जाएगा।

"मेरी ओर देखो, अर्जुन! इस संसार में ऐसी कोई चीज नहीं है, जो मेरे अधिकार

** 29 मई, 1900 को सैन फ्रांसिस्को में दिया गया वक्तव्य*

में न हो और ऐसी भी कोई चीज नहीं है, जिसे मैं अर्जित करना चाहता हूँ, फिर भी मैं निरंतर कर्म करता रहता हूँ। यदि मैं पल भर के लिए भी कर्म करना त्याग दूँ तो यह संपूर्ण ब्रह्मांड नष्ट हो जाएगा। जो कर्म अज्ञानी लोग फल एवं लाभ की इच्छा से करते हैं, वही कर्म विवेकशील लोग बिना किसी आसक्ति, बिना किसी परिणाम एवं लाभ की इच्छा से करते हैं।"

यदि तुम्हारे पास ज्ञान हो तो भी तुम किसी अज्ञानी की भावना को किसी बच्चे की भाँति आहत मत करो। दूसरी ओर, तुम उनके स्तर तक नीचे जाकर उन्हें धीरे-धीरे ऊपर उठाने का प्रयास करो। यह एक अत्यंत सशक्त विचार है और यही विचार भारत में आदर्श बन गया है। यही कारण है कि तुम किसी महान् दार्शनिक को मंदिर में जाकर मूर्तियों या छवियों की पूजा करते हुए देखते हो। यह कोई धूर्तता नहीं है।

आगे चलकर हम पढ़ेंगे कि कृष्ण कहते क्या हैं—"श्रीकृष्ण कहते हैं कि यदि लोग अन्य देवताओं की पूजा कर रहे हैं तो वे वास्तव में मेरी ही पूजा कर रहे हैं।" मनुष्य केवल अवतारी ईश्वर की पूजा कर रहा है। यदि तुम उसे किसी अन्य अथवा गलत नाम से पुकारोगे तो क्या ईश्वर रुष्ट हो जाएगा? यदि ऐसा हुआ तो वह किसी भी स्थिति में ईश्वर ही नहीं है! क्या तुम इस तथ्य को नहीं समझ सकते कि मनुष्य अपने हृदय में जो कुछ भी रखता है, वह ईश्वर है; यद्यपि वह चाहे पत्थर की ही पूजा क्यों न करे। इससे क्या!

एक बार यदि हम इस विचार से मुक्ति पा लें कि धर्म सिद्धांतों में निहित है, तो हम इसे अधिक स्पष्टता से समझ सकते हैं। धर्म का एक विचार यह रहा है कि संपूर्ण जगत् की उत्पत्ति आदम के सेब खाने से हुई थी और इससे बचने का कोई उपाय नहीं है। उस ईसा मसीह में विश्वास करो, जिनकी मृत्यु हुई थी! परंतु भारत में धर्म का विचार इससे पूर्णतया भिन्न है। वहाँ धर्म का अर्थ अनुभूति है। इसके अतिरिक्त और कुछ नहीं। वहाँ इस बात से कोई अंतर नहीं पड़ता कि कोई व्यक्ति अपनी मंजिल पर चार घोड़ोंवाली बग्घी से पहुँचता है या किसी मोटर कार से अथवा पैदल चलता हुआ पहुँचता है। प्रत्येक स्थिति में उसका लक्ष्य समान है। ईसाइयों की सबसे बड़ी समस्या यह है कि वे भयावह ईश्वर के कोप से कैसे बचें। भारतीयों की समस्या यह है कि वे अपने खोए हुए आत्म को कैसे पहचानें!...

क्या आपने अनुभव किया है कि आप आत्मा हैं? जब आप कहते हैं कि "हाँ, मैंने अनुभव किया है।" तो आपके इस कथन का क्या अर्थ है? क्या आप इस शरीर नामक मांस के लोथड़े को आत्मा समझते हैं या अजर, अमर एवं अनंत आत्मा को आत्मा

समझते हैं? आप चाहे कितने ही बड़े दार्शनिक क्यों न हों, जब तक आपके मन में यह विचार है कि आप शरीर हैं, तब तक आप उस कीड़े से अधिक कुछ नहीं हैं, जो आपके जूतों के नीचे रेंग रहा है। आपके लिए कोई क्षमा नहीं है! आपके लिए इससे बुरी बात और क्या हो सकती है कि आप लोग दार्शनिक होते हुए भी यह विचार करते हैं कि आप शरीर हैं! आप लोग देहधारी देवता हैं! क्या यह धर्म है?

आत्मा को आत्मा के रूप में अनुभव करना धर्म है। अभी हम क्या कर रहे हैं? हम बिल्कुल उलटा काम कर रहे हैं, आत्मा को पदार्थ समझ रहे हैं। हम अनश्वर ईश्वर के अंदर से मृत्यु एवं पदार्थ का निर्माण कर रहे हैं और मृत, निष्क्रिय पदार्थ से आत्मा का निर्माण कर रहे हैं।…

यदि आप सिर के बल खड़े होकर या एक पाँव पर खड़े होकर तीन सिरवाले पाँच हजार देवताओं की पूजा के माध्यम से ब्रह्म को अनुभव कर सकते हैं तो उसका स्वागत है! आप जैसा चाहें, वैसा करें! किसी को आपको कुछ कहने का कोई अधिकार नहीं है। इसलिए श्रीकृष्ण कहते हैं कि यदि आपका ढंग उच्च एवं श्रेष्ठ है तो आपको यह कदापि नहीं कहना चाहिए कि दूसरे व्यक्ति का ढंग गलत है, चाहे आप उसे कितना ही दुष्ट क्यों न सोचते हों!

एक बार फिर हमें इस बात पर विचार करना चाहिए कि धर्म उन्नति का विषय है, न कि मूर्खतापूर्ण बयानबाजी का। 2,000 वर्ष पूर्व एक व्यक्ति ने ईश्वर को देखा। मोजेज ने ईश्वर को एक जलती झाड़ी में देखा। क्या मोजेज ने आपकी रक्षा करने हेतु ईश्वर को आते देखा? किसी अन्य व्यक्ति के ईश्वर को देखने से आपका कोई भला नहीं होने वाला। ज्यादा-से-ज्यादा वह आपको वही करने के लिए उत्तेजित कर सकता है, जो वह खुद कर रहा है। पुरातनपंथियों के उदाहरणों का संपूर्ण मूल्य यही है। इसके अतिरिक्त और कुछ नहीं। ये केवल पथ पर लगे संकेतक चिह्न मात्र हैं। किसी के खाने से किसी अन्य व्यक्ति का पेट नहीं भर सकता है। किसी अन्य व्यक्ति द्वारा ईश्वर को देखने से आपकी रक्षा नहीं हो सकती है। आपको ईश्वर को स्वयमेव देखना होगा। ये सारे लोग इस बात को लेकर आपस में झगड़ रहे हैं कि ईश्वर की प्रकृति क्या है—क्या उसके एक शरीर है या छह शरीरों में पाँच सिर हैं! क्या आपने ईश्वर को देखा है? नहीं… और वे यह नहीं मानते कि वे कभी ईश्वर को देख सकते हैं! हम देहधारी कितने मूर्ख हैं! निश्चय ही हम मूर्ख हैं!

भारत में युगों-युगों से यह परंपरा रही है कि क्या कोई ईश्वर है! यदि वह है तो हमारा भी ईश्वर वही और आपका भी ईश्वर वही है। सूर्य का संबंध किससे है! आप

कहते हैं कि सैम चाचा सभी के चाचा हैं। यदि कोई ईश्वर है तो आपको उसे देखने में समर्थ होना चाहिए। यदि नहीं है तो भी कोई बात नहीं।

प्रत्येक व्यक्ति यही सोचता है कि उसकी पद्धति सर्वोत्तम है, अति उत्तम! परंतु याद रखें, वह आपके लिए अच्छा हो सकता है। एक भोजन, जो किसी व्यक्ति के लिए अपाच्य है, वही भोजन किसी अन्य व्यक्ति के लिए सुपाच्य हो सकता है। चूँकि वह आपके लिए अच्छा है, इसलिए इस निष्कर्ष पर कूदकर न पहुँचें कि आपकी पद्धति सबकी पद्धति है। यह न सोचें कि जैक का कोट जॉन एवं मैरी को भी फिट बैठेगा। सभी अशिक्षित, असंस्कृत, अचिंतनशील नर-नारियों को उसी प्रकार के सीधे जैकेट में समाहित कर दिया गया है! आप स्वयं विचार कीजिए, अनीश्वरवादी बनिए, पदार्थवादी बनिए! यही अच्छा होगा। ये सब दिमागी कसरतें हैं! आपको यह कहने का क्या अधिकार है कि इस व्यक्ति का तरीका गलत है? वह आपके लिए गलत हो सकता है। कहने का अर्थ यह है कि आप उसका तरीका अपनाते हैं तो आपका अवमूल्यन होगा; परंतु इसका यह अर्थ कदापि नहीं कि उसका अवमूल्यन होगा। इसलिए श्रीकृष्ण कहते हैं कि यदि आपके पास ज्ञान है और आप किसी व्यक्ति को दुर्बल देखते हैं तो उसकी भर्त्सना मत कीजिए। यदि आप कर सकते हों तो उसके स्तर पर जाकर उसकी सहायता कीजिए। वह अवश्य उन्नति करेगा। मैं उसके मस्तिष्क में पाँच घंटों में पाँच बाल्टियाँ ज्ञान भर सकता हूँ। लेकिन इससे उसका क्या भला होगा? वह पहले से अधिक दुर्बल हो जाएगा।

इतनी सारी कर्म की दासता कहाँ से आती है? क्योंकि हम आत्मा को कर्म से बाँध देते हैं। हमारी भारतीय प्रणाली के अनुसार, जगत् में दो अस्तित्व हैं—एक ओर प्रकृति है और दूसरी ओर आत्म है। 'प्रकृति' नामक शब्द का अर्थ केवल यह संपूर्ण जगत् नहीं है; बल्कि यह हमारा शरीर एवं मन, इच्छा-शक्ति और यहाँ तक कि 'मैं' भी हूँ। इन सबसे परे अनंत जीवन एवं आत्मा की ज्योति है—आत्म है, आत्मन है…इस दर्शन के अनुसार, आत्म प्रकृति से पूर्णतया अलग है, हमेशा रहा है और हमेशा रहेगा। ऐसा कभी कोई समय नहीं था, जब मन को भी आत्मा के साथ चिह्नित किया गया हो।…

यह एक आत्मानुभूत तथ्य है कि जो भोजन आप खाते हैं, वह हर समय मन का निर्माण करता रहता है। वह पदार्थ है। आत्म का आहार से कोई संबंध नहीं है। इस बात से कोई अंतर नहीं पड़ता कि आप भोजन करते हैं या नहीं। इस बात से भी कोई अंतर नहीं पड़ता कि आप चिंतन करते हैं या नहीं। वह अनंत ज्योति है। उसका प्रकाश सदैव समान रहता है। यदि आप किसी प्रकाश के सामने कोई नीला या हरा काँच रख दें तो उसका प्रकाश से क्या लेना-देना है? उसका रंग अपरिवर्तनीय है। यह तो हमारा मन है,

जो परिवर्तित होता है और हमें अनेक भिन्न रंग देता है। जिस पल आत्मा शरीर को छोड़ती है, सारी चीजें टुकड़ों में बिखर जाती हैं।

प्रकृति की वास्तविकता आत्मा है। प्रकृति स्वयं में आत्मा की ज्योति है, जो हमारे शरीर व मन इत्यादि अंगों के माध्यम से चलती है, बोलती है और प्रत्येक कार्य करती है। वह ऊर्जा है और आत्मा एवं जीवन की आत्मा है, जो पदार्थ के माध्यम से विभिन्न कार्य करती है। आत्मा ही हमारे समस्त विचारों एवं शारीरिक कर्मों की वाहक है और प्रत्येक कार्य करती है; परंतु वह अच्छाई या बुराई, प्रसन्नता या पीड़ा, गरमी या शीत और प्रकृति के समस्त द्वैतवाद से अछूती रहती है; यद्यपि वह अपना प्रकाश प्रत्येक चीज पर डालती है।

"इसलिए हे अर्जुन! ये सारे कर्म प्रकृति में हैं। प्रकृति ही हमारे मन एवं शरीरों में अपने नियमों को कार्यान्वित कर रही है। हम स्वयं को प्रकृति के साथ जोड़कर देखते हैं और कहते हैं, 'मैं यह कार्य कर रहा हूँ।' इस प्रकार, भ्रम हमें कैद कर लेता है।"

हम सदैव किसी विवशता में कोई कर्म करते हैं। जब मुझे भूख विवश करती है तो मैं खाता हूँ। और कष्ट तो सबसे निकृष्ट है—दासता है। वास्तविक 'मैं' अनंततः मुक्त है। उसे कोई कर्म करने के लिए कौन विवश कर सकता है! दुःख भोगनेवाला प्रकृति में है। ऐसा केवल तभी होता है, जब हम स्वयं को शरीर के रूप में पहचानते हैं और कहते हैं, "मैं कष्ट भोग रहा हूँ। मैं अमुक-अमुक हूँ।" यह सब निरी मूर्खता है। परंतु जिसने भी सत्य को जान लिया है, वह स्वयं को इन सब चीजों से अलग रखता है। उसका शरीर चाहे कुछ करे, उसका मन चाहे कुछ भी करे, वह उसकी चिंता नहीं करता है। परंतु इस बात का ध्यान रखो, मानव जाति की बड़ी संख्या इसी भ्रम में है; और जब वे कोई अच्छा कर्म करते हैं तो सोचते हैं कि वे कर्ता हैं। फिर भी, वे अभी इस दर्शन को समझने में असमर्थ हैं। उनकी निष्ठा को बाधित मत करो!...वे बुराई को ठोकर मारकर अच्छा कर्म कर रहे हैं। उत्तम विचार है! उन्हें अपने विचार को बनाए रखने दो!...वे अच्छाई के कार्यकर्ता हैं। जब तक वे सोचेंगे कि सत्कर्म करने में अच्छाई है, वे गौरवान्वित महसूस करेंगे। वे केवल साक्षी बनेंगे और कार्य हो जाएगा...धीरे-धीरे वे समझेंगे। जब वे समस्त दुष्कर्मों का परित्याग कर सत्कर्म कर लेंगे, तभी उन्हें अनुभव होगा कि वे प्रकृति से परे हैं। वे कर्ता नहीं हैं। वे अलग खड़े दिखाई देंगे। वे साक्षी बन जाएँगे। वे चुपचाप खड़े होकर देखेंगे। प्रकृति अपने अंदर संपूर्ण ब्रह्मांड को समाए हुए है।...वे अपनी पीठ मोड़ लेते हैं। हे प्रिय अर्जुन! वहाँ केवल एक ही अस्तित्व था। किसी अन्य चीज का अस्तित्व नहीं था। हमारी

विचारशीलता सहित प्रत्येक चीज पूर्ववत् सृजित थी।"

"यद्यपि जो लोग मार्ग को जानते हैं, वे भी अपनी प्रकृति से विवश होकर कर्म करते हैं। प्रत्येक व्यक्ति अपनी प्रकृति के अनुसार कर्म करता है। वह उसे अनदेखा नहीं कर सकता है।" अणु सिद्धांत की अवहेल . नहीं कर सकता है। वह अणु चाहे मानसिक हो या शारीरिक, उसे नियम का पालन अनिवार्यतः करना ही होगा। "बाहरी बाधाओं का क्या लाभ है?"

जीवन में किसी चीज को क्या महत्त्वपूर्ण बनाता है? न खुशियाँ, न संपत्तियाँ। प्रत्येक चीज का विश्लेषण करो। तुम पाओगे कि अनुभव के अतिरिक्त उनका कोई मूल्य नहीं है। यह अनुभव ही हमें सिखाता है। कई मामलों में तो हमारी कठिनाइयाँ हमें खुशियों की अपेक्षा अधिक उत्तम अनुभव देती हैं। कई बार हमें प्रकृति के प्यार-दुलार से अधिक अच्छा अनुभव लगनेवाली चोट देती है। यद्यपि दुर्भिक्ष (अकाल) का भी अपना स्थान एवं महत्त्व है।

श्रीकृष्ण के अनुसार, संसार में हम कोई नए प्राणी नहीं हैं, जो अभी-अभी अस्तित्व में आए हैं। हमारे मन नए मन नहीं हैं।...आधुनिक युग में हम सभी जानते हैं कि प्रत्येक बालक अपने साथ अतीत के अनुभव लेकर आता है। यह नियम केवल मनुष्यों पर ही नहीं, बल्कि वनस्पतियों के जीवन पर भी लागू होता है। उसके समक्ष अतीत के सभी अध्याय, वर्तमान अध्याय और भविष्य के सभी अध्यायों का समूह है। प्रत्येक व्यक्ति ने अपने जीवन का मानचित्र बना लिया है और अपने लिए योजनाओं को रेखांकित कर लिया है। इतनी सारी अज्ञानता के बावजूद कोई भी चीज कारण-रहित नहीं है—न कोई घटना, न परिस्थिति।...यह तो हमारी अज्ञानता है कि हम इसे समझ नहीं पाते हैं। यह कार्य-कारण संबंध की समूची श्रृंखला है, जो परस्पर संपृक्त है और यह प्रकृति से भी जुड़ी हुई है। संपूर्ण जगत् इसी प्रकार की श्रृंखला में निबद्ध है। यह कार्य एवं परिणाम की सार्वभौमिक श्रृंखला है। आप इसके एक भाग से जुड़े हुए हैं तो मैं किसी दूसरे भाग से... और वह भाग हमारी अपनी प्रकृति है।

श्रीकृष्ण कहते हैं, "किसी अन्य के मार्ग पर चलने की अपेक्षा कहीं अधिक अच्छा है कि तुम अपने मार्ग पर चलते हुए मर जाओ।" यह मेरा मार्ग है और मैं यहाँ तुम्हारे समक्ष खड़ा हूँ। मैं तुम्हें अपने मार्ग पर ले जाने हेतु लालायित हूँ और तुम हो कि इधर-उधर भटक रहे हो! और यदि मैं चला भी जाऊँ तो मैं न वहाँ होऊँगा और न यहाँ। हमें इस सिद्धांत को अपनी आँखों से ओझल नहीं होने देना चाहिए। यह सबकुछ विकास का मामला है। प्रतीक्षा करो और विकसित हो, तुम प्रत्येक चीज प्राप्त कर लोगे। अन्यथा एक

गंभीर आध्यात्मिक खतरा उत्पन्न हो जाएगा। धर्म की शिक्षा का यही मूलभूत रहस्य है।

'लोगों की रक्षा' से तुम्हारा क्या तात्पर्य है और समानवत् सिद्धांतों में विश्वास करने का क्या अर्थ है ? ऐसा नहीं हो सकता है। कुछ सामान्य विचार हैं, जिन्हें मानव जाति को सिखाया जा सकता है। सच्चा शिक्षक तुम्हारी प्रकृति के अनुसार तुम्हारे लिए कोई उचित मार्ग खोजने में समर्थ होगा। संभवत: तुम्हें इसका ज्ञान नहीं है। संभव है कि तुम जो कुछ सोच रहे हो, उसे प्रकृति मान रहे हो और यह पूर्णत: गलत है। वह अभी तक चेतना के स्तर तक विकसित नहीं है। गुरु वह व्यक्ति है, जिसे ज्ञान होना चाहिए।...उसे तुम्हारे ऊपर दृष्टि डालते ही समझ जाना चाहिए और तुम्हारे लिए उचित मार्ग दिखाना चाहिए। जब तक हमें ज्ञान नहीं होता, तब तक हम कभी इधर तो कभी उधर उलझते एवं संघर्ष करते फिरते हैं और एक समय ऐसा आ जाता है कि हमारे अंदर जीवन-ऊर्जा प्रवाहित होने लगती है तथा हम सही मार्ग पर चलने लगते हैं। इसका लक्षण यह है कि ऐसी स्थिति प्राप्त करने के बाद हम तैरने लगेंगे और सारे संघर्ष समाप्त हो जाएँगे। इसकी खोज करनी होगी। इसके बाद किसी अन्य के मार्ग पर चलने की बजाय तुम अपने मार्ग पर मर जाओ।

ऐसा करने की बजाय हम एक धर्म प्रारंभ करते हैं और उसके कुछ नियम बनाने के बाद प्राणिमात्र के लक्ष्य के साथ छल करते हैं और प्रत्येक को समान प्रकृतिवाला मानकर उसे उस धर्म के मार्ग पर हाँकना शुरू कर देते हैं। किन्हीं दो व्यक्तियों का मन एवं शरीर समान नहीं होता है।...कोई भी दो व्यक्ति समान धार्मिक दृष्टिकोण का पालन नहीं करते हैं।...

यदि आप धार्मिक बनने के इच्छुक हैं तो किसी संगठित धर्म के द्वार में प्रवेश मत कीजिए। वे भलाई की अपेक्षा कई गुना अधिक बुराई करते हैं, क्योंकि वे प्रत्येक व्यक्ति के व्यक्तिगत विकास के उत्थान को रोक देते हैं। प्रत्येक चीज का अध्ययन करो, परंतु अपना स्थान दृढ़ बनाए रखो। यदि आप मेरी राय मानेंगे तो अपनी गरदन को फंदे में नहीं डालेंगे। जैसे ही वे आपके ऊपर अपना शिकंजा कसने का प्रयास करें, आप अपनी गरदन निकालकर कहीं अन्यत्र चले जाएँ। जिस प्रकार मधुमक्खी अनेक पुष्पों से पराग संचित करते हुए मुक्त बनी रहती है और किसी एक फूल से चिपकी नहीं रहती है, उसी प्रकार तुम भी मत बँधो; मुक्त बनो! किसी संगठित धर्म के द्वार में प्रवेश मत करो। धर्म का संबंध केवल आपके एवं ईश्वर के बीच है और किसी तीसरे व्यक्ति को किसी भी स्थिति में आप दोनों के बीच नहीं आना चाहिए। सोचो कि इन संगठित धर्मों ने अब तक क्या किया है! क्या नेपोलियन उन धार्मिक उत्पीड़नों से अधिक क्रूर था ?...यदि आप और मैं एक साथ हो जाते हैं तो प्रत्येक व्यक्ति से घृणा करने लगते हैं। यदि प्रेम करने का

अर्थ दूसरों से घृणा करना है तो इससे अच्छा है कि हम प्रेम ही न करें। वह प्रेम कदापि नहीं है। वह नरक है! यदि आप केवल अपनों से प्रेम करते हैं तो इसका अर्थ यह है कि प्रत्येक व्यक्ति से घृणा कर रहे हैं। यह अत्याचार एवं स्वार्थपरता का उत्तम उदाहरण है और इसका परिणाम यह होता है कि वह आपको क्रूर बना देता है। इसलिए किसी अन्य के स्वाभाविक धर्म, चाहे वह आपको कितना ही महान् क्यों न दिखाई देता हो, का पालन करने की अपेक्षा अपने धर्म का पालन करते हुए मर जाना अधिक अच्छा है।

"सावधान अर्जुन! लोभ एवं क्रोध प्रबलतम शत्रु हैं। इन्हें नियंत्रित करने की आवश्यकता है। ये दोनों विद्वान् लोगों के ज्ञान को भी आच्छादित कर लेते हैं। तृष्णा की यह अग्नि अशमनीय है। इसका स्थान संवेदी अंगों (इंद्रियों) एवं मन में है। आत्म किसी वस्तु की इच्छा नहीं करता है।

"इस योग को मैंने आदिकाल में विवस्वान् को सिखाया था; विवस्वान् ने इसे मनु को सिखाया।...इस प्रकार, यह ज्ञान एक से दूसरे व्यक्ति तक फैलता रहा; परंतु कुछ ही समय में यह महान् योग नष्ट हो गया। यही कारण है कि आज मैं तुम्हें इसे दोबारा सिखा रहा हूँ।"

इसके बाद अर्जुन पूछता है, "आप ऐसा क्यों कह रहे हैं? आप भी तो किसी अन्य दिन जनमे मनुष्य हैं, और विवस्वान् का जन्म आपके जन्म से काफी पहले हुआ था। फिर, आपके यह कहने का अर्थ क्या है कि आपने उसे यह ज्ञान दिया?"

तत्पश्चात् श्रीकृष्ण ने कहा, "हे अर्जुन! मैंने और तुमने इससे पूर्व भी जन्म एवं मृत्यु के अनेक चक्रों को पूर्ण किया है; परंतु तुम्हें उन सभी जन्मों के बारे में याद नहीं है। मैं प्रारंभ-विहीन हूँ, अजन्मा हूँ। मैं सभी प्राणियों का एकमात्र पूर्ण स्वामी हूँ। मैं अपनी निजी प्रकृति से रूप धारण करता हूँ। जब-जब धर्म का नाश और अधर्म की वृद्धि होती है, प्राणिमात्र की सहायता करने के लिए मैं आता हूँ। मैं समय-समय पर अच्छाई के उत्थान एवं बुराई के विनाश हेतु तथा आध्यात्मिकता की स्थापना हेतु आता हूँ। मेरे पास पहुँचने का इच्छुक कोई भी व्यक्ति किसी भी मार्ग से आ सकता है और मैं उसे उसी मार्ग के माध्यम से प्राप्त होता हूँ। परंतु इस बात को जान लो, अर्जुन, कि कोई भी मेरे मार्ग से विमुख नहीं हो सकता है।" न किसी ने आज तक कभी ऐसा किया है। हम कैसे कर सकते हैं? कोई भी अपने मार्ग से नहीं भटकता है।

सभी समाज बुरे सामान्यीकरण पर आधारित हैं। नियम केवल पूर्ण सामान्यीकरण पर निर्मित किया जा सकता है। पुरानी कहावत है—प्रत्येक नियम का अपना अपवाद है! यह एक नियम है। इसे तोड़ा नहीं जा सकता है। कोई भी इसे नहीं तोड़ सकता है। क्या

सेब ने गुरुत्वाकर्षण के नियम को भंग किया? जिस पल नियम टूटता है, किसी ब्रह्मांड का अस्तित्व नहीं रह जाता है। एक समय ऐसा आएगा, जब आप नियम को भंग करेंगे और उसी पल आपकी चेतना, मन एवं शरीर नष्ट हो जाएँगे।

एक व्यक्ति चोरी कर रहा है। वह चोरी क्यों करता है? आप उसे दंडित करते हैं। आप उसके लिए किसी कार्य की व्यवस्था क्यों नहीं करते, जिससे वह चोरी न करे और अपनी ऊर्जा को उस कार्य में खपाए?…आप कहते हैं, 'तुम पापी हो' और अनेक अन्य लोग कहेंगे कि उसने नियम तोड़ा है। मानवों का सारा झुंड इस एकरूपता के लिए विवश कर दिया जाता है। ये सारे कष्ट, पाप और कमजोरियाँ इसी कारण हैं। संसार उतना बुरा नहीं है, जितना आप सोचते हैं। इसे तो हम मूर्खों ने इतना बुरा बना दिया है। अपने भूतों एवं राक्षसों का निर्माण हम स्वयं करते हैं और उसके बाद उनसे अपना पिंड छुड़ाना हमारे लिए असंभव हो जाता है। हम अपने हाथों से अपनी आँखें बंद करके रोते हैं—"कोई हमें रोशनी दिखाए!" सब-के-सब मूर्ख हैं! अपनी आँखें खोलो, तुम्हें सबकुछ साफ-साफ दिखाई देने लगेगा। व्यक्ति स्वयं को दोष देने की बजाय अपनी रक्षा के लिए देवताओं को पुकारने लगता है। यही उसकी दुर्दशा है। समाज में इतनी सारी बुराई क्यों है? लोग क्या कहते हैं? वे मांस, बुराई एवं औरत की बातें करते हैं। इन सब चीजों को इतना महत्त्व क्यों देते हैं? कोई भी आपसे उनको इतना महत्त्व देने के लिए नहीं कहता है। "हे अर्जुन! तुझे कोई भी मेरे मार्ग से विचलित नहीं कर सकता है।" हम मूर्ख हैं और हमारे मार्ग मूर्खतापूर्ण हैं। हमें इस सारी माया से पार जाना होगा। ईश्वर ने स्वर्ग की रचना की और मनुष्य ने अपने लिए नरक बना लिया।

"कोई भी कर्म मुझे स्पर्श नहीं कर सकता है। मुझे अपने कर्म के परिणामों की कोई इच्छा नहीं है। जो भी कोई व्यक्ति मुझे जानता है, वह इस रहस्य को जानता है और वह किसी कर्म द्वारा बँधा हुआ नहीं होता है। प्राचीन ऋषि-मुनि इस रहस्य को जानते थे, इसलिए निर्लिप्त होकर अपने कर्म में लगे रहते थे। क्या आप उसी तरह कर्म करते हैं?

जो व्यक्ति अतिशय कर्मठता के मध्य अत्यंत शांति देखता है और अतिशय शांति के मध्य व्यापक रूप से सक्रिय होता है, वही वास्तव में बुद्धिमान है। प्रश्न यह है—क्या प्रत्येक इंद्रिय, प्रत्येक अंग के सक्रिय रहते हुए आप इतनी शांति प्राप्त कर सकते हैं कि कोई आपको विक्षुब्ध न कर सके? बाजार की सड़क के बीच खड़े होकर कार की प्रतीक्षा करते हुए क्या कोई व्यक्ति ध्यान कर सकता है—शांत एवं शांतिपूर्ण रह सकता है? किसी गुफा में यदि आपके चारों ओर शांति छाई हुई हो तो क्या आप व्यापक रूप से सक्रिय रह सकते हैं? यदि आप हैं तो आप एक योगी हैं, अन्यथा आप योगी नहीं हैं।

"ऋषि-मुनि उस व्यक्ति को बुद्धिमान कहते हैं, जिसका प्रत्येक कर्म स्वतंत्र है; जो बिना स्वार्थपरता के, किसी लाभ की इच्छा से नहीं किया जाता है।" हमें सत्य की प्राप्ति तब तक नहीं हो सकती है, जब तक कि हम स्वार्थी हैं। हम प्रत्येक चीज को अपने रंग में रँगना चाहते हैं। चीजें अपने वास्तविक रूप में हमें मिलती हैं। वे चीजें हमें अपने छद्म रूप में हमें कभी नहीं मिलतीं। हम उन्हें छिपाते हैं। हमारे पास ब्रश है। हमारे पास आनेवाली जो चीज हमें पसंद नहीं है, उसे हम अपनी इच्छानुसार उस ब्रश से दूसरा रंग दे देते हैं, फिर उसे देखते हैं। हम जानना नहीं चाहते हैं। हम प्रत्येक चीज को अपने साथ मिलाकर रँग देते हैं। हमारे इस कर्म में सारी प्रेरणा शक्ति हमारी स्वार्थप्रियता है। प्रत्येक चीज हमारे द्वारा छिपाई गई है। हम उस इल्ली या मकड़ी के समान हैं, जो अपने ही शरीर से लार निकालकर एक जाला बनाती है और फिर उसी में फँसकर रह जाती है। अपने ही कर्म द्वारा वह खुद को कैद कर लेती है। हम भी वही कर रहे हैं। जिस क्षण मैं 'मेरा' कहता हूँ, उसी क्षण धागा मुड़ जाता है। 'मैं और मेरा' कहते ही दूसरा धागा निकलकर उसमें जुड़ जाता है और इस तरह हमारे स्वार्थों का एक जाल बन जाता है।

हम एक पल भी कर्म किए बिना नहीं रह सकते हैं। कर्म करो; परंतु तभी करो, जब आपका कोई पड़ोसी आपसे कहे, "आइए और मेरी सहायता कीजिए!" क्या आपका ऐसा ही विचार उस समय भी होता है, जब आप अपनी सहायता कर रहे होते हैं? कदापि नहीं। आपका शरीर जॉन के शरीर से अधिक मूल्यवान् कदापि नहीं है। आप अपने लिए उससे अधिक मत कीजिए, जितना कि आप जॉन के लिए करते हैं। यही धर्म है।

जिस व्यक्ति के सभी प्रयास सभी इच्छाओं एवं स्वार्थों से मुक्त होते हैं, वह अपने कर्म के दासत्व के सारे बंधनों को ज्ञान की अग्नि से जला देता है। वह बुद्धिमान है, विवेकशील है। पुस्तकों के अध्ययन मात्र से काम नहीं चलनेवाला। आप किसी गधे पर चाहे सारे पुस्तकालय का बोझ लाद दीजिए; आपका वह कर्म उसे किसी भी सूरत में शिक्षित नहीं बना सकता है। इतनी अधिक पुस्तकें पढ़ने का क्या लाभ है? "कर्म की सभी आसक्तियों का त्याग, सदैव संतुष्ट रहना, लाभ के पीछे न भागना बुद्धिमानी है और बुद्धिमान लोग कर्म करते हुए भी कर्म से परे होते हैं।..."

मैं अपनी माँ के गर्भ से नग्न आया था और नग्न ही वापस जाऊँगा। मैं असहाय आया था और असहाय ही जाऊँगा। मैं अभी भी असहाय हूँ। हम अपने लक्ष्य को नहीं जानते हैं। उद्‍देश्य के बारे में तो सोचने से ही हमें डर लगता है। हमारे मन में ऐसे जटिल विचार हैं। हम किसी माध्यम में जाते हैं और सोचते हैं कि भूत हमारी सहायता कर सकता है। अपनी दुर्बलता के बारे में सोचो! भूतों, राक्षसों, देवताओं तथा पुरोहितों एवं नीम-

हकीमों से सहायता माँगने का विचार हमारे मन में तभी आता है, जब हम कमजोर होते हैं। इसके बाद हम सभी देवताओं का आवाहन करने लगते हैं।

मैंने अपने देश में एक ऐसे शक्तिशाली व शिक्षित व्यक्ति को देखा है, जो दार्शनिक बन जाता है और कहता है, "यह सारा पूजा-पाठ और ध्यान-स्नान बिल्कुल बेकार की चीज है।" इस व्यक्ति के पिता की मृत्यु हो जाती है और उसकी माँ की भी मृत्यु हो जाती है। किसी हिंदू के लिए यह भारी आघात है। आप इस व्यक्ति को प्रत्येक गंदे तालाब में स्नान करता देखते हैं, अनेक मंदिरों में जाता और धूल चाटता देखते हैं···वह सहायता माँगता है, परंतु हम असमर्थ हैं। उसे किसी से कोई सहायता नहीं मिलती है। यही सत्य है! मनुष्यों से अधिक तो देवी-देवता हैं, फिर भी कोई मदद नहीं मिलती है। हर जगह जंगलीपन है, अकाल है, रोग है, पीड़ा है, बुराई है! सभी लोग सहायता की गुहार लगा रहे हैं, लेकिन कोई मदद नहीं मिल रही है। फिर भी, वे आशा के विपरीत आशा लगाए बैठे हैं। हम अब भी सहायता के लिए मिमिया रहे हैं। अहा, कितनी दयनीय स्थिति है! अहा, कितना आतंक है! स्वयं अपने हृदय में देखो! उसमें आधा दुःख है। इसके लिए मैं नहीं, मेरे माता-पिता दोषी हैं, जो इतनी बुरी स्थिति में हमें छोड़ गए हैं। पग-प्रतिपग हम उससे आगे चलते जाते हैं।

असहाय महसूस करना सबसे बड़ी भूल है। किसी से सहायता मत माँगो। अपनी सहायता हम स्वयं हैं। यदि हम स्वयं अपनी सहायता नहीं कर सकते हैं तो हमारी सहायता करनेवाला कोई नहीं है। "आप अपने एकमात्र मित्र हैं और आप ही अपने एकमात्र शत्रु भी हैं। हमारे अपने अतिरिक्त हमारा कोई अन्य शत्रु नहीं है; कोई अन्य मित्र नहीं, बल्कि हम स्वयं अपने मित्र हैं।" यह अंतिम और सबसे बड़ा पाठ है, फिर भी इसे सीखने में कितना समय लग गया! हम जैसे ही उसे नियंत्रित करने का प्रयत्न करते हैं, अगले पल पुरानी लहर आ जाती है। मेरुदंड (रीढ़ की हड्डी) टूट जाता है। हम दुर्बल हो जाते हैं और पुनः उसी अंधविश्वास एवं सहायता के लिए दौड़ पड़ते हैं। इस समूची पीड़ा के विषय में सोचिए, आप इसका संपूर्ण कारण इसी सहायता पाने के मिथ्या विचार में निहित पाएँगे!

संभवतः पुरोहित अपने नियमित शब्दों को दोहराकर कुछ पाने की आशा करता है। साठ हजार लोग आसमान की ओर देखकर प्रार्थना करते हैं और पुजारी को भुगतान करते हैं। मास-प्रतिमास वे आज भी आकाश की ओर देख रहे हैं, प्रार्थना कर रहे हैं और पुरोहित को भुगतान कर रहे हैं। इसके विषय में सोचिए! क्या यह निरा पागलपन नहीं है? इसके अलावा यह और क्या है? कौन जिम्मेदार है? आप धर्म का उपदेश दे सकते हैं,

परंतु आप अविकसित बच्चों के मनों को उत्तेजित करते हैं··· ! आपको अपने इस कृत्य के लिए कष्ट उठाना पड़ेगा। आप अपने हृदय के हृदय में क्या हैं ? क्योंकि आप जब किसी के मन में दुर्बलतापूर्ण विचार डालेंगे तो आपको उसका भुगतान मिश्रित ब्याज के साथ करना ही होगा। कर्म का नियम आपसे इसका मूल्य अवश्य वसूल करेगा।

संसार में सबसे बड़ा पाप दुर्बलता है। जब मैं किसी लड़के से कहता हूँ कि मैंने मिल्टन की 'खोया स्वर्ग' पढ़ी है और उस कथा में जिस एकमात्र पात्र के प्रति मेरे मन में सम्मान की भावना उत्पन्न हुई, वह शैतान था। केवल संत ही वह आत्मा है, जो कभी दुर्बल नहीं होती, प्रत्येक चीज का सामना करती है और मृत्यु के खेल का निर्णय करती है।

खड़े हो जाओ और मृत्यु का खेल खेलो!···एक पागलपन को दूसरे पागलपन के साथ मत जोड़ो। अपनी दुर्बलता को अपनी भावी बुराई से संपृक्त मत करो। संसार से मैं यही सब कहना चाहता हूँ। दृढ़ बनो!···तुम भूतों और शैतानों की बातें करते हो! जीवन का लक्षण शक्ति एवं प्रगति है। मृत्यु का लक्षण दुर्बलता है। जो कुछ भी दुर्बल है, उससे बचो! वह मृत्यु है। यदि वह शक्ति है तो नरक की गहराइयों में जाकर भी उसे खींचकर बाहर लाओ। मुक्ति केवल वीरों के लिए है। वीर के अतिरिक्त कोई अन्य सौंदर्य की पात्रता नहीं रखता है। कोई अन्य नहीं, बल्कि केवल वीर ही मुक्ति की पात्रता रखता है। किसका स्वर्ग? किसका उत्पीड़न? किसका पाप? किसकी मृत्यु? किसका रोग?

आप ईश्वर में विश्वास करते हैं। यदि करते हैं तो असली ईश्वर में विश्वास करें। "आप नर हैं। आप नारी हैं। आप ऐसे युवक हैं, जो यौवन की शक्ति की ओर बढ़ रहा है।···आप वह वृद्ध व्यक्ति हैं, जो अपनी छड़ी के सहारे लड़खड़ाता हुआ चल रहा है।" आप दुर्बलता हैं। आप भय हैं। आप स्वर्ग हैं और आप ही नरक हैं। आप काटनेवाले सर्प हैं। आप भय के रूप में आएँ! आप मृत्यु के रूप में आएँ! आप कष्ट के रूप में आएँ!···

सारी दुर्बलता, सारी दासता कल्पना है। आप एक बार उसे डाँटेंगे तो वह लुप्त हो जाएगी। दुर्बल मत बनो! कोई अन्य उपाय नहीं है। खड़े हो जाओ और दृढ़ बनो! कोई भय नहीं, कोई अंधविश्वास नहीं। सत्य का उसके वास्तविक रूप में सामना करो! यदि मृत्यु आती है—वह हमारा निकृष्टतम कष्ट है—उसे आने दो! हम मृत्यु का खेल खेलने के लिए तैयार हैं। मैं जिस धर्म को जानता हूँ, वह यही सबकुछ है। अभी मैंने उसे प्राप्त नहीं किया है; परंतु मैं उसे पाने के लिए संघर्ष कर रहा हूँ। संभव है कि वह मुझे न मिले, परंतु आपको मिल सकता है। चलते रहें!

जब कोई दूसरे को देखता है, दूसरे को सुनता है; जब तक वहाँ दो हैं, वहाँ भय

अवश्य होगा और भय सभी कष्टों की जननी है। जब कोई दूसरे को नहीं देखता है, वहाँ अकेला वही सबकुछ है। कोई भी पीड़ित होने वाला नहीं है, कोई भी अप्रसन्न होने वाला नहीं है। किसी दूसरे के बिना वह केवल एक है। इसलिए, डरो मत। जागो, उठो और जब तक लक्ष्य प्राप्त न हो जाए, तब तक मत रुको, चलते रहो!

□

16

संदेशवाहक : ईसा मसीह

सागर में लहर उठती है और उसका स्थान खोखला हो जाता है। पुनः एक लहर उठती है, जो शायद पहले वाली से बड़ी होती है और वह भी कुछ पल बाद नीचे गिर जाती है। इसी प्रकार लहरें उठती व गिरती हुई आगे बढ़ती जाती हैं। जीवन की घटनाओं के क्रम में भी हम यही उत्थान एवं पतन देखते हैं और सामान्यतया हम उत्थान पर अधिक ध्यान देते हैं तथा पतन को भूल जाते हैं। परंतु दोनों अनिवार्य हैं और दोनों ही महान् हैं। यह ब्रह्मांड की प्रकृति है। चाहे हमारे विचारों की दुनिया हो, समाज में हमारे संबंधों की दुनिया या हमारे आध्यात्मिक मामलों की दुनिया, उत्तराधिकार का वही समान आंदोलन—उत्थान एवं पतन जारी है। अत: घटनाओं के अनवरत क्रम में उदार आदर्श बनते व बिगड़ते रहते हैं और हम अतीत की घटनाओं की जुगाली करते हुए उन्हें हजम करते जाते हैं तथा उनसे शक्ति प्राप्त कर पुनः एक नए उत्थान, पहले से बड़े उत्थान, के लिए आगे बढ़ जाते हैं।

राष्ट्रों का इतिहास भी इसी प्रकार का रहा है। आज शाम जिस महान् आत्मा, संदेशवाहक के विषय में हम चर्चा करने वाले हैं, वह अपनी जाति के इतिहास में ऐसे समय आया, जिसे बड़े पतन के रूप में नामित किया जा सकता है। हम उस मसीहा के विषय में इधर-उधर बिखरे पड़े तथ्यों की कुछ झलकियाँ देखते हैं, जिसमें उसकी कथनी व करनी का उल्लेख सहेजकर रखा गया होता है। चूँकि उनमें दृढ़तापूर्वक कहा गया है कि यदि हम उस महान् आत्मा के वक्तव्यों एवं कृतित्वों को सम्यक् रूपेण लिख डालें तो उसका अत्यधिक प्रसार होगा और इस संसार का बहुत भला होगा। उसके मंत्रिमंडल के तीन वर्ष किसी दमित एवं संकेंद्रित युग के समान थे, जिसे उजागर

* *वर्ष 1900 में लॉस एंजेलिस, अमेरिका में दिया गया वक्तव्य*

होने में 1,900 वर्ष लग गए और कौन जानता है कि अभी कितने वर्ष और लगेंगे! मेरे और आप जैसे छोटे लोग तो केवल उस महान् आत्मा की नन्ही सी ऊर्जा ही आत्मसात् कर पाए हैं। हम मात्र कुछ मिनट, कुछ घंटे और अधिकाधिक कुछ वर्ष तक ही उसकी शिक्षाओं को याद रख पाते हैं और उसके बाद हमेशा के लिए भूल जाते हैं। परंतु आप लोग इस तथ्य को याद रखें कि इस महान् आत्मा को आए हुए कई शताब्दियाँ एवं युग बीत गए, किंतु उसने संसार को जो ऊर्जा प्रदान की थी, वह अभी भी अपने पूर्ण रूप में प्रसारित एवं संवर्धित नहीं हुई है। ज्यों-ज्यों पीढ़ियाँ आगे बढ़ती हैं, उनमें वह नए उत्साह का संचार करती जाती है।

आज आप मसीह के जीवन में जो कुछ देखते हैं, वह उनके अतीत का जीवन है। एक प्रकार से प्रत्येक व्यक्ति का जीवन एक अतीत का जीवन है। वह उसके पास आनुवंशिकता के माध्यम से, परिवेश के माध्यम से, शिक्षा के माध्यम से और उसके अपने पुनर्जन्म के माध्यम से विगत जाति के माध्यम से आता है। एक प्रकार से वह पृथ्वी का अतीत है। प्रत्येक आत्मा में पूरे संसार का अतीत समाया हुआ है। वर्तमान में हम जो कुछ भी हैं, केवल उस अनंत अतीत के हाथों के परिणाम एवं प्रभाव मात्र हैं। आज हम जो कुछ भी हैं, आज हम घटनाओं के प्रवाह में तरंग-रहित होकर तैरते जा रहे हैं, निर्बाध रूप से निरंतर आगे-पीछे चलते जा रहे हैं और हमारे पास विश्राम करने की फुरसत नहीं है। परंतु आप और मैं तो केवल नन्ही चीजें, बुलबुले मात्र हैं। घटनाओं के समुद्र में सदैव कुछ बड़ी लहरें भी आती हैं। हमारे और आपके अंदर तो अतीत की जाति का नन्हा सा अंश जीवन के रूप में दिखाई दे रहा है; परंतु कुछ महान् व्यक्ति भी हैं, जो अपने अंदर अपने पूरे अतीत को साकार करते हैं और अपने हाथों को भविष्य के लिए भी फैला सकते हैं। ये लोग यहाँ-वहाँ मार्ग में लगे कुछ संकेतक के समान हैं, जो मानवता की यात्रा का संकेत देते हैं। ये लोग दृढ़तापूर्वक अत्यंत महान् होते हैं। उनकी छायाएँ समूची पृथ्वी को आच्छादित कर लेती हैं। वे अमर एवं अनंत हैं! चूँकि यह उसी महान् संदेशवाहक द्वारा कहा गया था, "केवल उसके पुत्र को छोड़कर किसी भी व्यक्ति ने ईश्वर को कभी नहीं देखा है। पुत्र के अतिरिक्त हम ईश्वर को कहाँ देख सकते हैं? यह सत्य है कि मेरे और आप जैसे तुच्छतम लोग भी अपने अंदर उस ईश्वर को साकार कर सकते हैं। इतना ही नहीं, हम उस परमात्मा को प्रतिबिंबित भी कर सकते हैं। प्रकाश का स्पंदन हर जगह है। वह सर्वविद्यमान है। परंतु उस प्रकाश को देखने के लिए हमें अपने भीतर के दीप को प्रकाशित करना होगा। ब्रह्मांड के उस सर्वविद्यमान ईश्वर को तब तक नहीं देखा जा सकता है, जब तक कि पृथ्वी के इन महामानव रूपी दीपों द्वारा उसे प्रतिबिंबित न किया

जाए—पैगंबर, मानव-ईश्वर, अवतार इत्यादि ईश्वर के प्रत्यक्ष रूप हैं।

हम सभी लोग जानते हैं कि ईश्वर है, किंतु हम उसे देख नहीं सकते हैं, समझ नहीं सकते हैं। प्रकाश के इन महान् संदेशवाहकों में से किसी एक को ले लीजिए, उनके चरित्र की तुलना अपने आत्मारोपित ईश्वर के महानतम आदर्शों से कीजिए, आप पाएँगे कि आपके द्वारा निर्मित ईश्वर का आदर्श उस महान् संदेशवाहक के चरित्र के सामने बौना पड़ जाएगा और आपकी संकल्पनाओं से आगे निकल जाएगा। जिस व्यक्ति ने अपने अंदर ईश्वर को न केवल साकार किया है, अपितु उसे अनुभव करके हमारे समक्ष उदाहरण भी प्रस्तुत किया है, आप तो ईश्वर के उससे बड़े आदर्श की कल्पना भी नहीं कर सकते हैं। इसलिए, क्या ईश्वर की तरह इनकी पूजा करना गलत है? क्या ऐसे ईश्वर तुल्य मनुष्यों के पैरों में गिरकर संसार के दैवी अस्तित्वों के रूप में उनकी पूजा करना पाप है? यदि वे ईश्वर की हमारी संकल्पनाओं से सचमुच बहुत ऊँचे हैं तो उनकी पूजा करने में क्या हानि है? न केवल इसमें कोई हानि नहीं है, बल्कि यह पूजा का एकमात्र संभव एवं सकारात्मक स्वरूप भी है। आप संघर्ष के माध्यम से, अमूर्तन के माध्यम से, अपने किसी प्रिय विचार के माध्यम से चाहे जितना प्रयास कर लें, जब तक आप मनुष्यों की इस दुनिया के एक व्यक्ति हैं। आपकी दुनिया मानव है, आपका धर्म मानव है एवं आपका ईश्वर भी मानव है, और अनिवार्यतः ऐसा होना भी चाहिए। जो व्यक्ति पूर्ववत् अस्तित्वमान व्यावहारिक वस्तु को लेने के लिए तैयार न हो एवं केवल अपनी कपोल-कल्पना में जी रहा हो और जिस ईश्वर को वह देख नहीं सकता, सुन नहीं सकता और उसे पकड़ नहीं सकता, उसके लिए इस विचार को त्याग पाना कठिन है। अतः ईश्वर के इन अवतारों की सभी युगों में, सभी देशों में पूजा की जाती रही है।

अब हम यहूदियों के अवतारी ईश्वर मसीह के जीवन के विषय में छोटा सा अध्ययन करने जा रहे हैं। जिस समय मसीह का जन्म हुआ, उस समय यहूदी ऐसी दशा में थे, जिसे मैं दो लहरों के मध्य पतन की दशा कहता हूँ—एक रूढ़िवादिता की दशा; एक ऐसी दशा, जिसमें मानव मन आगे बढ़ने के प्रति थक चुका था और कुछ समय के लिए आगे बढ़ने के लिए तैयार नहीं था; केवल उसी चीज की चिंता करता था, जो उसके पास पहले से मौजूद थी; एक ऐसी दशा में था, जिसमें जीवन की बड़ी एवं सामान्य समस्याओं पर ध्यान देने की बजाय केवल विवरणों पर अधिक ध्यान दिया जाता था; आगे बढ़ने की बजाय ठहराव की स्थिति थी; एक ऐसी दशा, जिसमें कुछ करने की बजाय कष्ट सहन कर लेना अधिक श्रेयस्कर माना जाता था। आप लोग इस बात पर ध्यान दें कि मैं उन

दशाओं को दोष नहीं दे रहा हूँ। हमें उसकी आलोचना करने का कोई अधिकार नहीं है; क्योंकि यदि पतन की यह दशा न होती तो नजारत के जीसस के रूप में साकार उत्थान संभव नहीं था। फरीसी एवं सदूकी शायद नादान थे। वे ऐसे कार्य कर रहे थे, जो संभवत: उन्हें नहीं करना चाहिए था; संभवत: वे लोग अधिक धूर्त थे। बहरहाल, वे चाहे जो कुछ भी थे, यही वे कारक थे, जो मूलभूत कारण थे और संदेशवाहक का जन्म इसी कारण के परिणामस्वरूप हुआ था। यहाँ कारण एवं परिणाम के सिद्धांत का अवलोकन करें। प्रेरणा के रूप में एक ओर फरीसी एवं सदूकी थे तो दूसरी ओर नजारत के जीसस की विशाल बुद्धि के रूप में सामने आए।

धर्म के दैनंदिन विवरणों, स्वरूपों एवं प्रविधियों पर यद्यपि अधिक ध्यान दिया जाता था और उनके संस्कारों पर कभी-कभार हँसी भी आती थी, परंतु फिर भी, उनके अंदर शक्ति है। कई बार आगे की ओर दौड़ते हुए हम अपनी ऊर्जा का अधिक क्षय कर देते हैं। तथ्य यह है कि एक कट्टर व्यक्ति किसी उदार व्यक्ति की अपेक्षा अधिक शक्तिशाली होता है। अत: किसी कट्टरवादी में एक बड़ा गुण यह होता है कि वह व्यापक रूप से ऊर्जा का बड़ी मात्रा में संचय कर सकता है। जिस प्रकार किसी व्यक्ति के लिए ऊर्जा का संचय आवश्यक है, उसी प्रकार जाति के लिए भी ऊर्जा का संचयन एवं संरक्षण आवश्यक है। चारों ओर से शत्रुओं से घिरा व्यक्ति अपनी रक्षा हेतु बौद्धिक जगत् में रोमवासियों की यूनानी प्रवृत्तियों का प्रयोग करता है, जिनकी लहरें फारस, भारत व सिकंद्रिया से आकर शारीरिक, मानसिक एवं नैतिक रूप से रोम में केंद्रित हो गई थीं। वह एक ऐसी नस्ल थी, जिसके अंदर अपने पूर्वजों की अंतर्निहित, रूढ़िवादी व्यापक शक्ति थी और उनके वंशजों ने उस शक्ति को आज तक भी नहीं खोया है। वह नस्ल अपना सारा ध्यान यरूशलम एवं यहूदीवाद पर केंद्रित करने हेतु विवश हो गई थी। परंतु सभी शक्तियाँ एक बार संगृहीत होने के बाद अपने एकीकृत रूप में हमेशा के लिए बनी नहीं रह सकती हैं। वे अपना व्यय एवं विस्तार अवश्य करेंगी। पृथ्वी पर ऐसी कोई शक्ति नहीं है, जिसे बहुत दिनों तक एक संकुचित सीमा में बंद करके रखा जा सके। उसे अधिक समय तक दबाकर नहीं रखा जा सकता है और कालांतर में उसके विस्तार की अनुमति देनी ही होगी।

यहूदी नस्ल के मध्य केंद्रित इस ऊर्जा ने अपनी अभिव्यक्ति अगले दौर में ईसाइयत के उदय के रूप में पाई। सभी संचित धाराएँ एक संस्था के रूप में एकत्र हो गईं। धीरे-धीरे सभी छोटी धाराएँ एक साथ मिल गईं और एक उफनती लहर का रूप धारण कर लिया, जिसके शीर्ष पर हम नजारत के जीसस को खड़ा पाते हैं। इस प्रकार, प्रत्येक पैगंबर

अपने युग की रचना है, अपनी जाति के अतीत की रचना है; वह अपने आप में भविष्य का रचयिता है। आज का कारण अतीत का परिणाम एवं भविष्य का कारण बनेगा। इस अवस्था में पैगंबर खड़ा होता है। उसके अंदर अर्थ एवं जीवन सहित वह सबकुछ समाहित होता है, जो उसकी जाति का सर्वोत्तम एवं महानतम है और जिसके लिए उस जाति ने कई युगों से संघर्ष किया है। वह अपने आप में न केवल अपनी जाति के लिए, बल्कि विश्व की असंख्य अन्य जातियों के लिए भी भविष्य का प्रेरणा-पुंज है।

हमें जिस एक अन्य तथ्य को भी अपने ध्यान में रखना है, वह यह है कि नजारत के महान् पैगंबर के बारे में मेरे विचार प्राच्य (पूर्वी) हैं। कई बार आप भूल जाते हैं कि नाजरीन स्वयं प्राच्यों के प्राच्य थे। उसे नीली आँखों एवं पीले बालों के रूप में रँगने के आपके सारे प्रयास के बावजूद नाजरीन अब भी प्राच्य ही थे। वे सारी मुसकानें, जिन कल्पनाओं में 'बाइबल' लिखी गई है—सारे दृश्य, सारी अवस्थितियाँ (स्थान), प्रवृत्तियाँ, समूह, कविता एवं प्रतीक—ये सभी आपको पूर्व के बारे में बताते हैं, नीले आकाश के बारे में बताते हैं, गरमी एवं धूप के विषय में बताते हैं, रेगिस्तान और प्यासे मनुष्यों एवं पशुओं की जानकारी देते हैं; कुओं में, गड्ढों में पानी भरने के लिए जाते नर व नारियों के बारे में बताते हैं; झुंड के बारे में बताते हैं, खेतों में हो रही जुताई और हलवाहों के बारे में बताते हैं, पवनचक्की एवं चक्र के बारे में बताते हैं। इन सब चीजों को आज भी एशिया में देखा जा सकता है।

एशिया की आवाज धर्म की आवाज रही है; यूरोप की आवाज राजनीति की आवाज है। अपने-अपने क्षेत्रों में प्रत्येक महान् है। यूरोप की आवाज प्राचीन यूनान की आवाज है। यूनानी मन के लिए उसका तत्कालीन समाज ही सबकुछ था। उसके आगे जो कुछ है, वह आदिम है, बर्बर है। केवल यूनानियों को ही जीने का अधिकार था। यूनानी जो कुछ भी करें, वह सही एवं सत्य है। उनके अतिरिक्त संसार में जो कुछ है, वह न तो सत्य है, न सही है; किसी को जीने की अनुमति नहीं दी जानी चाहिए। इसलिए, अपनी संवेदनाओं में वही व्यापक रूप से मानवीय है, स्वाभाविक एवं कलात्मक है। इस संपूर्ण जगत् में केवल यूनानी रहता है। उसे सपने देखने की चिंता नहीं है। यद्यपि उसकी कविता भी स्थिति-सापेक्ष है। उसके देवी-देवता न केवल मानव हैं, बल्कि पूर्णतया मानवीय हैं। उनके पास भी वैसी ही मानवीय संवेदनाएँ एवं आदतें हैं, जैसी कि हम में से किसी की भी हो सकती हैं। वह सदैव सौंदर्य से प्रेम करता है। परंतु आपको इस बात का ध्यान रखना चाहिए कि यह सौंदर्य केवल बाहरी प्रकृति में है; यह सौंदर्य पर्वतों की चोटियों का है, बर्फ का है, फूलों का है, रूपों व आकृतियों का है, मानवीय मुखड़े का सौंदर्य एवं

मानवीय रूप ही यूनानियों को पसंद था। समस्त यूरोपीयता का गुरु होने के नाते यूरोप की आवाज भी यूनानी है।

एशिया में एक अन्य किस्म है। उस व्यापक एवं विशाल महाद्वीप के बारे में विचार कीजिए, जिसके पर्वतों की चोटियाँ बादलों के पार निकल जाती हैं और लगभग स्वर्ग की नीलिमा के कँगूरों को छूती हुई दिखाई देती हैं, मीलोंमील फैला रेगिस्तान, जिसमें पानी की एक बूँद भी नहीं पाई जा सकती है और जहाँ घास की एक पत्ती भी नहीं उग सकती है; अनंत जंगल एवं विशाल नदियाँ समुद्र की ओर भागी जा रही हैं। इस समस्त परिवेश के बीच सौंदर्य के प्रति पूर्वी प्रेम और विकसित उदात्त अपने आप में एक अन्य दिशा है। उसने सदैव अंदर की ओर देखा, बाहर की ओर नहीं। वहाँ भी प्रकृति के प्रति प्यास है और वहाँ सत्ता के लिए भी वैसी ही प्यास है, वहाँ भी उत्कृष्टता के प्रति वैसी ही प्यास है और वहाँ भी यूनानियों जैसा बर्बर विचार है; परंतु एक अपेक्षाकृत बड़े वृत्त में विस्तारित हो चुका है। एशिया में आज भी जन्म, वर्ण अथवा भाषा के आधार पर किसी जाति का निर्माण नहीं होता है। जो चीज जाति का निर्माण करती है, वह उसका धर्म है। हम सभी ईसाई हैं, हम सभी हिंदू हैं या सभी बौद्ध हैं। इस बात से कोई अंतर नहीं पड़ता है कि कोई बौद्ध चिन्मय है या वह फारस का रहनेवाला कोई व्यक्ति है। वे केवल यह सोचते हैं कि वे आपस में भाई हैं, क्योंकि सभी एक धर्म का पालन करते हैं। धर्म ही मानवता की एकता की गाँठ है। और हम आपको एक बार पुनः बता दें कि इन्हीं कारणों से प्राच्य (पूर्व का) निवासी दूरदर्शी है, जन्मजात स्वप्नद्रष्टा है। झरनों के बुलबुले, चिड़ियों का चहचहाना; सूर्य, चंद्रमा एवं तारों का सौंदर्य और संपूर्ण वसुंधरा पर्याप्त मनोहर है। परंतु पूर्वी मन के लिए ये सब पर्याप्त नहीं हैं। वह स्वप्न से आगे का स्वप्न देखना चाहता है। वह वर्तमान से आगे जाना चाहता है। वर्तमान अपने यथावत् रूप में उसके लिए कुछ भी नहीं है। पूरब युगों-युगों से मानव जाति की विकास भूमि रहा है और भाग्य के सारे उतार-चढ़ाव वहाँ हैं—राज्य के अनुवर्ती राज्य, साम्राज्य के अनुवर्ती साम्राज्य, मानव-शक्ति, गौरव एवं धन इत्यादि बिखरे पड़े हैं। वह शक्ति एवं ज्ञान की वेदी है। वह पूरब है—वह शक्ति, राज्यों एवं ज्ञान की वेदी है। इसमें कोई आश्चर्य नहीं है कि प्राच्य मन इस संसार की वस्तुओं को अवमाननात्मक दृष्टि से देखता है और स्वाभाविक रूप से कोई ऐसी चीज देखना चाहता है, जो कभी परिवर्तित नहीं होती है, कभी मरती नहीं है। वह इस पीड़ामय संसार के मध्य कोई ऐसी चीज देखना चाहता है, जो अनंत है, आनंददायक है और अमर है। कोई पूर्वी संदेशवाहक इन आदर्शों पर बैठे-बैठे कभी नहीं थकता है; और यदि पैगंबरों की बात करें तो केवल एक अपवाद को छोड़कर शेष सारे संदेशवाहक पूरब के (प्राच्य) निवासी थे।

अत: इस क्षेत्र के जीवन के बारे में हम देखते हैं—यहाँ जीवन के पैगंबर का एक ही नारा है—'इस जीवन की नहीं, बल्कि इससे भी ऊँची कोई चीज।' पूरब के सच्चे पुत्र की भाँति वह अपने इस कथन में व्यावहारिक है। आप पश्चिम के लोग अपने निजी विभाग—सैन्य मामलों, राजनीतिक क्षेत्रों के प्रबंधन एवं अन्य क्षेत्रों में व्यावहारिक हैं। शायद पूरब के लोग ऐसे मामलों में उतने व्यावहारिक नहीं हैं, परंतु वे अपने क्षेत्र में पूर्णत: व्यावहारिक हैं। वे धर्म के मामले में व्यावहारिक हैं। यदि कोई अपने दर्शन का उपदेश देता है तो कल ऐसे सैकड़ों लोग हो जाएँगे, जो उसे अपने जीवन में व्यावहारिक बनाने हेतु संघर्ष करते दिखाई देंगे। यदि उनसे कोई यह कह दे कि एक पैर पर खड़े होने से मुक्ति मिलेगी, तो उसे एक पाँव पर खड़े होनेवाले तत्काल पाँच सौ व्यक्ति मिल जाएँगे। आप इसे हास्यास्पद कह सकते हैं; परंतु आप इस बात का ध्यान रखें कि उनके इस उपहासात्मक कृत्य के पीछे एक दर्शन है, जिसमें गहन कर्मण्यता है। पश्चिम में मुक्ति की योजनाओं का अर्थ बौद्धिक व्यायाम है। वे ऐसी योजनाएँ बनाते हैं, जिन्हें कभी कार्यान्वित नहीं किया जा सकता है, जिन्हें कभी व्यावहारिक जीवन में नहीं लाया जा सकता है। पश्चिम में जो उपदेशक सर्वोत्तम वक्ता है, वही महानतम उपदेशक माना जाता है।

इसलिए, हम नजारत के यीशु को प्रथम स्थान पर पाते हैं, पूरब के सच्चे पुत्र के रूप में देखते हैं, जो पूर्णतया व्यावहारिक है। उसका इस संसार और इससे जुड़ी हुई समस्त क्षणभंगुर संपत्तियों में कोई विश्वास नहीं है। आधुनिक काल में पश्चिम में पाठोत्पीड़न का फैशन चल रहा है। उसे इसकी कोई जरूरत नहीं है। पाठ कोई भारतीय मुहर नहीं हैं, और यद्यपि उसकी भी सीमा है। इसलिए, वर्तमान में इस इंद्रिय प्रसाधन हेतु धर्म के निर्माण की कोई आवश्यकता नहीं है। आप तो केवल इस आवश्यकता पर बल दें कि हमें ईमानदार बनना है। यदि हम आदर्श का पालन नहीं कर सकते तो हम ईमानदारी से अपनी कमजोरी को स्वीकार करें, परंतु धर्म का अवमूल्यन न करें। हमें उसे नीचा दिखाने का प्रयास नहीं करना चाहिए। मसीह के जीवन के विषय में पश्चिम के लोग जो विवरण प्रस्तुत करते हैं, उसे सुनकर कोई भी हार्दिक रूप से रुग्ण हो सकता है। मैं नहीं जानता कि मसीह क्या थे या क्या नहीं थे! कोई उनके अंदर एक महान् राजनेता देख सकता है, शायद दूसरा व्यक्ति उन्हें महान् सेनानायक मान सकता है; कोई अन्य व्यक्ति उन्हें देशभक्त यहूदी मान सकता है इत्यादि। क्या ग्रंथों में इन सारे अनुमानों का कोई उल्लेख है ? किसी महान् गुरु के विषय में सर्वोत्तम टिप्पणी उसका अपना जीवन है। "लोमड़ियाँ जमीन के अंदर अपना बिल बनाती हैं, आकाश के पक्षी अपने घोंसले बनाते हैं; परंतु मनुष्य के पुत्र के पास सिर टिकाने की भी जगह नहीं है।" इसे ही मसीह मुक्ति

का एकमात्र उपाय कहते हैं; वह कोई अन्य उपाय नहीं बताते हैं। आइए, टाट पहनकर और राख लगाकर स्वीकार करें कि हम वह नहीं कर सकते हैं। हमारे अंदर अभी भी 'मैं और मेरे' के प्रति चाहत है। हम संपत्ति, धन एवं अमीरी चाहते हैं। यह हमारे लिए दुःख की बात है। आइए, इसे स्वीकार करें और महानता के महान् गुरु को शर्मिंदा न होने दें। उसका कोई पारिवारिक रिश्ता नहीं है। परंतु क्या आप लोग सोचते हैं कि उसके मन में कोई भौतिक विचार है ? क्या आप लोग सोचते हैं कि यह प्रकाश-पुंज, यह ईश्वर पृथ्वी पर पशुओं का बंधु बनने आया था? फिर भी लोग उसे ऐसी चीजों के बारे में संदेश देने के लिए विवश करते हैं। उसके पास कोई कामुक विचार नहीं है! वह एक आत्मा था—एकमात्र आत्मा, जो शरीर में समाहित होकर मानवता की भलाई के लिए काम कर रहा था। शरीर के साथ उसका केवल इतना ही संबंध था। आत्मा में कोई कामुकता नहीं है। कदापि चिंता न करें, आदर्श से जुड़े रहें। आइए, प्रण लें कि आत्मा ही हमारा आदर्श है; किंतु हम अभी उससे संपर्क नहीं कर सकते हैं।

यीशु के जीवन में अन्य कोई व्यवसाय नहीं था, इसके सिवाय कोई दूसरा विचार ही नहीं था कि वह आत्मा थे। वे निराकार, बंधन-मुक्त व निर्द्वंद्व आत्मा थे। केवल इतना ही नहीं, उनकी अद्‌भुत दृष्टि ने पाया था कि प्रत्येक नर व नारी, यहूदी या गैर-यहूदी, चाहे वह धनी हो या निर्धन, संत हो या पापी—सभी अपने आप में उस अमर आत्मा के मूर्त रूप थे। अत: उनका जीवन दरशाता है कि उनका एक ही कर्म था कि वे लोगों को अपनी आध्यात्मिक प्रकृति, अपनी आत्मा होने की प्रकृति का अनुभव कराते थे। वे कहते हैं कि इस समस्त अंधविश्वास को त्याग दो कि तुम निकृष्ट हो और तुम निर्धन हो। इस विचार को कभी अपने मन में न लाओ कि तुम दलित हो और तुम्हें दास बनाकर आतंकित किया जा रहा है; क्योंकि तुम्हारे अंदर कोई ऐसी चीज है, जिसे कभी कुचला नहीं जा सकता है, कभी आतंकित नहीं किया जा सकता है; उसे न तो कोई कष्ट पहुँचाया जा सकता है, न उसका वध किया जा सकता है। आप सभी ईश्वर की संतानें हैं, अमर आत्मा हैं।" यीशु ने घोषणा की—आप लोग इस तथ्य को 'जानें कि स्वर्ग का राज्य आपके अंदर ही है।' 'मैं और मेरे पिता एक हैं।' खड़े होने का साहस करो और कहो, 'मैं न केवल ईश्वर की संतान हूँ', बल्कि मैं अपने अंतर्मन में झाँककर कह सकता हूँ कि 'मैं और मेरे पिता एक ही हैं।' नजारत के यीशु का लोगों को यही संदेश था। वे इस जगत् एवं जीवन की चर्चा कभी नहीं करते। उनका इन सबसे कोई लेना-देना नहीं है, सिवाय इसके कि वह इस जगत् पर इसके वास्तविक रूप में अधिकार करना चाहते हैं। वे इसे तब तक आगे-पीछे खींचते एवं चलाते रहना चाहते हैं, जब तक कि यह संपूर्ण जगत् ईश्वर की उद्दीप्त

ज्योति तक न पहुँच जाए और प्रत्येक अपनी आध्यात्मिक प्रकृति का अनुभव करे, जब तक उसके मन से मृत्यु का भय, कष्ट का भय समाप्त न हो जाए।

हमने उनके बारे में लिखी गई अनेक भिन्न-भिन्न कहानियाँ पढ़ी हैं; हम विद्वानों, उनके लेखन तथा आलोचना को जानते हैं और उनके कृतित्व को सब अध्ययन के माध्यम से जानते हैं। हम यहाँ इस विषय पर चर्चा के लिए नहीं एकत्र हुए हैं कि 'न्यू टेस्टामेंट' का कितना भाग सत्य है? हम यहाँ इस बात की भी चर्चा नहीं करने जा रहे कि उनके जीवन का कितना अंश ऐतिहासिक है? यह भी महत्त्वपूर्ण नहीं है कि 'न्यू टेस्टामेंट' की रचना उनके जन्म के 500 वर्षों के अंदर की गई थी या नहीं? और इस बात से भी कोई अंतर नहीं पड़ता कि उनके जीवन का कितना भाग सत्य है? लेकिन इसके पीछे कुछ तो अवश्य है; कोई ऐसी चीज, जिससे हम जुड़ना चाहते हैं। आपको झूठ बोलने के लिए भी एक सत्य की नकल करनी होगी। परंतु उसके पीछे अवश्य कोई ऐसी चीज होगी, जिसकी हम नकल करना चाहते हैं और वह सत्य एक तथ्य है। आप किसी ऐसी चीज की नकल नहीं कर सकते, जिसका कभी अस्तित्व न रहा हो। आप उस चीज की नकल कभी नहीं कर सकते हैं, जिसकी आपने कभी कल्पना ही न की हो। परंतु वहाँ कोई केंद्र, कोई व्यापक शक्ति अवश्य रही है, जो आध्यात्मिक शक्ति के रूप में हमारे पास आई और हम उसी शक्ति के बारे में बात कर रहे हैं। वह वहाँ विद्यमान है। इसलिए, हम विद्वानों द्वारा की गई आलोचनाओं से तनिक भी भयभीत नहीं हैं। यदि मैं एक पूर्वी निवासी के रूप में नजारत के यीशु की पूजा करना चाहता हूँ तो मेरे पास केवल एक ही विकल्प है, कि मैं उन्हें केवल ईश्वर मानकर उनकी पूजा करूँ, इसके अतिरिक्त कुछ नहीं। क्या आप लोगों के कहने का आशय यह है कि मुझे उनकी पूजा उस रूप में करने का कोई अधिकार नहीं है? यदि हम उन्हें अपने स्तर तक लाकर सहजतः एक महापुरुष के रूप में उनका सम्मान करें तो हमें उनकी पूजा क्यों नहीं करनी चाहिए? धर्मग्रंथ कहते हैं, "ज्योति की ये महान् संतानें, जो स्वयं अपनी ज्योति को प्रकट करते हैं और जो स्वयं में एक प्रकाश-पुंज हैं और हमारे बीच पूज्य बन गए हैं, तो हम भी उनके साथ एकाकार हो सकते हैं।"

चूँकि आप लोग जानते हैं कि मनुष्य तीन प्रकार से ईश्वर को महसूस करता है। प्रथम, किसी अशिक्षित व्यक्ति की अविकसित बुद्धि ईश्वर को बहुत दूर स्वर्ग में किसी स्थान पर एक सिंहासन पर बैठे न्यायाधीश के रूप में देखती है। वह ईश्वर को एक अग्नि, एक भय के रूप में देखता है। उसके लिए ऐसा करना अच्छा है, क्योंकि इसमें कुछ बुरा नहीं है। आपको यह बात अनिवार्यतः स्मरण रखनी चाहिए कि मानवता असत्य से सत्य

की ओर यात्रा नहीं करती, बल्कि वह सत्य से सत्य की ओर जाती है। यदि आप इसे अच्छा समझें तो ऐसा भी कह सकते हैं कि वह निम्न सत्य से उच्च सत्य की ओर प्रयाण करती है, परंतु असत्य से सत्य की ओर तो कदापि नहीं। मान लीजिए कि आप पृथ्वी से सूर्य की ओर एक सीधी रेखा में प्रस्थान करते हैं। यहाँ से सूर्य बहुत छोटा दिखाई देता है। मान लीजिए कि आप 10 लाख मील तक आगे की ओर बढ़ गए हैं, आपको वही सूर्य पहले से कहीं अधिक बड़ा दिखाई देगा। तत्पश्चात् सूर्य विशाल से विशालतर होता चला जाएगा। मान लीजिए कि एक ही सूर्य के अलग-अलग बिंदुओं से 20,000 चित्र लिये गए हैं, ये सारे चित्र निश्चित रूप से एक-दूसरे से भिन्न होंगे। परंतु क्या आप इस तथ्य को झुठला सकते हैं कि वे सारे चित्र एक ही सूर्य के हैं? इसलिए धर्म के सभी रूप, चाहे वे छोटे हों या बड़े, सभी उस एकल प्रकाश-पुंज की अनंत दशाएँ हैं, जो स्वयमेव ईश्वर है। अंतर केवल इतना है कि कोई उसे उसके लघु रूप में देखता है और कोई बृहद् रूप में। इसलिए सारी दुनिया में अचिंतनशील धार्मिक लोगों के मन में ईश्वर की अनिवार्यत: यही धारणा होनी चाहिए और सदैव रही भी है कि ईश्वर इस ब्रह्मांड से दूर कहीं स्वर्ग में किसी सिंहासन पर विराजमान है, जो लोगों के अच्छे व बुरे कर्मों का न्याय करता है और उसी के अनुसार उन्हें पुरस्कृत या दंडित करता है। आध्यात्मिकता में उन्नत व्यक्ति ने सोचना प्रारंभ किया कि ईश्वर सर्वविद्यमान है, यह कि वह उसके साथ भी अवश्य है और उसे हर स्थान पर अवश्य होना चाहिए, कि वह कोई सुदूरस्थ ईश्वर नहीं है, बल्कि स्नेहिल रूप से समस्त आत्माओं की आत्मा है। जिस प्रकार आत्मा हमारे शरीर का संचालन करती है, उसी प्रकार ईश्वर हमारी आत्माओं का संचालक है। वह आत्मा के अंदर आत्मा है। जो लोग पर्याप्त रूप से विकसित हो गए हैं और पर्याप्तत: शुद्ध हो चुके हैं, वे इससे भी आगे चले जाते हैं और अंतत: ईश्वर को प्राप्त कर लेते हैं। जैसा कि 'न्यू टेस्टामेंट' कहता है—"वे लोग भाग्यवान् हैं, जिनका हृदय शुद्ध है, क्योंकि वे ईश्वर को देख पाएँगे।" अंततोगत्वा उन्होंने पाया कि वे और पिता दोनों एक ही थे।

आप पाते हैं कि इन तीनों चरणों को महान् गुरु द्वारा नए नियम में सिखाया जाता है। उनके द्वारा सिखाई गई सामान्य प्रार्थना पर ध्यान दीजिए—"हे स्वर्ग में विराजमान हमारे पिता! आपका नाम प्रतिष्ठित हो।" यह अत्यंत सरल प्रार्थना है, बच्चों की-सी प्रार्थना! आप इस बात पर ध्यान दें कि यह एक 'सामान्य प्रार्थना' है, क्योंकि यह अशिक्षित जन-समुदाय के लिए लक्षित है। उच्च क्षेत्र के लिए, जो थोड़ा अधिक प्रगति कर गए हैं, उनके लिए गुरु ने अधिक ऊँची शिक्षा दी, "मैं अपने पिता में हूँ और वह मेरे अंदर हैं और मैं आपके अंदर हूँ।" क्या आप उसे याद करते हैं? और इसके बाद जब यहूदियों ने उनसे

पूछा कि वे कौन थे, उन्होंने घोषणा की कि वह और उनके पिता एक ही हैं। इस पर यहूदियों ने सोचा कि यह तो ईश-निंदा थी! उनके ऐसा कहने का क्या अर्थ था? आपको आपके पुराने पैगंबरों द्वारा यह भी सिखाया गया था, "आप लोग देवता हैं और आप सब उस सर्वोच्च शक्ति की संतानें हैं।" उन तीनों चरणों पर ध्यान दीजिए। आप पाएँगे कि आपको प्रारंभ करने के लिए प्रथम प्रार्थना सरल है और अंत अंतिम प्रार्थना से करें।

संदेशवाहक मार्ग दिखाने आए थे। उन्होंने आपको समझाया कि आत्मा रूपों में नहीं है। वह इन सभी प्रकार के संतापों एवं दर्शन की जटिल समस्याओं में नहीं है कि आप आत्मा को जानते हैं। अच्छा होता कि आपको कोई ज्ञान नहीं होता; अच्छा होता कि आपने अपने जीवन में कभी कोई पुस्तक न पढ़ी होती! मुक्ति हेतु ये सब चीजें आवश्यक नहीं हैं—न तो धन, न पद और न ही सत्ता; यद्यपि ज्ञान भी नहीं। परंतु जो चीज सबसे अधिक जरूरी है, वह है शुद्धता। "वे लोग भाग्यवान् हैं, जिनके हृदय शुद्ध हैं।" क्योंकि आत्मा अपनी प्रकृति से ही शुद्ध है, वह किसी अन्य रूप में हो ही कैसे सकती है? वह ईश्वर की है, वह ईश्वर से आई है। 'बाइबल' की भाषा में—"वह ईश्वर की साँस है।" 'कुरान' की भाषा में—"वह ईश्वर की आत्मा है।" क्या आपके कहने का यह अर्थ है कि ईश्वर की आत्मा कभी अशुद्ध नहीं हो सकती? परंतु अफसोस, उस पर युगों से धूल जमी हुई है। यह धूल हमारे अपने अच्छे या बुरे कर्मों की है। अनेक शब्द, जो सही नहीं थे, सत्य नहीं थे, उन्होंने युगों से आत्मा को अज्ञानता की धूल-मिट्टी से आच्छादित कर लिया है। इसलिए इस धूल व मिट्टी को साफ करना जरूरी है, जिसके बाद हमारी आत्मा तत्काल चमक उठेगी। "वे लोग भाग्यवान् हैं, जिनका हृदय शुद्ध व पवित्र है; क्योंकि वे ईश्वर के दर्शन कर सकते हैं।" "स्वर्ग का राज्य स्वयं तुम्हारे भीतर है।" नजारत के यीशु पूछते हैं कि जब वह तुम्हारे अंदर ही है तो तुम स्वर्ग के राज्य को खोजने कहाँ जा रहे हो? अपनी आत्मा को स्वच्छ करो, वह तुम्हें मिल जाएगा। वह अधिकारपूर्वक तुम्हारा है। आप लोग अमरत्व के उत्तराधिकारी हैं, असीम पिता की संतानें हैं।

यह संदेशवाहक की सबसे महान् शिक्षा है और अन्य समस्त धर्मों का आधार त्याग है। आप आत्मा को शुद्ध कैसे बना सकते हैं? त्याग द्वारा। एक अमीर युवक यीशु से पूछता है, "हे श्रेष्ठ स्वामी! मैं ऐसा कौन सा कर्म करूँ, जिससे मैं अनंत जीवन प्राप्त कर सकूँ?" और यीशु ने उससे कहा, "तुम्हारे पास एक चीज का अभाव है; अपने मार्ग पर जाओ और तुम्हारे पास जो कुछ भी है, उसे बेच दो और सारा धन गरीबों को दे दो, तुम्हें स्वर्ग में खजाना मिल जाएगा और अपना क्रॉस लेकर मेरे पीछे आओ।" इतना सुनते ही वह अमीर युवक अत्यंत दुःखी हो गया और व्यथित होकर वहाँ से चला गया, क्योंकि

उसके पास अकूत दौलत थी। हम सब भी न्यूनाधिक रूप से उसी युवक के समान हैं। वह स्वर हमारे कानों में रात-दिन गूँज रहा है। अत्यंत सुखों एवं मनोरंजनों के बीच, सांसारिक वस्तुओं के बीच हम सोचते हैं कि हमने सबकुछ भुला दिया है! पल भर की चुप्पी के बाद वही स्वर हमारे कानों में पुनः गूँजता है—"तुम्हारे पास जो कुछ है, उसे त्यागकर मेरा अनुसरण करो।" जो कोई भी अपने जीवन को बचाना चाहेगा, वह उससे हाथ धो बैठेगा और जो व्यक्ति मेरे लिए अपने जीवन का बलिदान कर देगा, वह उसे प्राप्त कर लेगा। हमारी समस्त दुर्बलताओं के मध्य पल भर की खामोशी के बाद वही आवाज फिर सुनाई देती है—"जो कुछ भी तुम्हारे पास है, उसे त्याग दो, उसे गरीबों को दे दो और मेरे पीछे आओ।" यही वह एक आदर्श है, जिसकी वह शिक्षा देता है और यही वह आदर्श रहा है, जिसका उपदेश विश्व के महान् उपदेशकों ने दिया है—परित्याग। 'परित्याग' का क्या अर्थ है ? यही कि नैतिकता में केवल एक ही आदर्श है—निस्स्वार्थता। निस्स्वार्थ बनो। श्रद्धालु का आदर्श संपूर्ण निस्स्वार्थता है। जब किसी व्यक्ति के दाएँ गाल पर थप्पड़ मारा जाता है तो वह अपना बायाँ गाल भी आगे कर देता है। जब किसी व्यक्ति का अंदरूनी कोट पुराना हो जाता है तो वह अपने चोगे को भी उतार देता है।

हमें आदर्श को गिराए बिना यथासंभव तरीके से सर्वोत्तम कर्म करना चाहिए। यही आदर्श है। जब किसी व्यक्ति के अंदर स्वत्व की भावना शेष नहीं रह जाती है, कोई संपत्ति नहीं रहती है, 'मैं' और 'मेरा' कहने के लिए कुछ शेष नहीं रह जाता है और वह अपने आप को पूरी तरह भुला देता है, अपनी निजता का संपूर्ण नाश कर देता है तो यथावत् रूप से उसके अंदर स्वयं ईश्वर प्रतिष्ठित हो जाता है; क्योंकि उसके मन से आत्मेच्छा चली जाती है, नष्ट हो जाती है और मिट जाती है। वही आदर्श पुरुष है। अभी हम उस अवस्था तक नहीं पहुँचे हैं। फिर भी, हमें उस आदर्श की पूजा करनी चाहिए। यद्यपि संभव है कि उस मार्ग पर चलने में हमारे पग लड़खड़ाएँ, फिर भी हमें उस आदर्श तक पहुँचने हेतु धीरे-धीरे संघर्ष अवश्य करना चाहिए। संभव है कि वह आदर्श हमें कल ही प्राप्त हो जाए या यह भी संभव है कि उसे प्राप्त करने में हजारों वर्ष लग जाएँ; परंतु उस आदर्श पर हमें पहुँचना ही होगा, क्योंकि यह केवल अंत नहीं है, बल्कि एकमात्र उपाय भी है। निस्स्वार्थी बनने के लिए पूर्णतया निस्स्वार्थ होना अपने आप में मुक्ति है, क्योंकि उसके अंदर का स्वत्व समाप्त हो जाता है और उसमें केवल ईश्वर शेष बना रहता है।

एक और बिंदु! मानवता के सभी शिक्षक निस्स्वार्थी हैं। मान लीजिए कि नजारत के यीशु शिक्षा दे रहे थे और एक आदमी उनके पास आकर कहने लगा, "आप जो कुछ शिक्षा दे रहे हैं, वह सुंदर है। मैं मानता हूँ कि यह पूर्णता का मार्ग है और मैं इसका

अनुसरण करने के लिए भी तैयार हूँ; परंतु मैं आपको ईश्वर का एकमात्र उत्पन्न पुत्र मानने के लिए तैयार हूँ।" ऐसी स्थिति में नजारत के यीशु का उत्तर क्या होगा? "अच्छी बात है, बंधु! आदर्श का पालन करो और अपने तरीके से उन्नति करो। मुझे इस बात की चिंता नहीं है कि तुम मुझे श्रेय देते हो या नहीं! मैं कोई दुकानदार नहीं हूँ। मैं धर्म का व्यापार नहीं करता। मैं केवल सत्य की शिक्षा देता हूँ, और सत्य किसी की जागीर नहीं है। कोई भी व्यक्ति अपने नाम सत्य का स्वामित्व नहीं करा सकता है। सत्य स्वयमेव ईश्वर है। आगे बढ़ो।"

परंतु आजकल के शिष्य कहते हैं, "इस बात से कोई अंतर नहीं पड़ता कि तुम शिक्षा पर अमल करते हो या नहीं। क्या तुम मनुष्य को श्रेय देते हो? यदि तुम इसका श्रेय गुरु को दोगे तो तुम सुरक्षित रहोगे, यदि नहीं देते तो तुम्हारे लिए कोई मुक्ति नहीं है।" और इस प्रकार, गुरु की सारी शिक्षा विकृत हो जाती है और केवल मनुष्य का सारा संघर्ष एवं युद्ध मनुष्य के व्यक्तित्व के लिए बन जाता है। वे नहीं जानते कि भिन्नता थोपकर वे एक प्रकार से अपने उस गुरु के प्रति शर्मिंदगी का कारण बन रहे हैं, जिसका वे सम्मान करने के इच्छुक हैं—और वह व्यक्ति ऐसे विचार सुनकर शर्म से डूब जाएगा। उसे इस बात की क्या चिंता है कि संसार में एक व्यक्ति उसे स्मरण करता है या नहीं? उसे संदेश देना था, उसने दे दिया! और यदि उसके पास बीस हजार जीवन भी होते तो वह उन सभी को संसार के सबसे निर्धनतम व्यक्ति की भलाई के लिए त्याग देता। यदि उसे लाखों तिरस्कृत समेरियाइयों के लिए लाखों बार उत्पीड़ित होना पड़े और प्रत्येक के लिए अपना जीवन बलिदान करना पड़े तो मुक्ति का इससे उत्तम उपाय और क्या हो सकता है? वह सहर्ष अपना जीवन उनके लिए न्योछावर कर देगा और किसी को उसके नाम की भनक तक नहीं लगेगी। वह अपने आप को अज्ञात ही बनाए रखेगा। वह शांत एवं अज्ञात बनकर उसी प्रकार अपना कर्म करता रहेगा, जिस प्रकार ईश्वर करता है। अब, शिष्य क्या कहेगा? "वह आपसे कहेगा कि आप एक पूर्ण व्यक्ति हो सकते हैं, पूर्णतया निस्स्वार्थ व्यक्ति; परंतु जब तक आप हमारे गुरु, हमारे संत को श्रेय नहीं देंगे, तब तक इसका कोई लाभ नहीं है।" क्यों? इस अंधविश्वास का मूल क्या है? यह अज्ञानता क्या है? शिष्य सोचता है कि ईश्वर स्वयं को केवल एक बार प्रकट कर सकता है। इसी में सारी भूल छिपी हुई है। हे मनुष्य! ईश्वर स्वयं को तुम्हारे अंदर प्रकट करता है। परंतु संपूर्ण प्रकृति में जो पहली बार होता है, वह अतीत में भी हुआ था और भविष्य में भी होगा। प्रकृति में ऐसी कोई चीज नहीं है, जो इस नियम से बँधी हुई न हो; और इसका अर्थ यह है कि जो एक बार होता है, अतीत में भी होता रहा है और भविष्य में भी होता रहेगा।

भारत में भगवान् के अवतारों के बारे में भी लोगों का ऐसा ही विचार है। ईश्वर के अनेक अवतारों में से एक अवतार श्रीकृष्ण का है, जिनके महान् उपदेश 'श्रीमद्भगवद्गीता' को आप लोगों में से कुछ ने अवश्य पढ़ा होगा। 'गीता' में श्रीकृष्ण कहते हैं, "यद्यपि मैं अजन्मा एवं अपरिवर्तनीय प्रकृतिवाला हूँ और सभी अस्तित्वों का स्वामी हूँ, तथापि मैं अपनी प्रकृति को अपने वश में किए हुए हूँ। मैं केवल अपनी माया से अस्तित्व ग्रहण करता हूँ। जब-जब धर्म की हानि एवं अधर्म का उत्थान होता है, तब-तब मैं शरीर धारण करता हूँ। मैं अच्छे लोगों की रक्षा करने और अधर्म के विनाश एवं धर्म की स्थापना के लिए प्रत्येक युग में अस्तित्व में आता हूँ।" जब कभी भी इस जगत् का पराभव होता है, ईश्वर उसकी सहायता करने और उसे आगे बढ़ाने हेतु अवश्य आता है और वह ऐसा समय-समय पर तथा स्थान-स्थान पर करता है। एक अन्य वाक्यांश में श्रीकृष्ण कहते हैं, "जहाँ कहीं भी तुम्हें मानवता के उत्थान हेतु संघर्ष करनेवाली कोई अमित शक्ति और शुद्धता से ओत-प्रोत महान् आत्मा दिखाई दे, जान लेना कि वह मेरे ही तेज से उत्पन्न हुई है और उसके माध्यम से मैं ही वहाँ उपस्थित होकर कार्य कर रहा हूँ।"

इसलिए आइए, ईश्वर को न केवल नजारत के यीशु में खोजें, बल्कि उन सभी महान् लोगों में भी खोजें, जो उनसे पूर्व हुए थे और जो उनके बाद आए तथा भविष्य में आने वाले हैं। हमारी पूजा निर्बाध एवं मुक्त है। सभी पूजनीय लोग उसी अनंत ईश्वर के विस्तारित प्रतिरूप हैं। वे सभी पवित्र, शुद्ध एवं निस्स्वार्थ हैं। उन्होंने हमारे लिए, असहाय मनुष्यों के लिए संघर्ष करते हुए अपना जीवन न्योछावर कर दिया। उनमें से प्रत्येक और सभी हम में से प्रत्येक के लिए हमारे प्रतिनिधि के रूप में प्रायश्चित्त की यातनाएँ सहते हैं और हमारे बाद आनेवालों के लिए भी सहते रहेंगे।

एक प्रकार से देखा जाए तो आप सभी पैगंबर हैं। आप में से प्रत्येक एक पैगंबर है और आप लोग संसार के भार को अपने कंधों पर उठाए हुए हैं। क्या आपने कभी ऐसा पुरुष या कभी कोई ऐसी स्त्री देखी है, जो शांतिपूर्वक एवं धैर्यपूर्वक अपने जीवन के भार को न वहन कर रहा हो या कर रही हो? महान् पैगंबर महापुरुष थे। उन्होंने इस विशाल जगत् को अपने कंधों पर उठा रखा था। निस्संदेह, उनकी तुलना में हम लोग अत्यंत बौने हैं। किंतु फिर भी, हम लोग अपने छोट-छोटे क्षेत्रों में, छोटे-छोटे घरों में अपने छोटे-छोटे क्रॉस पहने समान कार्य कर रहे हैं। कोई भी इतना बुरा नहीं है, कोई भी इतना महत्त्वहीन नहीं है; परंतु उसे अपना क्रॉस स्वयं पहनना होगा। परंतु हमारी सभी भूलों, हमारे सभी बुरे विचारों एवं कर्मों के साथ कहीं कोई तेजोमय स्थान अवश्य है, कहीं कोई ऐसा सुनहरा धागा है, जिसके माध्यम से हम उस दैवी शक्ति से सदैव जुड़े हुए हैं। क्योंकि आप यह

निश्चित तौर पर जान लीजिए कि जिस क्षण वह दैवी स्पर्श समाप्त होगा, उसी क्षण हमारा विनाश हो जाएगा। चूँकि हम सभी के अंतर्मन में, हृदयों में उस अनंत ज्योति का निवास है, इसलिए हमारा विनाश नहीं होगा। हमारे अंदर उस ज्योति का छोटा सा अंश निरंतर उस अनंत ज्योति से, उस दैवी शक्ति से संपृक्त है।

अतीत के उन सभी पैगंबरों को मेरा प्रणाम, जिनकी शिक्षाएँ एवं जीवन हमें विरासत में मिले हैं, चाहे उनकी कोई भी जाति, जलवायु एवं पंथ रहा हो! उन सभी ईश्वर-तुल्य नर व नारियों को मेरा प्रणाम, जो जन्म, वर्ण तथा जाति का भेद किए बिना मानवता की सेवा एवं सहायता कर रहे हैं! भविष्य में आनेवाले उन सभी जीवित ईश्वरों को भी मेरा प्रणाम, जो हमारे वंशजों की निस्स्वार्थ सेवा हेतु आने वाले हैं।

□

17

कृष्ण

जिन परिस्थितियों ने भारत में बौद्ध धर्म को जन्म दिया, लगभग वैसी ही परिस्थितियाँ श्रीकृष्ण के जन्म के समय भी उपस्थित थीं। केवल इतना ही नहीं, उस युग की घटनाओं को हम अपने युग में भी होते हुए पाते हैं।

वहाँ एक निश्चित आदर्श है। इसके साथ-ही-साथ वहाँ सदैव मानव जाति की एक बड़ी संख्या अवश्य होगी, जो उस आदर्श पर खरा नहीं उतरेगी, यहाँ तक कि बौद्धिक तौर पर भी नहीं। सशक्त लोग उस आदर्श को वहन कर लेते हैं; परंतु कई बार उनके मन में निर्बल के लिए कोई सहानुभूति नहीं होती। शक्तिशाली लोगों के लिए दुर्बल लोग केवल भिक्षुक हैं। सशक्त लोग आगे चलते हैं···वास्तव में, हम तत्काल समझ जाते हैं कि उच्चतम पद प्राप्त करने के लिए दुर्बल लोगों के प्रति संवेदनशील एवं सहयोगी होना आवश्यक है। परंतु तभी, कई मामलों में, दार्शनिक हमारे संवेदनशील होने के मार्ग को अवरुद्ध कर देता है। यदि हम इस सिद्धांत का पालन करें कि हमारे संपूर्ण जीवन का निर्धारण हमारे कुछ वर्षों के अस्तित्व द्वारा यहाँ और अभी होगा तो यह हमारे लिए अत्यंत निराशाजनक है और हमारे पास दुर्बल लोगों की ओर मुड़कर देखने का कोई समय नहीं है। परंतु यदि ऐसी स्थितियाँ नहीं हैं—यदि यह जगत् उन अनेक विद्यालयों में से एक है, जिसके बीच हमें उत्तीर्ण होना है, यदि अनंत जीवन को अनंत नियमों द्वारा मोड़ा एवं निर्देशित किया जाना है और अनंत नियम एवं अनंत अवसर प्रत्येक की प्रतीक्षा करते हैं तो हमें जल्दबाजी करने की कोई आवश्यकता नहीं है। हमारे पास हमदर्दी जताने का समय है, हमारे पास अपने आसपास देखने का समय है और हमारे पास हमारा हाथ दुर्बल तक ले जाने तथा उसे ऊपर उठाने का समय है।

** 1 अप्रैल, 1900 को कैलिफोर्निया में दिया गया वक्तव्य*

बौद्ध धर्म से हमें संस्कृत के दो शब्द मिले हैं—एक अनुवाद का अर्थ 'धर्म' एवं दूसरे का अर्थ 'संप्रदाय' है। यह एक सर्वाधिक महत्त्वपूर्ण तथ्य है कि यद्यपि श्रीकृष्ण के शिष्यों एवं उनके वंशजों के पास भी उनके धर्म का कोई नाम नहीं है, विदेशी उसे 'हिंदुत्व' या 'ब्राह्मणत्व' कहते हैं। भारत में एक धर्म के अनेक संप्रदाय हैं। जैसे ही आप उसे एक अलग नाम देंगे और उसे शेष से पृथक् करते हुए वैयक्तिक बनाएँगे, वह तत्काल धर्म की बजाय एक संप्रदाय बनकर रह जाएगा। एक संप्रदाय केवल अपने सत्य का दावा करता है और घोषणा कर देता है कि उसके अतिरिक्त कहीं भी सत्य नहीं है। धर्म मानता है कि पहले भी वह था और अब भी दुनिया में एक धर्म है। कभी दो धर्म थे ही नहीं। यह वही समान धर्म है, जो भिन्न स्थानों के भिन्न पक्षों को प्रस्तुत कर रहा है। हमारा उद्देश्य मानवता की संभावना और उसके लक्ष्यों को सही परिप्रेक्ष्य में समझना है।

श्रीकृष्ण ने यही महान् कार्य किया था। उन्होंने हमारी आँखें खोलीं और हमें मानवता के उत्थान एवं आगामी यात्रा को व्यापक परिप्रेक्ष्य में देखने योग्य बनाया। उनका पहला पर्याप्त विशाल एवं उदार हृदय था, जो सभी में सत्य देखता था। उन्हीं के होंठों ने सबसे पहले प्रत्येक एवं सभी के लिए सुंदर वचन कहे थे।

श्रीकृष्ण बुद्ध से कुछ हजार वर्ष पूर्व हुए थे।...बड़ी संख्या में लोग यह मानने को तैयार ही नहीं हैं कि श्रीकृष्ण का कभी कोई अस्तित्व भी था! कुछ लोग मानते हैं कि श्रीकृष्ण की उपासना का उद्भव प्राचीन सूर्य-पूजा से हुआ था। ऐसा प्रतीत होता है, मानो अनेक कृष्ण थे! एक का उल्लेख उपनिषदों में मिलता है, दूसरा एक राजा था और तीसरा एक सेनापति। सब-के-सब एक कृष्ण में पिंडित (समाहित) थे। बहरहाल, इससे कोई बड़ा अंतर नहीं पड़ता है। तथ्य यह है कि एक व्यक्ति आता है, जो आध्यात्मिकता में बेजोड़ है, अद्भुत है। उसके बाद ही उनके ऐतिहासिक व्यक्तित्व से जुड़ी समस्त कहानियों को उनके इर्द-गिर्द खोजा गया। परंतु सभी बाइबलें एवं कहानियाँ, जो इस एकल व्यक्ति के बारे में लिखी गई हैं, उन्हें उस व्यक्ति के साँचे में दोबारा ढाला गया। 'न्यू टेस्टामेंट' की सभी कहानियों को यीशु के स्वीकृत जीवन एवं चरित्र पर आधारित होना चाहिए था। बुद्ध के बारे में लिखी गई सभी भारतीय कहानियों में उनके जीवन के एकमात्र केंद्रीय तत्त्व को बनाए रखा गया है, और वह तत्त्व है—दूसरों के लिए त्याग करो।

श्रीकृष्ण के बारे में हम पाते हैं कि उनके संदेश में दो विचार प्रमुख एवं सर्वोच्च हैं। उनका पहला प्रमुख संदेश है—विभिन्न विचारों में तालमेल और दूसरा विचार है—

अनासक्ति। उनका कहना है कि कोई व्यक्ति अपने उच्चतम लक्ष्य-पूर्णता को सिंहासन पर बैठकर सेनाओं को निर्देश देते हुए और राष्ट्रों के लिए उत्तम योजनाएँ बनाते हुए भी प्राप्त कर सकता है। वस्तुतः श्रीकृष्ण का 'गीता' नामक महान् उपदेश रणभूमि में दिया गया था।

श्रीकृष्ण ने रणभूमि में पुराने पुरोहितों के समस्त दर्प, स्वाँग, संस्कार एवं प्रहसन को स्पष्ट तौर पर देखा; तथापि उन्होंने उनके अंदर कुछ अच्छाई देखी।

यदि आप शक्तिशाली व्यक्ति हैं तो बड़ी अच्छी बात है! परंतु जो लोग आपकी दृष्टि में पर्याप्त शक्तिशाली नहीं हैं, ऐसे अन्य लोगों की निंदा मत कीजिए। प्रत्येक व्यक्ति कहता है, "लोगों के लिए शोक मत करो!!" कौन कहता है कि "मेरे प्रति शोक मत करो कि मैं तुम्हारी सहायता नहीं कर सकता हूँ?" लोग अपने सर्वोत्तम सामर्थ्य, साधन एवं ज्ञान के अनुसार सबकुछ ठीक कर रहे हैं। मेरे लिए शोक करो कि मैं उन्हें उस स्थान तक नहीं उठा सकता, जहाँ मैं स्वयं हूँ!

अतः औपचारिकताएँ, देवताओं की पूजा एवं मिथक इत्यादि सब ठीक हैं, श्रीकृष्ण कहते हैं···क्यों? क्योंकि वे सभी समान लक्ष्य की ओर ले जाते हैं। समारोह, ग्रंथ एवं रूप—ये सभी श्रृंखला की कड़ियाँ हैं। इन्हें पकड़े रखो! यह एक चीज है। यदि आप सचेत हैं और आपने सचमुच एक कड़ी को पकड़ रखा है तो उसे छोड़ो मत, शेष कड़ियाँ आने के लिए विवश हो जाएँगी। परंतु लोग पकड़कर नहीं रखते। वे अपना सारा समय इस विवाद का निर्धारण करने में झगड़ते हुए बिता देते हैं कि उन्हें किस चीज को थामे रखना चाहिए और किसे छोड़ देना चाहिए।···हम हमेशा सत्य के पीछे भागते हैं, परंतु उसे कभी पकड़ना नहीं चाहते। हमें तो केवल पूछने में आनंद आता है। हम अपनी ढेर सारी ऊर्जा इन्हीं उपक्रमों में नष्ट कर देते हैं। यही कारण है कि श्रीकृष्ण कहते हैं—इनमें से किसी एक श्रृंखला को पकड़ लो, क्योंकि वह एक सामान्य केंद्र से जुड़ी हुई है। कोई भी पग दूसरे पग से बड़ा नहीं है···जब तक वह ईमानदार है, तब तक धर्म को दोष मत दो। इनमें से किसी एक कड़ी को पकड़े रखो, वह तुम्हें केंद्र तक पहुँचा देगी। शेष सारी चीजें आपका अपना हृदय सिखा देगा। आपके अंदर का गुरु आपको सारे धर्म, सारे दर्शन सिखा देगा।···

यीशु की भाँति श्रीकृष्ण भी स्वयं को ईश्वर कहते हैं। वह स्वयं में देवत्व देखते हैं। श्रीकृष्ण कहते हैं, "कोई मेरे मार्ग से अलग एक दिन भी नहीं चल सकता है। सबको मेरे पास आना होगा। कोई भी व्यक्ति यदि किसी भी रूप में मेरी पूजा करता है, मैं उसे उस मार्ग पर चलने की शक्ति देता हूँ और उसी के माध्यम से उसे प्राप्त होता हूँ।···" उनका हृदय सभी के लिए है।

श्रीकृष्ण अपने विराट् रूप में अकेले खड़े हैं। उसकी दिव्यता हमें भयभीत करती है। हम प्रत्येक चीज पर आश्रित हैं—कुछ स्नेहिल शब्दों पर, परिस्थितियों पर आश्रित हैं। जब आत्मा किसी चीज पर आश्रित नहीं होना चाहती है, यहाँ तक कि जीवन पर भी नहीं, तो वह दर्शन की उच्चता है, पुरुषार्थ की उच्चता है। उपासना भी व्यक्ति को उसी लक्ष्य की ओर ले जाती है। श्रीकृष्ण पूजा को अधिक महत्त्व देते हैं—ईश्वर की पूजा करो!

हम संसार में अनेक प्रकार की उपासना देखते हैं। रुग्ण व्यक्ति ईश्वर का सबसे बड़ा उपासक है।…कोई ऐसा व्यक्ति भी है, जो अपनी दौलत खो चुका है। वह धन पाने के लिए बहुत अधिक पूजा करता है। उस व्यक्ति की पूजा श्रेष्ठतम पूजा है, जो ईश्वर के लिए ईश्वर से प्रेम करता है। यहाँ यह प्रश्न किया जा सकता है—"यदि संसार में ईश्वर है तो इतने सारे कष्ट क्यों हैं?" उपासक उत्तर देता है, "…इस संसार में बहुत सारे कष्ट हैं; परंतु क्या मैं इसके कारण ईश्वर से प्रेम करना छोड़ दूँ? मैं उसकी पूजा इसलिए नहीं करता हूँ कि वह मेरे कष्ट दूर कर दे। मैं उससे इसलिए प्रेम करता हूँ, क्योंकि वह अपने आप में प्रेम है।" अन्य प्रकार की उपासनाएँ निम्न कोटि की हैं; परंतु श्रीकृष्ण किसी की भी अवहेलना नहीं करते। मूर्तिवत् खड़े रहने की अपेक्षा कुछ करना श्रेयस्कर है। जो व्यक्ति पूजा करना प्रारंभ करता है, वह अंश प्रति-अंश उन्नति करता है और ईश्वर से प्रेम के लिए प्रेम करने लगता है।…

यह जीवन जीते हुए शुद्धता कैसे प्राप्त की जा सकती है? क्या हम सभी को जंगलों की गुफाओं में चले जाना चाहिए? उससे हमारी क्या भलाई होगी? यदि मन नियंत्रण में नहीं है तो गुफा में रहने का भी कोई लाभ नहीं है, क्योंकि आपका वही मन वहाँ भी सारी बाधाएँ लाकर खड़ी कर देगा। हमें गुफा में बीस शैतान मिल जाएँगे, क्योंकि शैतान मन के अंदर हैं। यदि हमारा मन हमारे नियंत्रण में है तो हमारे लिए वही स्थान गुफा है, जहाँ हम मौजूद हैं।

यह हमारी मानसिक प्रवृत्ति है, जो हमारे जगत् का निर्माण करती है। हमारे विचार किसी चीज को सुंदर और हमारे विचार ही किसी चीज को बीभत्स बनाते हैं। संपूर्ण जगत् हमारे मनों में है। चीजों को उचित प्रकाश में देखना सीखो। सर्वप्रथम इस संसार में विश्वास करो कि प्रत्येक चीज के पीछे एक अर्थ है। इस जगत् में प्रत्येक चीज अच्छी, पवित्र एवं सुंदर है। यदि आपको कोई चीज बुरी दिखाई दे तो समझ लो कि तुम उसे सही प्रकाश में नहीं समझ पा रहे हो। अपना सारा भार उतार फेंको!…जब कभी भी यह कहने की हमारी इच्छा होती है कि संसार कुत्तों के पास जा रहा है, हमें अपना विश्लेषण करना चाहिए। हम पाएँगे कि हमने चीजों को उनके यथावत् रूप में देखने का ज्ञान खो दिया है।

अहर्निश कर्म करो! "मेरी ओर निहारो, मैं इस ब्रह्मांड का स्वामी हूँ। मेरे पास कोई कर्तव्य नहीं है। प्रत्येक कर्तव्य एक दासता है। परंतु मैं कर्म के लिए कर्म करता हूँ। यदि मैं एक पल के लिए कर्म करना त्याग दूँ तो यह संसार अव्यवस्थित हो जाएगा।" अत: आप किसी कर्तव्य-बोध के बिना कर्म करो।···

यह संसार एक खेल है। आप लोग उसके खिलाड़ी हैं। आगे बढ़ो और बिना किसी अवसाद, बिना किसी कष्ट के कर्म करो। ईश्वर के खेल को मलिन बस्तियों में देखो, सैलूनों में देखो! लोगों को ऊपर उठाने के लिए कर्म करो! इसलिए नहीं कि वे अधम या नीच हैं; श्रीकृष्ण कभी ऐसा नहीं कहते।

क्या आप जानते हैं कि छोटा सा नेक काम क्यों किया जाता है? मेरी स्त्री मलिन बस्तियों में जाती है।···वह उन्हें कुछ अशर्फियाँ देती है और कहती है, "हे मेरे गरीब लोगो! इसे लो और प्रसन्न हो जाओ!"···या मेरी सुंदर पत्नी सड़क पर चलते हुए किसी गरीब को देखती है और उसके पास पाँच रुपए फेंक देती है। उसकी इस ईश-निंदा के बारे में विचार कीजिए! हम लोग भाग्यशाली हैं कि ईश्वर ने हमें आपके 'न्यू टेस्टामेंट' में शिक्षा दी है। यीशु कहते हैं, "हालाँकि, तुम लोगों ने हमारे इन छोटे भाइयों के लिए जो कुछ किया है, वह मेरे लिए किया है।" यह सोचना भी ईश्वर की निंदा करने के समान है कि आप किसी की सहायता कर सकते हो! सबसे पहले अपने मन से इस विचार को निर्मूल करो कि आप किसी की सहायता कर सकते हो। उसके बाद पूजा करने जाओ। ईश्वर की संतानें आपके स्वामी की संतानें हैं और बच्चे अपने पिता का ही एक भिन्न रूप हैं। आप उसके सेवक हैं··· जीवित ईश्वर की सेवा करो! ईश्वर आपके पास अंधे के रूप में आता है, लँगड़े के रूप में आता है, गरीब के रूप में आता है, दुर्बल के रूप में आता है, शैतान के रूप में आता है। आपके लिए पूजा करने का कितना उत्तम अवसर है! जिस पल आपके मन में यह विचार आता है कि आप सहायता कर रहे हैं, आपका सारा किया-धरा व्यर्थ हो जाता है और आप खुद को छोटा बना लेते हैं। इसे ध्यान में रखकर कर्म करो। "देखो, क्या परिणाम निकलता है!" आपको घातक एवं कष्टदायी दिल का दौरा नहीं पड़ेगा···उसके बाद आपको कर्म करना दासता नहीं महसूस होगा। वह खेल बन जाएगा। आपको आनंद आएगा।···कर्म करो, अनासक्त बनो! यही संपूर्ण रहस्य है। यदि आसक्त बनोगे तो आपकी दशा दयनीय हो जाएगी।···

अपने प्रत्येक कर्म में हम अपनी पहचान बनाते हैं। यहाँ कोई व्यक्ति मुझे कटु वचन बोलता है तो मुझे क्रोध उत्पन्न होने लगता है। कुछ पल बाद वह क्रोध तथा मैं दोनों लुप्त हो जाते हैं और उसके बाद कष्ट आता है। स्वयं को केवल ईश्वर से जोड़ो, किसी

अन्य चीज से नहीं; क्योंकि ईश्वर के अतिरिक्त प्रत्येक चीज असत्य है। असत्य के प्रति आसक्ति कष्ट लेकर आएगी। जगत् में केवल एक ही अस्तित्व है, जो सत्य है; केवल एक जीवन, जिसमें न तो कर्म है, न कर्ता है।…परंतु अनासक्त प्रेम आपको आहत नहीं करेगा। कोई भी कार्य करो—विवाह करो, बच्चे पैदा करो…अपनी पसंद का कोई भी कार्य करो—कोई भी चीज आपको आहत नहीं करेगी। 'मेरा' के विचार के साथ कोई कर्म मत करो। कर्तव्य के लिए कर्तव्य निभाओ, कर्म के लिए कर्म करो। ये सब तुम्हारे लिए क्या हैं? तुम एक ओर अलग खड़े हो जाओ।

जब हमारे अंदर यह अनासक्ति आएगी, तभी हम इस ब्रह्मांड के अद्भुत रहस्य को समझ पाएँगे; इसमें कितनी सघन गतिविधि एवं कंपन है और इसके साथ ही सघनतम शांति एवं स्थिरता भी है; प्रतिपल काम, प्रतिपल आराम है। यही ब्रह्मांड का रहस्य है—एक में ही निर्वैयक्तिकता एवं वैयक्तिकता दोनों हैं, असीम एवं सीमित एक हैं। इसके बाद हमें रहस्य ज्ञात हो जाएगा। "जो व्यक्ति गहन गतिविधियों के मध्य बृहत्तर आराम पाता है और सघन आराम के मध्य प्रचुर गतिविधियाँ देखता है, वह एक योगी बन जाता है।" अकेला वही असली कर्मी है, कोई दूसरा नहीं। हम थोड़ा सा कर्म करके स्वयं को तोड़ लेते हैं। क्यों? क्योंकि हम उस कर्म के प्रति आसक्त हो जाते हैं। यदि हम आसक्त नहीं होंगे तो कर्म के साथ-साथ हमें अनंत आराम मिलेगा।…

इस प्रकार की अनासक्ति को प्राप्त करना कितना कठिन है! इसीलिए श्रीकृष्ण हमें छोटे-छोटे उपाय एवं पद्धतियाँ दिखाते हैं। प्रत्येक व्यक्ति के लिए, चाहे वह स्त्री हो या पुरुष, सबसे सरल उपाय यह है कि वह कर्म करे, परंतु फल की इच्छा न करे। यह हमारी इच्छा ही है, जो हमें बाँधकर रखती है। यदि हम अपने कर्मों के परिणाम, चाहे वे अच्छे हों या बुरे, लेना चाहेंगे तो हमें उन्हें सहन करना पड़ेगा। परंतु यदि हम अपने लिए कर्म नहीं करते, बल्कि केवल ईश्वर की प्रतिष्ठा के लिए कर्म करते हैं तो परिणाम अपनी चिंता स्वयं करेंगे। "आपके अधिकार में केवल कर्म करना है, उसका फल कदापि नहीं।" सैनिक किसी परिणाम के लिए कर्म नहीं करता है। वह अपना कर्तव्य निभाता है। यदि युद्ध में पराजय होती है तो सेनापति की होती है, सैनिक की नहीं। हम अपना कर्तव्य प्रेम के लिए निभाएँ—सेनापति के प्रेम के लिए, ईश्वर के प्रेम के लिए।…

यदि आप दृढ़ हैं तो वेदांत दर्शन को ग्रहण करें और आत्मनिर्भर हो जाएँ। यदि आप वह नहीं कर सकते तो ईश्वर की पूजा करें; यदि वह भी नहीं कर सकते तो किसी छवि की पूजा करें। यदि आप वह करने में भी शक्ति का अभाव महसूस करें तो किसी लाभ

का विचार किए बिना कोई नेक कार्य करें; ईश्वर की सेवा में अपना सर्वस्व अर्पण कर दें। संघर्ष करते रहें! भगवान् कहते हैं, "चाहे पत्तियाँ हों, जल हो अथवा पुष्प हो—जो कोई भी मेरी वेदी पर चढ़ाता है, मैं उसे समान प्रसन्नता के साथ ग्रहण करता हूँ।" यदि आप कुछ भी नहीं कर सकते, एक भी भला काम नहीं कर सकते तो ईश्वर की शरण में चले जाएँ। ईश्वर मनुष्य के हृदय में रहता है। वह अपने चक्र पर सबको नचाता रहता है। क्या आप अपने संपूर्ण हृदय एवं आत्मा के साथ ईश्वर की शरण में जाएँगे?

यही वे कुछ सामान्य विचार हैं, जिनका उपदेश प्रेम के विचार के संबंध में श्रीकृष्ण ने 'गीता' में दिया है। प्रेम के संबंध में बुद्ध और यीशु द्वारा दिए गए अनेक प्रवचन एवं महान् ग्रंथ हैं।…

कुछ शब्द श्रीकृष्ण के जीवन के संबंध में। यीशु एवं श्रीकृष्ण के जीवन के मध्य व्यापक समानता है। आजकल इस विषय पर चर्चा चल रही है कि किसने दूसरे के विचारों का अनुकरण किया? दोनों स्थानों में एक आततायी राजा था। दोनों का जन्म एक नाँद में हुआ था। दोनों मामलों में माता-पिता कैद में थे। दोनों की रक्षा देवदूतों ने की थी। दोनों ही मामलों में उस वर्ष जनमे सभी बच्चों की हत्याएँ कर दी गई थीं। श्रीकृष्ण का देहावसान एक दुर्घटना में हुआ था। जिस व्यक्ति ने उनकी हत्या की थी, उसे वे अपने साथ स्वर्ग ले गए थे। यीशु की भी हत्या की गई थी। उन्होंने दस्यु को आशीर्वाद दिया और उसे अपने साथ स्वर्ग में ले गए।

'गीता' और 'न्यू टेस्टामेंट' में अनेक बड़ी समानताएँ हैं। मनुष्य का विचार समानवत् आगे बढ़ता है।…मैं आपके प्रश्नों का उत्तर स्वयं श्रीकृष्ण के शब्दों में पाता हूँ—"जब कभी भी धर्म का पराभव एवं अधर्म का प्रसार होता है, तब-तब मैं आता हूँ। मैं बारंबार आता हूँ। इसलिए यदि आप किसी महान् आत्मा को मानव जाति के उत्थान हेतु संघर्ष करते हुए देखें तो जान लें कि मैं आ चुका हूँ और मेरी पूजा करें।…"

इसी प्रकार, यदि वह यीशु या बुद्ध के रूप में आता है तो इसमें इतना अधिक वैमनस्य क्यों है? अनिवार्यत: उनके उपदेशों का, उनकी शिक्षाओं का पालन किया जाना चाहिए। कोई हिंदू भक्त कहेगा, "स्वयं ईश्वर ही यीशु एवं कृष्ण तथा बुद्ध एवं अन्य अनेक महान् व्यक्ति बनकर आए। कोई हिंदू दार्शनिक कहेगा—ये महान् आत्माएँ हैं; वे पहले ही मुक्त हैं। यद्यपि मुक्त होते हुए भी वे जब देखते हैं कि संपूर्ण जगत् कष्ट भोग रहा है तो वे अपनी स्वतंत्रता को स्वीकार करने से इनकार कर देते हैं। वे बार-बार मनुष्य का रूप धारण कर आते हैं और मानव जाति की सहायता करते हैं। वे अपने बचपन से ही जानते हैं कि वे क्या हैं और वे किसलिए यहाँ आए हैं! वे हमारी तरह किसी बंधन के

माध्यम से नहीं आते···वे अपनी इच्छा से आते हैं और अपनी अथाह आध्यात्मिक शक्ति के बारे में कुछ भी नहीं कह सकते हैं। हम उसे रोककर नहीं रख सकते हैं। विशाल जन-समूह आध्यात्मिकता के भँवर में फँसा हुआ है और इनमें से किसी एक महान् आत्मा के कारण उसका कंपन जारी रहता है और वही हमें आगे बढ़ाता रहता है। इसलिए, यह क्रम तब तक जारी रहता है, जब तक कि संपूर्ण मानव जाति मुक्त नहीं हो जाती और इस ग्रह पर उसका खेल खत्म नहीं हो जाता है।

हमें उन महान् आत्माओं के जीवन का यशोगान करना चाहिए, जिनकी जीवनियों का हम अब तक अध्ययन करते रहे हैं। वे इस संसार के जीवित देवता हैं। वे ऐसे व्यक्ति हैं, जिनकी हमें पूजा करनी चाहिए। यदि वह मेरे पास आता है तो मैं उसे केवल तभी पहचान सकता हूँ, जब वह मनुष्य का शरीर धारण करे। वह हरेक जगह है, परंतु हम उसे देख नहीं सकते हैं। हम उसे तभी देख सकते हैं, जब वह मनुष्य की मर्यादा में आए।··· यदि मनुष्य एवं पशु ईश्वर के विस्तारित रूप हैं तो मानवता के ये शिक्षक नेता हैं, गुरु हैं। इसलिए उन सभी को मेरा प्रणाम, जिनके पदचिह्नों की पूजा देवदूतों द्वारा की जाती है! हे मानव जाति के अग्रदूतो! तुम्हें मेरा प्रणाम है। हे महान् गुरुजनो! आपको मेरा प्रणाम है। आप सभी मार्गदर्शक सदा-सर्वदा के लिए मेरा प्रणाम स्वीकार करें।

□

18

मोहम्मद

श्रीकृष्ण के प्राचीन संदेश में तीनों—बुद्ध, यीशु एवं मोहम्मद के संदेशों का समावेश है। तीनों में से प्रत्येक ने एक नए विचार का सूत्रपात किया और वे उसे उसके चरम तक ले गए। श्रीकृष्ण अन्य सभी संदेशवाहकों के पूर्ववर्ती हैं। फिर भी, हम ऐसा कह सकते हैं कि श्रीकृष्ण एक प्राचीन विचार को लेते हैं और उन्हें समन्वित करते हैं; यद्यपि उनका संदेश सर्वाधिक प्राचीन संदेश है। कुछ समय के लिए उनका संदेश बौद्ध धर्म की अग्रिम लहर में विलीन हो गया था। आज उनका संदेश भारत के लिए विशेष है। यदि आप ऐसा मानते हैं तो आज शाम मैं मोहम्मद को लूँगा और उस महान् अरबी पैगंबर के विशिष्ट कार्यों को आपके समक्ष प्रस्तुत करूँगा।

मोहम्मद एक युवक के रूप में धर्म की अधिक चिंता करते नहीं दिखाई देते। उनका झुकाव धनार्जन की ओर था। उन्हें एक श्रेष्ठ एवं अत्यंत रूपवान् नवयुवक माना जाता था। उनके समय में एक धनी विधवा थी। वह इस नवयुवक से प्रेम कर बैठी और दोनों ने शादी कर ली। जब मोहम्मद दुनिया के एक बड़े भूभाग के बादशाह बने, रोमन एवं पारसी साम्राज्य—सभी उनके कदमों के अधीन हो गए। उनकी कई पत्नियाँ थीं। एक दिन जब उनसे पूछा गया कि आप अपनी किस पत्नी को सर्वाधिक पसंद करते हैं और प्यार करते हैं, तो उन्होंने अपनी पहली पत्नी की ओर संकेत किया और कहा कि इसका कारण यह है कि उसने सबसे पहले मुझ पर विश्वास किया। स्त्रियाँ निष्ठावान् होती हैं… आजादी हासिल करती हैं। वे सबकुछ हासिल कर सकती हैं, लेकिन एक औरत की खासियतें कभी नहीं छोड़ती हैं।

पाप, मूर्ति-पूजा एवं झूठी उपासना, अंधविश्वासों एवं मानव बलियों इत्यादि को

---

* *25 मार्च, 1900 को सैन फ्रांसिस्को खाड़ी क्षेत्र में दिया गया वक्तव्य*

देखकर मोहम्मद का हृदय अत्यंत व्यथित था। यहूदियों को ईसाइयों द्वारा पथभ्रष्ट कर दिया गया था। दूसरी ओर, ईसाई अपने देशवासियों की अपेक्षा अधिक पथभ्रष्ट हो गए थे।

हम हमेशा जल्दबाजी में होते हैं। परंतु यदि कोई बड़ा काम करना है तो उसके लिए बड़ी तैयारी भी अवश्य होनी चाहिए।···रात-दिन अत्यधिक प्रार्थना के बाद मोहम्मद को सपने और विचार आने शुरू हो गए। एक रात सपने में उन्हें गैब्रियल दिखाई दिए और उनसे कहा कि वह सत्य के संदेशवाहक थे। उन्होंने मोहम्मद से कहा कि जीसस, मोजेज और अन्य सभी पैगंबरों के संदेश एक दिन लुप्त हो जाएँगे, इसलिए तुम आगे बढ़ो और उपदेश दो। ईसाइयों को जीसस के नाम पर राजनीति का संदेश देते और पारसियों को द्वैतवाद का उपदेश देते देखकर मोहम्मद ने कहा, "हमारा अल्लाह ही एक खुदा है। वह सभी हस्तियों का अकेला मालिक है, खुदा है। खुदा और किसी गैर के बीच कोई बराबरी नहीं हो सकती है।"

ईश्वर केवल ईश्वर है। इसमें कोई दर्शन नहीं है, कोई पेचीदा आचार-संहिता नहीं है। "हमारा खुदा एक है। उसके अलावा कोई दूसरा नहीं है और मोहम्मद हमारे पैगंबर हैं। मोहम्मद ने मक्का की सड़कों पर इसका उपदेश देना प्रारंभ कर दिया।···लोगों ने उन्हें सताना शुरू कर दिया तो वे मदीना चले गए। उन्होंने युद्ध शुरू कर दिया तो सारी जाति संगठित हो गई। 'मोहम्मदवाद' ने खुदा के नाम पर सारी दुनिया को भ्रमित कर दिया। इसलाम जबरदस्त विजेता शक्ति के साथ उभरा!···

आप लोगों के विचार अत्यंत कठोर हैं, इसलिए अंधविश्वासपूर्ण एवं पक्षपाती हैं! ये पैगंबर अवश्य ही ईश्वर से आए थे, वरना वे इतने महान् कैसे हो सकते थे! आप लोगों की दृष्टि प्रत्येक दोष पर होती है। हम में से प्रत्येक के अपने-अपने दोष हैं। किसके अंदर खामी नहीं है! मैं यहूदियों में अनेक दोष निकाल सकता हूँ। दुष्ट प्रवृत्ति के लोगों की दृष्टि हमेशा दोषों पर होती है। मक्खियाँ आती हैं एवं रोग फैलाती हैं और मधुमक्खियाँ फूलों पर केवल उनके पराग के लिए बैठती हैं। उस पराग से वे शहद बनाती हैं। आप लोग रोग फैलानेवाली मक्खी के मार्ग का अनुसरण न करें, बल्कि मधुमक्खी के मार्ग पर चलें।···

मोहम्मद ने आगे चलकर अनेक स्त्रियों के साथ शादी की। महापुरुष दो सौ पत्नियों के साथ विवाह कर सकते हैं। 'शैतानो', तुम्हारे जैसे लोगों को मैं एक बीवी के साथ शादी करने की इजाजत नहीं दूँगा। महान् आत्माओं के चरित्र रहस्यात्मक हैं। उनके तौर-तरीके हमारी उपलब्धियों को पीछे छोड़ देते हैं। हमें किसी भी स्थिति में उनका निर्णय नहीं करना चाहिए। मसीह मोहम्मद के बारे में कोई निर्णय दे सकते हैं। आप और मैं कौन हैं? छोटे

बच्चे। हम इन महात्माओं के बारे में क्या समझते हैं?···

मोहम्मदवाद सामान्य जनता के लिए एक संदेश बनकर आया। उसका पहला संदेश समानता था···वहाँ केवल एक ही धर्म है—प्रेम। इसके अतिरिक्त जाति, रंग और किसी अन्य चीज का कोई सवाल नहीं है। इसमें शामिल हो जाओ! वही व्यावहारिक गुणवत्ता समय पर हावी हो गई।···महान् संदेश अत्यंत सरल था—स्वर्ग एवं पृथ्वी के रचयिता ईश्वर में विश्वास करो। प्रत्येक चीज की रचना किसी अन्य ने नहीं, बल्कि ईश्वर ने की है। कोई सवाल मत उठाओ।

उनकी मसजिदें प्रोटेस्टेंटों के चर्चों के समान हैं।···कोई संगीत, कोई तसवीर नहीं। एक कोने में एक चबूतरा बना हुआ है, जिस पर पवित्र 'कुरान' रखी हुई है। सभी लोग कतार में खड़े होते हैं। कोई पुजारी नहीं, कोई आदमी नहीं, कोई धर्मगुरु (बिशप) नहीं···हरेक नमाजी को जमात में एक तरफ खड़ा होना होगा। इसके कुछ हिस्से बेहद खूबसूरत हैं।···

वे सभी पुराने लोग ईश्वर के संदेशवाहक थे। मैं उनके सामने नतमस्तक होकर उनकी पूजा करता हूँ; मैं उनके चरणों की धूलि लेता हूँ। परंतु उन सभी की मृत्यु हो चुकी है!···और हम अभी जीवित हैं। हमें अवश्य आगे बढ़ना होगा!···धर्म किसी ईसा या मोहम्मद की नकल नहीं है। यद्यपि ईश्वर की कोई भी नकल चाहे कितनी भी अच्छी क्यों न हो, फिर भी वह कभी वास्तविक नहीं हो सकती। आप ईसा मसीह की नकल नहीं, बल्कि स्वयं ईसा मसीह बनें। आप उतने ही महान् हैं, जितने कि ईसा मसीह, बुद्ध या कोई अन्य। यदि हम नहीं हैं तो हमें उनके जैसा बनने के लिए संघर्ष करना चाहिए। मैं ठीक ईसा मसीह की तरह नहीं हो सकता हूँ। यह कहना अनावश्यक है कि मुझे यहूदी के रूप में जन्म लेना चाहिए था।···

महानतम धर्म को भी अपनी प्रकृति के अनुसार सत्य होना चाहिए। अपने आप में विश्वास करें! यदि आपका अस्तित्व नहीं रहेगा तो ईश्वर का अस्तित्व कैसे रहेगा, या किसी अन्य का अस्तित्व कैसे रहेगा? आप जहाँ कहीं भी हैं, वह आपका मन है, जो अनंत की कल्पना करता है। मैं ईश्वर को देखता हूँ, इसलिए उसका अस्तित्व है। यदि मैं ईश्वर का विचार नहीं करूँगा तो मेरे लिए उसका अस्तित्व नहीं है। यह हमारी मानव प्रगति की विशाल यात्रा है।

ये महान् आत्माएँ मार्ग में लगे संकेतक हैं। समग्रतः वे पथ-प्रदर्शक हैं। वे कहते हैं, "आगे बढ़ो, भाइयो!" हम उनसे जुड़ जाते हैं; हम स्वयं कभी आगे नहीं बढ़ना चाहते। हम कभी सोचना नहीं चाहते। हम चाहते हैं कि हमारे लिए अन्य लोग सोचें। संदेशवाहक

अपना लक्ष्य पूरा करते हैं। वे हमें उठने और कर्म करने के लिए कहते हैं। सौ वर्षों बाद हम उनके संदेश को अपने सीने से लगाकर सोने चले जाते हैं।

निष्ठा, विश्वास एवं सिद्धांत के बारे में बातें करना बहुत सरल है; परंतु चरित्र निर्माण करना और उसे आगे बढ़ाकर इंद्रियों की सफाई करना अत्यंत कठिन है। हम दम तोड़ देते हैं। हम पाखंडी बन जाते हैं।...

धर्म न तो कोई सिद्धांत है और न ही कोई नियम। वह एक प्रक्रिया है; इसके अलावा कुछ नहीं। सिद्धांत एवं नियम केवल अभ्यास के लिए हैं। उस अभ्यास के माध्यम से हम सशक्त बनते हैं और अंत में बंधनों को तोड़कर मुक्त बन जाते हैं। सिद्धांत का अभ्यास के अलावा कोई उपयोग नहीं है।...अभ्यास के माध्यम से आत्मा पूर्ण बनती है। जब आप कहते हैं कि 'मैं विश्वास करता हूँ', वह अभ्यास तत्काल रुक जाता है।...

"जब कभी भी सद्गुणों का अभाव होता है और अनैतिकता का बोलबाला होता है, मैं मानव का रूप धारण करता हूँ। अच्छे लोगों के उद्धार एवं दुष्टों के विनाश तथा आध्यात्मिकता की स्थापना के लिए मैं सदैव आता हूँ।"

प्रकाश के महान् संदेशवाहक ऐसे ही होते हैं। वे हमारे महान् गुरु हैं, बड़े भाई हैं। परंतु हमें अनिवार्यतः हमारे अपने मार्ग पर चलना चाहिए।

□

19

भगवान् बुद्ध

प्रत्येक धर्म में हम एक प्रकार की आत्मनिष्ठा विशेष रूप से विकसित पाते हैं। उद्देश्य-रहित कार्य-निष्पादन की शैली बौद्ध धर्म में अधिक विकसित है। बुद्धवाद एवं ब्राह्मणवाद में भ्रमित न हों। इस देश में आप लोग ऐसा करने में बहुत तेज हैं। बुद्धवाद हमारा एक संप्रदाय है। इसकी स्थापना गौतम नामक एक महान् व्यक्ति द्वारा की गई थी, जो अपने समय की अति सूक्ष्म तात्त्विक चर्चाओं से क्षुब्ध थे। इसके साथ-साथ वे जातिप्रथा एवं जटिल संस्कारों से भी विशेष रूप से व्यथित थे। कुछ लोग कहते थे कि हम किसी विशेष कुल में जनमे हैं, इसलिए उन लोगों से श्रेष्ठ हैं, जिनका जन्म हमारे जैसे कुलों में नहीं हुआ है। वे पुरोहिताई गतिविधियों के भी विरोधी थे। उन्होंने एक ऐसे धर्म का उपदेश दिया, जिसमें कोई प्रेरक शक्ति नहीं थी और वे तत्त्ववाद या ईश्वर के विषय में गढ़े गए सिद्धांतों के प्रति पूर्णतया अज्ञेयवादी थे। उनसे अकसर पूछा जाता था कि क्या ईश्वर है, तो उस प्रश्न के उत्तर में वे केवल यही कहते थे कि वे नहीं जानते। जब उनसे सम्यक् व्यवहार के बारे में पूछा जाता था तो वे उत्तर देते थे, "अच्छा करो और अच्छा बनो।"

उनके पास पाँच ब्राह्मण आए और उनसे अपने विवाद सुलझाने का आग्रह किया। एक ने कहा, "महोदय, मेरा ग्रंथ कहता है कि ईश्वर अमुक-अमुक है और ईश्वर को पाने का यही उपाय है।" दूसरे ने कहा, "यह गलत कह रहा है, क्योंकि मेरा ग्रंथ दूसरे प्रकार से कहता है और बताता है कि ईश्वर को पाने का अमुक उपाय है।" और इसी प्रकार की बातें अन्यों ने भी कीं। उन्होंने उन पाँचों की बातें बड़े ध्यानपूर्वक एवं शांतिपूर्वक सुनीं और तत्पश्चात् उनसे बारी-बारी से पूछा, "क्या तुम्हारा कोई ग्रंथ यह भी कहता है कि ईश्वर

* *डेट्रॉइट में दिया गया वक्तव्य*

रुष्ट होता है और वह किसी को चोट पहुँचाता है, या कि वह अशुद्ध है?" उन्होंने उत्तर दिया, "नहीं, महोदय! हमारे सभी ग्रंथ कहते हैं कि ईश्वर शुद्ध एवं श्रेष्ठ है।"

"तो मेरे मित्रो, तुम पहले शुद्ध एवं श्रेष्ठ क्यों नहीं बनते, जिससे तुम जान सको कि ईश्वर क्या है!"

निश्चय ही, मैं बुद्ध के संपूर्ण दर्शन का अनुमोदन नहीं करता हूँ। मैं अपने लिए बड़े पैमाने पर तत्त्व ज्ञान प्राप्त करना चाहता हूँ। कई मामलों में मेरा उनसे पूर्ण मतभेद है; परंतु चूँकि मेरी राय उनसे भिन्न है, क्या इस आधार पर मेरे पास उस व्यक्ति के सौंदर्य को न देखने का कोई कारण है? बुद्ध एकमात्र ऐसे व्यक्ति थे, जो सभी प्रकार की प्रेरक शक्तियों से व्यथित थे। अनेक अन्य महान् लोग भी थे और उन सभी का यही कहना था कि वे स्वयं ईश्वर थे और जो लोग उनमें विश्वास करेंगे, वे स्वर्ग जाएँगे। लेकिन बुद्ध ने अपनी अंतिम साँस लेते हुए क्या कहा? "तुम्हारी सहायता कोई नहीं कर सकता। अपनी सहायता स्वयं करो; अपनी मुक्ति का उपाय स्वयं खोजो।" उन्होंने अपने बारे में कहा कि अनंत ज्ञान का नाम बुद्ध है; आकाश सदृश अनंत। मैं, गौतम, उस अवस्था में पहुँच चुका हूँ। यदि तुम सब लोग भी प्रयत्न करो तो उस अवस्था को प्राप्त कर सकते हो।" सभी प्रेरक शक्तियों के प्रेम में व्यथित होकर वे स्वर्ग नहीं जाना चाहते। उन्होंने अपना सिंहासन एवं अन्य सबकुछ त्याग दिया और भारत की गलियों में अपने भरण-पोषण के लिए भिक्षाटन किया; सागर जैसे विशाल हृदय के साथ उन्होंने मनुष्यों व पशुओं की भलाई के लिए उपदेश दिया।

वे एकमात्र व्यक्ति थे, जो पशुओं की बलि रोकने के लिए अपने जीवन को त्यागने के लिए सदैव तैयार रहते थे। एक बार उन्होंने एक राजा से कहा था, "यदि एक मेमने की बलि तुम्हें स्वर्ग में जाने में सहायता करती है, तो किसी मनुष्य की बलि देने से आपको अधिक सहायता मिलेगी; इसलिए आप मेरी बलि दीजिए।"

राजा उनकी बात सुनकर सन्न रह गया। फिर भी, उस व्यक्ति के पास कोई प्रेरक शक्ति नहीं थी। वे सकर्मक प्रकार की पूर्णता के प्रतीक थे और उन्होंने जो उच्चता प्राप्त की थी, वह दरशाती है कि अपने कर्म की शक्ति से हम भी उच्चतम आध्यात्मिकता प्राप्त कर सकते हैं।

यदि ईश्वर में विश्वास करें तो अनेक लोगों के लिए मार्ग सरल हो जाता है। परंतु बुद्ध का जीवन दरशाता है कि यद्यपि जो व्यक्ति ईश्वर में विश्वास नहीं करता, जिसे कोई तत्त्व ज्ञान नहीं है, जो किसी संप्रदाय से संबंधित नहीं है और किसी मंदिर या गिरजाघर में नहीं जाता है तथा नितांत भौतिकतावादी है, वह भी उच्चतम अवस्था प्राप्त कर सकता

है। उसके बारे में निर्णय करने का हमें कोई अधिकार नहीं है। मैं चाहता हूँ कि काश, मैं बुद्ध के हृदय का सूक्ष्मतम अंश भी प्राप्त कर पाता! बुद्ध ईश्वर में चाहे विश्वास करते थे या नहीं, मुझे इस बात से कोई अंतर नहीं पड़ता। उन्होंने वही उच्चतम पूर्णता की अवस्था प्राप्त की, जहाँ लोग भक्ति—ईश्वर के प्रेम—योग अथवा ज्ञान के माध्यम से पहुँचते हैं। पूर्णता विश्वास या निष्ठा से नहीं आती है। बातें करने का कोई महत्त्व नहीं है। यह काम तो तोते भी कर सकते हैं। परिपूर्णता कर्म के अनिच्छित कार्य-प्रदर्शन के माध्यम से आती है।

□

20

विश्व को बुद्ध का संदेश

बौद्ध धर्म ऐतिहासिक रूप से अत्यंत महत्त्वपूर्ण धर्म है—ऐतिहासिक रूप से, न कि दार्शनिक रूप से; क्योंकि वह सर्वाधिक व्यापक धार्मिक आंदोलन था, जिसे विश्व ने पहली बार देखा था। इतनी विशाल आध्यात्मिक लहर मानव समाज में पहली बार दिखाई पड़ी थी। ऐसी कोई सभ्यता नहीं थी, जिसके ऊपर उसका प्रभाव किसी-न-किसी रूप में महसूस न किया गया हो।

बुद्ध के अनुयायी अत्यंत उत्साही थे और भावनात्मक रूप से अत्यंत एकनिष्ठ धर्म-प्रचारक थे। वे विभिन्न धर्मावलंबियों में पहले धर्मावलंबी थे, जो अपने मठ या मंदिर के सीमित क्षेत्र से संतुष्ट नहीं थे। वे बहुत दूर-दूर तक फैल गए। उन्होंने पूर्व, पश्चिम, उत्तर व दक्षिण—चारों दिशाओं की यात्रा की। वे अँधेरे तिब्बत तक पहुँच गए; वे पर्शिया, एशिया माइनर गए; वे रूस व पोलैंड और पश्चिमी जगत् के अनेक अन्य देशों में गए। वे चीन, कोरिया, जापान गए; वे बर्मा, स्याम, ईस्ट इंडीज और उससे आगे गए। जब सिकंदर ने अपने सैन्य अभियानों के माध्यम से भूमध्यसागरीय जगत् का भारत से संपर्क कराया, भारत के विवेक को तत्काल एक मार्ग मिल गया, जिसके माध्यम से एशिया और यूरोप के बड़े भूभागों में फैला जा सकता था। बौद्ध भिक्षु विभिन्न देशों में बौद्ध धर्म की शिक्षा देने निकल गए; और जैसे ही उन्होंने अपनी शिक्षाएँ प्रारंभ कीं, अंधविश्वास एवं पुरोहितवाद उसी प्रकार लुप्त होने लगा, जैसे सूर्य के आने से ओस गायब हो जाती है।

इस आंदोलन को यथोचित रूप में समझने के लिए आपको बुद्ध के आगमन के समय की भारतीय परिस्थितियों को समझना होगा; ठीक वैसे ही, जैसे कि ईसाइयत को समझने के लिए आपको मसीह के समय के यहूदी समाज की परिस्थितियों का ज्ञान

** 18 मार्च, 1900 को सैन फ्रांसिस्को में दिया गया वक्तव्य*

होना आवश्यक है। आपके लिए मसीह के जन्म से 600 वर्षों पूर्व के भारतीय समाज के बारे में जानना आवश्यक है, क्योंकि भारतीय सभ्यता पहले ही उस समय तक अपनी विकास-यात्रा पूरी कर चुकी थी।

जब आप भारतीय सभ्यता का अध्ययन करेंगे तो पाएँगे कि उसका अनेक बार उत्थान एवं पतन हुआ था; यही उसकी विशेषता है। कई जातियों का एक बार उत्थान होने के बाद हमेशा के लिए पतन हो जाता है। दुनिया में दो प्रकार के लोग हैं—एक वे, जो निरंतर विकसित होते रहते हैं और दूसरे वे, जिनका विकास समाप्त हो चुका है। यद्यपि भारत एवं चीन जैसे शांतिप्रिय देशों का भी पतन हुआ, तथापि वे पुनः उठ खड़े हुए; परंतु अन्य देश एक बार गिरने के बाद दोबारा कभी नहीं उठ सके—उनका अंत हो गया। शांति के संस्थापक भाग्यवान् हैं, क्योंकि वे पृथ्वी का आनंद ले सकेंगे।

जिस समय बुद्ध का जन्म हुआ, भारत को एक महान् आध्यात्मिक अगुआ, एक मार्गदर्शक व उपदेशक की आवश्यकता थी। वहाँ पुरोहितों की एक अति शक्तिशाली संस्था पहले ही विद्यमान थी। यदि आप यहूदियों के इतिहास का अध्ययन करेंगे तो इस स्थिति को अच्छी तरह समझ सकेंगे। यहूदियों में पादरी एवं पैगंबर दो प्रकार के धार्मिक नेता थे। पादरी लोगों को अज्ञानता में रखते हुए उनके मन में अंधविश्वास भरते थे। पादरियों ने लोगों के लिए जिस उपासना-पद्धति का प्रस्ताव किया, वे केवल उनका वह उपाय थीं, जिनके माध्यम से वे लोगों पर अपना वर्चस्व बनाए रख सकते थे। यद्यपि 'ओल्ड टेस्टामेंट' में आप पैगंबरों को पादरियों के अंधविश्वास को चुनौती देते हुए पाएँगे। उस युद्ध के परिणामस्वरूप पैगंबरों की विजय और पादरियों की पराजय हुई।

पादरी मानते थे कि ईश्वर है, परंतु उस ईश्वर से केवल उनके माध्यम से ही संपर्क किया जा सकता है और केवल उन्हीं के जरिए उसे जाना जा सकता है। लोग केवल पादरियों की अनुमति से ही पवित्र से पवित्रतम स्थान पर प्रवेश कर सकते थे। आपको उन्हें धन देना होगा, उनकी पूजा करनी होगी, सबकुछ उनके हाथों में सौंपना होगा। विश्व के संपूर्ण इतिहास में यह पादरी प्रवृत्ति बारंबार उभरी है। यह सत्ता की जबरदस्त प्यास थी। यह चीते जैसी प्यास मानव प्रकृति का एक भाग प्रतीत होती थी। पादरी आपको नीचा दिखाते थे। वे आपके लिए सैकड़ों नियम बना देते थे। वे आपको सहज सत्य का ज्ञान कराने के लिए गोल-गोल घुमाते थे। यदि आप इस जीवन में फलना-फूलना या मृत्यु के बाद स्वर्ग जाना चाहते हैं तो आपको उनके हाथों के नीचे से होकर गुजरना पड़ेगा। आपको सभी प्रकार के समारोह एवं संस्कार करने पड़ेंगे।

उनके इन सभी कृत्यों ने आपके मन को इतना अधिक भ्रमित और जीवन को जटिल कर दिया है कि यदि मैं आपको सरलतम शब्दों में भी समझाऊँ, तो भी आप यहाँ से असंतुष्ट होकर अपने घर जाएँगे।

आप पूर्णतया संभ्रमित हो चुके हैं। आप जितना कम समझते हैं, उतना अधिक अच्छा महसूस करते हैं! पैगंबर आपको पादरियों एवं उनके अंधविश्वासों तथा षड्यंत्रों के विरुद्ध चेतावनी देते रहे हैं; परंतु लोगों की बड़ी संख्या ने इन चेतावनियों पर ध्यान देना नहीं सीखा है। अभी उसके पास शिक्षा का अभाव है।

लोगों को शिक्षित अवश्य होना चाहिए। आजकल वे लोकतंत्र की बात करते हैं, सभी लोगों की समानता की बात करते हैं। परंतु किसी व्यक्ति को यह कैसे पता चलेगा कि वह सबके बराबर है? उसके पास अनिवार्यत: एक सशक्त मस्तिष्क और मूर्खतापूर्ण विचारों से रहित एक स्पष्ट मन होना चाहिए। उसे समस्त अंधविश्वासों को चीरकर अपने मन में पड़ी अंधविश्वास की पपड़ी को साफ करना होगा, ताकि वह अपने आंतरिक आत्म के सत्य को देख सके। इसके बाद वह जानेगा कि समस्त पूर्णताएँ, सभी शक्तियाँ तो उसके अंदर पहले से ही विद्यमान हैं और इसे जानने के लिए किसी अन्य के पास जाने की आवश्यकता नहीं है, किसी पुरोहित या पादरी की आवश्यकता नहीं है। जब उसे इसकी अनुभूति हो जाती है, उसी क्षण वह मुक्त बन जाता है; वह बराबरी प्राप्त कर लेता है। वह यह अनुभव भी करता है कि हरेक व्यक्ति उसके समान ही पूर्ण है और उसे अपने बंधुओं के ऊपर किसी प्रकार की भौतिक, मानसिक या नैतिक शक्ति का प्रयोग करने की आवश्यकता नहीं है। वह इस विचार को ही अपने मन से पूरी तरह निकाल देता है कि कभी कहीं उससे छोटा आदमी भी था। इसके बाद वह बराबरी की बात कर सकता है, इससे पूर्व नहीं। अब, जैसा कि मैं आपको बता रहा था, यहूदियों में पादरियों एवं पैगंबरों के बीच निरंतर संघर्ष जारी रहता था और पादरी शक्ति एवं ज्ञान पर अपना एकाधिकार सिद्ध करने का प्रयास करते थे। यह व्यवस्था उन्होंने तब तक बनाए रखी, जब तक कि उनके अपने अधिकार संकुचित नहीं होने लगे; और उन्होंने जिन जंजीरों से सामान्य लोगों को जकड़ रखा था, वे उनके अपने पैरों में नहीं पड़ गईं। इस संघर्ष का परिणाम नजारत के यीशु की विजय के रूप में सामने आया। यह विजय ईसाइयत का इतिहास है। यीशु अंततोगत्वा दुष्टता के मकड़जाल को ध्वस्त करने में सफल हो गए। इस महान् पैगंबर ने पादरियों के स्वार्थ रूपी विषधर का अंत कर दिया और उसके चंगुल से सत्य के मोती को बचाकर उसे संपूर्ण जगत् को दे दिया, ताकि सत्य के उस मोती को अपने पास रखने हेतु लालायित प्रत्येक व्यक्ति को उसे रखने की पूर्ण स्वतंत्रता हो और उसे किसी पादरी

या पादरियों की खुशी की प्रतीक्षा न करनी पड़े।

यहूदी कभी भी बहुत दार्शनिक प्रवृत्तिवाली जाति नहीं रही है। न तो उनके पास भारतीय मस्तिष्क जैसी जटिलता थी और न ही उनके पास भारतीयों जैसी मानसिक शक्ति थी। भारत में पुरोहितों एवं ब्राह्मणों के पास विशाल बौद्धिक व मानसिक शक्तियाँ थीं। ये वही लोग थे, जिन्होंने भारत का आध्यात्मिक विकास प्रारंभ किया और अनेक अद्‌भुत चीजें प्राप्त की थीं। परंतु एक ऐसा समय भी आया, जब ब्राह्मणों द्वारा पहले-पहल विकसित किए गए आध्यात्मिक विकास की स्वतंत्र भावना लुप्त हो गई। उन्होंने शक्तियों एवं विशेषाधिकारों को अपने लिए हथियाना प्रारंभ कर दिया और अनेक नियम बनाने शुरू कर दिए। यदि कोई ब्राह्मण किसी व्यक्ति की हत्या कर देता था तो उसे दंडित नहीं किया जाता था। लोगों को सिखाया जाने लगा कि ब्राह्मण अपने जन्म से ही इस ब्रह्मांड का स्वामी है! सारांशतः सर्वाधिक दुष्ट ब्राह्मण की भी पूजा अवश्य की जानी चाहिए!

लेकिन एक ओर जहाँ पुरोहित फल व फूल रहे थे, वहीं दूसरी ओर वहाँ संन्यासी नामक कवि-पैगंबर भी मौजूद थे। सभी हिंदू, चाहे वे किसी भी जाति के हों, उन्हें आध्यात्मिकता प्राप्त करने के उद्‌देश्य से अपने सभी कर्मों का अनिवार्यतः त्याग करना पड़ता था और मृत्यु के लिए तैयार रहना पड़ता था। संसार में उनकी कोई रुचि नहीं थी और न ही वह उन्हें अपनी ओर आकर्षित कर सकता था। उन्हें संन्यासी बनने के लिए घर-बार त्यागकर बाहर निकलना अनिवार्य था। पुजारियों ने जिन दो हजार संस्कारों का आविष्कार किया था, उनसे संन्यासियों का कोई लेना-देना नहीं था। उन्हें कुछ निश्चित शब्दों के दस या बीस अक्षरों का उच्चारण करना होता था, बस! इसके अतिरिक्त अन्य सभी चीजें उन्हें मूर्खतापूर्ण लगती थीं।

अतः प्राचीन भारत के इन कवि-पैगंबरों ने पुरोहितों की रीतियों को नकार दिया और शुद्ध सत्य की घोषणा की। उन्होंने उन पुजारियों की शक्ति को तोड़ने का प्रयास किया और कुछ सीमा तक उसमें सफल भी हुए। परंतु दो पीढ़ियों बाद उनके शिष्य वापस फिर उन्हीं अंधविश्वासों में चले गए और पुरोहितों के इर्द-गिर्द चक्कर काटते हुए स्वयं पुजारी बन गए। उन्होंने कहा, "आप केवल हमारे माध्यम से ही सत्य को प्राप्त कर सकते हैं।" सत्य बार-बार अपसारित होता रहा और सत्य को स्वतंत्र करने तथा पुजारियों के भ्रमजाल को तोड़ने हेतु पैगंबर बार-बार आते रहे। यह क्रम निरंतर चलता रहा। हाँ, हर समय किसी विद्वान् व्यक्ति या पैगंबर का होना अनिवार्य है, अन्यथा मानवता मर जाएगी।

आप पुरोहितों की इन सभी चक्रीय एवं जटिल पद्धतियों को देखकर अवश्य चकित

होंगे। आप स्वयं सत्य को सीधे प्राप्त क्यों नहीं कर सकते? क्या आप ईश्वर के सत्य से शर्मिंदा हैं कि आपको इतने सारे निरर्थक संस्कारों एवं प्रविधियों के पीछे छिपना पड़ रहा है? क्या आप ईश्वर से लज्जित हैं कि दुनिया के सामने सत्य को स्वीकार नहीं कर सकते हैं? क्या आप इन मनुष्यों को धार्मिक व आध्यात्मिक कहते हैं? केवल ये पुजारी लोग ही पूर्णतया सत्य के उपयुक्त हैं? इसे विगलित अवश्य करना होगा। थोड़ा जल और डालना होगा!

शिखर (माउंट) एवं 'गीता' के प्रवचन को ले लीजिए! वे अपने आप में सादगी की मिसाल हैं। यहाँ तक कि राह चलता आदमी भी उन्हें समझ सकता है। यह कितनी बड़ी बात है! आपको उनमें अपने सरलतम एवं स्पष्ट रूप में सत्य उद्घाटित होता दिखाई देता है। लेकिन नहीं, पुरोहित इसे स्वीकार नहीं करेंगे कि सत्य को इतनी सहजता से पाया जा सकता है! वे आपके समक्ष दो हजार स्वर्गों की बात करेंगे और दो हजार नरकों की बात करेंगे। वे कहते हैं कि यदि लोग उनके परामर्शों का अनुसरण करेंगे तो वे स्वर्ग में जाएँगे! यदि वे उनके द्वारा बनाए गए नियमों का पालन नहीं करेंगे तो वे नरक में चले जाएँगे।

परंतु लोग सत्य को सीख जाएँगे। कुछ लोग इस बात से भयभीत हैं कि यदि सभी लोगों को पूर्ण सत्य का ज्ञान दे दिया गया तो वह उन्हें आहत करेगा। उन्हें योग्य सत्य नहीं दिया जाना चाहिए—वे ऐसा ही कहते हैं। परंतु सत्य से समझौता करनेवाला संसार कोई बहुत अच्छा नहीं है। इससे बुरा और क्या हो सकता है, जितना कि वह पहले ही है? सत्य को प्रकट करो! यदि वह सच्चा है तो भलाई करेगा। जब लोग विरोध करते हैं और अपनी पद्धतियों का प्रस्ताव करते हैं तो वे अपने इस दुष्प्रचार एवं जादू-टोने के लिए केवल क्षमा माँगेंगे।

बुद्ध के समय में इन सब चीजों की भरमार थी। वहाँ बड़ी संख्या में लोगों को ज्ञान से वंचित कर दिया गया था। यदि किसी के कानों में वेदों का एक भी शब्द पड़ जाता था तो उसे भयानक दंड दिया जाता था। पुजारियों ने वेदों को रहस्य बना रखा था, क्योंकि वेदों में प्राचीन हिंदुओं द्वारा खोजे गए आध्यात्मिक सत्य भरे हुए थे!

अंततोगत्वा, एक व्यक्ति इसे अधिक समय तक सहन नहीं कर सका। उसके पास बुद्धि थी, शक्ति थी और अनंत आकाश जैसा विशाल हृदय था। उसने महसूस किया कि किस प्रकार ये पुरोहित व पंडे लोगों को गुमराह कर रहे थे और कैसे पुरोहित लोग अपनी शक्ति से गौरवान्वित हो रहे थे। वह व्यक्ति इस विषय में कुछ करना चाहता था। वह किसी के ऊपर कोई शक्ति पाने का इच्छुक नहीं था, क्योंकि वह लोगों

के मानसिक व आध्यात्मिक बंधनों को तोड़ना चाहता था। उसका हृदय विशाल था। उसके जैसा हृदय हम में से अनेक लोगों के पास है और हम भी दूसरों की सहायता करना चाहते हैं। परंतु हमारे पास दिमाग नहीं है; हम उन उपायों एवं प्रविधियों को नहीं जानते, जिनके द्वारा सहायता की जा सकती है। परंतु उस व्यक्ति के पास आत्माओं के बंधनों को तोड़नेवाले उपायों को खोजने का दिमाग था। जैसे ही उसे ज्ञान हुआ कि लोगों के कष्ट का कारण क्या है, उसने तत्काल कष्टों से मुक्ति पाने का मार्ग खोज लिया। वह ज्ञानवान् व्यक्ति था। उसने उसे खोज लिया; उसने बिना किसी भेदभाव के सभी को ज्ञान दिया और उन्हें ज्ञानोदय की शांति को अनुभव करने का उपाय बताया। वे व्यक्ति बुद्ध थे।

आप आर्नोल्ड की कविता 'द लाइट ऑफ एशिया' (एशिया की ज्योति) के माध्यम से जानते हैं कि किस प्रकार बुद्ध एक राजकुमार के रूप में जनमे थे और किस प्रकार संसार की दुरवस्था ने उन्हें गहराई से आक्रांत कर दिया था। आप जानेंगे कि कैसे वे विलासिता की गोद में पले-बढ़े थे, परंतु उन्हें व्यक्तिगत प्रसन्नता एवं सुरक्षा में आराम नहीं मिला; कैसे उस व्यक्ति ने संसार का परित्याग कर दिया, कैसे वह अपनी रानी एवं नवजात पुत्र को पीछे छोड़कर बाहर आ गया और कैसे वह सत्य की खोज में इस गुरु से उस गुरु तक भटकता रहा और अंततोगत्वा उसने कैसे ज्ञानोदय प्राप्त किया। उनके व्यापक लक्ष्य, उनके शिष्यों तथा उनके संगठन के बारे में आप सब इन चीजों को भली प्रकार जानते हैं।

बुद्ध उस संघर्ष में विजेता बनकर उभरे, जो भारत में पुरोहितों एवं संदेशवाहकों के बीच चल रहा था। भारतीय पुजारियों के विषय में एक बात कही जा सकती है—वे कभी भी धर्म के प्रति न तो असहिष्णु थे, न हैं। उन्होंने धर्म की निंदा कभी नहीं की। किसी को भी उसके विरुद्ध उपदेश देने की अनुमति थी। उनका धर्म कुछ ऐसा ही है। उन्होंने कभी अपने धार्मिक विचारों के कारण किसी को परेशान नहीं किया। परंतु वे पुरोहितों की विशिष्ट दुर्बलताओं से पीड़ित थे। उन्होंने भी शक्ति अर्जित की, उन्होंने नियम एवं कानून भी बनाए और धर्म को अनावश्यक रूप से जटिल बना दिया, जिसके कारण अपने धर्म का पालन करनेवालों की शक्ति क्षीण हो गई।

बुद्ध ने इन समस्त अपसारों को काटकर फेंक दिया। उन्होंने अति व्यापक सत्य का उपदेश दिया। उन्होंने सभी लोगों को बिना किसी भेदभाव के वेदों के दर्शन के सारांश की शिक्षा दी। उन्होंने विश्व को विशेष तौर से इस सत्य की शिक्षा दी, क्योंकि उनके महान् संदेशों में एक संदेश व्यक्ति की बराबरी का था। सभी लोग बराबर हैं। किसी को किसी

प्रकार की कोई छूट नहीं! बुद्ध समानता के महान् उपदेशक थे। उनकी शिक्षा थी कि प्रत्येक पुरुष एवं स्त्री को आध्यात्मिकता प्राप्त करने का समान अधिकार है। इस उपदेश के माध्यम से उन्होंने पुजारियों और अन्य जातियों के मध्य व्याप्त अंतर को समाप्त कर दिया। यद्यपि न्यूनतम व्यक्ति भी उच्चतम उपलब्धियों का पात्र था; उन्होंने सभी के लिए निर्वाण का द्वार खोल दिया। उनकी शिक्षाएँ यद्यपि भारत के लिए भी सारगर्भित थीं। किसी भी मत की शिक्षा भारतीय आत्मा को इस तरह उद्वेलित नहीं कर सकी थी; परंतु भारत के लिए बुद्ध के सिद्धांत को आत्मसात् कर पाना कठिन था। आप लोगों के लिए तो वह और भी कठिनतम होना चाहिए।

उनका सिद्धांत कुछ इस प्रकार था—हमारे जीवन में इतनी व्यथा क्यों है? क्योंकि हम स्वार्थी हैं। हम अपने लिए चीजों की इच्छा करते हैं, इसलिए इतना कष्ट है। इससे मुक्ति पाने का उपाय क्या है? आत्म का परित्याग। इस असार संसार में आत्म का कोई अस्तित्व नहीं है। इस संसार में केवल उसी का अस्तित्व है, जिसे हम अनुभव करते हैं। जीवन एवं मृत्यु के चक्र में आत्मा जैसी कोई मूलभूत चीज नहीं है। केवल विचारों की धारा है, जिसमें एक के बाद दूसरा विचार आता रहता है और वह पल भर अस्तित्व में रहने के बाद तत्क्षण मिट भी जाता है। विचारों को सोचनेवाला कोई चिंतक नहीं है, कोई आत्मा नहीं है। जिस तरह हर बार शरीर बदलता रहता है, उसी प्रकार मन एवं चेतना भी परिवर्तित होती रहती है। इसलिए, आत्म एक भ्रम है। सारी स्वार्थपरता इस आत्म को पकड़े रहने के कारण आती है, आत्म के भ्रम के कारण आती है। यदि हम इस सत्य को जान लें कि कहीं कोई आत्म नहीं है, तो हम प्रसन्न होंगे और दूसरों को भी प्रसन्न बना सकेंगे।

बुद्ध ने यही सिखाया था। वे केवल बातें ही नहीं करते थे, बल्कि जगत् के लिए अपना जीवन न्योछावर करने हेतु भी तत्पर थे। उन्होंने कहा था, "यदि किसी पशु की बलि देना अच्छा है तो मनुष्य की बलि देना तो उससे भी अधिक अच्छा है।" और उन्होंने स्वयं को एक बलि के रूप में प्रस्तुत कर दिया। उन्होंने कहा, "यह पशु-बलि एक प्रकार का अंधविश्वास है। ईश्वर एवं आत्मा दो बड़े अंधविश्वास हैं। ईश्वर केवल पुरोहितों एवं पादरियों द्वारा खोजा गया एक अंधविश्वास है। इन ब्राह्मणों के अनुसार यदि ईश्वर का अस्तित्व है तो फिर संसार में इतने सारे कष्ट एवं दुःख क्यों हैं? वह भी हमारे समान ही है और कार्य-कारण नियम का दास है। यदि वह कार्य-कारण संबंध से बँधा हुआ नहीं है तो फिर वह सृजन क्यों करता है? इस प्रकार का ईश्वर किसी भी रूप में संतोषजनक नहीं है। स्वर्ग में एक शासक बैठा है, जो अपनी मृदु इच्छा के

अनुसार हम पर शासन करता है और हमें यहाँ कष्ट भोगते हुए मरने के लिए छोड़ देता है। उसके पास हमारी दशा पर विचार करने के लिए पल भर की भी फुरसत नहीं है। हमारा संपूर्ण जीवन एक अनवरत यातना है। परंतु यह दंड पर्याप्त नहीं है। मृत्यु के बाद हमें अनिवार्यत: ऐसे स्थानों पर जाना होगा, जहाँ वह हमें अन्य दंड देगा। तथापि हम जगत् के इस रचयिता को प्रसन्न करने के लिए सभी प्रकार के व्रत एवं अनुष्ठान तथा रीति-रिवाजों का पालन करते हैं!"

बुद्ध ने कहा था, "ये सारे संस्कार गलत हैं। संसार में केवल एक ही आदर्श है। इन सारे भ्रमों को नष्ट कर दो; जो सत्य है, वह शेष बना रहेगा। जैसे ही बादल छँट जाएँगे, सूर्य चमकने लगेगा। इस आत्म को कैसे समाप्त करें? पूर्णतया निस्स्वार्थ बनो, यानी कि एक चींटी के लिए भी अपना जीवन त्याग देने के लिए तैयार रहो। किसी अंधविश्वास या किसी ईश्वर को प्रसन्न करने के लिए कर्म मत करो, कोई पुरस्कार पाने की इच्छा से कर्म मत करो। इसलिए कर्म करो, क्योंकि तुम स्वयं को मारकर अपनी मुक्ति का उपाय कर रहे हो। पूजा, प्रार्थना, संस्कार इत्यादि सब व्यर्थ हैं, मूर्खता हैं। आप सभी कहते हैं, 'मैं ईश्वर को धन्यवाद देता हूँ।' लेकिन वह कहाँ रहता है? आपको इस बात का ज्ञान नहीं है, फिर भी आप ईश्वर के बारे में पागल हुए जा रहे हैं।"

हिंदू अपने ईश्वर को छोड़कर सबकुछ त्याग सकते हैं। ईश्वर को इनकार करने का अर्थ निष्ठा के पाँवों के नीचे से जमीन को अलग कर देना है। 'निष्ठा' और 'ईश्वर' दो ऐसे शब्द हैं, जिनसे हिंदू हमेशा चिपके रहते हैं। वे इनको कभी नहीं भुला सकते हैं। यहाँ बुद्ध की शिक्षाएँ हैं, जो कहती हैं कि कोई ईश्वर नहीं है, कोई आत्मा नहीं है—केवल कर्म करो। किसलिए? आत्म के लिए नहीं, क्योंकि आत्म एक भ्रम है। जब यह भ्रम लुप्त हो जाएगा तो हम स्वयं में होंगे। संसार में बहुत कम लोग हैं, जो उस ऊँचाई तक पहुँच सकते हैं और केवल कर्म के लिए कर्म करते हैं।

बुद्ध के इन विचारों के बावजूद उनका धर्म तेजी से फैला। उसका इतनी तेजी से प्रसार इसलिए हुआ, क्योंकि उसके पीछे अद्भुत प्रेम था, जिसने मानवता के इतिहास में पहली बार एक विशाल हृदय को आप्लावित कर दिया और न केवल स्वयं को सभी मनुष्यों, बल्कि सभी जीवधारियों की सेवा में समर्पित कर दिया—एक ऐसा प्रेम, जिसने सभी मनुष्यों को कष्टों से मुक्ति दिलाने के अतिरिक्त किसी अन्य चीज की चिंता नहीं की।

मनुष्य एक जीवित ईश्वर है और वह अपने अन्य मानव बंधुओं को भूल गया है।

जो मनुष्य ईश्वर के नाम पर अपने जीवन को त्याग सकता है, वही मनुष्य ईश्वर के नाम पर अपने मानव बंधुओं की ओर से मुँह मोड़कर उनकी हत्या भी कर सकता है। उस समय संसार की यही दशा थी। वे ईश्वर की प्रतिष्ठा के लिए अपने पुत्र की बलि भी दे सकते हैं, ईश्वर के नाम पर देशों को लूट सकते हैं और ईश्वर के नाम पर हजारों लोगों की हत्याएँ भी कर सकते हैं तथा इस पृथ्वी को ईश्वर के नाम पर रक्तरंजित भी कर सकते हैं। यही वह समय था, जब पहली बार वे किसी अन्य ईश्वर—मनुष्य की ओर मुड़े। यह मनुष्य ही है, जिससे प्रेम किया जाना चाहिए। सभी लोगों के प्रति अतिशय प्रेम की यह पहली लहर थी। यह सत्य एवं अनपमिश्रित प्रेम की पहली लहर थी, जो भारत में उठी थी और जिसने धीरे-धीरे एक के बाद दूसरे देश—उत्तर, दक्षिण, पूर्व, पश्चिम में बाढ़ का रूप धारण कर लिया।

यह गुरु सत्य को सत्य के रूप में चमकाना चाहता था। कोई रियायत नहीं, कोई समझौता नहीं; पुरोहितों एवं पादरियों तथा ताकतवर लोगों और राजाओं की कोई दलाली नहीं। अंधविश्वासपूर्ण परंपराएँ, चाहे कितनी ही धूसर क्यों न हों, के समक्ष कदापि नतमस्तक न होना; सुदूर अतीत से आए ग्रंथों एवं रूपों के प्रति कोई श्रद्धा नहीं। बुद्ध ने सभी धर्मग्रंथों, सभी प्रकार की धार्मिक रीतियों को ठुकरा दिया। यहाँ तक कि बुद्ध ने उस संस्कृत शिक्षा को भी निरस्त कर दिया, जिसमें पारंपरिक तौर पर भारत में धर्म पढ़ाए जाते थे, ताकि उनके अनुयायियों को संस्कृत भाषा से जुड़े अंधविश्वासों को आत्मसात् करने का कोई अवसर ही न मिले।

जिस सत्य की हम चर्चा कर रहे थे, उसे देखने का एक अन्य मार्ग भी है—हिंदू मार्ग। हम इस बात का दावा करते हैं कि बुद्ध के निस्स्वार्थता के महान् सिद्धांत को यदि हम हमारे मार्ग से देखें तो उसे अच्छी तरह समझा जा सकता है। उपनिषदों में पहले ही आत्मन एवं ब्रह्मन का महान् सिद्धांत वर्णित है। यह 'आत्मन' आत्म ब्रह्म, अर्थात् ईश्वर के समान है। यह आत्म ही सर्वस्व है; वह एकमात्र सच्चाई है। माया एवं भ्रम हमें उसे दूसरे रूप में देखने को विवश करते हैं। आत्म केवल एक होता है, अनेक नहीं। वही एक आत्म अनेक रूपों में प्रकाशित होता है। मनुष्य, मनुष्य का बंधु है, क्योंकि सभी मनुष्य एक हैं। वेद कहता है—कोई मनुष्य न केवल मेरा बंधु है, बल्कि वह मैं स्वयं हूँ। ब्रह्मांड के किसी अंग को आहत करके मैं स्वयं को आहत करता हूँ। मैं ब्रह्मांड हूँ। यह सोचना कि मैं फलाँ-फलाँ हूँ, एक भ्रम है।

आप अपने वास्तविक आत्म के जितना अधिक निकट जाते हैं, उतना अधिक यह भ्रम समाप्त हो जाता है। जैसे-जैसे सभी मतभेद एवं विभाजन लुप्त होते जाएँगे, वैसे-वैसे

आप सभी को एक देवत्व के रूप में अनुभव करेंगे। ईश्वर का अस्तित्व है; परंतु वह बादलों पर बैठा कोई मनुष्य नहीं है, वह शुद्ध आत्मा है। वह कहाँ निवास करता है? आपके अपने आत्म से भी अधिक निकट। वह आत्मा है। आप ईश्वर को अपने से अलग कैसे मान सकते हैं? जब आप उसके बारे में अपने से अलग किसी अस्तित्व का विचार करते हैं तो इसका अर्थ है कि आप उसे नहीं जानते हैं। वह ईश्वर आप स्वयं हैं। यह भारत के संदेशवाहकों का सिद्धांत था।

यह आपकी स्वार्थपरता है कि आप सोचते हैं कि आप श्रीमान अमुक को देख रहे हैं और समस्त संसार आप से भिन्न है। आप मानते हैं कि आप मुझसे भिन्न हैं। आप मेरे बारे में कोई विचार नहीं करते हैं। आप घर जाते हैं, भोजन करते हैं और सो जाते हैं। यदि मैं मर जाऊँ तो भी आप खाते-पीते और प्रसन्न रहते हैं। परंतु जब शेष संसार कष्ट भोग रहा है तो आप वास्तविक रूप से प्रसन्न नहीं हो सकते हैं। हम सब एक हैं। यह अलगाव का भ्रम ही हमारे सारे कष्टों की जड़ है। आत्म के अतिरिक्त किसी अन्य का कोई अस्तित्व नहीं है, और कुछ नहीं है।

बुद्ध का विचार है कि कोई ईश्वर नहीं है, केवल मनुष्य स्वयं है। उन्होंने उस मानसिकता का ही परित्याग कर दिया, जिसमें ईश्वर के विचार अंतर्निहित हैं। उन्होंने पाया कि यह विचार लोगों को दुर्बल एवं अंधविश्वासी बनाता है। यदि आप अपनी प्रत्येक वांछित वस्तु प्राप्त करने के लिए ईश्वर की प्रार्थना करते हैं तो वह कौन है, जो बाहर जाकर कर्म करता है? ईश्वर उनके पास आता है, जो कठोर परिश्रम करते हैं। ईश्वर उनकी सहायता करता है, जो अपनी सहायता स्वयं करते हैं। ईश्वर-विरोधी विचार हमारी नाड़ियों को दुर्बल कर देता है, हमारी मांसपेशियों को कोमल बना देता है, हमें आश्रित बना देता है। प्रत्येक स्वतंत्र व्यक्ति प्रसन्न है और प्रत्येक आश्रित व्यक्ति दयनीय है। मनुष्य अपने भीतर असीम शक्ति रखता है और वह उसे अनुभव कर सकता है—वह स्वयं को एक अनंत आत्म अनुभव कर सकता है। यह किया जा सकता है; परंतु आप लोग इस पर विश्वास नहीं करते हैं। आप हर समय ईश्वर से प्रार्थना करते हैं और अपनी शक्ति को सुखाते रहते हैं।

बुद्ध ने इसके विपरीत शिक्षा दी। लोगों को रोने के लिए विवश मत करो। उन्हें किसी प्रकार का पूजा-पाठ एवं व्रत-अनुष्ठान मत करने दो। ईश्वर कोई दुकान खोले नहीं बैठा है। तुम अपने प्रत्येक साँस के साथ ईश्वर की प्रार्थना कर रहे हो। मैं बोल रहा हूँ, यह एक प्रार्थना है। आप लोग सुन रहे हैं, यह भी एक प्रार्थना है। क्या आपका कभी ऐसा कोई पल रहा है, जब आप कोई मानसिक या शारीरिक कर्म करते हुए उस

अनंत दैवी ऊर्जा में सम्मिलित न रहे हों? हमारा कर्म एक अनवरत प्रार्थना के समान है। यदि आप केवल कुछ शब्दों के उच्चारण को प्रार्थना मानते हैं तो आप प्रार्थना को सतही बनाते हैं। ऐसी प्रार्थनाएँ बहुत अच्छी नहीं हैं। उनसे शायद ही आपको कभी कोई फल प्राप्त हो।

क्या प्रार्थना कोई जादुई नियम है कि उसे बार-बार दोहराने से आप कर्म किए बिना भी कोई चमत्कारी फल प्राप्त कर सकते हैं? नहीं। सबको कठोर परिश्रम करना होगा, सभी को उस अनंत ऊर्जा की गहराइयों में उतरना होगा। चाहे कोई गरीब हो या अमीर, सभी के पीछे वही अनंत ऊर्जा है। ऐसा कदापि नहीं है कि कोई व्यक्ति कठोर परिश्रम करके जो फल प्राप्त करता है, वही फल कोई कुछ शब्दों को बार-बार दोहराकर प्राप्त कर सकता है। यह संसार एक अनवरत प्रार्थना है। यदि आप प्रार्थना को इस रूप में ग्रहण करते हैं तो मैं आपके साथ हूँ। शब्दोच्चार आवश्यक नहीं है। मूक प्रार्थना उत्तम प्रार्थना होती है।

लोगों की बड़ी संख्या इस सिद्धांत का अर्थ नहीं समझती है। भारत में आत्म के संबंध में कोई समझौता करने का अर्थ है कि हमने संपूर्ण शक्ति उन पुजारियों व पादरियों के हाथों में सौंप दी है, जो पैगंबरों की महान् शिक्षाओं को भुला चुके हैं। बुद्ध इसे जानते थे, इसलिए उन्होंने सभी पुरोहिताईपूर्ण सिद्धांतों एवं रीतियों को बुहारकर एक ओर कर दिया और मनुष्य को अपने पैरों पर खड़ा होने योग्य बनाया। उनके लिए लोगों के परंपरागत तरीकों के विरुद्ध जाना आवश्यक था, क्योंकि वह क्रांतिकारी परिवर्तन लाना चाहते थे। उनके प्रयासों के परिणामस्वरूप भारत से बलि देनेवाला धर्म सदा-सर्वदा के लिए समाप्त हो गया और कभी पुनरुज्जीवित नहीं हो सका।

बौद्ध धर्म ऊपरी तौर पर भारत से गुजर चुका है; परंतु वास्तव में ऐसा नहीं है। बुद्ध की शिक्षाओं में एक भय का तत्त्व था—वह था धर्म-सुधार का भय। व्यापक आध्यात्मिक परिवर्तन लाने के उद्‍देश्य से उन्हें अनेक नकारात्मक शिक्षाएँ भी देनी पड़ीं। परंतु यदि कोई धर्म नकारात्मक पक्ष पर अधिक बल देता है तो अंततोगत्वा उसके नष्ट हो जाने का भय रहता है। कोई भी सुधारक संप्रदाय केवल सुधार करके जीवित नहीं रह सकता है; केवल रूपात्मक तत्त्व, अर्थात् वास्तविक प्रेरणा सिद्धांत हैं, जो सदैव जीवित रहते हैं। एक बार सुधार हो जाने के बाद उसके सकारात्मक पक्ष पर बल दिया जाना चाहिए। एक बार भवन का निर्माण पूरा हो जाने के बाद उसकी बाँस-बल्लियाँ एवं अन्य सहायक सामग्रियों को अनिवार्यतः हटा लिया जाना चाहिए।

समय गुजरने के साथ भारत में ऐसा अकसर हुआ है कि बुद्ध के अनुयायियों ने

उनकी शिक्षाओं के नकारात्मक पक्ष पर अधिक बल देना प्रारंभ कर दिया, जो अंततोगत्वा उनके धर्म के पराभव का कारण बन गया। सत्य के सकारात्मक पक्ष का नकारात्मक शक्तियों द्वारा गला घोंट दिया गया और इस प्रकार भारत ने बौद्ध धर्म के नाम पर फल-फूल रही विध्वंसक प्रवृत्तियों का परित्याग कर दिया। वह भारतीय राष्ट्रीय विचार का आदेश था।

बौद्ध धर्म के नकारात्मक तत्त्व—कोई ईश्वर नहीं, कोई आत्मा नहीं—मृतप्राय हो गए। मैं कह सकता हूँ कि एकमात्र अस्तित्वमान शक्ति ईश्वर है। यह एक सकारात्मक वक्तव्य है। बुद्ध एक सच्चाई हैं। जब बुद्ध कहते हैं कि कहीं कोई आत्मा नहीं है, मैं कहता हूँ, "हे मानव! तुम ब्रह्मांड हो, तुम सबकुछ हो।" कितना सकारात्मक! सुधारक तत्त्व मर गया, परंतु रूपात्मक तत्त्व सदैव जीवित रहा। बुद्ध ने निम्न चीजों के प्रति दयालुता की शिक्षा दी और उसके बाद से भारत में कोई ऐसा संप्रदाय नहीं हुआ, जिसने सभी मनुष्यों, बल्कि पशुओं के प्रति भी उदारता की शिक्षा न दी हो। यह दयालुता, यह कृपा, यह उदारता किसी भी सिद्धांत से बड़ी है और बुद्ध हमारे लिए यही छोड़कर गए हैं।

बुद्ध के जीवन में एक विशेष आकर्षण था। मैं अपने संपूर्ण जीवन में बुद्ध को अत्यंत पसंद करता था, परंतु उनके सिद्धांत को नहीं। किसी अन्य की अपेक्षा बुद्ध के चरित्र के प्रति मेरे मन में विशेष आदर है। उनके अंदर कितनी प्रगल्भता, निर्भयता एवं व्यापक प्रेम था! वह लोगों की भलाई के लिए जनमे थे। अन्य लोग ईश्वर को पाने का प्रयास करते हैं, अन्य लोग अपने लिए सत्य को पाने का प्रयास करते हैं; बुद्ध ने तो कभी अपने लिए सत्य को जानने की भी चिंता नहीं की। उन्होंने सत्य की प्राप्ति इसलिए की, क्योंकि लोग कष्ट में थे।

उनकी एकमात्र चिंता यह थी कि लोगों की सहायता कैसे की जाए? अपने संपूर्ण जीवन में बुद्ध ने अपने बारे में कभी नहीं सोचा। हम जैसे अज्ञानी, स्वार्थी और संकुचित हृदय के लोग उस महापुरुष की महानता को कैसे समझ सकते हैं!

उनकी विलक्षण बुद्धि के विषय में विचार कीजिए! कोई भावुकता नहीं। वह महान् मस्तिष्क कभी भी अंधविश्वासी नहीं था। इसलिए विश्वास मत करो, क्योंकि कोई प्राचीन पांडुलिपि प्रस्तुत की गई थी, क्योंकि वह तुम्हें पूर्वजों से प्राप्त हुई थी; क्योंकि तुम्हारे मित्र चाहते हैं कि तुम ऐसा करो, बल्कि अपने बारे में स्वयं विचार करो, उसे अपने अंदर महसूस करो। यदि ऐसा करने के बाद कोई चीज लोगों के लिए लाभप्रद लगे तो उसे उन्हें दो। मंद बुद्धि वाले लोग, दुर्बल मन वाले लोग, कमजोर हृदय वाले लोग सत्य को नहीं

पा सकते। इसके लिए व्यक्ति को आकाश की तरह मुक्त होना होगा। इसके लिए व्यक्ति के पास ऐसा मन होना चाहिए, जो स्फटिक की भाँति साफ हो; केवल तभी उस हृदय में सत्य का प्रकाश ज्योतित हो सकता है। हम अंधविश्वासों से भरे हुए हैं! यद्यपि आपके देश में, जहाँ आप स्वयं को उच्च शिक्षित समझते हैं, वह संकीर्णताओं एवं अंधविश्वासों से कितना भरा हुआ है! आप इस देश में सभ्यता के अपने सभी दावों के साथ विचार कीजिए। एक बार मुझे कुरसी पर बैठने से केवल इसलिए रोक दिया गया था, क्योंकि मैं एक हिंदू था।

ईसा के जन्म से 600 वर्ष पूर्व बुद्ध के समय में भारत के लोगों के पास अवश्य ही अद्भुत शिक्षा थी। निश्चय ही, वे अत्यंत उन्मुक्त मन के विद्वान् रहे होंगे। बड़ा जन-समूह उनके पीछे चलता था। राजा उनके लिए अपना सिंहासन छोड़ देते थे, रानियाँ अपना सिंहासन छोड़ देती थीं। लोग उनकी शिक्षाओं को गले लगाने और उनकी प्रशंसा करने में समर्थ थे, क्योंकि उनकी शिक्षा युगों-यगों से पुरोहितों एवं पादरियों द्वारा दी गई शिक्षा के विपरीत अत्यंत क्रांतिकारी तथा भिन्न थी! परंतु उनके मन आमतौर पर मुक्त एवं व्यापक थे।

अब जरा उनकी मृत्यु के विषय में विचार कीजिए। यदि वे अपने जीवन में महान् थे तो मृत्यु में भी महान् थे। उन्होंने एक ऐसी जाति के व्यक्ति द्वारा दिया गया भोजन खाया था, जो आपके अमेरिकी भारतीयों के समान था। हिंदू उन्हें अछूत मानकर उनका स्पर्श नहीं करते थे, क्योंकि वे बिना किसी भेद के हरेक चीज खा लेते थे। उन्होंने अपने शिष्यों-भिक्षुओं से कहा, "तुम लोग यह खाना मत खाओ; परंतु मैं इसे खाने से इनकार नहीं कर सकता हूँ। जिस व्यक्ति ने आज मुझे भोजन कराया है, उसके पास जाओ और उससे कहो कि उसने मेरे जीवन की सबसे बड़ी सेवा की है—उसने मुझे इस शरीर से मुक्त कर दिया है।" एक वृद्ध व्यक्ति आकर उनके पास बैठ गया—वह बहुत दूर से गुरु से मिलने आया था। बुद्ध ने उसे शिक्षा दी। जब बुद्ध ने एक शिष्य को रोते हुए देखा तो उन्होंने उसकी निंदा करते हुए कहा, "यह क्या है? क्या मेरी शिक्षा का यही परिणाम है? अपने में कोई मिथ्या लगाव मत रखो, मेरे ऊपर निर्भर मत रहो। इस मरणासन्न व्यक्ति की झूठी प्रशंसा मत करो। बुद्ध कोई व्यक्ति नहीं, बल्कि एक अनुभूति है। अपनी स्वयं की मुक्ति का उपाय करो।"

यद्यपि मरते समय भी उन्होंने अपने लिए किसी विशिष्टता का दावा नहीं किया। उसके लिए मैं उनकी पूजा करता हूँ। आप लोग जिन्हें बुद्ध एवं यीशु कहकर पुकारते हैं, वे केवल अनुभूति की किन्हीं निश्चित दशाओं के नाम हैं। विश्व के सभी गुरुओं

में बुद्ध एकमात्र ऐसे गुरु थे, जिन्होंने हमें आत्मनिर्भर होने की सर्वाधिक महत्त्वपूर्ण शिक्षा दी; जिन्होंने हमें न केवल हमारे मिथ्याभिमानों से मुक्त किया, बल्कि ईश्वर एवं देवता जैसी अदृश्य शक्तियों पर निर्भरता से भी मुक्त किया। उन्होंने सभी लोगों को मुक्ति की उस दशा में प्रवेश करने हेतु आमंत्रित किया, जिसे वे 'निर्वाण' कहते थे। एक-न-एक दिन सभी लोग निर्वाण प्राप्त करेंगे, जिसकी प्राप्ति मनुष्य का पूर्ण पारितोषिक है।

□

21

भारत की नारियाँ

स्वामी विवेकानंद : "कुछ लोग मेरे व्याख्यान से पूर्व हिंदू दर्शन के बारे में प्रश्न करने के इच्छुक हैं और कुछ लोग व्याख्यान के पश्चात् सामान्य रूप से भारत के बारे में जानने को इच्छुक हैं; परंतु मेरे समक्ष मुख्य कठिनाई यह है कि मुझे स्वयं ही ज्ञात नहीं है कि मैं किस विषय पर भाषण देने वाला हूँ! मुझे उस किसी भी विषय पर व्याख्यान देने में खुशी होगी, चाहे वह हिंदू दर्शन से संबंधित हो या हिंदू जाति, उसके इतिहास अथवा उसके साहित्य से संबंधित हो। देवियो एवं सज्जनो, यदि आप लोग इस विषय में कोई सुझाव देंगे तो मुझे अत्यंत प्रसन्नता होगी।"

प्रश्नकर्ता : "स्वामीजी, मैं आपसे प्रश्न करना चाहूँगा कि हम अमेरिकियों के लिए आपके पास हिंदू दर्शन में कौन से विशेष सिद्धांत हैं, जिन्हें हम अपनाना चाहें; क्योंकि हम लोग बहुत व्यावहारिक लोग हैं और वह हमारे लिए ऐसा क्या कर सकता है, जो ईसाइयत से परे जाकर हो?"

स्वामी विवेकानंद : "इसका निर्णय करना मेरे लिए अत्यधिक कठिन है; यह तो आप लोगों पर निर्भर करता है। यदि आप सोचते हैं कि आपके अपनाने योग्य कुछ है और वह आपके लिए सहायक होगा तो उसे अपना लीजिए। आप लोग तो जानते ही हैं कि मैं कोई धर्म-प्रचारक नहीं हूँ और न ही मैं लोगों को अपने विचार के प्रति परिवर्तित करने जा रहा हूँ। मेरे सिद्धांत हैं कि सभी विचार अच्छे एवं महान् हैं। इसलिए आपके कुछ विचार भारत में भी कुछ लोगों को पसंद आ सकते हैं और हमारे कुछ विचार यहाँ आप लोगों को पसंद आ सकते हैं। इसलिए, विचारों का प्रसार अनिवार्यतः सारे विश्व में होना चाहिए।"

---

* *18 जनवरी, 1900 को पासाडेना, कैलिफोर्निया के शेक्सपियर क्लब हाउस में दिया गया वक्तव्य*

प्रश्नकर्ता : "हम आपसे आपके दर्शन का परिणाम जानना चाहेंगे; क्या आपके दर्शन एवं धर्म ने आपकी स्त्रियों को हमारी स्त्रियों से ऊपर उठाया है?"

स्वामी विवेकानंद : "देखिए, यह अत्यंत आपत्तिजनक प्रश्न है। मैं हमारी स्त्रियों को तो पसंद करता ही हूँ, आपकी स्त्रियों को भी पसंद करता हूँ।"

प्रश्नकर्ता : "अच्छी बात है। क्या आप हमें अपनी स्त्रियों, उनके रीति-रिवाजों और उनकी शिक्षा तथा परिवार में धारित उनके पद एवं सामर्थ्य इत्यादि के बारे में कुछ बताएँगे?"

स्वामी विवेकानंद : "जी हाँ, उन चीजों के बारे में आपको बताते हुए मुझे अत्यंत प्रसन्नता होगी। अतः आप लोग आज रात भारतीय नारियों के विषय में जानने के इच्छुक हैं, दर्शन एवं किसी अन्य चीज के विषय में नहीं?"

व्याख्यान

मैं अनिवार्यतः अपने इस कथन के साथ प्रारंभ करूँगा कि आप लोगों को मुझे काफी देर तक सहन करना होगा; क्योंकि मैं लोगों की ऐसी व्यवस्था से संबंध रखता हूँ, जो कभी विवाह नहीं करते हैं। इसलिए, जहाँ तक स्त्रियों के सभी संबंधों के बारे में मेरे ज्ञान का प्रश्न है, मैं उन्हें एक माँ के रूप में, एक पत्नी के रूप में, एक पुत्री तथा एक बहन के रूप में देखता हूँ और अन्य लोगों की भाँति उनके बारे में मेरा ज्ञान अनिवार्यतः परिपूर्ण नहीं है। अब भारत की बात करें। मैं इस तथ्य को स्मरण करना चाहूँगा कि भारत एक विशाल महाद्वीप है, मात्र एक देश नहीं और उसमें अनेक भिन्न-भिन्न जातियाँ निवास करती हैं। यूरोप के देश एक-दूसरे के काफी निकट हैं और भारत की जातियों की अपेक्षा उनमें अधिक समानताएँ हैं। यदि मैं आपको इस तथ्य से अवगत कराऊँ कि संपूर्ण भारत में आठ भिन्न भाषाएँ हैं, तो आप उसके बारे में एक धुँधला-सा विचार बना सकते हैं। ये भिन्न भाषाएँ हैं, बोलियाँ नहीं—और प्रत्येक भाषा का अपना साहित्य है। केवल हिंदी भाषा ही लगभग 10 करोड़ लोगों द्वारा बोली जाती है और 6 करोड़ लोग बँगला भाषा बोलते हैं। इसके अतिरिक्त, दो यूरोपीय भाषाओं में एक-दूसरे में उतना अंतर नहीं है, जितना कि चार उत्तर भारतीय भाषाओं और दक्षिण भारतीय भाषाओं में बहुत अधिक अंतर है। वे पूर्णतया भिन्न हैं, इतनी अधिक भिन्न, जैसे कि आपकी भाषा और जापानी भाषा में भिन्नता है। इसलिए, आप लोग यह जानकर स्तब्ध रह जाएँगे कि जब मैं दक्षिण भारत में जाता हूँ तो जब तक मुझे वहाँ कोई संस्कृत बोलनेवाला व्यक्ति नहीं मिल जाता, मुझे उनके साथ अंग्रेजी में बात करनी पड़ती है। इससे भी बड़ी बात यह कि

ये विभिन्न जातियाँ रीति-रिवाजों, परंपराओं, आहार, परिधान एवं अपनी विचार-पद्धतियों में भी भिन्न हैं।

अब जाति की बात करते हैं। प्रत्येक जाति एक पृथक् जातीय तत्त्व बन गई है। यदि कोई व्यक्ति पर्याप्त दीर्घ अवधि तक भारत में रहता है तो वह उनकी आकृतियों को देखकर बता सकता है कि वह व्यक्ति किस जाति से संबंध रखता है! इसके अतिरिक्त, इन जातियों के मध्य भी तौर-तरीकों एवं रीति-रिवाजों में भिन्नता है; और ये सभी जातियाँ विशिष्ट हैं। कहने का तात्पर्य यह कि वे सामाजिक तौर पर तो एक-दूसरे से मिलती हैं, परंतु वे एक साथ न तो खान-पान करती हैं और न ही एक-दूसरे के साथ विवाह करती हैं। उन मामलों में वे अलग बने रहते हैं। वे एक-दूसरे के साथ मिलते-जुलते हैं और मित्र भी हो सकते हैं। परंतु बात इतने तक ही समाप्त हो जाती है।

यद्यपि अपनी स्थिति एवं एक उपदेशक के रूप में मेरे व्यवसाय और निरंतर एक स्थान से दूसरे स्थान की यात्रा करते रहने तथा समाज के सभी श्रेणियों के लोगों के साथ (और स्त्रियों, खासतौर से उत्तर भारत में, जहाँ वे पुरुषों के सामने अपना घूँघट नहीं खोलती हैं। कई स्थानों पर तो उन्होंने धर्म के लिए इस रिवाज को तोड़ दिया और हमें सुनने एवं उपदेश लेने आईं) मिलने-जुलने के कारण मुझे किसी अन्य व्यक्ति की अपेक्षा सामान्यतया स्त्रियों को जानने का अधिक अवसर मिला है। इसके बावजूद मेरे लिए यह कहना हानिकर होगा कि मैं भारत की स्त्रियों के विषय में सबकुछ जानता हूँ।

इसलिए, मैं आपके समक्ष केवल आदर्श रखने का प्रयास करूँगा। प्रत्येक राष्ट्र में पुरुष या स्त्री अपने देश में जारी आदर्श का सचेत अथवा अचेत रूप में प्रतिनिधित्व करता है, जिसे मैं आपके समक्ष प्रस्तुत कर रहा हूँ। ऐसे व्यक्तियों का समूह राष्ट्र है और वह भी महान् आदर्शों का प्रतिनिधित्व करता है तथा उन्हें आगे बढ़ाता है। और इसलिए सम्यक् रूपेण यह मानना सही समझा जाता है कि किसी राष्ट्र को समझने के लिए पहले उसके आदर्श को समझना आवश्यक है; क्योंकि कोई भी राष्ट्र अपने मानक के अतिरिक्त किसी अन्य मानक से अपना मूल्यांकन किए जाने से इनकार करता है।

प्रत्येक विकास, प्रगति, कल्याण या अपकर्ष सापेक्ष है। इसका संबंध एक निश्चित मानक से है और प्रत्येक व्यक्ति को समझने के लिए उसके परिपूर्णता मानक का प्रयोग किया जाना आवश्यक है। इसे आप अधिक स्पष्टतापूर्वक राष्ट्रों में देखते हैं। जिस चीज को एक राष्ट्र अच्छा मानता है, संभव है कि दूसरा राष्ट्र उसे उस रूप में न देखे। इस देश में चचेरे, ममेरे या फुफेरे भाई-बहनों के मध्य विवाह पूर्णतया अनुमत्य है। भारत में ऐसा विवाह अवैध है। केवल इतना ही नहीं, उसे भयानक कौटुंबिक व्यभिचार की श्रेणी

में डाल दिया जाता है। इस देश में विधवा-विवाह पूर्णतया वैधानिक है। भारत की उच्च जातियों में किसी विधवा का पुनर्विवाह विशालतम अपकर्ष माना जाता है। अतः आप स्वयं देखें कि हम ऐसे भिन्न विचारों के साथ कार्य करते हैं और मेरा मानना है कि किसी व्यक्ति का मूल्यांकन दूसरे व्यक्ति के मानक से करना न तो उचित है और न ही व्यवहार्य। इसलिए, सबसे पहले यह जानने की आवश्यकता है कि किसी भी राष्ट्र ने अपने लिए क्या आदर्श स्थापित किए हैं? जब हम भिन्न राष्ट्रों के बारे में बात करते हैं तो हम इस सामान्य विचार के साथ अपनी बात प्रारंभ करते हैं कि एक ही नैतिक संहिता एवं समान प्रकार के आदर्श सभी जातियों के होंगे। फिर भी, जब हम व्यावहारिक रूप से दूसरों का निर्णय करने पर आते हैं तो सोचते हैं कि जो चीज हमारे लिए अच्छी है, वह दूसरों के लिए भी अच्छी ही होगी। जो कृत्य हम अच्छा समझकर करते हैं, जरूरी नहीं कि अन्य लोग भी उसे अच्छा ही समझें। कई बार इस विचार के कारण त्रासद स्थिति उत्पन्न हो जाती है। मैं ऐसा किसी की आलोचना करने की दृष्टि से नहीं कह रहा हूँ, बल्कि सत्य को सामने लाने का प्रयास कर रहा हूँ। जब मैं पश्चिमी स्त्रियों को चीनी स्त्रियों के पाँवों में जंजीर बाँधे जाने के कृत्य की निंदा करते सुनता हूँ तो वे मुझे कभी भी इस बात पर विचार करती नहीं दिखाई देती हैं कि चीनी लड़कियों की कच्छियाँ चीनी जाति को कितना अधिक क्षति पहुँचा रही हैं! यह एक उदाहरण मात्र है; क्योंकि आपको यह अवश्य जानना चाहिए कि पैरों में हुक लगा देने से मानव जाति को उतनी क्षति नहीं पहुँची है, जितना कि उनके अधोवस्त्र (कच्छियाँ) पहुँचा चुकी हैं और अब भी क्षति पहुँचा रही हैं, जब प्रत्येक अंग अव्यवस्थित हो जाता है और रीढ़ किसी साँप की भाँति हो जाती है। यदि उनकी नाप ली जाए तो आप उनके शरीर में आए टेढ़ेपन को दर्ज कर सकते हैं। मैं यह किसी आलोचना की दृष्टि से नहीं, बल्कि आपको स्थिति की जानकारी देने के लिए कह रहा हूँ, ताकि आप अन्य जातियों की स्त्रियों की स्थिति जानकर चौंके बिना न रह सकें। यह सोचकर कि आप सर्वोच्च हैं, इसलिए वे आपके तौर-तरीकों और रिवाजों को नहीं अपनाते हैं। इससे यह परिलक्षित होता है कि अन्य लोग भी आपके तौर-तरीकों से चकित हैं।

इसलिए, मुझे लगता है कि दोनों ओर कुछ भ्रांतियाँ हैं। हमारे कर्म एवं दृष्टिकोण का आधार यह होना चाहिए कि सबके लिए एक सामान्य मंच, ज्ञान का सामान्य आधार एवं सामान्य मानवता हो। हमें उस संपूर्ण मानव प्रकृति को खोज निकालने की आवश्यकता है, जो टुकड़ों में यहाँ-वहाँ कार्य कर रही है। यह मनुष्य के वश में नहीं है कि उसका प्रत्येक कर्म परिपूर्णता के साथ हो। आपको एक भूमिका निभानी है; मुझे अपने विनम्र तरीके से अन्य भूमिका निभानी है। इन अलग-अलग भागों का सम्मिश्रण पूर्णता है। अतः

जो बात व्यक्तियों पर लागू होती है, वही जातियों पर भी लागू होती है। प्रत्येक जाति के पास निभाने के लिए एक भूमिका है। विकसित होने के लिए प्रत्येक जाति का एक पक्ष है। हमें इन भिन्न-भिन्न अंगों को एक साथ मिलाना होगा। संभव है कि कालांतर या भविष्य में कोई ऐसी जाति उभरकर सामने आए, जिसमें ये सारी वैयक्तिक जातीय विशेषताएँ हों और विभिन्न जातियों के एक साथ आ जाने से ये विशेषताएँ प्रकट हों तथा एक भिन्न एवं नई जाति का निर्माण करें; एक ऐसी जाति, जिसका सपना अभी संसार ने नहीं देखा है। अपने इस कथन के अतिरिक्त मुझे किसी की कोई आलोचना नहीं करनी है। मैंने अपने जीवन में कोई कम यात्रा नहीं की है। मैंने सदैव अपनी आँखें खुली रखी हैं और जितना अधिक मैं आगे बढ़ता जाता हूँ, उतना ही अधिक मेरा मुँह बंद हो जाता है। मेरे पास कोई आलोचना नहीं है।

भारत में आदर्श स्त्री माँ है। माँ ही प्रथम है और माँ ही अंतिम है। 'स्त्री' शब्द का उच्चारण करते ही हिंदू के मन में सबसे पहले माता की बात आती है, और उसे ईश्वर के समान माना जाता है। बच्चों के रूप में, यदि हम लड़के हैं तो अपनी माँ के पास प्रात:काल पानी का एक कप लेकर जाते हैं और उसे माँ के सामने रख देते हैं। माँ उसमें अपने पाँव का अँगूठा स्पर्श करती है और हम बच्चे उस जल को पी लेते हैं।

पश्चिम में नारी एक पत्नी है। यहाँ नारीत्व का संपूर्ण विचार पत्नी के रूप में केंद्रित है। भारत में सामान्य व्यक्ति के लिए नारीत्व की संपूर्ण ऊर्जा मातृत्व में केंद्रित है। पश्चिमी घरों में पत्नी शासन करती है। किसी भारतीय घर में माँ शासन करती है। यदि कोई माँ किसी पश्चिमी घर में आती है तो उसे पत्नी का सहायक होना पड़ता है, क्योंकि घर पत्नी का है। हमारे यहाँ जब तक माँ जीवित रहती है, पत्नी को अनिवार्यत: उसकी अनुचरी बनकर रहना होता है। आप विचारों के इस सारे अंतर को समझें।

अब मैं केवल तुलनाओं की बात करूँगा। मैं आपके समक्ष कुछ तथ्य रखना चाहूँगा, ताकि आप दोनों पक्षों की तुलना कर सकें। सबसे पहले यह तुलना करें—"एक पत्नी के रूप में भारतीय नारी क्या है?" भारतीय पूछता है, "कोई अमेरिकी स्त्री माँ के रूप में कहाँ है? जिसने मुझे यह शरीर दिया है, वह पूजनीय नारी क्या है? जिसने मुझे नौ महीने तक अपने गर्भ में रखा, वह क्या है? वह कहाँ है, जो मुझे आवश्यकता पड़ने पर अपने जीवन का बीस गुना देती है? मैं चाहे जितना दुष्ट एवं नीच क्यों न होऊँ, वह नारी कहाँ है, जिसका प्रेम मेरे लिए कभी कम नहीं होता है? जो नारी मेरे जरा सा दुर्व्यवहार के कारण तलाक के लिए न्यायालय में चली जाती है, उस नारी की तुलना में वह स्त्री कहाँ है? हे अमेरिकी नारी! वह कहाँ है?" उस नारी को मैं आपके देश में नहीं पा सकता हूँ।

मुझे यहाँ ऐसा कोई पुत्र नहीं मिला है, जो सोचता हो कि माता सर्वप्रथम है। यद्यपि हम अपनी मृत्यु के बाद भी यह इच्छा नहीं करते कि हमारी पत्नियाँ और बच्चे उसका स्थान लें। हमारी माता! यदि हम अपनी माँ से पहले मरते हैं तो हमारी यही इच्छा होती है कि हम अपनी माँ की गोद में अपना सिर रखकर मरें। वह कहाँ है? क्या माँ इस भौतिक शरीर से जुड़ा केवल एक नाम है? हाँ! हिंदू मन ऐसे सभी आदर्शों से भयभीत रहता है, जो कहते हैं कि मांस को हमेशा मांस से जुड़े रहना चाहिए। नहीं, नहीं! नारी! आपको मांस से जुड़ी किसी चीज से नहीं जोड़ा जा सकता है। जिस नाम को एक बार पवित्र मान लिया गया, वह सदा-सर्वदा के लिए पवित्र ही रहता है; क्योंकि हमारे यहाँ माँ को जो स्थान दिया गया है, उसमें कोई लोभ या कोई वासना उसके निकट नहीं जा सकती है। उसके साथ माँ के अतिरिक्त कोई अन्य नाम नहीं जोड़ा जा सकता है। भारत में यही आदर्श है।

मैं एक ऐसे वर्ग से आता हूँ, जिसकी आपके कैथोलिक चर्च के भिक्षुक संन्यासियों से काफी समानता है। कहने का तात्पर्य यह कि हम लोग अत्यल्प वस्त्रों में घर-घर जाकर भिक्षा माँगते हैं और उसी से अपना जीवन-यापन करते हैं तथा लोगों की इच्छानुसार उनके अनुरोध पर उपदेश देते हैं; जहाँ कहीं भी स्थान मिलता है, वहीं सो जाते हैं। हमें इन्हीं नियमों का पालन करना पड़ता है। हम संन्यासियों के लिए यह नियम है कि हम प्रत्येक स्त्री को 'माता' कहकर पुकारेंगे, चाहे वह कोई प्रौढ़ा हो या छोटी लड़की। पश्चिम में आने के बाद भी मेरी वही पुरानी आदत बनी हुई है और जब मैं महिलाओं को 'हाँ माता' कहता हूँ तो वे भयभीत हो जाती हैं। मैं नहीं समझ पाया हूँ कि वे मेरे 'माता' कहकर संबोधित करने पर इतनी भयभीत क्यों हो जाती हैं? बाद में, मैंने इसका कारण खोज लिया—क्योंकि वे इसका अर्थ यह लगाती हैं कि वे बूढ़ी हो चुकी हैं। भारत में नारीत्व का आदर्श मातृत्व है—अद्वितीय, निस्स्वार्थ एवं सर्व-सहिष्णु तथा सदैव क्षमाशील माता। पत्नी पति के पीछे परछाईं की भाँति चलती है—केवल परछाईं। उसे अनिवार्यत: माँ के जीवन की नकल करनी होती है; यह उसका कर्तव्य है। परंतु माता स्नेह का आदर्श है। वह परिवार पर शासन करती है और उसे अपने अधिकार में रखती है। भारत में केवल पिता ही अपने बच्चों की गलतियों पर उन्हें थप्पड़ मारते हैं, डराते-धमकाते हैं और माता उस स्थिति में खुद को पिता एवं बच्चे के बीच रखती है। आप यहाँ उसके ठीक विपरीत देखते हैं। इस देश में बच्चों को थप्पड़ मारने और उन्हें सही मार्ग पर लाने का दायित्व माँ पर है और असहाय पिता दोनों के मध्य बीच-बचाव करता है। अब आप समझ गए होंगे कि आपके और हमारे आदर्शों में कितना अंतर है! मेरे इस कथन का अर्थ कोई आलोचना नहीं है। आप लोग जो करते हैं, वह पूर्णतया सही है; परंतु हम उस मार्ग पर

चलते हैं, जो हमें युगों से सिखाया गया है। आप हमारे यहाँ किसी माँ को बच्चों को शाप देते, भला-बुरा कहते नहीं सुनेंगे; वह क्षमाशील है, सदैव क्षमाशील। हम 'स्वर्ग में हमारा पिता' कहने की बजाय हर समय 'माता' कहते हैं। इसके पीछे यह विचार निहित है कि हिंदू मन में यह शब्द अनंत प्रेम के रूप में जुड़ा हुआ है। इस नश्वर संसार में माता का प्रेम ईश्वर के प्रेम के सर्वाधिक निकट है। "माता, ओ माता! मुझ पर कृपा करो; मैं दुष्ट हूँ! अनेक बच्चे दुष्ट हुए हैं, परंतु कभी कोई माता उनकी तरह दुष्ट नहीं हुई है।"—महान् संत राम प्रसाद ऐसा ही कहते हैं।

हमारे यहाँ हिंदू माता ऐसी होती है। अपने पुत्र की पत्नी (पुत्रवधू) को वह पुत्री के रूप में देखती है। वह उसे अपनी उस पुत्री के समान मानती है, जो विवाहिता होकर चली गई है। उसी प्रकार वह मानती है कि उसके पुत्र विवाह करके उसके लिए एक अन्य पुत्री ले आया है और वह रानियों की रानी उसकी माँ के शासन में आ गई है। यद्यपि मैं भी, जिसने कभी विवाह नहीं किया, एक ऐसे वर्ग से संबंधित हूँ, जो कभी विवाह नहीं करता है। मान लीजिए कि यदि मैं विवाह करता और मेरी पत्नी मेरी माँ को रुष्ट करने का साहस करती तो मैं भी उस पर नाराज हो जाता। क्यों? क्या मैं अपनी माँ की पूजा नहीं करता हूँ? फिर उसकी पुत्रवधू उसका सम्मान क्यों न करे? मैं जिसकी पूजा करता हूँ, उसकी पूजा वह क्यों न करे? कौन है वह? इसके बाद वह मेरी माँ के सिर पर सवार होने की कोशिश करेगी और उस पर अपना शासन चलाएगी? जब तक उसका नारीत्व पूर्ण नहीं होता, उसे प्रतीक्षा करनी होगी और जो चीज नारीत्व को परिपूर्ण बनाती है, वह है स्त्री का स्त्रीत्व, वह मातृत्व है। उसके माँ बनने की प्रतीक्षा करो, फिर उसे भी समान अधिकार मिल जाएँगे। हिंदू मत के अनुसार, स्त्री का माँ बनना सबसे महत्त्वपूर्ण लक्ष्य है। लेकिन अरे, कितना अंतर है, कितना अधिक अंतर! मेरे माता-पिता ने मेरे जन्म के लिए वर्षों व्रत एवं पूजा की थी। वे प्रत्येक बच्चे के लिए उसके जन्म से पूर्व ऐसी ही प्रार्थना करते हैं। हमारे महान् विधि निर्माता मनु आर्यों की परिभाषा देते हुए कहते हैं, "जो प्रार्थना द्वारा उत्पन्न हुआ है, वह आर्य है।" महान् नीति-निर्माता मनु के अनुसार, बिना प्रार्थना के जनमा प्रत्येक बच्चा अवैध है। संतान की प्राप्ति के लिए प्रार्थना आवश्यक है। जो बच्चे किसी शाप के साथ आते हैं, वे लापरवाही के कारण अनायास ही इस संसार में फिसल जाते हैं; क्योंकि उसे रोका नहीं जा सकता है। ऐसी संतानों से हम क्या अपेक्षा कर सकते हैं? हे अमेरिकी माताओ! इस विषय में सोचो। अपने अंतर्मन की गहराई से विचार करो कि क्या तुम नारी बनने के लिए तैयार हो? यह न तो किसी जाति का प्रश्न है और न ही किसी देश का, और इसमें राष्ट्रीय गौरव की कोई झूठी भावना भी नहीं है।

हमारे इस नश्वर जीवन में, प्रश्नों एवं पीड़ाओं से परिपूर्ण इस संसार में गौरवान्वित होने का साहस कौन करता है? हम ईश्वर की इस अनंत शक्ति के समक्ष क्या हैं? परंतु आज रात मैं आपसे एक प्रश्न पूछता हूँ—क्या आप लोग अपनी भावी संतान के लिए प्रार्थना करते हैं? क्या आप माँ बनने के लिए ईश्वर के प्रति आभारी हैं या नहीं? क्या आप अपने मातृत्व द्वारा स्वयं को पवित्र मानती हैं अथवा नहीं? अपने मन से यह प्रश्न करें। यदि आप ऐसा नहीं करती हैं तो आपका विवाह एक झूठ है, आपका मातृत्व मिथ्या है, आपकी शिक्षा अंधविश्वास है और आपके बच्चे यदि बिना किसी प्रार्थना के जनमे हैं तो वे मानवता के लिए अभिशाप हैं।

हमारे सामने आए भिन्न आदर्शों पर विचार करें। मातृत्व के साथ स्त्री पर व्यापक उत्तरदायित्व आता है। यह एक आधार है। इसी से प्रारंभ करें। आप प्रश्न करेंगे कि माँ की इतनी अधिक पूजा क्यों की जानी चाहिए? क्योंकि हमारे ग्रंथ हमें शिक्षा देते हैं कि वह प्रसव पूर्व प्रभाव ही है, जो बच्चे को अच्छाई या बुराई की प्रेरणा देता है। लाखों महाविद्यालयों में चले जाइए, करोड़ों पुस्तकें पढ़ लीजिए, स्वयं को संसार के सभी प्रकांड विद्वानों के साथ जोड़ लीजिए—आप सर्वोत्तम तभी हैं, जब आप सम्यक् मुहर के साथ जनमे हों। आपका जन्म या तो भलाई के लिए हुआ है या बुराई के लिए। हमारे ग्रंथ कहते हैं कि शिशु जन्मजात देवता या दैत्य है। शिक्षा एवं अन्य सारी चीजें बाद में आती हैं। वे तो मात्र कौड़ियाँ हैं। आप वैसे होते हैं, जैसे आप जनमते हैं। यदि आप अस्वस्थ पैदा हुए हैं तो कितनी सारी दवाइयाँ या चिकित्साएँ आपको सारा जीवन स्वस्थ रख पाएँगी? रुग्ण या दुर्बल माता-पिता से कितनी स्वस्थ एवं अच्छी संतानें जनमी हैं? कितनी? कोई नहीं—एक भी नहीं। हम अच्छाई या बुराई की व्यापक प्रेरणा के साथ पैदा होते हैं। हम या तो जन्मजात दैत्य हैं या जन्मजात देवता हैं। शिक्षा एवं अन्य चीजें केवल कौड़ियाँ हैं।

अतः हमारे ग्रंथ कहते हैं—जन्म-पूर्व प्रभाव को निर्देशित करो। माता की पूजा क्यों की जानी चाहिए? क्योंकि उसने स्वयं को पवित्र बनाए रखा है। उसने अपने आप को शुद्ध एवं पवित्र बनाए रखने के लिए कितना त्याग किया है! और कई बार तो उसे अनेक यातनाएँ भी सहनी पड़ी हैं। आप लोग इस बात पर ध्यान दें कि भारत में कोई भी स्त्री अपना शरीर किसी व्यक्ति को सौंपने के बारे में सोचती तक नहीं है। वह उसका अपना शरीर है। अंग्रेजों ने भारत में सुधार के नाम पर एक नया कानून बनाया है, जिसे वे 'दांपत्य अधिकारों की पुनर्स्थापना' का नाम देते हैं। परंतु कोई भारतीय नारी उनके इस कानून का लाभ नहीं उठाती है। जब कोई व्यक्ति अपनी पत्नी के साथ शारीरिक संबंध बनाता है तो वह उन परिस्थितियों को पूजा एवं प्रतिज्ञा के साथ नियंत्रित करती है! क्योंकि वह जिस

शिशु को जन्म देती है, उसे स्वयं ईश्वर का पवित्रतम अंश मानती है। पति एवं पत्नी के मध्य की जानेवाली यह महानतम प्रार्थना है; वह प्रार्थना, जो इस संसार में अच्छाई या बुराई की व्यापक शक्ति से परिपूर्ण एक अन्य आत्मा को लाने वाली है। क्या यह कोई मजाक है? क्या यह सरल इंद्रियात्मक संतुष्टि है? क्या यह केवल शरीर का विवेकहीन आनंद है? हिंदू कहता है—नहीं, सौ बार नहीं, हजार बार नहीं।

इसके पीछे-पीछे एक अन्य विचार आता है। जिस विचार के साथ हमने शुरुआत की थी, वह था सर्वसहिष्णु, सर्वपीड़ित माँ के प्रति प्रेम एवं सम्मान का आदर्श। माँ की जो पूजा की जाती है, उसका उद्गम-स्थल वहाँ है। वह मुझे इस संसार में लानेवाली एक तपस्विनी थी। उसने अपने शरीर को शुद्ध रखा, अपने मन को शुद्ध रखा, अपने आहार को शुद्ध रखा, अपने वस्त्रों को शुद्ध रखा; वर्षों तक अपनी कल्पनाओं को शुद्ध रखा, क्योंकि मैं पैदा होने वाला था। चूँकि उसने इतना सबकुछ किया, इसलिए वह पूजा किए जाने योग्य है। और इसके बाद क्या होता है? मातृत्व के साथ पत्नीत्व जुड़ा हुआ है।

आप पश्चिमी लोग व्यक्तिवादी हैं। मैं अमुक कार्य करना चाहता हूँ, क्योंकि यह मुझे प्रिय है; मैं हरेक को चीर दूँगा। क्यों? क्योंकि मैं पसंद करता हूँ। मैं अपनी निजी संतुष्टि चाहता हूँ, इसलिए मैं उस स्त्री के साथ विवाह करूँगा। क्यों? क्योंकि मैं उसे पसंद करता हूँ। वह स्त्री मेरे साथ विवाह करेगी? क्यों? क्योंकि यह मुझे पसंद करती है। यहीं उसका अंत हो जाता है। इस संपूर्ण एवं अनंत संसार में वह और मैं केवल दो लोग हैं। मैं उससे विवाह करूँगा और वह मेरे साथ विवाह करेगी। इसके लिए न तो किसी को आहत होने की जरूरत है और न ही कोई इसके लिए जिम्मेदार है।

आपके जॉन एवं जेन जंगल में जाकर अपना जीवन व्यतीत कर सकते हैं; परंतु यदि उन्हें समाज में अपना जीवन बिताना है तो उनके विवाह का अर्थ हमारे लिए व्यापक अच्छाई या बुराई है। उनके बच्चे वास्तविक तौर पर राक्षस—आग लगानेवाले, हत्या करनेवाले, लूटनेवाले, चोरी करनेवाले, मदिरा पीनेवाले, छिपनेवाले और नीच हो सकते हैं।

तो फिर, भारतीय सामाजिक व्यवस्था का आधार क्या है? वहाँ जातीय नियम हैं। मैं अपनी जाति के लिए पैदा हुआ हूँ और उसी जाति के लिए जीता हूँ। संन्यासी बनने के बाद मेरे लिए मेरा कोई अर्थ नहीं है। हम लोग समाज से बाहर हैं। मेरा आशय उन लोगों से है, जो नागरिक समाज में रहते हैं। जाति में पैदा होने के बाद अपना संपूर्ण जीवन उसी जाति के नियमों के अनुसार व्यतीत करना होगा। दूसरे शब्दों में, आपके देश की आज की भाषा में पश्चिमी व्यक्ति वैयक्तिक पैदा होता है, जबकि हिंदू एक सामाजिक व्यक्ति के

रूप में—पूर्णतया सामाजिक। यदा-कदा हमारे शास्त्र कहते हैं—यदि मैं तुम्हें अपनी पसंद की स्त्री से विवाह करने की अनुमति दे दूँ और स्त्री को उसकी पसंद के पुरुष से विवाह की अनुमति दे दूँ तो क्या होगा? तुम प्रेम में पड़ जाओगे; स्त्री का पिता संयोगवश पागल या क्षय रोगी था। जिस व्यक्ति की सूरत देखकर लड़की प्रेम में पड़ जाती है, उसका पिता कोई शोर-शराबा करनेवाला शराबी था। ऐसी स्थिति में कानून क्या कहता है? कानून तय करता है कि ऐसे विवाह अवैध होंगे। शराबियों, क्षय रोगियों, पागलों इत्यादि के बच्चों को विवाह करने की अनुमति नहीं दी जाएगी। विकलांग, झुकी हुई कमरवाले, पागल एवं मूर्ख बच्चों के लिए विवाह की अनुमति नहीं है, कदापि नहीं है। ऐसा नियम कहता है।

इसके बाद अरब से मुसलमान आए और वे अपने साथ अपना अरबी कानून लाए। अरबी रेगिस्तानी कानून हम पर थोप दिया गया। अंग्रेज लोग अपने कानून के साथ आए। उन्होंने यथासंभव अपना कानून हमारे ऊपर लागू कर दिया। वह कहता है कि हम जीते गए लोग हैं—"कल मैं तुम्हारी बहन के साथ विवाह करूँगा।" हम क्या कर सकते हैं? हमारा नियम कहता है कि एक ही परिवार में पैदा हुए लोग चाहे कितनी ही दूर-दूर क्यों न रहते हों, उन्हें अनिवार्यत: आपस में विवाह नहीं करना चाहिए। वह अवैध है और वह जाति का क्षय कर देगा अथवा उसे बाँझ बना देगा। ऐसा कदापि नहीं हो सकता है। बात वहीं समाप्त हो जाती है। इसलिए मेरे या मेरी बहन के विवाह में मेरा कोई स्वर नहीं है। इन सब चीजों का निर्णय जाति करती है।

कई बार हमारा विवाह हमारे बचपन में ही कर दिया जाता है। क्यों? क्योंकि जाति कहती है—"यदि उनका विवाह उनकी सहमति के बिना करना है तो यही अच्छा है कि उनका विवाह प्रेम में पड़ने से पहले ही छोटी आयु में बहुत पहले ही कर दिया जाए। यदि उन्हें अलग-अलग जवान होने की अनुमति दी जाएगी तो लड़का किसी अन्य लड़की से प्रेम करेगा और लड़की किसी अन्य लड़के से, जिसके बाद कुछ बुरा होगा। इसलिए, जाति कहती है कि ऐसा होने से पहले रोक दिया जाए। मुझे इस बात की चिंता नहीं है कि क्या मेरी बहन विकृत है या सुंदर है या देखने में कुरूप है; मेरे लिए इतना ही पर्याप्त है कि वह मेरी बहन है। मुझे केवल इतना जानने की जरूरत है कि वह मेरा भाई है। अत: वे दोनों परस्पर प्रेम करेंगे। आप कह सकते हैं, "अरे! वे व्यापक रूप से आनंद से वंचित हो जाएँगे—उन विशिष्ट भावनाओं से वंचित रह जाएँगे, जो किसी पुरुष के मन में स्त्री के प्रेम के प्रति होती हैं और किसी स्त्री के मन में पुरुष के प्रेम के प्रति होती हैं। एक-दूसरे के साथ भाई और बहन के रूप में प्रेम करने को एक प्रकार से सौम्य चीज माना जाता है; यद्यपि उन्हें ऐसा ही करना चाहिए।" अत: इसे चलने दो। लेकिन हिंदू कहता है, "हम

सामाजिक प्राणी हैं। किसी एक पुरुष या स्त्री के विशिष्ट प्रेम के लिए हम सैकड़ों अन्य लोगों पर कष्ट का भार नहीं डालना चाहते हैं।"

वहाँ उनका विवाह हो जाता है। पत्नी अपने पति के साथ घर आती है। उसे हमारे यहाँ दूसरा विवाह या गौना कहा जाता है। छोटी आयु में हुए विवाह को प्रथम विवाह माना जाता है और वे दोनों अपने माता-पिता के घर अलग-अलग बड़े होते हैं। जब वे पर्याप्त बड़े हो जाते हैं तो दूसरा संस्कार संपन्न किया जाता है, जिसे दूसरा विवाह कहते हैं। इसके बाद वे दोनों एक ही छत के नीचे अपने माता-पिता के साथ रहते हैं। जब स्त्री माँ बन जाती है तो इसके बदले में वह परिवार में रानी का पद प्राप्त कर लेती है।

अब एक अन्य भारतीय संस्था की बात करते हैं। मैंने आपको अभी-अभी बताया था कि प्रथम दो या तीन जातियों में विधवाओं को विवाह करने की अनुमति नहीं है। यदि वे चाहें तो भी ऐसा नहीं कर सकती हैं। निश्चय ही, यह कई लोगों के लिए कठिनाई की बात है। इस बात से इनकार नहीं किया जा सकता कि सभी विधवाएँ इस नियम को अधिक पसंद नहीं करती हैं; क्योंकि विवाह न करने से उन्हें अनिवार्यत: एक विद्यार्थी का जीवन बिताना पड़ता है। इस कथन का अर्थ है—किसी विद्यार्थी को अनिवार्यत: मांस-मछली नहीं खानी चाहिए, न ही शराब पीनी चाहिए; केवल सफेद कपड़ों को छोड़कर कोई अन्य वस्त्र भी नहीं पहनना चाहिए, इत्यादि जैसे अनेक नियम हैं। हमारा देश संन्यासियों का देश है, जो हमेशा तपस्या करता रहता है और हम इसे पसंद भी करते हैं। अब आप देखेंगे कि हमारे यहाँ कोई स्त्री न तो कभी शराब पीती है, न मांस भक्षण करती है। हमारे विद्यार्थी जीवन में यह कठिनाई की बात थी, परंतु लड़कियों के लिए नहीं। हमारी स्त्रियाँ मांस खाने के विचार को ही निकृष्ट महसूस करती हैं। कुछ जातियों में कभी-कभार पुरुष मांस खा लेते हैं, पर स्त्रियाँ कभी नहीं। मैं यह बात निश्चयपूर्वक कह सकता हूँ कि आज भी अनेक विधवाओं के लिए विवाह न करना अत्यंत कठिनाई की बात है।

अब हमें अनिवार्यत: विचार पर वापस लौटना होगा। वे अत्यंत सामाजिक विचार हैं। प्रत्येक देश की उच्च जातियों में आप आँकड़ों के अनुसार पाएँगे कि स्त्रियों की संख्या हमेशा पुरुषों की संख्या से अधिक होती है। क्यों ? क्योंकि उच्च जातियों में स्त्रियाँ पीढ़ी-दर-पीढ़ी सरल जीवन व्यतीत करती हैं। "वे न तो श्रम करती हैं, न चरखा चलाती हैं, तथापि कोई ज्ञानी व्यक्ति अपने संपूर्ण यश के साथ भी उनमें से किसी एक के समान विन्यस्त नहीं था।" और विधुर असहाय लड़के, वे मक्खियों की भाँति मरते हैं। भारत में लोग अकसर कहते हैं कि लड़की के अंदर बिल्ली जैसे नौ जीवन होते हैं। आप आँकड़ों

में पढ़ेंगे कि उन्होंने बहुत कम समय में लड़कों को पीछे छोड़ दिया है। लेकिन अब ऐसी बात नहीं है, क्योंकि वे भी लड़कों के समान कठोर कार्य करने लगी हैं। निम्न जातियों की अपेक्षा उच्च जातियों में लड़कियों की संख्या अधिक है। निम्न जातियों में परिस्थितियाँ इसके बिल्कुल विपरीत हैं। वहाँ परिवार के सभी लोगों को कठोर श्रम करना पड़ता है; परंतु स्त्रियों पर अपने कार्य का अधिक भार होता है, क्योंकि उन्हें बाहरी के साथ-साथ घरेलू कार्य भी करने पड़ते हैं। परंतु आप लोगों को यह बात अपने ध्यान में रखनी चाहिए कि ऐसे विचार मैंने कभी व्यक्त नहीं किए। वह तो आपके एक अमेरिकी यात्री मार्क ट्वेन हैं, जो भारत के बारे में ऐसा लिखते हैं—"हिंदू रीति-रिवाजों के बारे में पश्चिमी आलोचकों के संपूर्ण कथन के बावजूद मैंने कभी हल में किसी बैल के साथ किसी स्त्री को बँधे हुए नहीं देखा और न ही किसी कुत्ते के साथ किसी स्त्री को गाड़ी खींचते देखा है, जैसा कि कुछ यूरोपियन देशों में किया जाता है। मैंने किसी स्त्री या लड़की को भारत के खेतों में काम करते नहीं देखा। मुझे रेलवे लाइन के दोनों ओर उसके आगे नंगे और भूरे बदन वाले पुरुष एवं लड़के खेतों में हल जोतते दिखाई दिए, परंतु कोई स्त्री नहीं। इन दो घंटों के दौरान मैंने किसी स्त्री या लड़की को खेतों में काम करते नहीं देखा। भारत में यद्यपि न्यूनतम जाति भी कभी कोई कठोर काम नहीं करती है। आमतौर पर, वे अन्य देशों के अपने जैसे वर्ग की तुलना में आसान काम करती हैं और जहाँ तक हल चलाने की बात है, वह कार्य तो वे कभी नहीं करती हैं।"

यहाँ आप लोग हैं। आपके यहाँ निम्न वर्गों के पुरुषों की संख्या स्त्रियों की संख्या से बड़ी है; और स्वाभाविक तौर पर आप क्या अपेक्षा करते हैं? पुरुषों की संख्या अधिक होने के कारण स्त्रियों को विवाह करने के अधिक अवसर मिल जाते हैं।

जहाँ तक विधवाओं के विवाह न करने का प्रश्न है, पहली दो जातियों में स्त्रियों की संख्या असमानुपातिक तौर से बड़ी है, और यहीं दुविधा उत्पन्न हो जाती है। या तो आपके समक्ष गैर-विवाह योग्य विधवा की समस्या एवं व्यथा है या किसी विधवा युवती के योग्य विवाह योग्य पतियों की समस्या है। उन्हें विधवा की समस्या झेलनी पड़ती है या फिर किसी बूढ़ी महरी की! आपके यहाँ दोनों में से कोई एक समस्या अवश्य है। अब भारतीय मन के समाजवादी होने के विचार पर वापस आते हैं। वह कहता है—हमारी ओर देखो! हम विधवा समस्या को कोई बड़ी समस्या नहीं मानते हैं। क्यों? क्योंकि उन्हें उनका अवसर मिल चुका है; उनका एक बार विवाह हो चुका था। उन्होंने अपना एक बार मिला विवाह का अवसर गँवा दिया है। चुपचाप बैठकर इन निरीह लड़कियों के बारे में सोचो—इन्हें अभी तक विवाह करने का एक भी अवसर नहीं मिला है। ईश्वर आपकी

रक्षा करे! मुझे याद है, एक दिन मैंने ऑक्सफोर्ड स्ट्रीट में 10 बजे के बाद सैकड़ों-हजारों स्त्रियों और कुछ पुरुषों को खरीदारी (शॉपिंग) के लिए आते देखा। एक अमेरिकी उनकी ओर देखते हुए कहता है, "हे भगवान्! मैं तो यह देखकर चकित हूँ कि इनमें से कितनों को कभी पति मिल सकेंगे?" अतः भारतीय मन ने विधवाओं से कह दिया, "तुम्हें एक बार विवाह करने का अवसर मिल गया है। अब हमें इस बात का बहुत-बहुत खेद है कि तुम्हें इस दुर्घटना का सामना करना पड़ा; परंतु हम इसमें क्या कर सकते हैं? अन्य लड़कियाँ भी तो अपने विवाह की प्रतीक्षा कर रही हैं।"

इसके बाद धर्म का प्रश्न खड़ा होता है। हिंदू धर्म अत्यंत सुविधाजनक है। आप इस बात पर विशेष ध्यान दें कि हमारा धर्म सिखाता है कि विवाह एक प्रकार से बुरी चीज है। यह केवल दुर्बलों के लिए है। कोई भी आध्यात्मिक पुरुष या स्त्री कभी विवाह नहीं करेंगे। इसलिए धार्मिक स्त्री कहती है, "ईश्वर ने मुझे एक उत्तम अवसर दिया है। विवाह करने का क्या लाभ है? ईश्वर को धन्यवाद दो, ईश्वर की पूजा करो। किसी पुरुष से प्रेम करने का क्या लाभ?" वास्तव में, सभी स्त्रियाँ अपना मन ईश्वर में नहीं लगा सकती हैं। कुछ तो इसे असंभव मानती हैं। उन्हें कष्ट उठाना पड़ता है; परंतु अन्य निरीह लोग उनके लिए कष्ट नहीं उठाते हैं। अब मैं इसे आपके निर्णय पर छोड़ता हूँ; परंतु भारत के लोगों का यही विचार है।

अब हम पुत्री के रूप में भारतीय स्त्री के बारे में विचार करेंगे। भारतीय गृहस्थों में सबसे बड़ी समस्या पुत्री है। पुत्री और जाति मिलकर गरीब हिंदू को बरबाद कर देते हैं; क्योंकि आप जानते ही हैं कि उसे अनिवार्यतः उसी जाति में विवाह करना होगा और यहाँ तक कि अपनी प्रथा के अनुसार समान जाति में विवाह करना होगा। अतः कई बार कोई गरीब पिता अपनी बेटी का विवाह करने के लिए खुद को भिखारी बना लेता है। लड़के का पिता अपने पुत्र के विवाह के लिए लड़की के पिता से बहुत ऊँची कीमत (दहेज) माँगता है और उस गरीब आदमी को अपनी पुत्री के लिए योग्य वर पाने के लिए कई बार अपनी संपत्ति तक बेचनी पड़ जाती है। हिंदू जीवन की सबसे बड़ी कठिनाई पुत्री है। यह जानना पर्याप्त महत्त्वपूर्ण है कि पुत्री के लिए संस्कृत भाषा में 'दुहिता' शब्द है। प्राचीन काल में इस शब्द की वास्तविक उत्पत्ति का आधार यह था कि परिवार की पुत्री को गायों का दूध निकालना पड़ता था, इसलिए 'दुहिता' शब्द की उत्पत्ति 'दुह' अर्थात् दूध से हुई, जिससे पुत्री को 'दुहिता' नामक शब्द से बुलाया जाने लगा, जिसका वास्तविक अर्थ है दूध निकालनेवाली पुत्री। कालांतर में उन्होंने 'दुहिता' शब्द का एक नया अर्थ खोज लिया, जिसके अनुसार जो लड़की परिवार का सारा दूध (धन-संपत्ति) दुह ले (निचोड़

ले), उसे दुहिता कहते हैं। यह दूसरा अर्थ है।

हमारी भारतीय स्त्रियों द्वारा धारित ये विभिन्न संबंध हैं। जैसा कि मैंने आपको पहले ही बताया है कि माता का पद सबसे बड़ा है; दूसरे स्थान पर पत्नी और सबसे बाद में पुत्री का स्थान आता है। श्रेणीयन की यह अत्यंत जटिल शृंखला है। कोई विदेशी इसे नहीं समझ सकता है, चाहे वह भारत में कितने भी समय क्यों न रहा हो। उदाहरण के लिए, हमारे यहाँ व्यक्तिगत सर्वनाम के तीन रूप हैं। हमारी भाषा में वे एक प्रकार से क्रियाएँ हैं। एक अत्यंत सम्मानजनक है, एक मध्यम है और एक आप एवं आपके जैसा न्यूनतम है। सेवकों और बच्चों के लिए अंतिम का प्रयोग किया जाता है, समान आयु वालों के साथ मध्यम का। आप इसे अच्छी तरह समझ लें कि जीवन के सभी जटिल संबंधों में इनका प्रयोग किया जाता है। उदाहरण के लिए, अपनी बड़ी बहन के लिए मैं अपने संपूर्ण जीवन में 'आपनी' (आप) नामक सर्वनाम का प्रयोग करूँगा; परंतु वह मेरे साथ बात करते समय कभी ऐसा नहीं करेगी। वह मुझे 'तुमी' (तुम) कहकर संबोधित करेगी। वह कभी भूलवश भी मुझे 'आपनी' (आप) नहीं कहेगी, क्योंकि उसका अर्थ एक शाप माना जाएगा। अपने से बड़े लोगों के लिए हमारे यहाँ सम्मानसूचक संबोधन का प्रयोग किया जाता है और उनके लिए वैसी ही भाषा का भी प्रयोग किया जाता है। यह एक प्रथा है। इसी प्रकार मैं अपनी बड़ी बहन, बड़े भाई को अपने माता-पिता से कम सम्मान नहीं दूँगा और उन्हें कभी तू, तुम या तुमी कहकर संबोधित नहीं करूँगा। जहाँ तक अपने माता व पिता को उनके नाम से पुकारने का प्रश्न है, हम ऐसा कभी नहीं करेंगे। जब तक मैं इस देश की रीतियों से परिचित नहीं था, तो जब मैं एक प्रतिष्ठित परिवार में किसी पुत्र को अपनी माँ को उसके नाम से संबोधित करते सुनता था तो मुझे बड़ा धक्का लगता था! बहरहाल, अब मैं उसका अभ्यस्त हो चुका हूँ। यह आपके देश की रीति है। परंतु हमारे देश में हम उनकी उपस्थिति में अपने माता-पिता का नाम कभी नहीं लेते हैं। उनके लिए हम सदैव बहुवचन के तीसरे रूप का प्रयोग करते हैं।

इस प्रकार, हम अपने पेचीदा सामाजिक जीवन में पुरुषों, स्त्रियों और एक सीमा तक संबंधों में भी बड़ी जटिलता देखते हैं। हम अपने बड़ों के सामने अपनी पत्नियों से बात नहीं करते हैं। ऐसा हम तभी करते हैं, जब हम अकेले हों या हमसे छोटे लोग वहाँ उपस्थित हों। यदि मैं विवाहित होता तो मैं अपनी छोटी बहन, मेरे भतीजों एवं भतीजियों के सामने तो अपनी पत्नी के साथ बात करता, परंतु अपनी बड़ी बहन एवं माता-पिता के समक्ष तो कदापि नहीं। मैं अपनी बहनों के साथ उनके पतियों के बारे में कदापि बात नहीं कर सकता था। इसके पीछे विचार यह है कि हम एक तपस्वी जाति हैं। संपूर्ण सामाजिक

संगठन अपने समक्ष यही विचार रखता है। विवाह को कुछ अपवित्र, कुछ निम्न चीज माना जाता है। इसलिए प्रेम के विषय में तो हम कभी बात करने का विचार भी नहीं करते। मैं अपनी बहन, माँ या भाई अथवा अन्य लोगों के सामने कोई उपन्यास नहीं पढ़ सकता। उन्हें देखते ही मैं पुस्तक बंद कर दूँगा।

आपको मैं पुन: स्मरण करा दूँ कि खान-पान इत्यादि सबकुछ इसी श्रेणी में आते हैं। हम अपने से बड़ों के सामने भोजन नहीं करते हैं। हमारी स्त्रियाँ कभी पुरुषों के सामने खाना नहीं खाती हैं, सिवाय उनके, जो उससे छोटे हों या बच्चे हों। वे पति के सामने चपर-चपर खाने की बजाय मर जाना पसंद करेंगी। उदाहरण के लिए, बहन और भाई एक साथ बैठकर खा सकते हैं; परंतु यदि मेरी बहन का पति द्वार पर आ जाए तो वह खाना बंद कर देती है और बेचारा पति वहाँ से चला जाता है।

ये रिवाज देश के लिए विशिष्ट हैं। इनमें से कुछ मैंने अन्य देशों में भी देखे हैं। चूँकि मैंने अपना कभी विवाह नहीं किया, इसलिए पत्नी के विषय में मुझे विशेष ज्ञान नहीं है। मैं माताओं एवं बहनों को तो जानता हूँ कि वे क्या हैं; मैंने आपसे इस विषय में जो कुछ कहा है, वह अन्य लोगों की पत्नियों के अवलोकन के आधार पर कहा है।

जहाँ तक शिक्षा एवं संस्कृति की बात है, यह सबकुछ पुरुष पर निर्भर करता है। कहने का तात्पर्य यह कि जहाँ लोग उच्च सुसंस्कृत हैं, वहाँ स्त्रियाँ भी हैं और जहाँ पुरुष नहीं हैं, वहाँ स्त्रियाँ भी नहीं हैं। आप तो जानते ही हैं कि हमारे यहाँ प्राथमिक शिक्षा, प्राचीन हिंदू प्रथाओं के अनुसार ग्राम्य प्रणाली है। अज्ञात समय से ही संपूर्ण भूमि राष्ट्रीयकृत थी, अर्थात् सरकार की थी। वहाँ भूमि पर किसी का कोई निजी अधिकार नहीं है। भारत में राजस्व भूमि से प्राप्त होता है, क्योंकि प्रत्येक व्यक्ति सरकार से भूमि पट्टे पर ले लेता है। यह भूमि किसी समुदाय की सामुदायिक भूमि होती है, जिसमें पाँच, दस, बीस या सैकड़ों परिवार शामिल हो सकते हैं। ये लोग उस भूमि पर काम करते हैं और राजस्व के रूप में सरकार को एक निर्धारित राशि का भुगतान करते हैं। इसके साथ वे अपने गाँव में किसी चिकित्सक एवं अध्यापक की नियुक्ति इत्यादि करते हैं।

आप में से जिन लोगों ने हरबर्ट स्पेंसर को पढ़ा है, उन्हें याद होगा कि उसने यूरोप में शिक्षा की मठ (विहार) प्रणाली का प्रयोग किया था, जो यूरोप के कुछ भागों में सफल सिद्ध हुआ था, अर्थात् उस मठ में एक विद्यालय अध्यापक होता था, जिसे गाँव नियुक्त करता था। ये प्राथमिक विद्यालय अत्यंत प्रारंभिक होते थे, क्योंकि हमारी पद्धतियाँ अत्यंत सरल हैं। प्रत्येक विद्यार्थी अपने साथ एक छोटी सी चटाई एवं कागज लेकर आता था और प्रारंभ में ताड़ के पत्तों पर लिखना सीखता था, क्योंकि कागज काफी महँगा था।

प्रत्येक लड़का अपनी चटाई बिछाकर बैठ जाता था और एक किनारे अपनी पुस्तकें एवं दवात रखकर लिखना प्रारंभ कर देता था। प्राइमरी पाठशाला में थोड़ी सी अंकगणित, कुछ संस्कृत व्याकरण, थोड़ी भाषा एवं लेखा-जोखा इत्यादि पढ़ाए जाते थे। आचार-शास्त्र पर एक छोटी सी पुस्तक एक वृद्ध व्यक्ति द्वारा पढ़ाई जाती थी, जिसे हम खूब मन लगाकर पढ़ते थे। उसमें से एक पाठ मुझे अभी भी याद है—

"एक गाँव की भलाई के लिए व्यक्ति को अपना परिवार छोड़ देना चाहिए;
एक देश की भलाई के लिए उसे अपना गाँव छोड़ देना चाहिए;
मानवता की भलाई के लिए वह अपने देश को छोड़ सकता है;
संपूर्ण जगत् की भलाई के लिए प्रत्येक वस्तु का त्याग कर देना चाहिए।"

हमारी पुस्तकों में इसी प्रकार के नीतिगत श्लोक या दोहे हैं। हम उन्हें अपने हृदय में रख लेते हैं और उनका स्पष्टीकरण या विस्तृत व्याख्या गुरु एवं शिष्य द्वारा की जाती है। ये चीजें हम लड़के व लड़कियाँ एक साथ मिलकर सीखते थे। आगे चलकर शिक्षा में परिवर्तन आ गया। पुराने संस्कृत विश्वविद्यालयों में अधिकतर लड़के पढ़ते थे। वहाँ लड़कियाँ बहुत कम संख्या में जाती थीं; परंतु इसमें भी कुछ अपवाद हैं।

आधुनिक युग में यूरोपीय शिक्षा की तर्ज पर उच्च शिक्षा की व्यापक प्रेरणा दी जाती है और महिलाओं के उच्च शिक्षा प्राप्त करने की प्रवृत्ति पर अधिक ध्यान दिया जा रहा है। निस्संदेह, भारत में कुछ ऐसे लोग भी हैं, जिन्हें लड़कियों का उच्च शिक्षा प्राप्त करना अच्छा नहीं लगता है; परंतु ऐसी सोचवाले लोगों के दिन अब लद चुके हैं। यह एक विचित्र तथ्य है कि आज ऑक्सफोर्ड एवं कैंब्रिज जैसे विश्वविद्यालय लड़कियों के लिए बंद हो चुके हैं और वही स्थिति हार्वर्ड एवं येल विश्वविद्यालय की भी है; परंतु कलकत्ता विश्वविद्यालय ने आज से 20 वर्ष पूर्व लड़कियों के लिए अपने द्वार खोल दिए थे। मुझे याद है कि जिस वर्ष मैंने स्नातक किया था, अनेक लड़कियाँ बाहर आईं और उन्होंने भी उसी मानक, उसी पाठ्यक्रम और लड़कों के समान प्रत्येक विषय में स्नातक शिक्षा पूर्ण की। उन्होंने वास्तव में परीक्षा में बहुत अच्छे अंक प्राप्त किए थे। हमारा धर्म किसी स्त्री को शिक्षा प्राप्त करने से कदापि नहीं रोकता है। लड़कियों को इसी रूप में शिक्षित किया जाना चाहिए, यहाँ तक कि उन्हें प्रशिक्षित भी इसी रूप में किया जाना चाहिए। हम अपने प्राचीन ग्रंथों में पाते हैं कि हमारे विश्वविद्यालयों में लड़कों व लड़कियों को समान स्थान प्राप्त था; परंतु कालांतर में संपूर्ण राष्ट्र की शिक्षा को नकार दिया गया। आप किसी विदेशी शासन से और अपेक्षा भी क्या कर सकते हैं! विदेशी आक्रांता वहाँ हमारी कोई भलाई करने तो आए नहीं थे। उन्हें तो केवल अपना धन चाहिए था। मैंने 12 वर्षों तक कठोर

अध्ययन करके कलकत्ता विश्वविद्यालय से स्नातक की उपाधि प्राप्त की। अब मैं अपने देश में बड़ी मुश्किल से 5 अमेरिकी डॉलर प्रति माह अर्जित कर पाता हूँ। क्या आप इस बात पर विश्वास करेंगे? वास्तव में, यह एक तथ्य है। इसलिए ये विदेशी शिक्षा संस्थान बहुत कम पैसों में उनके लिए काम करनेवाले उपयोगी शिक्षित एवं व्यावहारिक गुलाम उपलब्ध कराते हैं, ताकि वे क्लर्कों, पोस्टमास्टरों और टेलीग्राफ ऑपरेटरों इत्यादि के रूप में काम कर सकें। इसके अतिरिक्त कुछ नहीं।

परिणामतः लड़कों व लड़कियों दोनों की शिक्षा की उपेक्षा कर दी गई, पूर्ण उपेक्षा। आप लोगों को अनिवार्यतः स्मरण रखना चाहिए कि वहाँ ऐसे अनेक बड़े कार्य हैं, जो हमारी धरती पर किए जाने चाहिए; परंतु यदि आप मुझे क्षमा करें और अपना एक मुहावरा प्रयोग करने की अनुमति दें तो मैं कहना चाहूँगा, "मुरगी और राजहंस दोनों की चटनी एक जैसी है।" आपकी विदेशी स्त्रियाँ हिंदू स्त्रियों की कठिनाइयों के लिए तो चीख-पुकार करती दिखाई देती हैं, परंतु हिंदू पुरुषों की उन्हें कोई चिंता नहीं है। वे केवल स्त्रियों के लिए आँसू बहाती हैं। लेकिन जरा सोचिए तो सही कि उन नन्ही लड़कियों का विवाह किसके साथ होता है? जब किसी व्यक्ति को बताया गया कि उन सबका विवाह बूढ़े लोगों के साथ हुआ था, तो वह पूछता है, "और नौजवान लोग क्या करते हैं? क्या! क्या सभी लड़कियों का विवाह बूढ़ों के साथ किया जाता है, केवल बूढ़े लोगों के साथ?" हम जन्मजात बूढ़े हैं—शायद वहाँ सभी बूढ़े हैं।

भारतीय जाति का आदर्श आत्मा की मुक्ति का आदर्श है। उसके लिए यह संसार कुछ भी नहीं है। यह एक दृश्य है, एक सपना है। यह जीवन अपने जैसे करोड़ों जीवनों में से एक है। यह संपूर्ण प्रकृति माया है, भ्रमों का जंजाल है। हमारा यही दर्शन है। बच्चियाँ अपने जीवन पर मुसकराती हैं और सोचती हैं कि यह कितना सुंदर एवं अच्छा है। परंतु कुछ ही वर्षों में उन्हें अपनी पूर्व अवस्था में लौटना पड़ता है, जहाँ से उन्होंने प्रारंभ किया था। उन्होंने अपने जीवन का प्रारंभ रोते हुए किया था और वे रोते हुए ही उसे छोड़कर भी जाएँगी। राष्ट्र अपने नवयौवन के विषय में सोचते हैं। वे कुछ भी और सबकुछ कर सकते हैं—"हम धरती के देवता हैं। हम चयनित लोग हैं।" वे सोचते हैं कि सर्वशक्तिमान ईश्वर ने अपनी योजनाओं को आगे बढ़ाने के लिए उन्हें पूरी दुनिया पर राज करने का मौका दिया है और वे कुछ भी कर सकते हैं। वे संसार को सिर के बल खड़ा कर सकते हैं। उनके पास लूटने, हत्या करने और लोगों को मार डालने का ठेका है; और यह ठेका उन्हें ईश्वर ने दिया है, क्योंकि अकेले वे ही ईश्वर की संतानें हैं। एक के बाद एक अनेक वैभवशाली एवं प्रसिद्ध साम्राज्य उभरे और रसातल में विलीन हो गए। आज कोई उनका

नामोनिशान तक नहीं जानता। उनका विनाश कितना आश्चर्यजनक है!

जिस प्रकार कमल की पँखुड़ी पर गिरी हुई जल की बूँद एक पल में लुढ़कती हुई नीचे गिर जाती है, वैसे ही यह नश्वर जीवन है। हम जहाँ भी दृष्टि डालते हैं, वहाँ हमें विनाश ही दिखाई देता है। आज जिस स्थान पर हमें जंगल खड़े दिखाई देते हैं, उस स्थान पर कभी सुंदर नगरों एवं वीथियों वाला एक शक्तिशाली साम्राज्य हुआ करता था। ऐसा ही प्रभावशाली, विचार, वाणी एवं रंगवाला भारतीय मन है। हम जानते हैं कि आप पश्चिमी लोगों की धमनियों में यौवन का रक्त संचरित हो रहा है। हम आप जैसे राष्ट्रों एवं लोगों के इतिहास के बारे में जानते हैं। यूनान कहाँ है? रोम कहाँ है? किसी समय का शक्तिशाली स्पेन निवासी मनुष्य कहाँ है? इन सब घटनाओं के बीच कौन जानता है कि भारत का क्या होगा? इसी प्रकार वे जनमते हैं और वैसे ही मर जाते हैं। उनका उत्थान एवं पतन ऐसे ही होता है। हिंदू एक बालक के रूप में भी जानता है कि मुगल कौन थे और उन्हें धरती की कोई शक्ति रोक नहीं सकती थी, जिसने आपकी भाषा में भयानक 'मैल' नामक शब्द छोड़ दिया है। हिंदू अपना सबक सीख चुका है। वह आज के बच्चों की भाँति बकवास नहीं करना चाहता है। पश्चिमी लोग पूछते हैं कि आपके पास कहने के लिए क्या है? यह आपका समय है। आगे बढ़ो बच्चो, और अपनी बकवास जारी रखो। यह बच्चों के बकवास करने का समय है। हम अपना पाठ पढ़ चुके हैं और शांत हैं। आज तुम्हारे पास थोड़ा धन है, इसलिए तुम हमें हेय दृष्टि से देखते हो। अच्छी बात है, यह तुम्हारा समय है। बकवास करो बच्चो, बकवास—यह हिंदू प्रवृत्ति है।

ईश्वरों का ईश्वर थोथे भाषणों से नहीं मिलने वाला है। ईश्वरों के ईश्वर को बौद्धिक शक्तियों के माध्यम से भी नहीं प्राप्त किया जा सकता है। वह विजय की व्यापक शक्ति द्वारा भी प्राप्त होने वाला नहीं है। जो व्यक्ति चीजों के स्रोत के गुप्त रहस्य को जानता है और समझता है कि प्रत्येक चीज ईश्वर में ही विलीन होती है, ईश्वर उसी मनुष्य के पास आता है, किसी और के पास नहीं। उस जाति ने उसकी ओर से अपना मुँह फेर लिया है। उसने ढेर सारी गलतियाँ की हैं। उस जाति पर कूड़े का ढेर लद चुका है। चिंता मत करो; उसका क्या है? कूड़ा हटाने और शहरों को साफ करने से क्या होगा? क्या वह जीवन देता है? जिनके पास उत्तम संस्थान होते हैं, वे भी मरते हैं। और संस्थानों का क्या, वे नामधारी पश्चिमी संस्थान पाँच दिनों में निर्मित होते हैं और छठे दिन नष्ट हो जाते हैं। इनमें से कुछ मुट्ठी भर देश तो दो शताब्दियों तक भी एक साथ जीवित नहीं रह सके हैं। परंतु हमारे संस्थानों ने युगों की परीक्षा उत्तीर्ण की है। हिंदू कहता है, "हाँ, हमने सभी पुराने राष्ट्रों को धरती में गाड़ दिया है और हम अन्य नस्लों को भी गाड़ने के

लिए यहाँ जीवित हैं; क्योंकि हमारा आदर्श यह संसार नहीं है, बल्कि हमारी दुनिया अलग है। आपका जैसा आदर्श होगा, वैसे ही आप स्वयं भी होंगे। यदि आपका आदर्श नश्वर है, यदि आपका आदर्श इस धरती का है तो आप भी वैसे ही होंगे। यदि आपका आदर्श पदार्थ है तो आप पदार्थ बन जाएँगे। हमारी ओर देखो! हमारा आदर्श आत्मा है। केवल आत्मा का अस्तित्व है, और किसी चीज का अस्तित्व नहीं है; और उसी की तरह हम भी हमेशा के लिए जीवित हैं।"

□

22

मन की शक्तियाँ

संपूर्ण विश्व में युगों-युगों से अलौकिक शक्तियों में लोगों का विश्वास रहा है। हम सबने उन विचित्र घटनाओं के बारे में सुना है और हम में से अनेक लोगों का उनके बारे में व्यक्तिगत अनुभव भी रहा है। मैं उनका वृत्तांत सुनाने की बजाय आपको उन तथ्यों के बारे में अपना व्यक्तिगत अनुभव सुनाना उचित समझता हूँ, जो मेरे सामने आ चुके हैं। एक बार मैंने एक ऐसे व्यक्ति के बारे में सुना कि यदि कोई व्यक्ति उसके पास अपने मन में कोई प्रश्न लेकर जाए तो वह तत्काल उनका उत्तर दे देता है और मुझे यह भी बताया गया था कि वह आगे होनेवाली घटनाओं की भविष्यवाणी भी कर देता था। मैं उस व्यक्ति के बारे में जानने के लिए उत्सुक था, इसलिए अपने कुछ मित्रों के साथ उससे मिलने गया। हम में से प्रत्येक के मन में कुछ जानने योग्य प्रश्न थे और गलतियों से बचने के लिए हमने अपने मन के प्रश्नों को एक कागज पर लिखकर अपनी-अपनी जेबों में रख लिया था। उस व्यक्ति ने जैसे ही हम में से एक व्यक्ति को देखा, उसने हमारे प्रश्नों को दोहरा दिया और उनके उत्तर भी दे दिए। तत्पश्चात् उसने एक कागज पर कुछ लिखा और उसे मोड़कर मुझसे उस कागज के बाहरी भाग पर हस्ताक्षर करने के लिए कहा और बोला, "उसकी ओर मत देखो और जब तक मैं तुमसे उसे निकालने के लिए दोबारा न कहूँ, उसे अपनी जेब में रखो।" उसने हम में से प्रत्येक के साथ वैसा ही किया। इसके बाद उसने हमें उन घटनाओं के बारे में बताया, जो हमारे साथ भविष्य में होने वाली थीं। तत्पश्चात् उसने कहा, "अब तुम लोग अपनी पसंद की किसी भाषा का कोई शब्द या वाक्य सोचो।" मैंने अपने मन में संस्कृत भाषा का एक लंबा वाक्य सोचा। वह ऐसी भाषा थी, जिससे वह पूरी तरह

** 8 जनवरी, 1900 को लॉस एंजेलिस, कैलिफोर्निया में दिया गया वक्तव्य*

अनभिज्ञ था। उसने कहा कि अब तुम अपनी जेब से कागज निकालो। उस कागज पर संस्कृत का पूरा वाक्य लिखा हुआ था! उसने वह टिप्पणी उसके पास हमारे जाने से एक घंटा पूर्व ही लिख दी थी। उसने लिखा था—'इस कागज पर जो कुछ मैंने लिखा है, यह उस तथ्य की पुष्टि के लिए है कि अमुक व्यक्ति मेरे पास आकर अपने मन में इसी वाक्य के बारे में सोचेगा।' वह पूर्णतया सही था। हम में से एक अन्य व्यक्ति को वैसा ही कागज हस्ताक्षर करने के लिए दिया गया था, जिसे उसने हस्ताक्षर करने के बाद अपनी जेब में रख लिया था। उससे भी कोई वाक्य सोचने के लिए कहा गया। मेरे दोस्त ने अरबी भाषा में अपना वाक्य सोचा, जो उस व्यक्ति के लिए जानना बहुत कम संभव था। वह 'कुरान' की कोई आयत थी। मेरे मित्र ने जब अपनी जेब से कागज निकालकर उसे खोला तो देखा कि उसके ऊपर ठीक वही आयत लिखी हुई थी, जो उसने अभी-अभी अपने मन में सोची थी।

हमारा एक मित्र डॉक्टर था। उसने जर्मन चिकित्सा पुस्तक से एक वाक्य सोचा। वह भी उस कागज पर लिखा हुआ मिला।

कई दिनों बाद मैं उस व्यक्ति के पास यह सोचते हुए दोबारा गया कि हो सकता है कि उसने पहले मुझे किसी तरह भ्रमित कर दिया हो! इस बार मैं अपने कुछ अन्य मित्रों के साथ उसके पास गया था और इस बार भी वह आदमी विचित्र रूप से विजयी बनकर निकला।

एक अन्य बार मैं भारत के हैदराबाद नामक शहर में था और वहाँ मुझे एक ऐसे ब्राह्मण के बारे में बताया गया, जो उन स्थानों की अनेक चीजें उपलब्ध करा सकता है, जिनके बारे में किसी को कोई ज्ञान नहीं था। वह आदमी वहाँ अपना व्यापार करता था और वह एक सम्मानित सज्जन पुरुष था। मैंने उससे अपनी युक्तियाँ दिखाने का अनुरोध किया। उस समय उस व्यक्ति को बुखार था और भारत में यह लोक धारणा है कि यदि कोई पवित्र व्यक्ति किसी रोगी के सिर पर अपना हाथ रख दे तो वह स्वस्थ हो जाता है। वह ब्राह्मण मेरे पास आकर बोला, "महोदय, आप मेरे सिर पर अपना हाथ रख दीजिए, ताकि मेरे ज्वर का उपचार हो सके।" मैंने उससे कहा, "बड़ी अच्छी बात है; लेकिन पहले तुम मुझे युक्तियाँ दिखाओ।" उसने वादा कर लिया। मैंने उसकी इच्छानुसार अपना हाथ उसके सिर पर रखा और बाद में वह अपना वचन निभाने आया। उसने अपनी कमर में कपड़े की एक पट्टी लपेट रखी थी। हमने उसके शरीर से सारे वस्त्र उतरवा लिये। मेरे पास एक कंबल था, जिसे मैंने उसे ओढ़ने के लिए दे दिया, क्योंकि वह सर्दी का मौसम था। उसे हमने कमरे के एक कोने में बैठा दिया। पच्चीस जोड़ी आँखें उसे देख रही थीं।

उसने कहा, "अब आप जो कुछ लिखना चाहते हों, उसे लिख लें।" हमने ऐसे-ऐसे फलों के नाम लिख लिये, जो उस क्षेत्र में कभी पैदा ही नहीं होते हैं। हमने अंगूरों के गुच्छे, संतरे, तरबूज इत्यादि फलों के नाम लिख लिये और कागज के वे टुकड़े उस आदमी को दे दिए। इसके बाद उसने अपने ओढ़े हुए कंबल के अंदर से अंगूरों के गुच्छे, संतरे इत्यादि निकालकर इतनी बड़ी मात्रा में हमारे सामने रख दिए कि यदि उन्हें तौला जाए तो उसका भार किसी मनुष्य के भार से दो गुना होगा। उसने हमसे फल खाने के लिए कहा। हम में से कुछ लोगों ने खाने से आपत्ति की कि संभवत: वह कोई सम्मोहन था। परंतु उस व्यक्ति ने स्वयं उन फलों को खाना प्रारंभ कर दिया, इसलिए हम लोगों ने भी उसके निकाले हुए फल खा लिये। फल पूरी तरह ठीक थे।

उसने अपने चमत्कार का अंत ताजा गुलाबों के गुच्छे से किया। प्रत्येक फूल पूरी तरह ठीक था। उसकी पँखुड़ियों पर ओस की बूँदें साफ दिखाई दे रही थीं। एक भी फूल टूटा या मुरझाया हुआ नहीं था। वहाँ ढेर सारे गुलाब रखे हुए थे। जब मैंने उससे इसका स्पष्टीकरण माँगा तो उसने कहा, "यह सब हाथ की सफाई है।"

वह चाहे जो कुछ भी रहा हो, परंतु वह केवल हाथ की सफाई प्रतीत होना संभव नहीं था। उसे इतनी बड़ी मात्रा में फल कहाँ से और कैसे प्राप्त हुए थे, जो उसने हमें खाने के लिए भी दिए थे?

खैर, मैंने इस प्रकार की कई चीजें देखीं। आप भारत जाएँगे तो आपको अनेक स्थानों पर एक जैसी चीजें मिलेंगी। ऐसा प्रत्येक देश में है। यद्यपि आप इस देश में भी ऐसी विचित्र चीजें देख सकते हैं। इसमें कोई संदेह नहीं कि ऐसी चीजें सचमुच होती हैं; परंतु इनके पीछे बड़े पैमाने पर धोखाधड़ी अवश्य है। आप उसे एक बनावट भी कह सकते हैं। परंतु इन सब चीजों के पीछे कुछ-न-कुछ, कहीं-न-कहीं कुछ वास्तविकता अवश्य है, जिसकी नकल की जा रही है। आप किसी अस्तित्वहीन चीज की नकल नहीं कर सकते हैं। नकल के लिए भी कोई सच्ची चीज अवश्य होनी चाहिए।

अत्यंत प्राचीन काल में भारत में हजारों वर्ष पूर्व ये तथ्य दैनंदिन जीवन में अवश्य घटित होते थे, तभी तो आज उनकी नकल की जा रही है। मुझे ऐसा प्रतीत होता है कि जब कोई देश अत्यधिक घनी आबादी वाला होता है तो शारीरिक शक्ति का ह्रास होने लगता है। जिस देश में जनसंख्या कम होती है, वहाँ संभवत: शारीरिक शक्ति अधिक होती है। यह एक तथ्य है कि हिंदुओं का मन विश्लेषणशील है। वह चीजों को लेता है और उनकी जाँच करता है। विश्लेषण के बाद वह कुछ उल्लेखनीय निष्कर्षों पर पहुँचता है; इसलिए उन्होंने इसका एक विज्ञान बना दिया है। उन्होंने पाया कि यद्यपि ये चीजें असाधारण हैं,

परंतु स्वाभाविक भी हैं। इसमें कोई अलौकिकता नहीं है। किसी अन्य भौतिक प्रवृत्ति की तरह ये चीजें भी एक निश्चित नियम के अंतर्गत होती हैं। एक जैसी शक्तियों के साथ किसी मनुष्य का जन्म लेना कोई प्राकृतिक तरंग नहीं है। उन्हें नियमानुसार अध्ययन और व्यवहार करके प्राप्त किया जा सकता है। इस विज्ञान को वे 'राजयोग विज्ञान' कहते हैं। ऐसे हजारों लोग हैं, जो इस विज्ञान के अध्ययन को विकसित करते हैं और समूचे राष्ट्र के लिए यह दैनिक पूजा का अंग बन गया है।

वे जिस निष्कर्ष पर पहुँचे हैं, वह यह है कि ये सारी असाधारण शक्तियाँ मनुष्य के मन में हैं। यह मन वैश्विक मन का एक अंग है। प्रत्येक मन अन्य दूसरे मन से जुड़ा है और प्रत्येक मन चाहे वह कहीं भी अवस्थित हो, वास्तव में वह संपूर्ण जगत् के साथ संवाद करता रहता है।

क्या आपने उस प्रवृत्ति पर कभी ध्यान दिया है, जिसे 'विचार अन्यारोपण' कहा जाता है ? एक व्यक्ति यहाँ कुछ सोच रहा है और वह विचार किसी अन्य के मन में, किसी अन्य स्थान पर भी प्रसारित हो रहा है—तैयारियों के साथ, अचानक नहीं। कोई व्यक्ति किसी दूर बैठे व्यक्ति के मन में अपने विचार प्रेषित करना चाहता है और उस दूसरे मन को पता चल जाता है कि कोई विचार आ रहा है और वह उसे यथावत् उसी रूप में प्राप्त कर लेता है, जैसा कि वह भेजा गया था। दूरी से कोई अंतर नहीं पड़ता है। विचार जाता है, दूसरे व्यक्ति के मन में पहुँचता जाता है। यदि आपका मन यहाँ किसी चीज से रिक्त है और मेरा मन किसी अन्य स्थान पर रिक्त है तो दोनों के बीच कोई संपर्क नहीं होगा। मेरे विचार का आपके पास पहुँचना कैसे संभव होगा ? सामान्य मामलों में वह मेरा विचार नहीं है, जो आपके पास सीधे पहुँच रहा है; बल्कि उसे आपके पास पहुँचने के लिए वाष्पीय तरंगों में विलीन होना होगा और वही वाष्पीय तरंगें आपके मन में पहुँच जाएँगी तथा वहाँ पहुँचने के बाद उन्हें पुन: आपके विचारों में संचरित होना होगा। जैसे ही यहाँ कोई विचार प्रस्फुटित होगा, तत्क्षण वह विचार वहाँ संचरित हो जाएगा। यह एक चक्रीय प्रक्रिया है। परंतु पारेंद्रिय ज्ञान (टेलीपैथी) जैसी कोई चीज नहीं है। वह प्रत्यक्ष है।

योगियों के कथनानुसार, इससे मन की निरंतरता परिलक्षित होती है। मन सार्वभौमिक है। आपका मन, मेरा मन और समस्त छोटे-छोटे मन उस सार्वभौमिक मन के अंश हैं, समुद्र में नन्ही तरंगें हैं और इस निरंतरता के आधार पर हम अपने विचारों को सीधे किसी अन्य व्यक्ति तक पहुँचा सकते हैं।

हमारे आसपास जो कुछ हो रहा है, उसे आप देख रहे हैं। जगत् अत्यंत प्रभावशाली है। हमारी ऊर्जा का कुछ अंश हमारे अपने शरीरों के संरक्षण हेतु प्रयोग हो रहा है। इससे

परे हमारी ऊर्जा का प्रत्येक कण अहर्निश अन्य लोगों को प्रभावित करने में प्रयुक्त हो रहा है। हमारे शरीर, हमारे गुण, हमारी बुद्धि एवं हमारी आध्यात्मिकता इत्यादि सभी चीजें दूसरों को निरंतर प्रभावित कर रही हैं और विलोमत: हम भी उनके द्वारा प्रभावित किए जा रहे हैं। यह हम सबके आसपास हो रहा है। अब एक ठोस उदाहरण लेते हैं। कोई व्यक्ति आता है। आप जानते हैं कि वह अत्यंत विद्वान् है और उसकी भाषा सुंदर है तथा वह आपके समक्ष एक घंटा बोलता है, जिसमें कुछ शब्द संभवत: सुव्यवस्थित एवं व्याकरण-सम्मत नहीं होते हैं। इन सबके बावजूद वह आपके ऊपर व्यापक प्रभाव डालता है। आप लोगों में से कई लोगों ने ऐसा देखा होगा। इससे स्पष्ट होता है कि केवल शब्द ही सदैव प्रभाव नहीं डाल सकते हैं। शब्द और यहाँ तक कि हमारे विचार भी उस प्रभावशाली छाप में केवल एक-तिहाई योगदान करते हैं। दो-तिहाई प्रभाव उस व्यक्ति का होता है, जिसे आप व्यक्ति की 'व्यक्तिगत चुंबकीयता' कहते हैं। वही आपको प्रभावित करती है।

हमारे परिवारों में एक मुखिया होता है; उनमें से कुछ सफल हैं और अन्य नहीं हैं। क्यों? हम अपनी विफलताओं के लिए दूसरे लोगों की शिकायत करते हैं। जिस क्षण मैं असफल होता हूँ, अपनी विफलता के अनेक कारण गिनाने लगता हूँ। विफलता में कोई भी व्यक्ति अपनी त्रुटियों एवं दुर्बलताओं को स्वीकार करने का इच्छुक नहीं होता है। प्रत्येक व्यक्ति खुद को निर्दोष सिद्ध करने का प्रयास करता है और सारा दोष किसी अन्य व्यक्ति पर अथवा दुर्भाग्य पर डाल देता है। जब परिवारों के मुखिया विफल हों तो उन्हें अपने आप से यह प्रश्न करना चाहिए कि ऐसा क्यों है कि कुछ लोग अपने परिवार की देखभाल अच्छी तरह कर लेते हैं और अन्य लोग वैसा नहीं कर पाते हैं! उसके बाद आप पाएँगे कि यह अंतर्व्यक्तित्व पर आधारित है। उसकी उपस्थिति उसके व्यक्तित्व पर निर्भर है।

मानव जाति के महान् नेताओं की बात करें तो हम हमेशा पाते हैं कि वह उस व्यक्ति का व्यक्तित्व है, जो उसे प्रभावशाली बनाता है। अब अतीत के महान् लेखकों, महान् चिंतकों की बात करते हैं। सच कहूँ तो उन्होंने कितने विचारों का चिंतन किया! उन सभी आलेखों को लें, जो अतीत के नेताओं द्वारा मानव जाति के लिए धरोहर के रूप में छोड़े गए हैं। उनकी प्रत्येक पुस्तक को लें और उसका मूल्यांकन करें। अब तक जितने भी नए एवं मौलिक विचार इस संसार में प्रकट किए गए हैं, उनका श्रेय कुछ मुट्ठी भर लोगों, विद्वानों और चिंतकों को जाता है। उनकी पुस्तकों का अध्ययन करें और देखें कि वे हमारे लिए कौन से महान् विचार छोड़कर गए हैं। वे लेखक आज हमें बहुत महान् नहीं दिखाई

देते, फिर भी हम जानते हैं कि अपने युग में वे अवश्य महान् थे। उन्हें किस चीज ने वैसा बनाया? केवल उन विचारों ने नहीं, जिनका उन्होंने चिंतन किया; उन पुस्तकों ने नहीं, जो उन्होंने लिखीं, न कि उनके द्वारा दिए गए वक्तव्यों ने उन्हें महान् बनाया; वह कोई अन्य चीज थी, जो अब जा चुकी है और वह चीज है उनका व्यक्तित्व। जैसा कि मैं आपको पहले ही अवगत करा चुका हूँ, किसी व्यक्ति की सफलता या महानता में दो-तिहाई भाग उसके व्यक्तित्व का होता है और एक-तिहाई भाग में उसकी बुद्धि, उसके शब्द इत्यादि आते हैं। वह असली व्यक्ति है, जिसका व्यक्तित्व हमारे माध्यम से ख्याति प्राप्त करता रहता है। हमारे कर्म केवल परिणाम हैं। यदि कोई मनुष्य है तो वह कर्म अवश्य करेगा। कारण का अनुसरण करने के लिए परिणाम बाध्य है।

सभी शिक्षा, सभी प्रशिक्षण इसी व्यक्ति-निर्माण के लिए होने चाहिए; परंतु इसकी बजाय हम स्वयं को बाहर से चमकाने का प्रयास कर रहे हैं। जब आपके भीतर ही कुछ नहीं है तो बाहर से चमकाने का क्या लाभ है? प्रत्येक प्रशिक्षण का अंतिम उद्देश्य मनुष्य का विकास होना चाहिए। जो व्यक्ति हमें प्रभावित करता है, जो हमारे ऊपर अपना जादू फेंकता है, वह शक्ति का केंद्र है और जब वह व्यक्ति ठान लेता है तो वह अपनी इच्छानुसार कुछ भी और सबकुछ कर सकता है। उसका व्यक्तित्व प्रत्येक कार्य को संभव बना देता है।

अब यद्यपि हम इस तथ्य को समझते हैं, हमारी जानकारी में ऐसा कोई भौतिक नियम नहीं है, जो इसका वर्णन कर सकता हो। हम रासायनिक एवं भौतिक ज्ञान के माध्यम से इसका वर्णन कैसे कर सकते हैं? इस रहस्यात्मक व्यक्तित्व का वर्णन कितनी ऑक्सीजन, हाइड्रोजन, कार्बन और भिन्न अवस्थाओं वाले कितने अणु कर सकते हैं? और हम अब भी देखते हैं कि यह एक तथ्य है और केवल इतना ही नहीं, वह एक वास्तविक मनुष्य है और यही वह मनुष्य है, जो जीवित है, चलता-फिरता है तथा कर्म करता है। यही वह व्यक्ति है, जो अपने साथियों को कर्म करने के लिए प्रेरित करता है और उन्हें गतिशील बनाए रखता है तथा जब यह व्यक्ति गुजर जाता है तो अपनी बुद्धि, पुस्तकें एवं कर्म इत्यादि निशानियों के रूप में पीछे छोड़ जाता है। इस विषय में विचार कीजिए। धर्म के महान् गुरुओं की महान् दार्शनिकों से तुलना कीजिए। दार्शनिकों ने यद्यपि अत्यंत विचारोत्तेजक एवं प्रभावशाली पुस्तकें लिखी हैं, तथापि उन्होंने व्यक्ति के आंतरिक मनुष्य को, उसके अंतर्मन को बहुत कम प्रभावित किया है। दूसरी ओर धार्मिक शिक्षक हैं, जिन्होंने अपने जीवन-काल में ही देशों को अभिभूत कर दिया है। यह अंतर्व्यक्तित्व द्वारा निर्मित किया गया था। दार्शनिक में उसका धूमिल व्यक्तित्व है, जो हमें प्रभावित करता

है। महान् पैगंबरों में यह व्यक्तित्व असीम है। दार्शनिक में हम बुद्धि का स्पर्श करते हैं, परंतु पैगंबर में हम जीवन का स्पर्श करते हैं। एक तरह से यह एक सामान्य रासायनिक प्रक्रिया है। कुछ रासायनिक तत्त्वों को एक साथ रखने से वे धीरे-धीरे उचित परिस्थितियों में संयुक्त हो जाते हैं और प्रकाश की एक किरण छोड़ते हैं अथवा वे निष्फल हो जाते हैं। दूसरे मामले में, यह एक टॉर्च के समान है, जिसका प्रकाश तेजी से बाहर निकलता है और दूसरों के पथ को आलोकित कर देता है।

योग का विज्ञान दावा करता है कि उसने ऐसे नियम खोज लिये हैं, जो इस व्यक्तित्व का विकास करते हैं और उन नियमों एवं पद्धतियों पर उचित ध्यान के माध्यम से प्रत्येक व्यक्ति अपने व्यक्तित्व का विकास कर सकता है और उसे सुदृढ़ कर सकता है। यह उन महान् व्यावहारिक चीजों में से एक है और यही सभी शिक्षाओं का रहस्य है। इसकी सार्वभौमिक व्यवहार्यता है। किसी गृहस्थ के जीवन में, किसी गरीब या अमीर के जीवन में, किसी कारोबारी के जीवन में, किसी आध्यात्मिक व्यक्ति के जीवन में और प्रत्येक के जीवन में यह एक महान् चीज है, जिसका संबंध इस व्यक्तित्व के सुदृढ़ीकरण से है। जैसा कि हम जानते हैं, अनेक अत्यंत उत्कृष्ट नियम हैं, जो भौतिक नियमों के पीछे हैं। कहने का तात्पर्य यह कि भौतिक जगत्, मानसिक जगत् अथवा आध्यात्मिक जगत् जैसी कोई वास्तविकता नहीं है। जो कुछ भी है, वह एक है। यदि आप मुझे कहने की अनुमति दें तो मैं कहना चाहूँगा कि यह एक प्रकार का स्थूल अस्तित्व है। इसका सघनतम भाग यहाँ है, जो धीरे-धीरे परिष्कृत होता है और सूक्ष्म से सूक्ष्मतर बन जाता है। सूक्ष्मतम वह है, जिसे हम 'आत्मा' कहते हैं। स्थूलतम शरीर है। जो चीज यहाँ सूक्ष्म ब्रह्मांड में है, वही चीज समानवत् स्थूल ब्रह्मांड में भी है। हमारा ब्रह्मांड भी ठीक इसी तरह है। वह समग्रत: बाह्य स्थूलता में है और वह धीरे-धीरे तब तक परिष्कृत होता रहता है, जब तक कि ईश्वर नहीं बन जाता है।

हम यह भी जानते हैं कि विशालतम शक्ति सूक्ष्म में निहित है, स्थूल में नहीं। हम किसी व्यक्ति को भारी भार ढोते हुए देखते हैं। उसकी मांसपेशियों में हमें बल एवं खिंचाव और उसके पूरे शरीर में तनाव दिखाई देता है, जिसे देखकर हम सोचते हैं कि मांसपेशियाँ कोई शक्तिशाली चीजें हैं। परंतु वास्तव में, वह धागे जैसी पतली चीज है। वे नाड़ियाँ हैं, जो मांसपेशियों को शक्ति प्रदान करती हैं। जिस क्षण इनमें से कोई भी तंतु मांसपेशियों से पृथक् हो जाता है, वे कार्य करने में कदापि सक्षम नहीं रह जाती हैं। ये छोटी-छोटी नाड़ियाँ उस सूक्ष्म तत्त्व से भी शक्ति लाती हैं, जिसके परिणामस्वरूप वे हमारे विचारों इत्यादि को परिष्कृत करती हैं। अत: यह सूक्ष्म ही वास्तव में शक्ति का केंद्र है। निस्संदेह, हम केवल

स्थूल में ही गतिविधियों को देखते हैं; परंतु जब सूक्ष्म गतिविधियाँ होती हैं तो हम उन्हें नहीं देख सकते हैं। जब कोई स्थूल चीज हमें दिखाई देती है तो हम उसे पकड़ सकते हैं। इस प्रकार, हम केवल उन्हीं गतिविधियों को चिह्नित कर पाते हैं, जो स्थूल हैं। लेकिन वास्तव में, असली शक्ति सूक्ष्म में है। हम सूक्ष्म में कोई विचलन नहीं देखते हैं, क्योंकि इसका कारण संभवत: यह है कि वह विचलन इतना व्यापक होता है कि हम उसकी कल्पना भी नहीं कर सकते हैं। परंतु यदि हम किसी विज्ञान, किसी आविष्कार की सहायता से इन सूक्ष्म शक्तियों को, जो कि अभिव्यक्ति का कारण हैं, नियंत्रित कर लें तो अभिव्यक्ति स्वयमेव नियंत्रित हो जाएगी। झील के पानी की गहराई से कोई नन्हा सा बुलबुला उठता है। हम उसे हर समय नहीं देखते। परंतु जैसे ही वह पानी की सतह पर आकर फूटता है, हम उसे फौरन देख लेते हैं। अत: हम विचारों को केवल तभी देख सकते हैं, जब वे बड़े आकार में विकसित हों या हम उन्हें तब देख सकते हैं, जब वे कर्म बन जाएँ। हम निरंतर यह शिकायत करते रहते हैं कि हमारे कर्मों एवं हमारे विचारों पर हमारा कोई नियंत्रण नहीं है। लेकिन हम वह नियंत्रण कैसे प्राप्त कर सकते हैं? यदि हम अपनी सूक्ष्म गतिविधियों पर नियंत्रण पा सकें, यदि हम अपने विचारों के मूल पर अधिकार कर सकें, उसके विचार या कर्म बनने से पूर्व ही उस पर नियंत्रण कर लें तो हमारे लिए उन पर संपूर्ण नियंत्रण करना संभव हो जाएगा। यदि कोई पद्धति होती, जिसके माध्यम से हम उन सूक्ष्मतम शक्तियों को विश्लेषित कर पाते, शोधित कर पाते, उन्हें समझ पाते और अंतत: उन्हें आत्मसात् कर पाते, केवल तभी हमारे लिए अपने ऊपर नियंत्रण कर पाना संभव होता। जिस व्यक्ति ने अपने निजी मन पर नियंत्रण कर लिया है, वह निश्चय ही प्रत्येक अन्य मन पर नियंत्रण कर सकता है। यही कारण है कि शुद्धता एवं नैतिकता सदैव धर्म का उद्देश्य रही हैं। एक शुद्ध एवं नैतिक व्यक्ति ही अपने ऊपर नियंत्रण कर सकता है। और सभी मन समान हैं तथा एक ही मन के विभिन्न अंग हैं। जो व्यक्ति मिट्टी के एक पिंड को जानता है, उसने इस ब्रह्मांड की सारी मिट्टी को जान लिया है। जो व्यक्ति अपने मन पर नियंत्रण करना जानता है, वह प्रत्येक मन के रहस्य को जानता है और उसके अंदर प्रत्येक मन पर अधिकार करने की शक्ति होती है।

अब, यदि हम अपने सूक्ष्म अंगों पर नियंत्रण प्राप्त कर लें तो हम बड़ी सीमा तक अपने शारीरिक दोषों से मुक्ति पा सकते हैं। यदि हम अपने सूक्ष्म विचलनों पर नियंत्रण कर लें तो अपनी ढेर सारी चिंताओं से छुटकारा पा सकते हैं। यदि हम इन सूक्ष्म शक्तियों पर नियंत्रण रख सकें तो अनेक विफलताओं को रोक सकते हैं। हमारी कार्यक्षमता में वृद्धि हो जाएगी। तथापि इससे आगे कोई उच्चतर चीज है।

अब मैं आप लोगों को एक ऐसा सिद्धांत बताऊँगा, जिसके बारे में अभी विस्तृत चर्चा तो नहीं करूँगा, परंतु आपके समक्ष उसका निष्कर्ष अवश्य रखूँगा। प्रत्येक मनुष्य अपने बचपन में उसी दौर से गुजरता है, जिससे उसकी जाति आगे आई है। केवल जाति को ही इसे करने में हजारों वर्ष लग जाते हैं, जबकि बच्चा इसे कुछ वर्षों में ही सीख लेता है। बच्चा पहला वहशी बूढ़ा आदमी होता है, जो अपने पाँवों तले तितली को कुचल देता है। बच्चा सबसे पहले अपनी जाति के अपरिपक्व पूर्वज की भाँति होता है। अपने विकास के दौरान वह विभिन्न चरणों से तब तक गुजरता है, जब तक कि अपनी नस्ल का पूर्ण विकास नहीं प्राप्त कर लेता है। केवल वही इस कार्य को सरलता एवं तीव्रता से करता है। अब संपूर्ण मानवता को एक जाति के रूप में लीजिए या संपूर्ण पशु रचना, मनुष्य एवं छोटे पशुओं को सामूहिकता में ले लीजिए। एक ऐसा छोर है, जिसकी ओर संपूर्ण समूह बढ़ रहा है। हम उसे 'पूर्णता' कहते हैं। कुछ ऐसे पुरुष एवं स्त्री पैदा होते हैं, जो मानव जाति की संपूर्ण प्रगति का अनुमान लगा लेते हैं। वे कई युगों तक प्रतीक्षा करने और बार-बार जन्म लेने की बजाय जब तक संपूर्ण मानव जाति वह परिपूर्णता प्राप्त नहीं कर लेती है, वे अपने जीवन के कुछ वर्षों तक उसके साथ-साथ चलते हैं। हम जानते हैं कि यदि हम अपने प्रति सच्चे रहें तो इस प्रक्रिया को तेज कर सकते हैं। यदि कुछ लोगों को बिना किसी संस्कृति के किसी द्वीप पर रहने के लिए छोड़ दिया जाए और केवल जीवित रहने लायक आहार, वस्त्रादि एवं छत दे दी जाए तो वे धीरे-धीरे आगे बढ़ते हुए सभ्यता के उच्च से उच्चतर चरणों का विकास कर लेंगे। हम यह भी जानते हैं कि किन्हीं अतिरिक्त साधनों से इस विकास को तेज किया जा सकता है। क्या हम वृक्षों के विकास में उनकी सहायता नहीं करते हैं? यदि हम उन्हें केवल प्रकृति के सहारे विकास करने हेतु छोड़ दें तो भी वे विकसित होंगे; परंतु उसमें अधिक समय लगेगा। अत: हम उनके द्रुत विकास में उनकी सहायता करते हैं, जिससे उनके विकसित होने में कम समय लगता है। हम हर समय यही कार्य कर रहे हैं, कृत्रिम उपायों द्वारा चीजों के विकास को गति दे रहे हैं। हम मनुष्य के विकास को तेज क्यों नहीं कर सकते हैं? हम इसे एक जाति के रूप में कर सकते हैं। शिक्षकों को अन्य देशों में क्यों भेजा जाता है? क्योंकि इन उपायों के माध्यम से हम किसी जाति के विकास को तीव्र कर सकते हैं। अब इस प्रश्न को लें कि क्या हम व्यक्तियों के विकास को भी तेज कर सकते हैं? हाँ, हम कर सकते हैं। क्या हम इस तेजी की कोई सीमा तय कर सकते हैं? हम नहीं कह सकते कि कोई व्यक्ति एक जीवन में कितना विकसित हो सकता है। आपके यह कहने का कोई कारण नहीं है कि अमुक व्यक्ति इतना विकसित हो सकता है, इससे अधिक नहीं। परिस्थितियाँ उसे अद्भुत तौर

पर तेजी से विकसित कर सकती हैं। क्या परिपूर्णता प्राप्त करने तक कोई सीमा निर्धारित की जा सकती है? यदि हाँ, तो उसका परिणाम क्या होता है? उस जाति के जिस व्यक्ति को परिपूर्णता प्राप्त करने में सदियाँ लग जाती थीं, यदि उसे सही मार्गदर्शन मिले तो वह व्यक्ति आज परिपूर्ण बन सकता है। और यही वह बात है, जो योगी लोग कहते हैं। उनके कथनानुसार, सभी महान् अवतार एवं पैगंबर ऐसे ही लोग हैं, जिन्होंने अपने एक ही जीवन में पूर्णता प्राप्त कर ली है। विश्व के इतिहास की सभी अवधियों में हमारे पास ऐसे लोग हमेशा रहे हैं। निकट अतीत में एक ऐसा व्यक्ति था, जिसने संपूर्ण मानव जाति का जीवन जिया और अपने एक ही जीवन में उसने पूर्णता प्राप्त कर ली थी। यद्यपि विकास की यह तीव्रता भी कुछ निर्धारित नियमों के अंतर्गत होनी चाहिए। मान लीजिए कि हम ऐसे नियमों की खोज कर सकते हैं और उनके रहस्य को समझते हुए उन्हें अपनी आवश्यकताओं के अनुसार प्रयोग करते हैं, उसके परिणामस्वरूप हम विकसित हो जाते हैं। हम अपनी प्रगति को तीव्र करते हैं, हम अपने विकास को तीव्र करते हैं और अपने इसी जीवन में पूर्ण बन जाते हैं। यह हमारे जीवन का उच्चतर भाग है और मन एवं उसकी शक्तियों के अध्ययन का यह विज्ञान हमें पूर्णता के वास्तविक अंतिम छोर तक पहुँचाता है। धन एवं अन्य भौतिक वस्तुओं के रूप में मनुष्य की सहायता करना और उसे दैनिक जीवन को सरल बनाने के उपाय बताना तो विवरण मात्र हैं।

इस विज्ञान की उपयोगिता व्यक्ति को इसी जीवन में पूर्ण बनाने में है, न कि उसे युगों की प्रतीक्षा करने के लिए छोड़ देना है, जिससे वह इस भौतिक जगत् के हाथों का खिलौना बनकर रह जाए। उसे समुद्र में बहती हुई लकड़ी पकड़कर समुद्र की लहरों में गोता लगाने के लिए नहीं छोड़ना चाहिए। यह विज्ञान आपसे सशक्त बनने की माँग करता है, कार्य को प्रकृति पर छोड़ देने की बजाय अपने हाथों में लेने के लिए कहता है और उसे अपने इसी जीवन में पूरा करने के लिए कहता है। यह एक महान् विचार है।

मनुष्य ज्ञान में, शक्ति में, प्रसन्नता में प्रगति कर रहा है। हम एक जाति के रूप में निरंतर प्रगति कर रहे हैं। हम देखते हैं कि यह सत्य है, पूर्णतया सत्य! क्या यह व्यक्तियों का भी सत्य है? किसी सीमा तक—हाँ। तथापि एक अन्य प्रश्न उत्पन्न होता है—आप इसकी सीमा कहाँ निर्धारित करेंगे? मैं केवल कुछ फीट की दूरी तक देख सकता हूँ। परंतु मैंने अपनी आँखें बंद करके बैठे हुए एक ऐसे व्यक्ति को देखा है, जो दूसरे कमरे में होनेवाली गतिविधियों को देख सकता था। यदि आप कहेंगे कि आप इस बात पर विश्वास नहीं कर सकते तो वह व्यक्ति शायद आपको तीन सप्ताहों में अपने जैसा बना सकता है। इसे किसी को भी सिखाया जा सकता है। कुछ लोग तो यद्यपि पाँच मिनट में

ही यह देखना सीख सकते हैं कि दूसरे व्यक्ति के मन में क्या हो रहा है? इन तथ्यों को प्रदर्शित भी किया जा सकता है।

अब यदि ये चीजें सत्य हैं तो हम सीमा कहाँ निर्धारित कर सकते हैं? यदि कोई व्यक्ति यह पढ़ सकता है कि इस कमरे के कोने में बैठे हुए व्यक्ति के मन में क्या चल रहा है, तो अगले कमरे में बैठे व्यक्ति के मन को वह क्यों नहीं पढ़ सकता? कहीं भी क्यों नहीं पढ़ सकता? हम नहीं कह सकते। क्यों नहीं कह सकते? हमारे अंदर यह कहने का साहस नहीं है कि यह संभव नहीं है। हम केवल यही कह सकते हैं कि हम नहीं जानते कि यह कैसे होता है? भौतिक विज्ञानियों को यह कहने का कोई अधिकार नहीं है कि ऐसी चीजें संभव नहीं हैं। वे केवल इतना कह सकते हैं, "हम नहीं जानते हैं।" विज्ञान को केवल तथ्यों का संकलन, उनका व्यापक सामान्यीकरण एवं सिद्धांतों का अनुमान लगाना तथा सत्य का निर्धारण करना होता है, इसके अतिरिक्त और कुछ नहीं। परंतु यदि हम तथ्यों को नकारना प्रारंभ कर दें तो विज्ञान की क्या स्थिति होगी?

मनुष्य द्वारा अर्जित की जा सकनेवाली शक्ति का कोई अंत नहीं है। भारतीय मन की यही विशेषता है कि यदि उसे कोई चीज रोचक लगती है तो वह उसमें डूब जाता है और अन्य चीजों की उपेक्षा कर देता है। आप जानते हैं कि कैसे अनेक विज्ञानों का मूल भारत में है। अंक विज्ञान का प्रारंभ वहीं से हुआ। यद्यपि आप लोग संस्कृत के अंकों के साथ 1, 2, 3 से शून्य तक की गणना कर रहे हैं और आप सब इस तथ्य को जानते हैं कि बीजगणित की उत्पत्ति भारत में हुई तथा गुरुत्वाकर्षण की जानकारी भारतीयों को न्यूटन के जन्म से हजारों वर्ष पहले ही हो चुकी थी।

आप इस विशेषता को समझें। भारतीय इतिहास के एक निश्चित कालखंड में मनुष्य एवं उसके मन के इस एकल विषय ने उनकी समस्त रुचियों को तल्लीन कर लिया। और यह अत्यंत सम्मोहक था, क्योंकि यह लोगों को उनका वांछित परिणाम प्राप्त करने का सरलतम उपाय प्रतीत हुआ। अब, भारतीय मन इस बात से पूर्णतया सहमत है कि मन नियम के अनुसार कुछ भी और सबकुछ कर सकता है कि मन की शक्तियाँ अध्ययन का व्यापक उद्देश्य बन गई हैं। आकर्षण, जादू एवं अन्य शक्तियाँ कदापि असाधारण नहीं थीं; बल्कि वे नियमित पढ़ाया गया विज्ञान थीं, जैसे कि भौतिक विज्ञान के प्रादुर्भाव से पूर्व ही उन्हें भारत में पढ़ाया जाता था। योगियों के विभिन्न संप्रदायों ने अनेक प्रकार के प्रयोग प्रारंभ किए। कुछ ने प्रकाश के साथ प्रयोग किया और यह जानने का प्रयास किया कि किस प्रकार विभिन्न रंगों वाला प्रकाश शरीर में परिवर्तन उत्पन्न करता है! उन्होंने किसी निश्चित रंग के वस्त्र धारण किए, किसी निश्चित रंग के अंदर रहे और किन्हीं निश्चित

रंगों वाला आहार खाया। हमारे यहाँ सभी प्रकार के प्रयोग इसी तरह किए गए थे। कुछ योगियों ने अपने कानों को खोलने एवं बंद करने की प्रक्रिया से ध्वनि विज्ञान में प्रयोग किया और अनेक लोगों ने गंध इत्यादि का विवेक उत्पन्न करने का प्रयोग जारी रखा।

उनका संपूर्ण विचार आधार प्राप्त करने का था, ताकि चीजों के सूक्ष्म अंगों तक पहुँचा जा सके। उनमें से अनेक ने वास्तव में अत्यंत विलक्षण शक्तियों का प्रदर्शन किया। उनमें से अनेक लोग हवा में तैरने और उसके बीच से गुजरने का प्रयास करते रहे। मैं आप लोगों को एक ऐसी कहानी सुनाऊँगा, जो मैंने पश्चिम में एक विद्वान् से सुनी थी। यह कहानी मुझे श्रीलंका के गवर्नर ने सुनाई थी, जिन्होंने उस प्रदर्शन को देखा था। एक लड़की को आगे लाकर, एक स्टूल पर पालथी मारकर बैठा दिया गया। वह स्टूल तीलियों को आर-पार रखकर बनाया गया था। जब वह लड़की कुछ देर तक स्टूल पर बैठी रही तो कलाकार ने स्टूल के नीचे से एक-एक कर सारी तीलियाँ निकाल दीं। जब सारी तीलियाँ निकल गईं, तब भी वह लड़की स्टूल पर बैठी हुई हवा में तैरती रही। गवर्नर ने सोचा कि इसके पीछे कोई युक्ति थी। इसलिए जिन्होंने अपनी तलवार निकालकर लड़की के नीचे अपनी तलवार आर-पार कर दी। वहाँ कुछ भी नहीं था। अब आप स्वयं विचार करें कि वह सब क्या था? वह कोई जादू या अन्य असाधारण चीज नहीं थी। वह एक विशेषता थी। भारत में कोई भी आपको नहीं बता सकता कि वहाँ ऐसी चीजों का अस्तित्व नहीं था। हिंदू के लिए यह प्रशिक्षण का मामला है। आप लोग जानते हैं कि जब कोई हिंदू अपने शत्रुओं से युद्ध करने जाता है तो कहता है, "अरे, हमारा कोई योगी आएगा और तुम सबको बाहर निकाल देगा।" यह जाति का अतिशय विश्वास है। हाथ में या तलवार में क्या शक्ति है? सारी शक्ति आत्मा में है।

यदि यह सत्य है तो मन अपनी पर्याप्त इच्छा-शक्ति से उच्चतम स्थान पर जा सकता है। लेकिन जैसे किसी अन्य विज्ञान की तरह कोई बड़ी उपलब्धि प्राप्त करना कठिन है, वैसे ही यह भी है, बल्कि इससे भी अधिक है। किंतु अधिकांश लोग समझते हैं कि इन शक्तियों को आसानी से प्राप्त किया जा सकता है। आप लोगों को धन अर्जित करने और अमीर बनने में कितने वर्ष लगते हैं? इसके बारे में विचार करें! सबसे पहले आप लोग यह सोचें कि आपको वैद्युत् विज्ञान अथवा इंजीनियरिंग की पढ़ाई करने में कितने वर्ष लगते हैं? उसके बाद ही आप अपने उस ज्ञान के आधार पर अपने जीवन में कार्य करते हैं।

पुनः अन्य अधिकतर विज्ञान ऐसी चीजों से व्यवहार करते हैं, जो हिल-डुल नहीं सकतीं। वे स्थिर हैं। आप कुरसी का विश्लेषण कर सकते हैं। कुरसी आपको छोड़कर

नहीं उड़ सकती है। परंतु यह विज्ञान मन के साथ व्यवहार करता है, जो हर समय भटकता रहता है। जैसे ही आप इसका अध्ययन करना चाहेंगे, यह फिसल जाएगा। अभी मन एक विचार में है; संभव है कि दूसरे पल वह किसी अन्य विचार में खो जाए, बदल जाए। वह हर समय बदलता रहता है। इन्हीं सारे परिवर्तनों के बीच उसे पढ़ना, समझना, पकड़ना एवं नियंत्रित करना होता है। क्या आपका विज्ञान इससे कुछ अधिक कठिन है? इसके लिए कठोर एवं निरंतर प्रशिक्षण की आवश्यकता होती है। लोग मुझसे पूछते हैं कि मैं उन्हें आभ्यासिक पाठ क्यों नहीं देता हूँ? क्योंकि यह कोई मजाक नहीं है। मैं इस मंच पर खड़े होकर आपसे बात कर रहा हूँ। आप घर जाते हैं और आपको कोई लाभ नहीं होता है; मुझे भी नहीं होता है। इसके बाद आप कहते हैं, "यह सब बकवास है।" ऐसा इसलिए है, क्योंकि आप उसको बकवास बनाना चाहते हैं। मैं इस विज्ञान के बारे में बहुत कम जानता हूँ; परंतु जो कुछ थोड़ा सा सीखा है, उस पर मैंने अपने जीवन में 30 वर्ष काम किया है और जो कुछ सीखा है, उसके बारे में विगत 6 वर्षों से लोगों को बताता आ रहा हूँ कि मैं क्या जानता हूँ! मुझे इसे सीखने में 30 वर्ष लगे, कठोर संघर्ष के 30 वर्ष! कई बार मैंने इस पर 24 में से 20 घंटे कार्य किया है। कभी-कभी मैं रात में केवल एक घंटा ही सोता था। कई बार मैंने सारी रात कार्य किया। कई बार मैंने ऐसे स्थानों पर कार्य किया, जहाँ किसी की आवाज तक सुनाई नहीं देती थी; जहाँ साँस लेना कठिन था। कई बार मुझे गुफाओं में रहना पड़ा। उसके बारे में सोचिए! फिर भी, मैं बहुत कम जानता हूँ या कदाचित् मुझे कोई ज्ञान नहीं है। मुझे लगता है कि मैंने तो अभी इस विज्ञान का मात्र एक छोर ही स्पर्श किया है। परंतु मैं समझ सकता हूँ कि यह सत्य, व्यापक एवं अद्‍भुत है।

अब, यदि आप में से कोई व्यक्ति सचमुच इस विज्ञान का अध्ययन करना चाहता है तो उसे मेरे जैसे दृढ़ निश्चय के साथ प्रारंभ करना होगा; वैसा ही, बल्कि उससे भी अधिक कठोर परिश्रम करना होगा। उसे उतना ही समय देना होगा, जितना कि वह अपने जीवन के किसी अन्य कारोबार में देता है।

और कारोबार करने के लिए कितनी बड़ी मात्रा में सावधानी की आवश्यकता होती है और वह कितना कठोर एवं श्रमसाध्य है! यदि पिता, माता, पत्नी या पुत्र की भी मृत्यु हो जाए तो भी कारोबार नहीं रुक सकता है! यदि हमारा हृदय व्यथित होता है, तब भी हम अपने कार्य-स्थल पर जाते हैं, जहाँ हमारे कार्य का प्रत्येक घंटा कष्टमय होता है। वह कारोबार है और हम सोचते हैं कि यह तो रोजमर्रा का काम है और सबकुछ ठीक है।

इस विज्ञान में किसी अन्य कारोबार में अपेक्षित सावधानी से अधिक तल्लीनता की आवश्यकता होती है। कारोबार में तो अनेक लोग सफल हो सकते हैं, परंतु इस विज्ञान

में बहुत कम लोग सफल होते हैं; क्योंकि यह अध्ययन करनेवाले व्यक्ति के मानसिक संविधान पर निर्भर करता है। जिस प्रकार उद्यम करके सभी लोग दौलत नहीं कमा सकते, परंतु हरेक कुछ-न-कुछ आय अवश्य अर्जित कर लेता है, उसी प्रकार इस विज्ञान का अध्येता भी इसकी कुछ झलक पा सकता है, जो उसे यह मानने के लिए सहमत करती है कि इसमें कुछ सत्य है; और तथ्य यह है कि अनेक ऐसे भी लोग हुए हैं, जिन्होंने इसे पूर्णतया अनुभव किया है।

यह इस विज्ञान की रूपरेखा है। यह अपने पाँवों एवं अपने आलोक में खड़ा होता है और किसी अन्य विज्ञान से तुलना की चुनौती देता है। किसी अन्य क्षेत्र की अपेक्षा इस विज्ञान में अधिक नीम-हकीम रहे हैं, जादूगर रहे हैं, ठग रहे हैं। क्यों? इसका केवल एक ही कारण है कि कारोबार जितना अधिक लाभदायी होगा, उसमें नीम-हकीमों और ठगों की संख्या उतनी अधिक होगी। परंतु यह कोई कारण नहीं है कि कारोबार को अच्छा नहीं होना चाहिए। एक चीज और; सभी तर्कों को सुनने से अधिक बौद्धिक कसरत हो जाती है और विचित्र चीजों को सुनने से अधिक बौद्धिक संतोष प्राप्त होता है। परंतु, यदि आप लोगों में से कोई व्यक्ति सचमुच इन चीजों से आगे जाने का इच्छुक है तो केवल व्याख्यान सुनने से काम नहीं चलने वाला है। उसे व्याख्यानों में नहीं पढ़ाया जा सकता है, क्योंकि वह जीवन है और केवल जीवन ही जीवन की ओर ले जा सकता है। यदि आप लोगों में से कोई भी इसे सीखने के लिए दृढ़ निश्चयी है तो उसकी सहायता करने में मुझे प्रसन्नता होगी।

□

23

विश्व के महान् गुरु

हिंदुओं के सिद्धांत के अनुसार, यह ब्रह्मांड तरंगों के चक्रों के रूप में घूम रहा है। यह उठता है, अपनी पराकाष्ठा पर पहुँचता है और उसके बाद पतित होकर अपनी प्रकृति के अनुसार पुनः उठने के लिए कुछ समय तक शून्य में बना रहता है। उसके बाद इसमें पुनः लहरों के बाद लहरें उठने व गिरने लगती हैं, पतन के बाद पतन होने लगता है। जो चीज पूरे ब्रह्मांड के लिए सत्य है, वही इसके प्रत्येक भाग के लिए भी सत्य है। मानवीय कार्यकलापों की यात्रा भी उसी के समान है। राष्ट्रों का इतिहास भी ब्रह्मांड जैसा है। वे उभरते हैं और नष्ट हो जाते हैं। उत्थान के बाद पतन आता है और उस पतन से पुनः एक सशक्त उत्थान होता है। यह चक्र सदैव चलता रहता है। धार्मिक जगत् में भी वही आंदोलन विद्यमान रहता है। प्रत्येक राष्ट्र के धार्मिक जीवन में भी उत्थान व पतन होता है। राष्ट्र का क्षय होने के बाद प्रत्येक चीज विखंडित होती दिखाई देती है। इसके बाद वह पुनः शक्ति अर्जित करके उठ खड़ा होता है। विशाल लहरें आती हैं—कई बार एक ज्वारीय लहर। ये लहरें हमेशा शीर्ष पर होती हैं और उस लहर के शीर्ष पर एक देदीप्यमान आत्मा है, संदेशवाहक है। वह बारी-बारी से रचयिता एवं रचना है; वह प्रेरणा है, जो लहरों को उठने योग्य बनाती है। राष्ट्र उठता है; उसी समय वह उन्हीं शक्तियों द्वारा सृजित होता है, जो लहरों को उत्पन्न करती हैं। ये परस्पर बारी-बारी से क्रिया एवं अंत:क्रिया करती हैं। वह अपनी व्यापक शक्ति को समाज पर डालता है और समाज उसे वह बनाता है, जो वह है। ये महान् विश्व-चिंतक हैं। ये विश्व के पैगंबर हैं, जीवन के संदेशवाहक हैं, ईश्वर के अवतार हैं!

मनुष्य के मन में विचार आया कि केवल एक धर्म होना चाहिए, कि केवल एक पैगंबर होना चाहिए, कि केवल एक अवतार होना चाहिए। परंतु यह विचार सत्य नहीं

** 3 फरवरी, 1900 को शेक्सपियर क्लब, पासाडेना, कैलिफोर्निया में दिया गया वक्तव्य*

है। इन सभी महान् संदेशवाहकों के जीवन का अध्ययन करने के बाद हम पाते हैं कि इनमें से प्रत्येक के लिए यथावत् रूप से निभाने के लिए एक भूमिका निर्धारित थी, केवल एक भूमिका और वह भूमिका यह थी कि सौहार्द समग्रता में निहित होता है, किसी एक में नहीं। जैसा कि जातियों के जीवन में होता है—कोई भी जाति अकेले इस संसार का आनंद लेने के लिए उत्पन्न नहीं होती है। कोई ऐसा कहने का साहस भी नहीं कर सकता है। राष्ट्रों के इस दैवीय समन्वय के मध्य प्रत्येक राष्ट्र को अपनी भूमिका निभानी पड़ती है। प्रत्येक जाति के पास करने के लिए कुछ कर्म होते हैं और उसे पूरा करना उसका कर्तव्य है। कुल मिलाकर, लक्ष्य व्यापक सौहार्द है। इसलिए इनमें से किसी पैगंबर का जन्म संसार पर सदैव शासन करने के लिए नहीं हुआ है। अभी तक न तो कोई ऐसा करने में सफल हुआ है और न ही कोई हमेशा के लिए इस संसार का शासक बनने वाला है। प्रत्येक केवल एक भूमिका में अपना योगदान करता है। अत: आंशिक तौर पर यह सत्य है कि आनेवाले समय में प्रत्येक मसीहा संसार एवं उसके भाग्य का संचालन करेगा।

हम में से अधिकांश एक निजी धर्म के जन्मजात अनुयायी होते हैं। हम सिद्धांतों की चर्चा करते हैं, प्रक्रियाओं पर चिंतन करते हैं और यह सबकुछ ठीक है; परंतु हमारा प्रत्येक विचार एवं प्रत्येक आंदोलन तथा हमारा प्रत्येक कर्म दरशाता है कि हम उस सिद्धांत को केवल तभी समझ सकते हैं, जब वह हमें किसी व्यक्ति के माध्यम से प्राप्त होता है। हम किसी उपदेश को केवल तभी अंतर्भूत कर पाते हैं, जब वह किसी सुयोग्य आदर्श व्यक्ति के माध्यम से आता है। हम उसके उपदेश को केवल उदाहरण के माध्यम से समझ सकते हैं। क्या ईश्वर के प्रति हम सब इतने विकसित हैं कि हमें किसी उदाहरण की आवश्यकता नहीं है, किसी व्यक्ति की आवश्यकता नहीं है? लेकिन हम ऐसे नहीं हैं; और इसलिए, मानव जाति की बड़ी संख्या स्वाभाविक रूप से अपनी आत्माओं को इन महान् व्यक्तित्वों, पैगंबरों एवं ईश्वर के अवतारों के चरणों में रख देती है—अवतारों की पूजा ईसाइयों द्वारा की जाती है, बौद्धों द्वारा की जाती है और हिंदुओं द्वारा की जाती है। प्रारंभ में, मुसलिम ऐसी किसी पूजा के विरुद्ध खड़े हो गए। उनका मसीहाओं या संदेशवाहकों की पूजा करने का कोई विचार नहीं था और न ही किसी को श्रद्धा-सुमन अर्पित करने से कोई लेना-देना था; परंतु व्यावहारिक तौर पर किसी एक पैगंबर की बजाय हजारों-हजार संतों की पूजा की जा रही है। हम इन तथ्यों को झुठला नहीं सकते हैं! हम व्यक्तित्वों की आराधना करने के लिए विवश हैं, और यह अच्छी बात है। एक प्रश्न के उत्तर में दिए गए अपने मसीहा के उत्तर को स्मरण कीजिए—"प्रभु, कृपया हमें पिता के दर्शन कराइए।" उसने उत्तर दिया, "जिसने मेरा दर्शन कर लिया, समझो, उसने

पिता का दर्शन कर लिया।" हम में से कौन इसके सिवाय कोई अन्य कल्पना कर सकता है कि वह एक मनुष्य है ? हम उसे केवल अपने अंदर और मानवता के माध्यम से देख सकते हैं। प्रकाश का कंपन इस कक्ष में सर्वत्र विद्यमान है; आप उसे प्रत्येक स्थान पर क्यों नहीं देख पाते हैं ? आपको प्रकाश को, उस ज्योति को केवल लैंप (दीपक) में देखने की आदत पड़ चुकी है। ईश्वर एक सर्वविद्यमान सिद्धांत है—वह हर जगह है—परंतु हम वर्तमान में इतने खोए हुए हैं कि हम उसे केवल मानव ईश्वर के माध्यम से देखना चाहते हैं, उसे महसूस करना चाहते हैं। और जब ये महान् ज्योतियाँ आती हैं, तभी मनुष्य ईश्वर को अनुभव करता है। वे भी हमारी तरह भिन्न-भिन्न रूपों में आते हैं। हम भिक्षुकों के रूप में आते हैं, वे सम्राटों के रूप में आते हैं। हम यहाँ उन लोगों की भाँति अनाथों के रूप में आते हैं, जो मार्ग भूल चुके हैं और वे नहीं जानते कि अब कहाँ जाएँ? हम यहाँ क्या करने आए हैं ? हम नहीं जानते कि हमारे जीवन का अर्थ क्या है ? हम उसे अनुभव नहीं कर सकते हैं। आज हम कुछ कर रहे हैं, कल कुछ अन्य। हम लोग किसी खोखले तिनके के समान हैं, जो पानी में कभी डूब रहे हैं, कभी उतरा रहे हैं; ठीक वैसे ही जैसे प्रचंड तूफान में पंख इधर से उधर उड़ते रहते हैं।

लेकिन मानव जाति के इतिहास में आप पाएँगे कि समय-समय पर संदेशवाहक आए और उनके जन्म के समय ही उनके जीवन का लक्ष्य स्थापित एवं रूपायित हो चुका था। उनकी संपूर्ण योजना पूर्व निर्धारित है और आप देखेंगे कि वे अपनी योजना से एक इंच भी इधर-उधर नहीं होते हैं; क्योंकि वे एक उद्‌देश्य के साथ आए हैं, एक संदेश के साथ आए हैं। वे इसका तर्क देने के इच्छुक नहीं हैं। क्या आपने इन महान् गुरुओं को इनकी शिक्षाओं पर कोई तर्क देते, कारण बताते कभी सुना या देखा है ? नहीं, उनमें से किसी ने ऐसा नहीं किया। वे सीधे बात करते हैं। उन्हें तर्क क्यों देना चाहिए ? वे सत्य देखते हैं। और वे न केवल सत्य को देखते हैं, बल्कि उसे दिखाते भी हैं! यदि आप मुझसे प्रश्न करें, "क्या कोई ईश्वर है ?" तो मैं उत्तर दूँगा, "जी हाँ।" इसके तत्काल बाद आप मेरे उत्तर का आधार जानना चाहते हैं और मेरे जैसा गरीब आदमी आपको कोई कारण उपलब्ध कराने के लिए अपनी संपूर्ण शक्ति लगा देता है। यदि आप यीशु के समक्ष जाते और उनसे प्रश्न करते, 'क्या कोई ईश्वर है ?' तो वह उत्तर देते, 'हाँ' और जब आप कहते कि 'क्या इसका कोई प्रमाण है ?' तो उन्होंने आपको उत्तर दिया होता, 'ईश्वर को निहारो!' इस प्रकार, आप यह समझ लें कि यह प्रत्यक्ष अवधारणा है, न कि किसी कारण का निष्कर्ष। वहाँ अँधेरे में कोई भटकाव नहीं है, बल्कि वहाँ प्रत्यक्ष दृष्टि की शक्ति है। मैं इस मेज को देखता हूँ; मेरे इस विश्वास को किसी भी मात्रा का कोई भी कारण मुझसे

अलग नहीं कर सकता है। यह मेरी प्रत्यक्ष अवधारणा है। ऐसी ही उनकी निष्ठा है। उनके आदर्शों में निष्ठा, उनके लक्ष्य में निष्ठा, स्वयं उनमें निष्ठा सभी चीजों से ऊपर है। महान् ज्योति-पुंज जैसा विश्वास अपने ऊपर रखते हैं, वैसा विश्वास कोई भी कभी नहीं रख सकता है। लोग कहते हैं, "क्या आप ईश्वर में विश्वास करते हैं? क्या आप भविष्य के जीवन में विश्वास करते हैं? क्या आप इस सिद्धांत या उस नियम में विश्वास करते हैं?" परंतु यहाँ तो आधार ही अनुपस्थित है। वह आधार आत्मविश्वास है; बल्कि जो व्यक्ति अपने ऊपर विश्वास नहीं कर सकता, उससे किसी अन्य चीज में विश्वास करने की आशा कैसे की जा सकती है? मैं अपने स्वयं के अस्तित्व के प्रति आश्वस्त नहीं हूँ। एक पल मैं सोचता हूँ कि मैं अस्तित्वमय हूँ और कोई मुझे नष्ट नहीं कर सकता है; अगले पल मैं मृत्यु के भय से काँप रहा हूँ। एक मिनट मैं सोचता हूँ कि मैं अमर हूँ; अगले मिनट मुझे कोई भूत दिखाई देता है, जिसके बाद मुझे कुछ समझ में नहीं आता कि मैं कौन हूँ और कहाँ हूँ? मैं तो यह भी नहीं समझ पाता कि मैं जीवित हूँ या मृत? एक पल को मैं विचार करता हूँ कि मैं आध्यात्मिक हूँ, कि मैं नीतिज्ञ हूँ और अगले पल कोई झटका लगता है और मैं पीठ के बल सपाट गिर जाता हूँ। और क्यों? क्योंकि मैंने स्वयं में अपना विश्वास खो दिया है और मेरी नैतिकता की रीढ़ की हड्डी टूट गई है।

परंतु इन महान् शिक्षकों में आपको सदैव ये लक्षण मिलेंगे कि वे स्वयं में अटूट निष्ठा रखते हैं। उनकी ऐसी अटूट निष्ठा विलक्षण है और हम उसे नहीं समझ सकते हैं। यही कारण है कि हम इन महान् गुरुओं की शिक्षाओं को अपने तरीके से स्पष्ट करने का प्रयास करते हैं और उन्होंने अपने ज्ञान-प्राप्ति के विषय में जो कुछ कहा है, उसे स्पष्ट करने के लिए लोगों ने बीसियों हजार कहानियाँ गढ़ ली हैं। हम अपने बारे में उनकी तरह नहीं सोचते हैं और स्वाभाविक तौर पर हम उन्हें समझ भी नहीं सकते हैं।

आपको एक बार पुन: स्मरण करा दें कि जब वे बोलते हैं तो दुनिया उनकी बात सुनने के लिए विवश होती है। जब वे बोलते हैं, उनका प्रत्येक शब्द सीधा असर करता है; वह किसी बम के गोले की तरह फट पड़ता है। यदि इसके पीछे कोई शक्ति न हो तो यह संसार क्या है? इस बात से क्या अंतर पड़ता है कि आप किस भाषा में बात करते हैं और अपनी भाषा को कैसे व्यवस्थित करते हैं? इस बात से क्या फर्क पड़ता है कि आप सही व्याकरण का प्रयोग करते हैं या नहीं अथवा सूक्ष्म वार्त्तालाप करते हैं? इस बात से क्या अंतर पड़ता है कि आपकी भाषा अलंकृत है या नहीं? प्रश्न यह है कि आपके पास कुछ देने को है या नहीं? यह प्रश्न देने और लेने का है, सुनने का नहीं। क्या आपके पास देने लायक कोई चीज है?—पहला प्रश्न यही है। यदि आपके पास है तो दीजिए। आपके

शब्द ही उनके लिए उपहार हैं—अनेक उपायों में से यही सर्वश्रेष्ठ उपाय है। कभी-कभी हम कदापि नहीं बोलते हैं। एक प्राचीन संस्कृत श्लोक है, जो कहता है, 'मैंने गुरु को वृक्ष के नीचे बैठे देखा। वह 16 वर्षीय युवक था और शिष्य 80 वर्ष का एक वृद्ध व्यक्ति था। गुरु का उपदेश मूक था और शिष्य का संदेह दूर हो गया।'

कभी-कभी वे एक भी शब्द नहीं बोलते हैं, परंतु वे सत्य को जाँच लेते हैं और मन से मन को संप्रेषित कर देते हैं। वे देने आते हैं। वे आदेश देते हैं, क्योंकि वे संदेशवाहक हैं। आपको उनका आदेश प्राप्त करना होगा। क्या आपको अपने धर्मग्रंथों में यीशु का वह अधिकार स्मरण नहीं है, जिसके आधार पर वे बोलते हैं? "तुम लोग जाओ और सभी राष्ट्रों को शिक्षित करो···शिक्षा देते समय मेरी उन बातों पर ध्यान दो, जो मैंने तुम्हें सिखाई हैं।" उनके समस्त कथनों के माध्यम से यह शिक्षा दौड़ती है। उनके संदेशों में व्यापक निष्ठा है। आज संसार पैगंबरों के रूप में जिनकी पूजा करता है, उनके गुणों को आप उनकी शिक्षाओं में देख सकते हैं।

ये महान् गुरु इस पृथ्वी पर जीवित ईश्वर हैं। हम और किसकी पूजा करें? मैं अपने मन में ईश्वर का कोई विचार पाने का प्रयास करता हूँ और पाता हूँ कि मैंने कितना मिथ्या विचार अपने मन में सोचा; उस ईश्वर की पूजा करना एक पाप होगा। मैं अपनी आँखें खोलता हूँ और पृथ्वी पर इन महान् लोगों के वास्तविक जीवन को देखता हूँ। यदि मैंने कभी ईश्वर की कोई संकल्पना की है या उसका स्वरूप निर्मित किया है तो ये ईश्वर की मेरी किसी भी संकल्पना से ऊँचे हैं; क्योंकि मेरे जैसा व्यक्ति उसकी कृपा की क्या संकल्पना कर सकता है, जो उस व्यक्ति के पीछे भागता हो, जिसने मेरी कोई चीज चुरा ली है और मैं उसे जेल भिजवाना चाहता हूँ! और मेरी क्षमाशीलता का उच्चतम विचार क्या हो सकता है? मुझसे परे कुछ नहीं है। आप में से कौन अपने ही शरीर से बाहर निकल सकता है? आप लोगों में से कौन अपने ही वास्तविक मन से बाहर आ सकता है? आप में से एक भी नहीं। आप ईश्वर का इससे अच्छा कौन सा विचार निर्मित कर सकते हैं, जिसे वास्तव में आप जी रहे हैं? जिस चीज का हमने कभी कोई अनुभव ही नहीं किया है, उसके बारे में हम कोई विचार निर्मित नहीं कर सकते हैं। इसलिए, ईश्वर के बारे में कोई विचार बनाने के सारे सर्वोत्तम प्रयास प्रत्येक दशा में विफल हो जाएँगे। यहाँ सीधे-सादे तथ्य हैं, कोई विचारवाद नहीं—प्रेम का वास्तविक तथ्य, दया एवं शुद्धता का तथ्य, जिसकी मैं अभी कल्पना भी नहीं कर सकता। यदि मैं ऐसे लोगों को ईश्वर मानकर इनकी पूजा करूँ और इनके चरणों में जा गिरूँ तो इसमें आश्चर्य की क्या बात है! इससे अधिक कोई कर भी क्या सकता है? मुझे उस आदमी को देखना चाहिए, जो

कुछ कर सकता हो। इस बात पर ध्यान नहीं देना चाहिए कि वह बातें कितनी करता है! बातें करना कोई वास्तविकता नहीं है। ईश्वर या निराकार के बारे में ऐसी या वैसी बातें करना अच्छी चीज है; परंतु ये मनुष्य रूपी ईश्वर सभी राष्ट्रों एवं जातियों के असली ईश्वर हैं। ये ईश्वर-तुल्य मनुष्य सदैव पूजे जाते रहे हैं और तब तक पूजे जाते रहेंगे, जब तक मनुष्य एक मनुष्य के रूप में है। उनमें हमारी निष्ठा है, उनमें हमारी आशा है, यह एक वास्तविकता है। मात्र रहस्यात्मक सिद्धांत से क्या लाभ होने वाला है?

मैं आप लोगों से जो कुछ कह रहा हूँ, उसका उद्देश्य एवं विषय-वस्तु यह है कि मैंने अपने जीवन में उन सभी की पूजा को संभव पाया है और मैं उन सबकी पूजा करने के लिए तैयार हूँ, जो अभी आने वाले हैं। एक माँ अपने बच्चे को किसी भी परिधान में पहचान लेती है, चाहे वह उसके सामने किसी भी रूप में आए; और यदि वह ऐसा नहीं कर पाती है तो मैं निश्चित तौर पर कह सकता हूँ कि वह उस बालक की माँ नहीं है। अब मैं आप लोगों में से उन लोगों के विषय में बात करना चाहूँगा, जो सोचते हैं कि आप सत्य को समझते हैं और संसार में केवल एक ही देवत्व को, केवल एक ही ईश्वर तथा एक ही पैगंबर में देखते हैं, किसी अन्य में नहीं। मैं स्वाभाविक रूप से जिस निष्कर्ष पर पहुँचा हूँ, वह यह है कि आप किसी में भी देवत्व को नहीं समझते हैं; आपने केवल कुछ शब्दों को निगल लिया है और स्वयं को एक संप्रदाय के साथ चिह्नित कर लिया है; जैसे कि आप दलगत राजनीति में एक राय के रूप में शामिल हो जाते हैं, परंतु वह किसी हालत में कोई धर्म नहीं है। इस संसार में कुछ ऐसे भी मूर्ख हैं, जो खारे पानी का प्रयोग करते हैं, यद्यपि पास में ही उत्तम मीठा पेयजल उपलब्ध है। इसके पीछे उनका यह तर्क है कि वे खारा पानी इसलिए पीते हैं, क्योंकि खारे पानी के कुएँ को उसके पिता द्वारा खुदवाया गया था। मैंने अपने छोटे से अनुभव में यह ज्ञान अर्जित किया है कि जिस दानवता को धर्म के साथ जोड़ दिया गया है और जिसका उसे दोषी ठहराया जाता है, वह धर्म कदापि दोषी नहीं है। किसी धर्म ने कभी किसी मनुष्य को प्रताड़ित नहीं किया, किसी धर्म ने यद्यपि कभी प्रेतात्माओं को भी नहीं जलाया, किसी धर्म ने कभी इस प्रकार का कोई कार्य नहीं किया। फिर लोगों को यह सब करने के लिए किसने भड़काया? उसे राजनीति ने उत्तेजित किया, धर्म ने कदापि नहीं; और यदि ऐसी राजनीति धर्म का नाम लेती है तो इसमें किसका दोष है?

इसलिए, जब कोई व्यक्ति खड़ा होकर कहता है, "केवल मेरा पैगंबर ही सच्चा पैगंबर है।" तो वह सही नहीं है, क्योंकि वह धर्म का 'अ' भी नहीं जानता है। धर्म न तो वार्त्ता है, न सिद्धांत और न ही बौद्धिक स्वीकृति है। वह हमारे हृदय की अतल गहराइयों

में स्थित एक अनुभूति है। वह ईश्वर का स्पर्श है। वह इस तथ्य की अनुभूति है कि मैं ब्रह्मांडीय आत्मा से संपृक्त एक आत्मा हूँ और उसी का संपूर्ण विस्तार हूँ। यदि आपने सचमुच पिता के घर में प्रवेश किया है तो यह कैसे हो सकता है कि आप उसकी संतानों को देखने के बावजूद उन्हें पहचानने से इनकार कर दें? यदि आप उन्हें नहीं पहचानते हैं तो इसका यही अर्थ है कि आपने पिता के घर में प्रवेश ही नहीं किया है। माँ अपने बच्चे को किसी भी परिधान में पहचान लेती है, चाहे वह कोई भी वेश धारण करके क्यों न आया हो। प्रत्येक युग एवं देश के महान् आध्यात्मिक नर-नारियों को पहचानो और देखो कि वे वास्तव में किसी अन्य से भिन्न नहीं हैं। जहाँ कहीं भी वास्तविक धर्म रहा है, उसमें देवत्व का यह स्पर्श अवश्य रहा है; आत्मा ईश्वर के साथ सदैव प्रत्यक्ष संवेदी संपर्क में रही है, जिससे सदैव हमारे मन का विस्तार होता है, जो हमें हर जगह ईश्वर की ज्योति को देखने में समर्थ बनाता है। कुछ मुसलमान इस मामले में अत्यंत अपरिपक्व और सांप्रदायिक हैं। उनका एक ही तकिया कलाम है, "केवल एक खुदा है और मोहम्मद उनका पैगंबर है।" उससे परे प्रत्येक चीज बुरी है, इसलिए उसे हर हाल में तबाह कर दिया जाना चाहिए; हरेक औरत या मर्द, जो उनकी बात से इत्तेफाक नहीं रखता, उसे पल भर की इत्तिला देकर कत्ल कर दिया जाना चाहिए। वह हरेक चीज, जो इबादत के इस तरीके से ताल्लुक नहीं रखती, उसे फौरन तोड़ देना चाहिए; कोई किताब, जो इससे दीगर हिदायत दे, उसे जला देना चाहिए। प्रशांत से लेकर अटलांटिक तक 500 वर्षों तक सारी दुनिया में खून बहाया जाता रहा। वह इसलामियत है! फिर भी, इन मुसलमानों के बीच जब कभी भी कोई जहीन आदमी हुआ, उसका इन दरिंदगियों की मुखालफत करना तय था। ऐसा करके वह गैबियत की छुअन की नुमाइश करता था और हकीकत के एक हिस्से को महसूस कराता था। वह अपने मजहब के साथ खिलवाड़ नहीं कर रहा था; क्योंकि जिस मजहब की वह बात कर रहा था, वह उसके अब्बा हुजूर का मजहब नहीं था। इसकी बजाय वह एक इनसान की तरह सीधे हकीकत बयाँ कर रहा था।

विकास के आधुनिक सिद्धांत से जुड़े रहने के साथ-साथ एक अन्य चीज है—पूर्वजता। हमारे अंदर धर्म के पुराने सिद्धांतों पर लौटने की प्रवृत्ति है। यदि कुछ गलत हो तो भी हमें कुछ नया सोचना चाहिए। ऐसा करना ठीक है। आपको लक्ष्य पर चोट करने का प्रयास क्यों नहीं करना चाहिए? हम अपनी विफलताओं से बुद्धिमान बनते हैं। समय असीम है। दीवार की तरफ देखो। क्या दीवार कभी झूठ बोलती है? वह हमेशा दीवार ही बनी रहती है। आदमी झूठ बोलता है और भगवान् भी बन जाता है। कोई-न-कोई कार्य करते रहना अच्छा होता है। यदि आपका किया हुआ काम खराब भी हो जाए तो चिंता न

करें, क्योंकि कुछ न करने की बजाय कुछ करते रहना हमेशा अच्छा होता है। गाय कभी झूठ नहीं बोलती, लेकिन वह हमेशा गाय बनी रहती है। कुछ करो, कोई विचार अपने मन में लाओ। इससे कोई अंतर नहीं पड़ता कि आप सही हैं या गलत! लेकिन कुछ सोचो! चूँकि हमारे पूर्वजों ने इस प्रकार नहीं सोचा, इसलिए मैं शांत होकर बैठा रहूँ और धीरे-धीरे अपनी चिंतन शक्ति खो दूँ? इससे तो अच्छा है कि मर जाऊँ! यदि हमारे पास जीने का कोई विचार ही नहीं है तो इस जीवन का क्या महत्त्व है, यदि धर्म के बारे में हमारी अपनी कोई मान्यता न हो? नास्तिकों के लिए फिर भी कुछ आशा है; क्योंकि यद्यपि अन्य लोगों से उनका मतभेद होता है, फिर भी वे अपने बारे में कुछ सोचते अवश्य हैं। जो लोग अपने बारे में कभी कुछ नहीं सोचते हैं, समझ लीजिए कि उनका धर्म में अभी जन्म ही नहीं हुआ है। उनका अस्तित्व केवल जेलीफिश के समान है। वे नहीं सोचेंगे; वे धर्म की चिंता नहीं करेंगे। परंतु अविश्वासी, नास्तिक चिंता करता है और वह संघर्ष कर रहा है। इसलिए, कुछ-न-कुछ सोचो! ईश्वरोन्मुख होकर संघर्ष करो! यदि विफल हो जाओ तो भी चिंता मत करो; यदि किसी विचित्र सिद्धांत में फँस जाओ तो भी चिंता मत करो। यदि आपको सनकी कहे जाने का भय है तो उसे अपने मन में रखो, किसी को उसका उपदेश देने की आवश्यकता नहीं है। परंतु कुछ करो! ईश्वरोन्मुख होकर संघर्ष करो! प्रकाश अवश्य होगा। यदि कोई आदमी मेरे जीवन में रोजाना खाना खिलाएगा तो एक दिन ऐसा आ जाएगा, जब मैं अपने हाथों से भोजन करना ही छोड़ दूँगा। भेड़ों के झुंड की तरह एक-दूसरे के पीछे चलने का परिणाम आध्यात्मिक मृत्यु होगा। निष्क्रियता का परिणाम मृत्यु है। सक्रिय रहो; जहाँ क्रियाशीलता होगी, वहाँ अंतर होना निश्चित है। मतभेद जीवन की चटनी है; वह सौंदर्य है, वह प्रत्येक चीज की कला है। मतभेद यहाँ प्रत्येक चीज को सुंदर बनाता है। यह विविधता ही जीवन का स्रोत है, जीवन का लक्षण है। हमें इससे भयभीत क्यों होना चाहिए?

अब हम पैगंबरों को समझने की स्थिति में आ रहे हैं। अब हम धर्म के जेलीफिश अस्तित्व के अतिरिक्त ऐतिहासिक साक्ष्य देखेंगे। जहाँ कहीं भी वास्तविक चिंतन रहा है, ईश्वर के प्रति सच्चा प्रेम रहा है, आत्मा ईश्वरोन्मुख हुई है, उसे यदा-कदा ईश्वर की एक झलक मिल ही जाती है और चाहे पल भर के लिए ही सही, हमारा उससे सीधा साक्षात्कार हो जाता है। "हमारे मन से तत्काल सारे संदेह हमेशा के लिए दूर हो जाते हैं और हमारे हृदय का सारा संकुचन सीधा हो जाता है। हमारे सारे लगाव दूर हो जाते हैं और जब हमारा सर्वाधिक निकट तथा सर्वाधिक दूर सर्वप्रिय ईश्वर हमें एक बार दिखाई दे जाता है तो हमारे सारे कर्मफल नष्ट हो जाते हैं।" वह धर्म है; केवल वही धर्म है, शेष

सबकुछ केवल सिद्धांत है, नियम है, प्रत्यक्ष मान्यता की दशा की ओर जाने के साधन हैं। हम केवल टोकरी के लिए लड़ रहे हैं और फलों को गड्ढे में गिरा रहे हैं।

यदि दो लोग धर्म के बारे में कलह कर रहे हों तो उनसे केवल एक प्रश्न कीजिए, "क्या तुमने ईश्वर को देखा है? क्या तुमने इन चीजों को देखा है?" एक व्यक्ति कहता है कि मसीह ही एकमात्र पैगंबर हैं। अच्छी बात है, लेकिन क्या तुमने मसीह को देखा है, क्या तुम्हारे पिता ने देखा है?

वह कहेगा, "नहीं।"

"तो क्या तुम्हारे दादा ने मसीह को देखा है?"

"नहीं।"

"तो क्या तुमने उन्हें देखा है?"

"नहीं।"

"तो फिर तुम किस चीज के लिए कलह कर रहे हो? फल खाई में गिर गए हैं और तुम लोग टोकरी के लिए लड़ रहे हो!" समझदार स्त्रियों एवं पुरुषों को इस प्रकार लड़ने के लिए शर्मिंदा होना चाहिए।

सारे महान् संदेशवाहक और मसीहा महान् एवं सत्य हैं। क्यों? क्योंकि प्रत्येक हमें एक महान् विचार का संदेश देने आया है। उदाहरण के लिए, भारत के पैगंबरों को लीजिए। वे धर्म के सर्वाधिक प्राचीन संस्थापक हैं। सबसे पहले हम श्रीकृष्ण को लेते हैं। आप सबने 'गीता' पढ़ी है। पूरे ग्रंथ में एकमात्र अनासक्ति का विचार है। अनासक्त बने रहो। हृदय का प्रेम केवल एक ही कारण है। वह कौन है? वह प्रेम उसके प्रति है, जो कभी नहीं बदलता है। वह अकेला कौन है? वह ईश्वर है। अपना दिल उसे कभी मत दो, जो बदलता रहता है; क्योंकि वह कष्ट है। आप अपना दिल किसी व्यक्ति को दे सकते हैं; परंतु जब उसकी मृत्यु हो जाती है तो उसका परिणाम आपके लिए कष्टदायी होता है। आप अपना दिल किसी मित्र को दे सकते हैं, परंतु कल वह आपका शत्रु बन सकता है। यदि आप अपना दिल अपने पति को देती हैं तो कल वह आपसे लड़ाई कर सकता है। आप उसे अपनी पत्नी को दे सकते हैं, परंतु कल या परसों उसकी मृत्यु हो सकती है। दुनिया इसी तरह चल रही है। इसलिए 'गीता' में श्रीकृष्ण कहते हैं—केवल ईश्वर ही है, जो कभी नहीं बदलता है। उसका प्रेम कभी विफल नहीं होता है। हम जहाँ कहीं भी हैं और जो कुछ भी कर रहे हैं, वह सर्वदयालु, सर्वप्रिय हृदय वहाँ उपस्थित है। वह कभी परिवर्तित नहीं होता है, वह हमारे किसी भी कर्म से रुष्ट नहीं होता है। ईश्वर हमसे रुष्ट कैसे हो सकता है; हम पर क्रोधित कैसे हो सकता है? आपका नन्हा बच्चा अनेक भ्रामक

कर्म करता है; क्या आप कभी उस पर क्रोधित होते हैं? क्या ईश्वर को इस तथ्य का भान नहीं है कि हम क्या बनने जा रहे हैं? वह जानता है कि हम सभी लोग देर-सबेर पूर्ण होने जा रहे हैं। उसके पास धैर्य है, असीम धैर्य। हमें उससे प्रत्येक स्थिति में प्रेम करना चाहिए। प्रत्येक जीवित व्यक्ति केवल उसी में है और उसी के कारण है। यह प्रमुख तथ्य है। आप अपनी पत्नी से अवश्य प्रेम करें, परंतु केवल पत्नी के लिए नहीं। आप कभी पति से केवल पति के रूप में प्रेम न करें, बल्कि उससे इसलिए प्रेम करें, क्योंकि पति में ईश्वर है। वेदांत दर्शन कहता है कि यद्यपि पति एवं पत्नी के प्रेम में भी पत्नी सोचती है कि वह अपने पति से प्रेम कर रही है, परंतु उसमें वास्तविक आकर्षण ईश्वर है, जो वहाँ उपस्थित है। आकर्षण का कारण केवल ईश्वर है, कोई अन्य चीज नहीं; परंतु पत्नी अधिकांशतः इस तथ्य से अनभिज्ञ होती है। फिर भी, अनजाने में वह सही कार्य कर रही है और वह कार्य ईश्वर के प्रति प्रेम है। जब कोई व्यक्ति अज्ञानतापूर्वक ऐसा करता है तो उससे पीड़ा उत्पन्न हो सकती है। यदि कोई ज्ञानपूर्वक करता है तो उसे मुक्ति मिलती है। हमारे धर्मग्रंथ समग्रतः यही कहते हैं। जहाँ कहीं भी प्रेम है, जहाँ कहीं भी खुशी की चमक है, जान लीजिए कि वह चमक, वह खुशी ईश्वर की है और वह वहाँ मौजूद है। वह खुशी है, आशीर्वाद है और अपने आप में प्रेम है। उसके बिना कहीं कोई प्रेम नहीं हो सकता है।

हर समय श्रीकृष्ण की शिक्षा की यही प्रवृत्ति होती है। उन्होंने अपनी जाति पर उसे प्रत्यारोपित किया है। इसलिए जब कोई हिंदू पानी भी पीता है तो कहता है कि "यदि इस जल में कोई भी गुण है तो उसका श्रेय ईश्वर को जाना चाहिए।" बौद्ध कहता है, "यदि वह कोई नेक कर्म करता है तो उसके सुकृत का फल संसार को जाना चाहिए और यदि संसार में कोई दुष्कृत्य है तो उसका सारा फल मुझे मिलना चाहिए।" हिंदू कहता है कि ईश्वर में उसकी संपूर्ण निष्ठा है; हिंदू कहता है कि ईश्वर सर्वविद्यमान है और वह हर जगह उपस्थित सभी आत्माओं की आत्मा है। हिंदू कहता है, "यदि मैं अपने सारे गुणों को ईश्वर को अर्पित कर दूँ तो यह महानतम त्याग है और मेरे समस्त गुण ब्रह्मांड में पहुँच जाएँगे।"

यह तो रहा उनके संदेश का एक चरण; और श्रीकृष्ण का दूसरा संदेश क्या है? "जो भी व्यक्ति इस संसार में रहते हुए कर्म करता है और उसके फल को ईश्वर को अर्पित करता है, उसे संसार की कोई भी बुराई स्पर्श नहीं कर सकती है। जिस प्रकार कमल जल के अंदर जन्म लेता है और उठकर जल के ऊपर खिलता है, उसी प्रकार यह मनुष्य है, जो इस जगत् की नाना प्रकार की गतिविधियों में लिप्त है और अपने समस्त कर्मों के फल को ईश्वर को समर्पित कर रहा है।" (गीता, अ. 10)।

तीव्र गतिविधियों के शिक्षक के रूप में श्रीकृष्ण एक अन्य महत्त्वपूर्ण बात कहते हैं। 'गीता' कहती है—कर्म, कर्म, कर्म; अहर्निश कर्म करो। आप पूछ सकते हैं कि जब मनुष्य हर समय काम ही करता रहेगा तो उसके लिए शांति कहाँ है? "यदि मुझे सारा जीवन बग्घी में जुते घोड़े की तरह काम करना है और जीन पहने-पहने मर जाना है तो मैं यहाँ किसलिए आया हूँ?" श्रीकृष्ण कहते हैं, "हाँ, तुम्हें शांति मिलेगी। काम से जी चुराना शांति पाने का मार्ग कदापि नहीं हो सकता है।" यदि फेंक सकते हो तो अपने सारे कर्तव्यों को फेंक दो और पर्वत के शिखर पर चढ़ जाओ; यद्यपि वहाँ भी मन भटकता रहेगा—चक्कर, चक्कर, चक्कर काटता रहेगा। किसी ने एक संन्यासी से पूछा, "महोदय, आप कितने वर्षों से हिमालय की यात्रा करते आ रहे हैं? क्या आपको कहीं कोई सुंदर स्थान मिला?" संन्यासी ने उत्तर दिया, "चालीस वर्षों से। हिमालय में चुनने एवं बैठने के लिए अनेक सुंदर स्थान हैं।"

"आपने यह कार्य स्वयं क्यों नहीं किया?"

"क्योंकि मेरे मन ने इन चालीस वर्षों में मुझे ऐसा करने की अनुमति नहीं दी।"

हम सभी कहते हैं, "हमें शांति खोजनी चाहिए, परंतु हमारा मन हमें ऐसा करने की अनुमति नहीं देता है।"

आप उस आदमी की कहानी जानते होंगे, जिसने एक क्रोधी व्यक्ति (तातार) को पकड़ लिया। एक सैनिक नगर के बाहर था। जैसे ही वह अपनी बैरक के पास पहुँचा, उसने चिल्लाकर कहा, "मैंने एक क्रोधी व्यक्ति को पकड़ लिया है।"

बैरक के बाहर आवाज सुनाई पड़ी, "उसे अंदर ले आओ।"

"वह नहीं आएगा, महोदय।"

"फिर तुम अंदर आ जाओ।"

"वह मुझे अंदर नहीं आने देगा, महोदय!"

ऐसी ही स्थिति हमारे मन की भी है। हमने अपने मन में एक तातार पकड़ रखा है। न तो हम इससे पीछा छुड़ा सकते हैं और न ही यह हमें छोड़ सकता है। हम सभी ने कोई-न-कोई तातार पकड़ रखा है। हम सबसे कहते हैं, "चुप रहो और शांति बनाए रखो।" लेकिन प्रत्येक अबोध बालक सोचता है और कहता है कि वह कर सकता है। तथापि यह अत्यंत कठिन है। मैंने प्रयास किया। मैं अपने सारे दायित्वों को त्यागकर पर्वत शिखरों पर भाग गया। मैं गुफाओं और घने जंगलों में रहा, लेकिन हर जगह स्थिति एक जैसी थी। मैंने एक तातार पकड़ रखा था, क्योंकि हर समय मेरा संसार मेरे साथ लगा रहता था। तातार स्वयं हमारे मन में घुसा हुआ है, इसलिए हम किसी बाहरी व्यक्ति को

दोष नहीं दे सकते। ये परिस्थितियाँ अच्छी हैं और ये बुरी हैं।" इसलिए, हम कहते हैं कि जब तातार हमारे अंदर है और हम उसे शांत कर सकें तो हम पूरी तरह ठीक हो जाएँगे।

इसलिए, श्रीकृष्ण हमें अपने कर्तव्यों से विमुख होना नहीं, बल्कि पुरुषोचित ढंग से उन्हें किसी परिणाम की चिंता किए बिना करना सिखाते हैं। सेवक को प्रश्न करने का कोई अधिकार नहीं होता। सैनिक को युद्ध का कारण पूछने का कोई अधिकार नहीं है। सीधे आगे बढ़ो और जो काम तुम्हें सौंपा गया है, उसकी प्रकृति पर अधिक विचार किए बिना उसको पूरा करो। अपने मन से प्रश्न करो कि क्या आप निस्स्वार्थ हैं? यदि हैं तो फिर किसी चीज की चिंता न करें। आपको कोई रोक नहीं सकता है! अपने कर्म में कूद पड़ो! जो कर्तव्य तुम्हारे वश में है, उसे पूरा करो। यदि आप ऐसा करने में सफल होंगे तो आप कई अंशों तक सत्य का अनुभव कर सकेंगे—"जो व्यक्ति सघन गतिविधियों के मध्य व्यापक शांति पाता है और जो व्यक्ति सघन शांति के बीच व्यापक गतिविधि पाता है, वह योगी के समान है; वह एक महान् आत्मा है; उसने पूर्णता प्राप्त कर ली है।"

अब आप समझ गए होंगे कि इस संपूर्ण शिक्षा का परिणाम यह है कि विश्व के सभी कर्तव्य पवित्र हैं। संसार में ऐसा कोई कर्म नहीं है, जिसे हमें निकृष्ट कहने का अधिकार हो। प्रत्येक व्यक्ति का कर्म उतना ही महान् है, जितना कि सिंहासन पर बैठे किसी सम्राट् का।

बुद्ध के संदेश को सुनें—यह एक अद्भुत संदेश है। बुद्ध कहते हैं कि इसका स्थान हमारे हृदय में है। "अपनी समस्त स्वार्थपरता को निर्मूल करो और उस प्रत्येक चीज को अपने से दूर कर दो, जो तुम्हें स्वार्थी बनाती हो। कोई पत्नी नहीं, कोई बच्चा नहीं, कोई परिवार भी नहीं। संसार के मत बनो; पूर्णतया निस्स्वार्थ बनो।" प्रत्येक सांसारिक मनुष्य निस्स्वार्थ बनने के बारे में सोचता है; परंतु जैसे ही वह अपनी पत्नी का मुखड़ा देखता है, वह उसे स्वार्थी बना देता है। माता सोचती है कि वह निस्स्वार्थ बनेगी; परंतु जैसे ही अपने बच्चे का मुखड़ा देखती है, उसके अंदर तत्काल स्वार्थपरता उत्पन्न हो जाती है। अत: ऐसा प्रत्येक सांसारिक चीज के साथ होता है। जैसे ही मन में कोई स्वार्थी इच्छा उत्पन्न होती है, तत्काल कोई स्वार्थी तलाश शुरू हो जाती है और वास्तविक मनुष्य, पूर्ण मनुष्य लुप्त हो जाता है। वह असभ्य बन जाता है। वह इच्छाओं का दास बनकर अपने साथियों को भूल जाता है। वह कभी नहीं कहता, 'आप पहले और मैं बाद में।' ऐसा कहने की बजाय वह खुद को पहले स्थान पर रखता है और दूसरों को अपना खयाल खुद रखने की सलाह देता है।

हम पाते हैं कि श्रीकृष्ण के संदेश में हमारे लिए भी स्थान है। उस संदेश के बिना

हम हिल भी नहीं सकते हैं। हम श्रीकृष्ण का संदेश सुने बिना अपने जीवन में कोई उत्तरदायित्व नहीं ले सकते; उसे न सुनने के कारण न तो हमें अंतरात्मा के आधार पर शांति मिल सकती है, न आनंद और न ही प्रसन्नता—"यदि तुम्हारे कर्म में कोई बुराई भी हो तो उससे भयभीत मत हो; क्योंकि ऐसा कोई कर्म नहीं है, जिसमें बुराई न हो।" अपने कर्म को ईश्वर को समर्पित कर दो और फल की इच्छा मत करो। 'कर्मण्येवाधिकारस्ते मा फलेषु कदाचन। मा कर्मफलहेतुर्भू मासंगोस्तवकर्मणि॥'

दूसरी ओर, हमारे हृदय के एक कोने में दूसरे संदेश के लिए भी स्थान है—समय उड़ जाता है; यह जगत् नश्वर है और इसमें केवल पीड़ा है। हे सुषुप्त नर व नारियो! तुम अपने उत्तम भोजन, सुंदर वस्त्र एवं आरामदेह घर के साथ क्या कभी इस व्यापक तथ्य पर विचार करते हो कि यह सब पीड़ा है, पीड़ा और केवल पीड़ा? शिशु के पहले बोल पर ध्यान दो। जब वह इस संसार में आता है, वह रोता है। यह एक तथ्य है कि बच्चा रोता है। यह दुनिया रोने की जगह है! यदि हम संदेशवाहक को सुनेंगे तो हम स्वार्थी नहीं बनेंगे।

एक अन्य संदेशवाहक की ओर निहारो। वह नजारत का यीशु है। वह हमें सिखाता है, 'तैयार हो जाओ, क्योंकि स्वर्ग का राज्य तुम्हारे हाथों में है।' मैंने श्रीकृष्ण के उपदेश का चिंतन किया है और अब मैं अनासक्त होकर कार्य कर रहा हूँ। परंतु कभी-कभी मैं उसे भूल जाता हूँ। इसके बाद मेरे मन में अचानक बुद्ध का संदेश आता है—'सावधान रहो, क्योंकि इस संसार की प्रत्येक चीज क्षणभंगुर है और इस जीवन में केवल पीड़ा-ही-पीड़ा है।' मैं उसे सुनता हूँ और अनिश्चित हो जाता हूँ कि किसे स्वीकार करूँ? इसके बाद मेघ-गर्जन के साथ पुनः एक संदेश आता है—'तैयार हो जाओ, क्योंकि स्वर्ग का राज्य तुम्हारे हाथों में है। एक पल की भी देरी मत करो। कोई चीज कल के लिए मत छोड़ो। अंतिम घटना की तैयारी करो, जो तुम्हें तत्काल अपने अधिकार में ले सकती है, यद्यपि इसी क्षण।' हम स्वीकार करते हैं कि इस संदेश का भी एक स्थान है। हम पैगंबर को प्रणाम करते हैं। हम ईश्वर को प्रणाम करते हैं।

इसके बाद बराबरी के पैगंबर हजरत मोहम्मद साहब आते हैं। आप पूछते हैं, "उनके मजहब में क्या अच्छाई हो सकती है?" अगर उनके मजहब में कोई अच्छाई नहीं होती तो वह जिंदा कैसे रहता? केवल अच्छाई जिंदा रहती है। केवल उसी की उम्र लंबी होती है; क्योंकि अच्छाई की अपनी ताकत होती है, इसलिए वह जिंदा रहती है। इस दुनिया में किसी नापाक आदमी की जिंदगी कितनी लंबी हो सकती है! क्या पाक इनसान की जिंदगी ज्यादा बड़ी नहीं होती? इसमें कोई संदेह नहीं कि पाकीजगी अपने आप में

एक ताकत है, नेकी ताकत है। अगर उसमें कोई नेक हिदायत नहीं होती तो इसलाम कैसे जिंदा रह सकता था! उसमें बहुत सारी खूबियाँ हैं। मोहम्मद साहब बराबरी के मसीहा थे, इनसान के भाइचारे और सभी मुसलमानों के भाईचारे के मसीहा थे।

अत: हम पाते हैं कि प्रत्येक मसीहा, प्रत्येक संदेशवाहक का अपना एक विशेष संदेश है। जब आप पहले उस संदेश को सुनते हैं और तत्पश्चात् उसके जीवन पर दृष्टि डालते हैं तो समझ जाते हैं कि उसका जीवन स्वयं उसका देदीप्यमान वर्णन है।

अज्ञानी, मूर्ख और धर्म के तथाकथित ठेकेदार बीसियों हजार कहानियाँ गढ़ लेते हैं और अपने निजी मानसिक विकास के अनुसार ऐसे स्पष्टीकरण देते हैं, जो उनके निजी विचारों के अनुकूल होता है, जिन्हें वे महान् गुरुओं के नाम से प्रसारित कर देते हैं। वे उनकी शिक्षाओं को ग्रहण करते हैं और उसकी भ्रामक संकल्पना अपने समर्थकों पर थोप देते हैं। प्रत्येक महान् पैगंबर का जीवन अपने आप में एक उदाहरण है। उसे किसी स्पष्टीकरण, किसी टिप्पणी की आवश्यकता नहीं है। उनके जीवन पर दृष्टिपात कीजिए। उन्होंने जो कुछ किया, क्या वह किसी आलेख में समा सकता है? आप 'गीता' का अध्ययन करने के बाद पाएँगे कि वह स्वयं श्रीकृष्ण के जीवन का अंश है, गुरु के जीवन से प्रादुर्भूत हुई है।

मोहम्मद ने अपने जीवन के माध्यम से दरशाया कि मुसलमानों के बीच मुकम्मल बराबरी और भाईचारा होना चाहिए। उसमें किसी नस्ल, जाति, धर्म, रंग या लिंग का कोई प्रश्न नहीं था। तुर्की का सुल्तान अफ्रीका की किसी दुकान से किसी नीग्रो को खरीदकर, जंजीरों में बाँधकर ला सकता था। परंतु क्या वह एक मुसलमान बन सकता था और क्या उसके अंदर इतनी पर्याप्त प्रतिभा एवं योग्यताएँ हो सकती थीं कि वह सुल्तान की लड़की के साथ शादी कर सके? इसकी तुलना इस देश में नीग्रो और अमेरिकी भारतीयों के साथ होनेवाले व्यवहार से कीजिए! और हिंदू लोग क्या करते हैं? यदि आपका कोई धर्म-प्रचारक किसी रूढ़िवादी आदमी के खाने को छू ले तो वह उसे तत्काल बाहर फेंक देगा। हमारे महान् दर्शन के बावजूद, व्यवहार में हमारी कमजोरियों पर ध्यान दीजिए; लेकिन इसके बाद आप सभी जातियों/नस्लों से परे मुसलमानों की महानता को देखिए। वह बिना किसी रंग और नस्ल का भेद किए अपने आप में समानता का प्रदर्शन करती है, पूर्ण समानता दरशाती है।

क्या अन्य महानतम पैगंबर आएँगे? निश्चय ही, वे इस दुनिया में आएँगे। लेकिन आप लोग उनके आने की प्रतीक्षा मत कीजिए। इससे बेहतर तो यह है कि मुझे आप में से प्रत्येक को वास्तविक नए नियम का मसीहा बनते देखना चाहिए, जो कि समस्त

पुराने नियमों का प्रतिरूप है। सभी पुराने संदेशों को लीजिए और उन्हें अपनी निजी अनुभूतियों से संपूरित कीजिए तथा दूसरों के लिए पैगंबर बन जाइए। इनमें से प्रत्येक गुरु महान् रहा है; प्रत्येक ने हमारे लिए कुछ-न-कुछ छोड़ा है। वे हमारे ईश्वर रहे हैं। हम उन्हें प्रणाम करते हैं और चूँकि हम उनके सेवक हैं, इसलिए हम स्वयं को भी प्रणाम करते हैं। क्योंकि यदि वे पैगंबर के रूप में ईश्वर की संतानें थे तो उनके अनुयायी होने के नाते हम भी उनके समान हैं। उन्होंने अपनी पूर्णता प्राप्त की और हम अब अपनी पूर्णता प्राप्त करने जा रहे हैं। यीशु के वचन को स्मरण कीजिए, 'स्वर्ग का राज्य हमारे हाथों में है!' हम में से प्रत्येक को अभी, इसी समय एक दृढ़ प्रतिज्ञा करनी होगी, "मैं पैगंबर बनूँगा। मैं प्रकाश का संदेशवाहक बनूँगा। मैं ईश्वर की संतान बनूँगा। नहीं, मैं स्वयं ईश्वर बनूँगा!"

□

24

मेरा जीवन एवं लक्ष्य

देवियो एवं सज्जनो, आज सुबह के लिए निर्धारित विषय वेदांत दर्शन है। यह विषय स्वयमेव रोचक है, परंतु अपेक्षाकृत शुष्क एवं अत्यंत व्यापक है। इस बीच आपके अध्यक्ष और कुछ देवियों एवं सज्जनों ने मुझसे मेरे जीवन के कार्यों के विषय में बताने का आग्रह किया है। उन्होंने यह भी पूछा है कि मैं अब तक क्या करता रहा हूँ? यहाँ बैठे कुछ लोगों को यह बात रोचक लग सकती है, परंतु मेरे लिए यह अधिक रुचिकर नहीं है। वास्तव में, मैं खुद ही इस बात से अनभिज्ञ हूँ कि वस्तुतः मैं आपसे कहूँ क्या? क्योंकि यह पहली बार है, जब मैं इस विषय पर कुछ बोलने जा रहा हूँ।

अब मैं आपको यह बताने के लिए कि मैं अपने छोटे से तरीके से अब तक क्या करने की कोशिश करता रहा हूँ, मैं आपको आपकी कल्पना में भारत की सैर कराऊँगा। हमारे पास इस विषय की शाखाओं-प्रशाखाओं के विस्तृत विवरण में जाने का समय नहीं है और आपके लिए भी यह संभव नहीं है कि आप किसी विदेशी जाति की जटिलताओं को समझ सकें। आपके संतोष के लिए मैं आपके समक्ष भारत की एक नन्ही सी तसवीर रखने का प्रयास करूँगा कि वास्तव में भारत क्या है?

वह एक विशालकाय भवन की भाँति है, जो ध्वस्त हो चुका है। प्रथम दृष्टया वहाँ अभी भी कुछ आशा शेष है। वह एक ऐसा राष्ट्र है, जो जा चुका है और नष्ट हो चुका है। परंतु यदि आप थोड़े संयम के साथ अध्ययन करेंगे तो समझ जाएँगे कि उससे परे भी कुछ है। सिद्धांत एवं आदर्श की भाँति सत्य अत्यंत व्यापक है। मनुष्य जिसकी बाह्य अभिव्यक्ति है, वह न तो आहत हुआ है और न ही नष्ट हुआ है। मनुष्य जीवित है और उसके लिए अभी भी आशा शेष है। यदि आपका कोट बीस बार भी चोरी हो

* *27 जनवरी, 1900 को शेक्सपियर क्लब, पासाडेना, कैलिफोर्निया में दिया गया वक्तव्य*

जाए तो उसके कारण आपको कष्ट क्यों होना चाहिए? आप एक नया कोट खरीद सकते हैं। कोट अनावश्यक है। किसी अमीर आदमी के लुट जाने से एक व्यक्ति के रूप में उसकी ऊर्जा नष्ट नहीं होती और न ही उसका अर्थ मृत्यु है। लुटने के बाद भी वह व्यक्ति जीवित रहेगा।

इस सिद्धांत के आधार पर हम अंदर झाँकते हैं और देखते हैं—क्या? भारत अब कोई राजनीतिक शक्ति नहीं रह गया है। वह एक गुलाम बनाई गई जाति है। अपनी ही सरकार में भारतीयों को कुछ कहने का अधिकार नहीं है। उनकी आवाज नहीं सुनी जाती है। वे 30 करोड़ गुलाम हैं, इसके अतिरिक्त और कुछ नहीं। भारत में एक आदमी की औसत मासिक आय दो रुपए है। लोगों की व्यापक संख्या की सामान्य दशा भुखमरी की है, इसलिए आय में होनेवाली थोड़ी सी भी कमी से लाखों लोग मर जाते हैं। इसलिए, जब मैं भारत के उस पक्ष की ओर दृष्टि डालता हूँ तो मुझे हर तरफ विनाश ही दिखाई देता है—निराशाजनक विनाश!

परंतु हम पाते हैं कि भारतीय जाति कभी धन की भूखी नहीं रही है। यद्यपि उन्होंने किसी भी अन्य राष्ट्र से अधिक धन अर्जित किया था, तथापि हमारा देश धनी देश के रूप में नहीं जाना जाता है। वह युगों से एक शक्तिशाली जाति रहा है, किंतु कभी भी शक्ति के लिए नहीं जाना गया और न ही उसने कभी किसी देश को जीतने का प्रयास किया है। वह हमेशा अपनी ही सीमाओं में पूर्णतया संतुष्ट रहा है और उसने कभी किसी के साथ लड़ाई नहीं की। भारतीय राष्ट्र कभी शाही वैभव का प्रतीक नहीं रहा है। धन एवं शक्ति कभी भारतीय जाति के आदर्श नहीं रहे हैं।

तब क्या? क्या वे सही थे, या गलत—हम इस प्रश्न पर चर्चा नहीं कर रहे हैं। उस देश का बच्चा-बच्चा इस दर्शन में विश्वास करता है कि यह जीवन सत्य नहीं है। केवल ईश्वर सत्य है; और वे अपनी प्रत्येक अच्छी या बुरी दशा में ईश्वर से अनिवार्यतः चिपके रहते हैं। प्रत्येक अवक्रमण के मध्य धर्म सर्वोपरि है। हिंदू व्यक्ति धार्मिक रूप से पीता है, धार्मिक रूप से सोता है, धार्मिक रूप से चलता है, धार्मिक रूप से विवाह करता है, धार्मिक रूप से छीनता है।

क्या आप लोगों ने कभी ऐसा देश देखा है? यदि आप लुटेरों का कोई गिरोह खड़ा करना चाहते हैं तो गिरोह के सरगना को सबसे पहले किसी प्रकार के धर्म का उपदेश देना होगा। उसके बाद वह कुछ झूठे सिद्धांत प्रतिपादित करेगा और कहेगा कि यह तरीका ईश्वर को पाने का सबसे स्पष्ट एवं फौरी तरीका है। ऐसा करने के बाद ही वह अपने गिरोह में अन्य अनुयायी शामिल कर पाता है, अन्यथा नहीं। यह दरशाता है कि जाति की

प्राण ऊर्जा, जाति का लक्ष्य धर्म है और चूँकि उसके धर्म को कभी स्पर्श नहीं किया गया है, इसलिए वह जाति जीवित है।

रोम को देखिए। रोम का लक्ष्य साम्राज्यीय शक्ति बनना था, विस्तार करना था। जैसे ही उसके धर्म को स्पर्श किया गया, रोम बिखरकर टुकड़े-टुकड़े हो गया, समाप्त हो गया। यूनान का लक्ष्य बौद्धिक श्रेष्ठता थी। जैसे ही उसे आघात लगा, क्यों यूनान समाप्त हो गया? आधुनिक काल में स्पेन और अन्य आधुनिक देशों के साथ भी ऐसा ही हुआ। प्रत्येक राष्ट्र का संसार के लिए एक लक्ष्य होता है। जब तक वह लक्ष्य आहत नहीं होता, तब तक वह राष्ट्र अनेक कठिनाइयों के साथ भी जीवित रहता है। परंतु जैसे ही उसके लक्ष्य को नष्ट कर दिया जाता है, राष्ट्र नष्ट हो जाता है।

अब भारत की बात करते हैं। उसकी जीवनी शक्ति धर्म को अभी तक स्पर्श नहीं किया गया है। उसने स्वयं भी अपने धर्म को नहीं त्यागा है, इसलिए वह अभी भी अपने समस्त अंधविश्वासों के होते हुए भी सशक्त है। वहाँ घिनौने अंधविश्वास हैं, जिनमें से कुछ अत्यंत विद्रोहात्मक हैं। कोई चिंता नहीं। उनके राष्ट्रीय जीवन का प्रवाह—जाति का लक्ष्य—धर्म तो सुरक्षित है।

भारतीय राष्ट्र कभी भी एक शक्तिशाली विजेता लोगों का देश नहीं बनेगा—कदापि नहीं। वह कभी कोई राजनीतिक शक्ति भी नहीं बनेगा, क्योंकि यह उसका उद्यम नहीं है। राष्ट्रों के मध्य सौहार्द स्थापित करने में भारत का दृष्टिकोण ऐसा नहीं है। फिर उसे कौन सी भूमिका निभानी है? ईश्वर और एकमात्र ईश्वर। वह अडिग मृत्यु की भाँति ईश्वर से जुड़ा रहना चाहता है। इसलिए, उसमें अभी भी आशा है।

इस प्रकार, आप अपने संपूर्ण विश्लेषण के बाद इस निष्कर्ष पर पहुँचते हैं कि इन सारी चीजों, इस सारी गरीबी और कष्ट का कोई महत्त्व नहीं है। मनुष्य अभी भी जी रहा है, इसलिए अभी आशा है।

आप देखते हैं कि हमारे पूरे देश में धार्मिक गतिविधियाँ हर समय चलती रहती हैं। मुझे ऐसा एक भी वर्ष स्मरण नहीं है, जब भारत में अनेक नए संप्रदायों का उदय न हुआ हो। प्रवाह जितना अधिक तेज होगा, उसमें उतनी ही अधिक तीव्र लहरें और भँवरें होंगी। संप्रदाय किसी क्षय के नहीं, अपितु जीवन के लक्षण हैं। संप्रदायों में तब तक वृद्धि होने दीजिए, जब तक कि हम में से प्रत्येक व्यक्ति एक संप्रदाय न बन जाए। हमें इसके बारे में विवाद करने की जरूरत नहीं है।

अब आप अपने देश को लीजिए। (यहाँ मेरा उद्‌देश्य कोई आलोचना करना नहीं है।) यहाँ के सामाजिक नियम, राजनीतिक स्थापनाएँ—प्रत्येक चीज इस जीवन में मनुष्य

की यात्रा को सुगम बनाने के उद्देश्य से बनाई जाती हैं। व्यक्ति जब तक इस पृथ्वी पर है, वह सरलतापूर्वक जीवन व्यतीत कर सकता है। आप अपनी सड़कों पर दृष्टि डालिए, वे कितनी साफ-सुथरी हैं! आपके शहर कितने सुंदर हैं! और आपके यहाँ व्यक्ति के पास धन अर्जित करने के कितने उपाय हैं! इस जीवन का आनंद लेने के लिए कितने सारे साधन हैं! "अब यहाँ देखिए। यदि कोई व्यक्ति कहता है कि मैं यहाँ इस पेड़ के नीचे बैठकर ध्यान करूँगा; मैं काम नहीं करना चाहता।" क्यों, उसे जेल जाना पड़ेगा। देखिए! उसके लिए ध्यान करने का कदापि कोई अवसर नहीं है, एक भी नहीं। इस समाज में केवल वही व्यक्ति रह सकता है, जो इसके नियमों के अनुसार चले। उसे इस जीवन में बड़े पैमाने पर आनंद प्राप्त करने के लिए इस भीड़ में शामिल होना ही पड़ेगा, अन्यथा वह मर जाएगा।

आइए, अब भारत की ओर लौटते हैं। भारत में यदि कोई व्यक्ति कहता है कि "मैं अपने जीवन के शेष दिन पर्वत की सबसे ऊँची चोटी पर बैठकर अपनी नाक की नोक की ओर देखते हुए बिताऊँगा।" हरेक व्यक्ति उससे यही कहेगा, "हाँ-हाँ, अवश्य जाओ। ईश्वर तुम्हें शक्ति प्रदान करे!" उसे एक भी शब्द कहने की आवश्यकता नहीं होगी। कोई आदमी उसके लिए कुछ कपड़े लेकर आता है तो वह प्रसन्न हो जाता है। परंतु यदि कोई व्यक्ति कहता है, 'देखो, मैं कुछ समय के लिए इस जीवन का आनंद लेने जा रहा हूँ।' तो उसके लिए प्रत्येक द्वार बंद हो जाता है।

मैं कहता हूँ कि दोनों देशों के विचार अनुचित हैं। मैं इसमें कोई कारण नहीं देखता कि यदि कोई व्यक्ति इच्छुक है तो उसे बैठकर अपनी नाक की नोक की ओर ध्यान क्यों नहीं लगाना चाहिए! मैं इसका भी कोई कारण नहीं देखता कि यहाँ प्रत्येक व्यक्ति को वही कार्य करना चाहिए, जो अधिसंख्य लोग करते हैं!

मैं इसमें भी कोई कारण नहीं देखता कि भारत में किसी व्यक्ति को इस जीवन की खुशियाँ और धन कमाने का अवसर क्यों नहीं मिलना चाहिए! लेकिन आप लोग इस बात को समझें कि किस प्रकार लाखों लोगों को क्रूरतापूर्वक इसके विपरीत दृष्टिकोण अपनाने पर विवश किया जाता है! यह ऋषियों की क्रूरता है। यह महान् लोगों की क्रूरता है, आध्यात्मिक लोगों की क्रूरता है, बुद्धिमान लोगों की क्रूरता है, विवेकशील लोगों की क्रूरता है। और आप लोग इस बात को समझें कि विद्वान् व्यक्ति की क्रूरता अज्ञानी व्यक्ति की क्रूरता से अधिक शक्तिशाली होती है। विवेकशील और बुद्धिमान लोग जब अपने मत को दूसरों पर थोपते हैं तो उनके पास उसे मनवाने के लाखों उपाय होते हैं और वे उस पर अनेक प्रतिबंध लगा सकते हैं, जिसे तोड़ने की शक्ति अज्ञानी के पास नहीं होती है।

अब, मैं कहता हूँ कि यह चीज फौरन बंद होनी चाहिए। एक आध्यात्मिक महान् पुरुष पैदा करने के लिए लाखों-लाख लोगों की बलि देने की कोई आवश्यकता नहीं है। यदि किसी समाज में कोई आध्यात्मिक महापुरुष पैदा करने के बाद भी शेष लोग प्रसन्न हों तो यह अच्छा है; परंतु यदि एक व्यक्ति के लिए लाखों लोगों को असहाय बना दिया जाए तो यह अनुचित है। अच्छा यही होगा कि महान् लोगों को शेष दुनिया की मुक्ति के लिए स्वयं कष्ट उठाना चाहिए।

प्रत्येक देश में आपको उसकी रीतियों के अनुसार कार्य करना होगा। प्रत्येक व्यक्ति के साथ आपको उसकी अपनी भाषा में बात करनी होगी। यदि आप इंग्लैंड या अमेरिका में धर्म का उपदेश देना चाहते हैं तो आपको राजनीतिक पद्धतियों के माध्यम से काम लेना होगा—संगठन बनाइए, समाज बनाइए, चुनाव एवं मतपत्र के माध्यम से अध्यक्ष का चुनाव कीजिए; क्योंकि पश्चिमी जाति की यही रीति है, यही भाषा है। दूसरी ओर, यदि आप भारत में राजनीति के बारे में बात करना चाहते हैं तो आपको अनिवार्यत: धर्म की भाषा में बात करनी होगी। आपको उन्हें कुछ इस प्रकार समझाना होगा—'जो व्यक्ति नित्य प्रति प्रात:काल अपने घर की साफ-सफाई करता है, उसे अमुक-अमुक मात्रा में अमुक-अमुक लाभ प्राप्त होंगे। वह स्वर्ग में जाएगा या उसे ईश्वर की प्राप्ति होगी।' जब तक आप अपनी बात इस प्रकार नहीं रखेंगे, वे आपकी बात नहीं सुनेंगे। यह भाषा का प्रश्न है। किए जानेवाला कार्य समान है, परंतु उसकी रीति में अंतर है। यही प्रत्येक जाति के साथ है। आपको उनके दिलों तक पहुँचने के लिए उनकी भाषा में बात करनी पड़ेगी, और यह पूरी तरह उचित भी है। हमें उसे अधिक घिसने की आवश्यकता नहीं है।

मैं जिस वर्ग से आता हूँ, उसमें हमें संन्यासी कहा जाता है। 'संन्यासी' शब्द का अर्थ है—'वह व्यक्ति, जिसने त्याग कर दिया हो।' यह एक अत्यंत प्राचीन व्यवस्था है। यद्यपि ईसा से 560 वर्ष पूर्व हुए बुद्ध भी उसी वर्ग से आते थे। बुद्ध अपने वर्ग के सबसे बड़े सुधारकों में से एक थे। उनके पास सबकुछ था, अत्यंत प्राचीन! उस व्यवस्था को आप दुनिया के सबसे प्राचीन ग्रंथ वेदों में पा सकते हैं। प्राचीन भारत में यह प्रथा थी कि प्रत्येक नर व नारी को अपने जीवन के अंतिम चरण में सामाजिक जीवन का पूर्ण परित्याग करना पड़ता था और उसे केवल ईश्वर तथा अपनी मुक्ति को छोड़कर किसी अन्य विषय में चिंतन करने की आवश्यकता नहीं थी। यह नियम जीवन की महानतम घटना—मृत्यु की तैयारी करने के लिए बनाया गया था। इसलिए वृद्ध लोग अपनी वृद्धावस्था के प्रारंभिक दिनों में ही संन्यासी बन जाते थे। कालांतर में, युवाओं ने भी संसार को त्यागकर संन्यासी बनना प्रारंभ कर दिया। युवा लोग सक्रिय हैं। वे किसी वृक्ष के नीचे बैठकर हर समय

केवल अपनी मृत्यु के बारे में नहीं सोचते। इसलिए उन्होंने उपदेश देना और अपना संप्रदाय बनाना शुरू कर दिया। इस प्रकार, बुद्ध ने अपनी युवावस्था में ही महान् सुधार प्रारंभ कर दिए थे। यदि वे कोई वृद्ध व्यक्ति होते तो वे भी बैठकर अपनी नाक की नोक की ओर देखते और शांतिपूर्वक मर जाते।

हमारी व्यवस्था कोई चर्च नहीं है और न ही उसमें शामिल होनेवाले लोग पादरी हैं। संन्यासियों और पादरियों में बहुत अंतर है। भारत में पुरोहिताई सामाजिक जीवन के किसी अन्य उद्यम की भाँति आनुवंशिक व्यवसाय है। जिस प्रकार किसी बढ़ई का पुत्र बढ़ई बनता है और किसी लुहार का पुत्र लुहार बनता है, उसी प्रकार पुरोहित का पुत्र पुरोहित बनता है। पुरोहित को सदैव विवाहित अवश्य होना चाहिए। हिंदू उस व्यक्ति को पूर्ण नहीं मानता, जिसकी पत्नी न हो। किसी अविवाहित व्यक्ति को कोई धार्मिक अनुष्ठान कराने का कोई अधिकार नहीं होता है।

संन्यासियों के पास न तो कोई संपत्ति होती है और न ही वे कभी विवाह करते हैं। इसके आगे कोई संगठन नहीं है। यदि उनके अंदर कोई रिश्ता है तो केवल गुरु एवं शिष्य का रिश्ता है—और यह भारत के लिए विशिष्ट है। हमारे वर्ग में गुरु कोई ऐसा व्यक्ति नहीं है, जो हमें पढ़ाने आता है; और मैं उसके मानदेय का भुगतान करता हूँ तथा बात यहीं समाप्त हो जाती है। भारत में वस्तुतः यह गोद लेने के समान है। हमारे यहाँ मेरा गुरु मेरे पिता से भी बढ़कर है और मैं उसका सच्चा शिष्य हूँ, प्रत्येक दशा में उसका पुत्र हूँ। मैं अपने पिता के समक्ष भी अपने गुरु का आज्ञाकारी होने और उसे आदर देने के लिए वचनबद्ध हूँ, क्योंकि वे कहते हैं कि पिता ने मुझे यह शरीर दिया, किंतु गुरु ने मुझे मुक्ति का मार्ग दिखाया, इसलिए वह मेरे पिता से बड़ा है। 'गुरुर्ब्रह्मा गुरुर्विष्णुर्गुरुर्देवो महेश्वरः। गुरुः साक्षात् परब्रह्म तस्मै श्रीगुरुवे नमः॥' और हम अपने गुरु के प्रति अपने इस प्रेम व सम्मान को आजीवन बनाए रखते हैं। केवल वही एक संस्थान है, जो अस्तित्व में है। मैं अपने शिष्यों को गोद लेता हूँ। कभी-कभी ऐसा भी होता है कि गुरु कोई युवक और शिष्य अत्यंत बूढ़ा व्यक्ति होता है। लेकिन चिंता मत करो, वह पुत्र है और वह मुझे 'पिता' कहकर पुकारता है। मैं भी उसे अपने पुत्र या पुत्री के रूप में संबोधित करता हूँ।

अब मुझे मेरे गुरु के रूप में एक वृद्ध व्यक्ति मिला और वह अत्यंत विशिष्ट व्यक्ति था। उन्होंने अधिक बौद्धिक विद्वत्ता पर ध्यान नहीं दिया। वे पुस्तकें भी बहुत कम पढ़ते थे; परंतु उन्होंने अपने बचपन में ही सत्य को प्रत्यक्ष प्राप्त करने का विचार प्राप्त कर लिया था। पहले उन्होंने अपने धर्म के अध्ययन द्वारा सत्य को जानने का प्रयास किया, तत्पश्चात् उनके मन में विचार आया कि सत्य के विषय में जानने के लिए उन्हें अन्य

धर्मों का ज्ञान भी अवश्य प्राप्त करना चाहिए। अपने इस विचार के साथ उन्होंने एक के बाद एक कई धर्मों और संप्रदायों में प्रवेश किया। कुछ समय के लिए उन्होंने ठीक वैसा ही किया, जो उन्हें कहने के लिए कहा गया। उन्होंने इन विभिन्न धर्मों के भक्तों के साथ समय बिताया और जब तक प्रत्येक संप्रदाय की पूरी जानकारी प्राप्त नहीं कर ली, तब तक वे उनमें अंदर तक समाए रहे। कुछ वर्षों बाद वे एक संप्रदाय छोड़कर दूसरे संप्रदाय में चले जाते थे। जब उन्होंने सभी संप्रदायों में रहकर उनकी जानकारी प्राप्त कर ली तो इस निष्कर्ष पर पहुँचे कि सारे संप्रदाय अच्छे थे। उन्होंने किसी संप्रदाय की आलोचना नहीं की। उन्होंने कहा कि वे सभी संप्रदाय एक ही लक्ष्य तक ले जानेवाले विभिन्न मार्ग थे। इसके बाद उन्होंने कहा, "यह अत्यंत गर्व की बात है कि हमारे यहाँ इतने सारे संप्रदाय हैं। व्यक्ति को जिसका मार्ग लाभप्रद लगे, वह उस संप्रदाय का चयन कर सकता था। उन्होंने कहा कि हमारे पास दिग्दर्शकों की संख्या जितनी अधिक होगी, लोगों को सत्य को जानने का अवसर उतना अधिक बढ़ जाएगा। यदि मुझे किसी एक भाषा में नहीं पढ़ाया जा सकता है तो मैं किसी दूसरी भाषा में पढ़ने का प्रयास करूँगा।" इस प्रकार, प्रत्येक धर्म के प्रति उनकी शुभेच्छा एवं आशीर्वाद था।

अब मैं जितने सारे विचारों की शिक्षा देता हूँ, उनमें केवल अपने गुरु के विचारों को प्रतिध्वनित करने का प्रयास करता हूँ। केवल कुछ तुच्छ विचारों के अतिरिक्त मेरा अपना कोई विचार नहीं है। मैं जो कुछ कहता हूँ, वह मिथ्या एवं निकृष्ट है; परंतु मैंने अब तक जितने शब्द भी बोले हैं, वे सच्चे एवं उत्तम हैं और मैंने सहजतः अपने गुरु की वाणी को प्रतिध्वनित करने का प्रयास किया है। उनके जीवन को प्रो. मैक्समूलर द्वारा लिखित पुस्तक (रामकृष्ण : उनका जीवन एवं कथन) में पढ़ें। यह पुस्तक पहली बार सन् 1896 में लंदन से प्रकाशित हुई थी। सन् 1951 में अद्वैत आश्रम द्वारा इसे पुनर्मुद्रित किया गया।

उन्हीं पूज्य गुरुजी के श्रीचरणों में बैठकर मैंने इन विचारों को ग्रहण किया है। वहाँ मेरे साथ कुछ अन्य युवक भी थे। उस समय मैं एक किशोर था। मैं उनके पास तब गया था, जब मेरी आयु लगभग 16 वर्ष थी। कुछ लड़के तो मुझसे भी छोटे थे और कुछ मुझसे बड़े थे। हम लोग एक दर्जन या इससे कुछ अधिक थे। वहाँ हमने विचार किया कि इस आदर्श को फैलाया जाना चाहिए, और न केवल इसे प्रसारित किया जाना चाहिए, बल्कि इसे व्यावहारिक भी बनाया जाना चाहिए। कहने का तात्पर्य यह कि हमें हिंदुओं की आध्यात्मिकता, बुद्ध की दयालुता, ईसाइयों की कर्मठता और मुसलिमों के भाईचारे को अपने व्यावहारिक जीवन में अपनाना चाहिए। हमने कहा, "हमें बिना अधिक प्रतीक्षा किए यहाँ और अभी एक नए वैश्विक धर्म की शुरुआत करनी चाहिए।"

हमारे गुरुजी एक वृद्ध व्यक्ति थे। उन्होंने कभी अपने हाथ से किसी सिक्के का स्पर्श नहीं किया। उन्होंने लोगों द्वारा दिए गए थोड़े से भोजन और कुछ गज सूती कपड़े के अतिरिक्त अधिक कुछ नहीं लिया। उन्हें कोई अन्य उपहार लेने के लिए भी कभी प्रभावित नहीं किया जा सकता था। अपने इन्हीं उत्कृष्ट विचारों के कारण वह अत्यंत कठोर थे, क्योंकि उनके विचार उन्हें स्वतंत्र बनाए रखते थे। भारत में आज का संन्यासी किसी राजकुमार का मित्र हो सकता है, उसके साथ भोजन कर सकता है और कल वह किसी भिखारी के साथ किसी पेड़ के नीचे सो सकता है। उसे अनिवार्यतः सभी के संपर्क में आना पड़ता है और हर समय चलते रहना होता है। जैसी कि उक्ति है—"लुढ़कते पत्थर में कभी कीचड़ नहीं लगती।" अपने विगत जीवन के चौदह वर्षों में मैं कभी भी एक स्थान पर तीन माह से अधिक नहीं ठहरा—लगातार चलता रहा हूँ। हम सब ऐसा ही करते हैं।

इसके बाद हमारे गुरु के देहावसान का दुःखद दिन आया। हमने अपने सामर्थ्य के अनुसार उनकी भरपूर सेवा की। हमारे कोई मित्र नहीं थे। हम जैसे कुछ सनकी विचारोंवाले लड़कों की बात कौन सुनता! कोई नहीं। कम-से-कम भारत में तो बच्चों को कुछ नहीं समझा जाता और यदि वे संन्यासी हों तो और भी कोई उनकी बात नहीं सुनता है। जरा विचार कीजिए, एक दर्जन लड़के लोगों को व्यापक बड़े विचारों की जानकारी दे रहे थे और उनसे कह रहे थे कि वे अपने जीवन में इन विचारों के प्रसार हेतु कार्य करने के प्रति दृढ़ निश्चयी हैं! क्यों? हमारी बातें सुनकर लोग हँसी उड़ाते थे! धीरे-धीरे वह हँसी बढ़कर प्रताड़ना में परिवर्तित हो गई। क्यों? क्योंकि लड़कों के माता-पिता ने हम में से प्रत्येक की पिटाई करने के बारे में सोचना शुरू कर दिया। हम लोगों की जितनी अधिक हँसी उड़ाई गई, हम उतने ही अधिक दृढ़ निश्चयी बनते चले गए।

इसके बाद हमारे लिए भयानक समय आया—मेरे लिए व्यक्तिगत तौर पर और सामूहिक रूप से सभी पर। मेरे लिए वह बहुत दुर्भाग्यपूर्ण था! एक ओर मेरी माँ एवं छोटे भाई थे। उसी समय मेरे पिता की दुःखद मृत्यु हो गई। हम सब असहाय छोड़ दिए गए थे। हमारी दशा अत्यंत दयनीय थी; लगभग हर समय भुखमरी की स्थिति बनी रहती थी! मैं अकेला ही परिवार की संपूर्ण आशा था, जो उनकी सहायता के लिए कुछ कर सकता था। मुझे मेरे दो संसारों के बीच खड़ा होना था। एक ओर मुझे अपनी माँ एवं भाइयों को भूख से मरते हुए देखना था, दूसरी ओर मेरे समक्ष मेरे गुरु की शिक्षाएँ थीं, जिनके बारे में मेरा दृढ़ विश्वास था कि वे भारत और समस्त संसार की भलाई के लिए अच्छे हैं, अतः उनका उपदेश देते हुए उन्हें कार्यान्वित किया जाना चाहिए। इस तरह, कई महीनों तक मेरे मन में यह द्वंद्व चलता रहा। कई बार मैं पाँच या छह दिनों तक लगातार, बिना

रुके प्रार्थना करता रहता था। उन दिनों की पीड़ा के विचार मात्र से मैं सहम जाता हूँ! मैं नरक में रह रहा था! मेरे बाल मन का स्वाभाविक स्नेह मुझे मेरे परिवार की ओर खींच रहा था। मेरे लिए अपने सगे-संबंधियों को कष्ट उठाते देखना असह्य था। दूसरी ओर, मेरे प्रति हमदर्दी दिखानेवाला भी कोई नहीं था। किसी लड़के की कल्पनाओं से कौन हमदर्दी दिखा सकता था—और कल्पनाएँ भी ऐसी, जो दूसरों को कष्ट के अतिरिक्त और कुछ नहीं दे सकती थीं। मेरे साथ संवेदना कौन जताता? कोई नहीं, सिवाय एक व्यक्ति के।

उस एक की हमदर्दी मेरे लिए वरदान एवं आशा लेकर आई। वह एक ममतामयी नारी थी। हमारे गुरु, इस महान् संन्यासी, का विवाह उस समय हुआ था, जब वह एक बालक थे और वह बालिका थी। जब वह जवान हो गए और उनके ऊपर धार्मिक जिज्ञासाएँ सवार हो गईं, उसी दौरान वह स्त्री उनसे मिलने आई। यद्यपि उनका विवाह हुए काफी समय बीत चुका था, परंतु जब तक वे दोनों बड़े नहीं हो गए, तब तक उन्होंने एक-दूसरे को अच्छी तरह देखा भी नहीं था। उसके बाद उसने अपनी पत्नी से कहा, "मेरी ओर निहारो। मैं तुम्हारा पति हूँ। इस शरीर पर तुम्हारा अधिकार है। यद्यपि मैंने तुम्हारे साथ विवाह किया है, तथापि मैं वैवाहिक जीवन व्यतीत नहीं कर सकता। मैं इसे तुम्हारे निर्णय पर छोड़ता हूँ।"

उसने रोते हुए कहा, "ईश्वर आपकी सहायता और उन्नति करे! भगवान् आपको आशीर्वाद प्रदान करे! क्या मैं आपको पथभ्रष्ट करनेवाली स्त्री हूँ? यदि मैं कर सकी तो यथासंभव आपकी सहायता करूँगी। आप अपना कर्म जारी रखिए।"

वही थी वह नारी! पति आगे चलकर अपने तरीके से संन्यासी बन गए और पत्नी ने उनसे दूर रहकर यथाशक्ति सहायता करनी प्रारंभ कर दी। कालांतर में, जब वह व्यक्ति महान् आध्यात्मिक हस्ती बन गए तो उनकी पत्नी आईं और उनकी पहली शिष्या बन गईं और उन्होंने अपना शेष जीवन इस महान् व्यक्ति की देखभाल में व्यतीत कर दिया। मेरे गुरु की ऐसी दशा हो गई कि उन्हें इस बात का भान ही नहीं रहता था कि वह जीवित हैं या मृत, या कुछ अन्य! कई बार वे बातें करते-करते इतने उत्तेजित हो जाते, मानो जलते हुए कोयले पर बैठ गए हों! उन्हें किसी चीज की सुध नहीं रहती थी। वे अपने शरीर के बारे में हमेशा सबकुछ भूल चुके थे।

वह स्त्री, उनकी पत्नी एकमात्र स्त्री थीं, जिन्होंने उन लड़कों के विचारों के प्रति हमदर्दी दिखाई। परंतु वह असहाय थीं। वह हम लड़कों से भी अधिक गरीब थीं। कोई चिंता नहीं! हम व्यवस्था भंग करने पर उतारू हो गए। मैंने महसूस किया कि मैं जिन विचारों के साथ जी रहा हूँ, वे भारत को पुनर्गठित करेंगे और अनेक देशों तथा विदेशी

जातियों के लिए अच्छे दिन लेकर आएँगे। उस विश्वास के साथ मेरे मन में विचार आया कि जगत् के प्रति मेरे विचारों के मर जाने से अच्छा होगा कि कुछ लोग कष्ट उठाएँ। एक माँ और दो भाई मर जाएँगे तो क्या? यह एक बलिदान है। यह बलिदान होने दो। कोई महान् कार्य किसी कुरबानी के बिना कभी नहीं होता है। मुझे अपने रक्त-रंजित हृदय को निकालकर बलि-वेदी पर चढ़ाना होगा, तभी महान् कार्य किए जा सकेंगे। क्या इसके अतिरिक्त कोई अन्य उपाय है? किसी के पास कोई उपाय नहीं है। मैं आप में से प्रत्येक से निवेदन करना चाहता हूँ कि कृपया बताएँ कि जिन्होंने कोई महान् उपलब्धि हासिल की है, उन्हें उसके लिए कितनी कीमत चुकानी पड़ी? कितनी पीड़ा है! कितना उत्पीड़न! प्रत्येक के जीवन में कोई भी सफलता प्राप्त करने के लिए कितना कष्ट उठाना पड़ता है! आप सभी लोग इस तथ्य से भलीभाँति परिचित हैं।

इस प्रकार, हम लड़कों का दल आगे बढ़ता रहा। हमारे आसपास रहनेवालों से यदि हमें कुछ मिला तो केवल फटकार एवं तिरस्कार, इसके अतिरिक्त और कुछ भी नहीं। निश्चय ही, हमें अपनी भूख शांत करने के लिए घर-घर जाकर भिक्षा माँगनी पड़ी। लोग कुछ देते भी थे तो केवल तिरस्कार एवं घृणा के साथ। कभी कोई सूखी डबल रोटी का टुकड़ा इस घर से तो कभी उस घर से मिल जाता था। हमने एक पुराने खँडहर में अपना सिर छिपाने का ठिकाना बना लिया था, जिसमें जमीन के नीचे से कभी-कभी साँप निकल आते थे। वह खँडहर सबसे सस्ता था, अतः हम लोगों ने उसे अपने रहने के लिए ले लिया था।

हमें इस प्रकार भटकते हुए कुछ वर्ष बीत गए। सारे भारत में घूम-घूमकर धीरे-धीरे हम अपने विचारों को फैलाने का प्रयास करते रहे। हमें दस वर्ष बीत गए, परंतु प्रकाश की एक भी किरण दिखाई नहीं दी। दस वर्ष का समय कुछ कम नहीं होता! हजारों बार हमारे हाथ निराशा लगी; परंतु हमारे पास आशा के नाम पर एक-दूसरे के प्रति व्यापक निष्ठा थी। हम परस्पर बड़े प्रेम से रहते थे। मुझे लगभग एक सौ पुरुषों का विश्वास प्राप्त हो गया। उन्होंने हमारे कथन पर असंदिग्ध विश्वास किया; यहाँ तक कि यदि मैं कल को बुरा भी बन जाऊँ, तो भी मेरे प्रति उनकी निष्ठा में कोई कमी नहीं आने वाली थी। वे कहते, "यहाँ हम मजबूती से खड़े हैं! हम आपको कभी नहीं छोड़ेंगे!" मेरे लिए वह सबसे बड़ा वरदान था। सुख में, दुःख में, भूख में, पीड़ा में, स्वर्ग में या नरक में जो कभी मेरा साथ न छोड़े, वही मेरा मित्र है। क्या ऐसी मित्रता कोई मजाक है? ऐसी मित्रता के माध्यम से व्यक्ति मुक्ति प्राप्त कर सकता है। यदि हम इस तरह प्रेम करें तो वह प्रेम हमारे लिए मुक्ति लेकर आता है। यदि हमारे पास ऐसी निष्ठा हो तो वही हमारे

लिए संपूर्ण एकाग्रता का सार है। यदि आपके पास ऐसी निष्ठा, ऐसा प्रेम हो तो आपको संसार में किसी ईश्वर की पूजा करने की कोई आवश्यकता नहीं है। और हमारे कठिन दिनों में हमारे पास ये दोनों चीजें मौजूद थीं। उसी निष्ठा एवं विश्वास ने हमें हिमालय से केप कमोरिन और सिंधु से ब्रह्मपुत्र तक गतिशील बनाए रखा।

हम लड़कों के इस गुट ने भ्रमण करना प्रारंभ किया। धीरे-धीरे हमने लोगों का ध्यान अपनी ओर खींचना प्रारंभ किया। हमारे प्रयास में हमें 90 प्रतिशत निराशा और बहुत छोटी मात्रा में सहायता मिली। इसका कारण यह था कि हम लोग अभी युवक थे और निर्धन तथा कंगाल रहते हुए भी अध्यात्म की अलख जगा रहे थे। न हमारे पास अच्छे वस्त्र थे और न ही खाने के लिए उत्तम भोजन। जिसे जीवन में अपना निजी मार्ग बनाना पड़ता है, उसें ऐसी कठिनाइयों का सामना करना ही पड़ता है। उसके पास सरल, सौम्य एवं विनम्र बनने का समय नहीं होता है। हम उन्हें 'देवियो एवं सज्जनो' कहकर संबोधित करते और अपनी बात कहते, बस! आप लोगों ने भी जीवन में अकसर ऐसा अनुभव किया होगा। हीरा प्रारंभ में मैला होता है, उसमें कोई चमक नहीं होती; परंतु जब उसे घिसकर साफ कर दिया जाता है तो उसकी चमक दिखाई देने लगती है और उसे रत्न मंजूषा में स्थान मिल जाता है।

और हम लोगों की भी वैसी ही स्थिति थी। हमारा आदर्श वाक्य था—'कोई समझौता नहीं।' यह आदर्श है और हमें इसे हर हाल में आगे बढ़ाना ही होगा। चाहे हम किसी राजा से मिलते या किसी किसान से, दोनों के लिए हमारे पास मरते दम तक एक ही संदेश था और अनिवार्यतः उनसे अपने मन की बात कहनी ही थी। स्वाभाविक तौर पर, हमें कई बार विरोध का सामना भी करना पड़ता था।

परंतु आप लोगों को यह बात ध्यान में रखनी चाहिए कि यह जीवन का अनुभव है। यदि आप सचमुच लोगों के लिए कुछ अच्छा करना चाहते हैं तो चाहे संपूर्ण ब्रह्मांड आपके विरुद्ध खड़ा हो जाए, वह आपको क्षति नहीं पहुँचा सकता है। यदि आप सचमुच शुभेच्छु एवं निस्स्वार्थ हैं तो आपकी ईश्वरीय शक्ति के समक्ष उसे अनिवार्यतः झुकना ही पड़ेगा। और वे लड़के ऐसे ही थे। वे प्रकृति के हाथों स्वच्छ एवं परिष्कृत और तरोताजा होकर आए थे। मेरे गुरुजी कहा करते थे, "मैं ईश्वर की वेदी पर केवल ऐसे पुष्पों को चढ़ाना चाहूँगा, जो कभी सूँघे न गए हों; ऐसे फल चढ़ाऊँगा, जिन्हें किसी ने अपनी उँगलियों से स्पर्श न किया हो।" उस महान् व्यक्ति के वाक्यों ने हमें जीवित बनाए रखा; क्योंकि उन्होंने कलकत्ता की गलियों से ऐसे लड़कों को एकत्रित किया था, जिनका भविष्य उन्होंने देख लिया था। जब वे कहते, "आप लोग देखेंगे कि यह लड़का या वह

लड़का क्या बनता है, तो लोग उनकी बातों पर हँस पड़ते थे।" उनकी निष्ठा अपरिवर्तनीय थी—"यह मुझे माता ने सिखाया है। मैं दुर्बल हो सकता हूँ; परंतु जब वह कहती है कि ऐसा अवश्य होगा, तो वह कभी गलती नहीं कर सकती; उसे ऐसा ही होना होगा।"

अत: बिना किसी प्रकाश के दस वर्षों तक ऐसा ही चलता रहा; परंतु मेरा स्वास्थ्य दिन-प्रतिदिन गिरता जा रहा था। आगे चलकर उसका प्रभाव मेरे शरीर पर पड़ना ही था—कभी हमें रात को 9 बजे एक बार भोजन मिलता तो कभी अगले दिन प्रात: 8 बजे कुछ खाने को मिल जाता और दूसरी बार भोजन मिलने में दो दिन लग जाते थे। उसके बाद दो दिनों तक भूखा रहने के बाद तीसरे दिन खाना मिल पाता था और जो कुछ मिलता भी था, वह अपर्याप्त एवं निकृष्ट होता था। कोई व्यक्ति किसी भिखारी को अपनी अच्छी चीज कहाँ देने वाला था! और भारत में लोगों के पास भिखारियों को देने के लिए वैसे भी कुछ अधिक नहीं होता था। हमारा अधिकतर समय पैदल यात्रा, पर्वतों की चोटियों पर चढ़ने और कई बार तो भोजन प्राप्त करने के लिए पहाड़ियों पर 10 मील लंबी कठिन चढ़ाई करनी पड़ती थी। भारत में लोग बिना खमीर वाली रोटी खाते हैं और कई बार तो वे उसे बीस से तीस दिनों तक जमा करके रखते हैं। जब वह सूखकर ईंट के समान कठोर हो जाती तो वे उसमें से एक टुकड़ा तोड़कर दे देते हैं। एक समय का आहार एकत्रित करने के लिए मुझे घर-घर जाना पड़ता था और जो रोटियाँ मिलती भी थीं, उन्हें खाने से मेरे मुँह से खून निकलने लगता था। कई बार तो उसे खाने में दाँत भी टूट जाता था। ऐसी सूखी रोटियों को मैं एक बरतन में रखकर उसमें नदी से लाकर जल डाल देता था। महीनों-महीनों मैं इसी प्रकार जीवित रहा। निस्संदेह, वह सब मेरे स्वास्थ्य पर बहुत भारी पड़ा।

उसके बाद मैंने सोचा कि भारत में बहुत प्रयास कर लिया, अब मुझे किसी अन्य देश में प्रयास करना चाहिए। उसी समय आपकी धर्म संसद् होने वाली थी और उसमें भाग लेने के लिए भारत से किसी को भेजा जाना था। उस समय मैं स्वतंत्र विचरण करता था। परंतु मैंने कहा, "यदि आप मुझे भेजेंगे तो मैं चला जाऊँगा। मेरे पास खोने के लिए कुछ है भी नहीं और यदि मैं कुछ खो भी दूँगा तो उसकी मुझे कोई चिंता नहीं है।" धन प्राप्त करना अत्यंत कठिन था। परंतु लंबे संघर्ष के बाद उन्होंने मेरे मार्ग व्यय लायक धन इकट्ठा कर लिया और मैं यहाँ आ गया। मैं आपके यहाँ दो महीने पूर्व ही आ गया था, ताकि किसी के जाने बिना दो महीने तक आपकी सड़कों पर घूम सकूँ।

अंततोगत्वा, 'धर्म संसद्' प्रारंभ हुई और मैं यहाँ अनेक दयालु मित्रों से मिला, जिन्होंने मेरी भरपूर सहायता की। मैंने थोड़ा-बहुत कार्य किया, चंदा एकत्रित किया और

दो पत्र प्रारंभ किए। इसके बाद मैं इंग्लैंड चला गया और वहाँ काम किया। उसी समय मैंने भारत के लिए भी अमेरिका में कार्य करना जारी रखा।

मेरे मन में भारत के लिए विकसित एवं केंद्रित योजना कुछ इस प्रकार थी—मैंने आपको वहाँ संन्यासियों के जीवन के बारे में बताया था कि किस प्रकार हमें घर-घर जाना पड़ता है, ताकि सभी लोगों के पास बिना कुछ खर्च किए धर्म निःशुल्क पहुँच जाए। हमारे धर्म-प्रचार के बदले हमें केवल रोटी के कुछ टूटे हुए टुकड़े मिलते थे। इसी कारण से आप देख पाते हैं कि भारत में निर्धनतम व्यक्ति के पास भी उच्चतम धार्मिक विचार हैं। वह सब इन संन्यासियों के परिश्रम के कारण है। परंतु यदि आप उनसे पूछें, "अंग्रेज कौन हैं?" तो उनकी उसे कोई जानकारी नहीं है। वह संभवतः कहेगा, "वे उन राक्षसों की संतानें हैं, जिनका वर्णन ग्रंथों में किया गया है। क्या वही नहीं हैं?"

"तुम्हारे ऊपर शासन कौन करता है?"

"हम नहीं जानते।"

"सरकार क्या है?"

वे नहीं जानते। परंतु वे दर्शन के बारे में अवश्य जानते हैं। इस धरती पर वे जिस चीज से अपने जीवन में दुःखी हैं, वह है जीवन के बारे में उनकी बौद्धिक शिक्षा। वे करोड़ों-करोड़ लोग इस संसार से आगे के जीवन के लिए तैयार हैं। क्या यह दुनिया उनके लिए काफी नहीं है? निश्चय ही, नहीं। उन्हें हर हाल में खाने के लिए अच्छी रोटी और पहनने के लिए अच्छे कपड़े चाहिए। सबसे बड़ा प्रश्न है—दुर्बल कायावाले इन करोड़ों लोगों के लिए अच्छी रोटी और अच्छे कपड़े कैसे और कहाँ से आएँगे?

सबसे पहले, मैं आपको यह बात अवश्य बताना चाहूँगा कि उनके लिए बड़ी आशा है, क्योंकि इस पृथ्वी पर वे सर्वाधिक सभ्यतम लोग हैं। ऐसा नहीं है कि वे कायर हैं। जब वे लड़ने के लिए उतारू होते हैं तो राक्षसों की तरह लड़ते हैं। वे अच्छे सैनिक हैं। अंग्रेजों ने अपनी सेना में भारत के किसानों के बीच से बलिष्ठतम नौजवानों को भरती किया है। उनके लिए मृत्यु का कोई विशेष महत्त्व नहीं है। उनका दृष्टिकोण है—"मैं पहले भी बीसियों बार मर चुका हूँ और इसके बाद भी अनेक बार मरूँगा। मृत्यु से क्या भय?" वे कभी पीठ नहीं दिखाते हैं। वे अधिक भावुक नहीं हैं, परंतु वे अच्छे योद्धा अवश्य हैं।

तथापि उनकी प्रवृत्ति हल चलाने की है। यदि आप उन्हें अपने धर्म का पालन करने की स्वतंत्रता दें तो चाहे आप उन्हें लूट ही क्यों न लें या उनकी हत्या ही क्यों न कर दें, उनके ऊपर अधिक कर लगा दें अथवा उनके साथ कुछ भी कर लें, वे शांत एवं सौम्य बने रहेंगे। वे कभी किसी अन्य के धर्म में हस्तक्षेप नहीं करते हैं। "आप हमें हमारे ईश्वर

की पूजा करने की स्वतंत्रता दे दें, बेशक उसके बदले हमारा सबकुछ छीन लें!" यह उनकी प्रवृत्ति है। जब अंग्रेज लोग उन्हें छू लेते हैं तो परेशानी प्रारंभ हो जाती है। सन् 1857 के विद्रोह का असली कारण यही था—वे अपना धार्मिक दमन कदापि सहन नहीं कर सकते हैं। बड़ी-बड़ी इसलामी सरकारें इसीलिए नष्ट हो गईं, क्योंकि उन्होंने भारतीयों के धर्म को स्पर्श किया था।

परंतु, इसके अतिरिक्त वे अत्यंत सौम्य, शांत एवं सभ्य हैं। सबसे बड़ी बात यह कि उनके मन में किसी के प्रति कोई विद्वेष नहीं है। वे किसी कठोर पेय (मदिरा) से कोसों दूर रहते हैं। उनकी यह प्रवृत्ति उन्हें दुनिया की किसी भीड़ से श्रेष्ठ बनाती है। आप भारत के किसी गरीब आदमी के जीवन की श्रेष्ठता की तुलना अपने यहाँ के गंदी बस्ती में रहनेवाले व्यक्ति से नहीं कर सकते हैं। गंदी बस्ती का अर्थ गरीबी है। परंतु भारत में गरीबी का अर्थ पाप, निकृष्टता एवं विद्वेष नहीं है। अन्य देशों में इतनी अधिक संभावनाएँ और अवसर हैं कि वहाँ केवल असभ्य एवं आलसी लोग ही गरीब हो सकते हैं। यदि कोई व्यक्ति मूर्ख या असभ्य न हो तो वहाँ गरीबी का कोई कारण नहीं है। केवल वे लोग व्यथित हैं, जो शहरी जीवन और उसकी समस्त सुविधाएँ प्राप्त करने के इच्छुक हैं। वे उस देश में नहीं जाएँगे। वे कहते हैं, "हम यहाँ पूरी तरह मजे में हैं और तुम्हें अनिवार्यतः हमें रोटी देनी ही पड़ेगी।" परंतु भारत में ऐसी स्थिति नहीं है, जहाँ गरीब आदमी सूर्योदय से सूर्यास्त तक कठोर श्रम करता है और कोई आदमी उनके हाथों से रोटी छीनकर उन्हें तथा उनके बच्चों को भूखा छोड़ देता है। इन सब चीजों के होते हुए भी भारत में लाखों टन गेहूँ का उत्पादन होता है, परंतु किसान के मुँह में शायद की कोई दाना जाता हो! वह निकृष्ट मक्के पर जीवित रहता है, जिसे आप लोग अपने पालतू पक्षियों को भी नहीं खिलाते हैं।

ऐसे पवित्र एवं भले लोगों के तनाव में रहने और मुसीबत झेलने का कोई कारण नहीं होना चाहिए। हम यहाँ आपको भारत में लाखों कुपोषित एवं दुर्बल स्त्रियों के बारे में बातें करते सुनते हैं, परंतु कोई भी हमारी सहायता के लिए आगे नहीं आता है। जानते हैं, वे क्या कहते हैं? वे कहते हैं, "तुम्हारी सहायता केवल तभी की जा सकती है, तुम्हारी स्थिति तभी अच्छी हो सकती है, जब तुम अपने आप को भुला दो। हिंदुओं की सहायता करना व्यर्थ है।" इन लोगों को जातियों के इतिहास का ज्ञान नहीं है। यदि वे अपने धर्म एवं अपने संस्थानों को बदल भी लें तो उनके लिए भारत का कोई अर्थ नहीं है, क्योंकि वह उस जाति की जीवनी शक्ति है। जब उनका धर्म एवं जाति ही नष्ट हो जाएगी तो आप किसकी सहायता करेंगे?

इसके अतिरिक्त, जानने योग्य एक अन्य महत्त्वपूर्ण बिंदु है। वह बिंदु यह है कि आप कभी उनकी सहायता कर ही नहीं सकते हैं। क्या आप जानते हैं कि हम लोग एक-दूसरे के लिए क्या कर सकते हैं? आप अपने जीवन में उन्नति कर रहे हैं और मैं अपने जीवन में। संभव है कि मैं कालांतर में यह जानते हुए आपकी सहायता कर दूँ कि आप भी ईश्वर की संतान हैं। यह एक तीव्र प्रगति है। कोई भी राष्ट्रीय सभ्यता अभी पूर्ण नहीं है। सभ्यता को जरा सा सहारा दो, वह अपने लक्ष्य तक पहुँच जाएगी। उसे बदलने का प्रयास मत करो। किसी राष्ट्र के संस्थानों, रीति-रिवाजों एवं परंपराओं को छीन लीजिए, उसके पास क्या शेष रह जाएगा? वे राष्ट्र को एकजुट रखते हैं।

लेकिन वहाँ एक अति शिक्षित विदेशी व्यक्ति आता है और कहता है, "इधर देखो; तुम हजारों वर्ष पुरानी अपनी सभी संस्थाओं एवं रीति-रिवाजों को छोड़ दो, मेरी मूर्खता का कटोरा थामो और प्रसन्न हो जाओ!" इससे बड़ी मूर्खता और क्या होगी? यह सब निरी मूर्खता है।

हमें एक-दूसरे की सहायता करनी होगी; परंतु हमें इससे भी एक कदम आगे जाना होगा। सबसे पहला कदम यह है कि हमें सहायता करने के लिए निस्स्वार्थ बनना पड़ेगा। यदि आप किसी की सहायता करने से पूर्व उसके सामने शर्त रख देंगे, 'मैं तुम्हें जो कुछ करने के लिए कहूँ, यदि तुम वह कार्य करोगे तो मैं तुम्हारी सहायता करूँगा, अन्यथा नहीं।' क्या यह सहायता है?

और इसलिए, यदि कोई हिंदू आध्यात्मिक रूप से आपकी सहायता करना चाहता है तो वहाँ किसी सीमांकन, किसी शर्त का कोई प्रश्न नहीं होगा—संपूर्ण निस्स्वार्थता। मैं देता हूँ और बात वहीं समाप्त हो जाती है। वह मेरे पास से जा चुकी है। मेरा मन, मेरी शक्तियाँ और मेरे देने लायक मेरी प्रत्येक चीज दी जा चुकी है। मैंने उसे देने के विचार से दिया है, इसके अतिरिक्त और कुछ नहीं। मैंने ऐसे लोगों को अनेक बार देखा है, जिन्होंने आधी दुनिया को लूट लिया है और वे किसी मूर्ति-पूजक (हिंदू) को 'अपना धर्म परिवर्तन करने के लिए' 20,000 अमेरिकी डॉलर देते हैं। किसलिए? मूर्ति-पूजक के लाभ के लिए या अपनी निजी आत्माओं के लाभ के लिए? जरा इसके बारे में सोचिए!

इसके पीछे आपराधिक मानसिकता की देवी कार्य कर रही है। हम मनुष्य अपनी ही आँखों को धोखा देने का प्रयास करते हैं। परंतु हमारे हृदय के अंदर अभी वह वास्तविक आत्म बना हुआ है। वह कभी नहीं भूलता है। हम उसे कभी भ्रमित नहीं कर सकते हैं। उसकी आँखों को कभी धोखा नहीं दिया जा सकता है। यदि कभी कहीं वास्तविक दान या उपकार की भावना होती है तो वह हमें अवगत करा देता है, चाहे इसमें 1,000 वर्ष भी

क्यों न लग जाएँ! चाहे उसके मार्ग में कितनी भी बाधाएँ क्यों न खड़ी की जाएँ और उसे दुर्बल क्यों न कर दिया जाए, सत्य फिर भी बिजली की कड़क के साथ फूट ही पड़ता है। और प्रत्येक भावना के पीछे यदि कोई स्वार्थ निहित होगा तो चाहे आप अखबारों में उसके प्रचार के लिए कितने ही समाचार क्यों न प्रकाशित करवा लें और अपने प्रचार के लिए आनंदित होनेवाली भीड़ क्यों न खड़ी कर लें, वह अंतिम लक्ष्य तक पहुँचने में विफल हो जाती है।

मेरे इस कथन में कोई गर्वोक्ति नहीं है। परंतु आप लोग इस बात को जान लें कि मैंने आपको लड़कों के उस गुट की कहानी सुनाई है। आज भारत में एक भी ऐसा गाँव या पुरुष व स्त्री नहीं है, जो उनके कार्य को नहीं जानता और उन्हें आशीर्वाद नहीं देता है। उस भूमि पर कोई भी ऐसा अकाल नहीं है, जिसमें इन लड़कों ने कूदकर लोगों की यथाशक्ति सहायता न की हो। और यह कृत्य उनके हृदय को छू लेता है। लोग इसके बारे में जानने के लिए आते हैं। अतः आप अपनी ओर से यथासंभव सहायता करने के साथ-साथ अपने उद्‍देश्य को भी ध्यान में रखें। यदि आपका उद्‍देश्य स्वार्थपूर्ण है तो इससे न तो उनको कोई लाभ होगा, जिनकी आप सहायता कर रहे हैं और न ही आपको कोई लाभ होगा। परंतु यदि आपकी सहायता निस्स्वार्थ है तो इससे उन लोगों को खुशी मिलेगी, जिनकी आप सहायता कर रहे हैं और आपको भी तब तक आशीर्वाद प्राप्त होगा, जब तक आप जीवित हैं। ईश्वर को कभी भी धोखा नहीं दिया जा सकता है। कर्म के नियम को कभी भी धोखा नहीं दिया जा सकता है।

इसलिए, मेरी योजना भारत के जन-जन तक पहुँचने की है। मान लीजिए कि आप संपूर्ण भारत में गरीबों के लिए स्कूल खोलते हैं। पर फिर भी आप उन्हें शिक्षित नहीं कर सकते हैं। आप कैसे शिक्षित कर सकते हैं? चार वर्ष का लड़का आपके स्कूल में जाने की बजाय खेत में हल चलाना या कोई काम करना अधिक पसंद करेगा। वह आपके स्कूल में नहीं जा सकता है। यह असंभव है। आत्म-संरक्षण प्रथम नैसर्गिक गुण है। परंतु यदि पर्वत मोहम्मद के पास नहीं जा सकता है तो मोहम्मद पर्वत पर तो आ सकता है! मैं कहता हूँ कि शिक्षा को घर-घर तक क्यों नहीं जाना चाहिए? यदि किसी हलवाहे का पुत्र शिक्षा के लिए नहीं आ सकता है तो शिक्षा उसके खेत में, उसके कारखाने में अथवा उस स्थान पर क्यों नहीं जा सकती, जहाँ वह है? उनके साथ उनकी परछाईं की भाँति जाइए। दूसरी ओर, ये हजारों-लाखों संन्यासी हैं, जो आध्यात्मिक धरातल पर लोगों को शिक्षित कर रहे हैं; यही कार्य आप लोगों को बौद्धिक धरातल पर क्यों नहीं करने देते? उन्हें लोगों से थोड़ा इतिहास एवं अन्य अनेक चीजों के बारे में चर्चा क्यों नहीं करनी चाहिए? ये

सर्वोत्तम शिक्षक हैं। हमारे जीवन में सर्वोच्च सिद्धांत वे थे, जो हमने माँ के मुख से और स्वयं अपने कानों से सुने हैं। पुस्तकें तो बहुत बाद में आईं। किताबी ज्ञान कुछ भी नहीं है। अपने कानों के माध्यम से हम सर्वोत्तम निरूपक सिद्धांत सीख सकते हैं। इसके बाद जैसे-जैसे उनकी रुचि बढ़ती जाएगी, वैसे-वैसे आपकी पुस्तकों की ओर भी लौटेंगे। मेरा विचार यह है कि आप पहले उन्हें उनकी इच्छानुसार विचरण करने दीजिए।

अब मैं आपको अच्छी तरह बता दूँ कि मैं मठ व्यवस्था का कोई बहुत बड़ा अनुयायी नहीं हूँ। उनमें कुछ महान् गुण हैं तो बड़े अवगुण भी हैं। संन्यासियों एवं गृहस्थों के मध्य एक पूर्ण संतुलन होना चाहिए। परंतु भारत में संन्यासीवाद ने सारी शक्ति अपने अंदर समाहित कर ली है। हम उच्चतम शक्ति का प्रतिनिधित्व करते हैं। हमारे यहाँ संन्यासी को राजा से बड़ा माना जाता है। भारत में ऐसा कोई भी शक्तिशाली शासक नहीं है, जो 'पीत वस्त्रधारी संन्यासी' के समक्ष अपने आसन पर बैठे रहने का साहस कर सके। वह अपना आसन छोड़कर संन्यासी के सम्मान में खड़ा हो जाता है। देखिए, भले लोगों के हाथों में इतनी शक्ति होना भी उचित नहीं है—यद्यपि ये संन्यासी लोगों के शीर्ष पर रहे हैं। वे पुरोहिताई एवं ज्ञान के मध्य खड़े होते हैं। वे ज्ञान एवं सुधार के केंद्र हैं। वे ठीक वैसे ही हैं, जैसे कि यहूदियों के बीच पैगंबर हैं। पैगंबर हमेशा पादरियों के विरुद्ध उपदेश देते रहे हैं और हमारे अंधविश्वासों को दूर करने का प्रयास करते रहे हैं। उसी प्रकार भारत में संन्यासी हैं। परंतु इसके साथ-साथ उनके हाथों में इतनी शक्ति होना भी ठीक नहीं है; अच्छी पद्धतियों का विकास किया जाना चाहिए। परंतु आप उनकी परंपरा में बहुत कम हस्तक्षेप कर सकते हैं। वहाँ संपूर्ण राष्ट्रीय आत्मा संन्यासीवाद पर खड़ी है। आप भारत में जाकर किसी गृहस्थ की भाँति किसी भी धर्म का उपदेश दे सकते हैं—हिंदू लोग आपकी बात सुनने की बजाय आपसे मुँह मोड़ लेंगे। परंतु यदि आपने संसार को छोड़ दिया है और आप संन्यासी हैं तो आप चाहे कुछ भी कहें, वे सुनने को तैयार हो जाएँगे। वे कहेंगे, "वह अच्छा है, उसने इस संसार का परित्याग कर दिया है। वह एक समझदार व्यक्ति है। वह केवल वही करता है, जिसका वह उपदेश देता है।" कुल मिलाकर, मेरे कहने का आशय यह है कि वह असीम शक्ति का प्रतिनिधित्व करता है। यदि हम कुछ कर सकते हैं तो केवल इतना कि हम उसे रूपायित कर सकते हैं, कोई अन्य रूप दे सकते हैं। भारत के घुमंतू संन्यासियों के हाथों में इतनी व्यापक शक्ति को परिवर्तित कर देंगे तो वह समाज का उत्थान करेगी।

आप देख रहे हैं कि मैंने योजना को बड़े सुंदर तरीके से कागज पर ला दिया है; परंतु मैंने इसके साथ-साथ आदर्शवाद के क्षेत्रों से इसे ग्रहण भी किया है। अभी तक योजना

शिथिल एवं आदर्शवादी रही है। समय बीतने के साथ-साथ यह अधिक ठोस एवं सही बन गई है और इसने इसके दोषों पर वास्तविक अवलोकन तथा इसका सुधार करना भी प्रारंभ कर दिया है।

मैंने इसके वस्तुगत धरातल पर कार्य करते हुए क्या खोजा? पहला, वहाँ इन संन्यासियों को शिक्षा-प्रणाली के माध्यम से शिक्षित किए जानेवाले केंद्र अवश्य होने चाहिए। उदाहरण के लिए, मैंने अपने किसी आदमी को कहीं भेजा। वह उस स्थान पर कैमरे के साथ जाता है। उसे इन चीजों के बारे में स्वयं प्रशिक्षित होना चाहिए। आप पाएँगे कि भारत में प्रत्येक व्यक्ति पूर्णतया निरक्षर है और उसकी शिक्षा के लिए व्यापक केंद्रों की आवश्यकता है। और इस सबका अर्थ क्या है? धन। आदर्शवादी धरातल पर आप दैनंदिन कार्य करते हैं। मैंने आपके देश में चार वर्षों तक और इंग्लैंड में दो वर्षों तक कठोर परिश्रम किया है। मैं उन मित्रों के प्रति कृतज्ञ हूँ, जो मेरे बचाव के लिए आगे आए। उनमें से एक व्यक्ति आज यहाँ आपके बीच में है। ऐसे अनेक अमेरिकी एवं ब्रिटिश मित्र हैं, जो मेरे साथ भारत गए और वहाँ हमारी शुरुआत अत्यंत नीरस ढंग से हुई। कुछ अंग्रेज लोग आए और हमारी व्यवस्था में शामिल हो गए। गरीब आदमी ने भारत में कठोर परिश्रम किया और मर गया। वहाँ एक अंग्रेज दंपती है, जिसने रिटायर होने के बाद अपनी जमा-पूँजी से हिमालय में एक केंद्र खोला और बच्चों को शिक्षित करना प्रारंभ किया। मैंने उन्हें अपना एक अखबार दिया, जो मैंने स्वयं शुरू किया था। उसकी एक प्रति आप वहाँ उस मेज पर देख सकते हैं। अखबार का नाम है—'जाग्रत् भारत'। वहाँ वे लोगों के बीच काम कर रहे हैं और उन्हें शिक्षित कर रहे हैं। मेरा एक अन्य केंद्र कलकत्ता में है। निश्चय ही, सभी बड़े आंदोलन अनिवार्यतः राजधानी से शुरू होते हैं। वह किसकी राजधानी है? वह राष्ट्र का हृदय है। शरीर का सारा रक्त हृदय में आता है और वहाँ से वह कोशिकाओं के माध्यम से संपूर्ण शरीर में वितरित होता है; उसी प्रकार सारा धन, सारे विचार, सारी शिक्षा, सारी आध्यात्मिकता राजधानी की ओर जाएगी और वहीं से प्रसारित होगी।

आपको बताने में मुझे हर्ष का अनुभव हो रहा है कि मैंने भी एक छोटी सी शुरुआत की है। परंतु मैं उसी कार्य को समानांतर रूप से स्त्रियों के लिए भी करना चाहता हूँ। और मेरा सिद्धांत है—प्रत्येक व्यक्ति अपनी सहायता स्वयं करे। मेरी सहायता उसे दूर से प्राप्त होगी। हमारे यहाँ भारतीय स्त्रियाँ हैं, ब्रिटिश स्त्रियाँ हैं और मैं आशा करता हूँ कि अमेरिकी स्त्रियाँ भी आएँगी तथा उस कार्य को अपने हाथों में लेंगी। जैसे ही उन्होंने अपना कार्य प्रारंभ किया, मैंने अपना हाथ खींच लिया। किसी पुरुष को किसी स्त्री को शिक्षित नहीं करना चाहिए और न ही किसी स्त्री द्वारा किसी पुरुष को शिक्षित किया जाना चाहिए।

प्रत्येक आत्मनिर्भर है। वहाँ उनके बीच प्रेम के अतिरिक्त और क्या रिश्ता हो सकता है? स्त्रियाँ पुरुषों की अपेक्षा अधिक अच्छी तरह अपने भाग्य का निर्धारण कर सकती हैं, जितना कि पुरुष उनके लिए नहीं कर सकते। स्त्री का सारा दुर्भाग्य केवल तभी प्रारंभ होता है, जब पुरुष किसी स्त्री के भाग्य का निर्धारण अपने हाथों में ले लेते हैं। और मैं किसी प्रारंभिक त्रुटि के साथ शुरुआत करने का इच्छुक नहीं हूँ। प्रारंभ में की गई छोटी सी भूल आगे चलकर बड़ा रूप धारण कर सकती है और यदि आप सफल हो जाते हैं तो कालांतर में वह इतना विशाल रूप धारण कर लेगी कि उस भूल को सुधारना कठिन हो जाएगा। इसलिए, यदि मैं स्त्रियों के हिस्से में आनेवाले कार्य के लिए किसी पुरुष को नियुक्त करूँगा तो स्त्रियाँ उससे कभी मुक्त नहीं हो पाएँगी और यह एक प्रथा बन जाएगी। परंतु मेरे पास अवसर है। मैंने आप लोगों को उस स्त्री के बारे में बताया था, जो मेरे गुरु की पत्नी थीं। हमारे मन में उनके प्रति संपूर्ण आदर है। वह हमें कभी कोई निर्देश नहीं देती हैं। इसलिए यह कार्य अत्यंत सुरक्षित है।

उस भाग को भी पूर्ण किया जाना चाहिए।

□

25

भारत के ऋषिगण

भारत के ऋषियों के विषय में बात करते हुए मेरा मन उस कालखंड में चला जाता है, जिसका इतिहास के पास कोई अभिलेख नहीं है और परंपरा उन रहस्यों को अतीत के धुँधलकों से बाहर लाने का निरर्थक प्रयास करती है। भारत में ऋषियों की संख्या असंख्य थी, क्योंकि हिंदू राष्ट्र सदियों से ऋषियों को उत्पन्न करने के अतिरिक्त और करता क्या रहा है! इसलिए, मैं आपके समक्ष उनमें से कुछ युग-निर्माता ऋषियों के जीवन को उठाना चाहूँगा और उसे आपके समक्ष प्रस्तुत करना चाहूँगा, अर्थात् उनके बारे में अपना अध्ययन प्रस्तुत करना चाहूँगा।

सर्वप्रथम, हमें हमारे धर्मग्रंथों के बारे में कुछ जानकारी प्राप्त करनी होगी। हमारे धर्मग्रंथों में सत्य के दो आदर्श हैं—एक वह है, जिसे हम अनंत कहते हैं और दूसरा उतना अधिक प्राधिकृत नहीं है; फिर भी, विशेष परिस्थितियों, काल एवं स्थान के अंतर्गत बंधनकारी है। अनंत संबंध वे हैं, जो आत्मा एवं ईश्वर की प्रकृति में व्यवहृत होते हैं और आत्माओं एवं ईश्वर के मध्य संबंधों को उन ग्रंथों में समाहित किया गया है, जिन्हें हम श्रुतियाँ या वेद कहते हैं। सत्य का अगला समुच्चय वह है, जिसे हम स्मृतियाँ कहते हैं, क्योंकि उनमें मनु की वाणी को समाहित किया गया है। याज्ञवल्क्य एवं अन्य ग्रंथकारों से लेकर पुराणों से होते हुए नीचे तंत्रों तक को इनमें स्थान दिया गया है। दूसरी श्रेणी के ग्रंथ एवं शिक्षाएँ वे हैं, जो श्रुतियों के अधीनस्थ हैं। यद्यपि इनमें से कोई यदि श्रुतियों में किसी वर्णन का खंडन करता है तो अनिवार्यतः श्रुतियाँ ही विजयी होती हैं। यह एक नियम है। विचार यह है कि मनुष्य के भाग्य एवं लक्ष्य का समूचा ढाँचा वेदों में चित्रित है। उनके विवरणों को कार्यान्वित करने का कार्य स्मृतियों एवं पुराणों पर छोड़ दिया गया है। जहाँ तक आध्यात्मिक जीवन हेतु सामान्य दिशा-निर्देशों का संबंध

है, श्रुतियाँ पर्याप्त हैं; उनसे अधिक न कुछ कहा जा सकता है और न ही उनसे अधिक कुछ ज्ञात किया जा सकता है। जो कुछ अनिवार्य है, उसे ज्ञात कर लिया गया है और आत्मा को पूर्णता की ओर ले जानेवाले सभी आवश्यक परामर्श श्रुतियों में दे दिए गए हैं; केवल विवरणों को इन स्मृतियों पर छोड़ दिया गया है, जिसे वे समय-समय पर उपलब्ध कराती हैं।

इन श्रुतियों की एक अन्य विशेषता यह है कि इनमें सत्य का वर्णन करनेवाले अनेक ऋषि हैं, जिनमें से अधिकांश पुरुष और कुछ स्त्रियाँ भी हैं। इन महान् ऋषियों के व्यक्तित्वों और उनकी जन्मतिथि के विषय में बहुत कम जानकारी उपलब्ध है; परंतु उनके उत्कृष्ट कार्यों, विचारों एवं खोजों को उनमें संरक्षित किया गया है। वे हमारे देश के पवित्र साहित्य में सुरक्षित हैं, जिन्हें वेद कहा जाता है। दूसरी ओर, स्मृतियों में व्यक्तित्वों के दर्शन अधिक स्पष्ट रूप से होते हैं। उनके माध्यम से हमारे समक्ष विलक्षण, भीमकाय, प्रभावशाली एवं विश्व-चेता व्यक्ति उपस्थित होते हैं। कई बार ये व्यक्ति अपनी शिक्षाओं की अपेक्षा अपने व्यक्तित्व के कारण अधिक विख्यात हुए।

यही वह विशेषता है, जिसे हमें समझना है—यह कि हमारा धर्म एक निर्वैयक्तिक व्यक्तिगत ईश्वर का संदेश देता है। वह किसी भी मात्रा तक निर्वैयक्तिक नियमों के साथ-साथ किसी भी मात्रा का व्यक्तित्व उपलब्ध कराता है; परंतु हमारे धर्म के शीर्ष पर श्रुतियाँ व वेद हैं, जो पूर्णतया निर्वैयक्तिक हैं। व्यक्तियों का उल्लेख स्मृतियों एवं पुराणों में किया गया है—इनमें महान् अवतारों, ईश्वर के अवतारों, संदेशवाहकों इत्यादि का उल्लेख किया गया है। यह तथ्य भी अनिवार्यतः स्मरण रखना चाहिए कि केवल हमारे धर्म को छोड़कर विश्व का प्रत्येक अन्य धर्म कुछ व्यक्तियों, संस्थापकों के जीवन एवं रुचि पर आधारित हैं। ईसाइयत का निर्माण ईसा मसीह के जीवन पर हुआ है; इसलाम मोहम्मद के जीवन पर, बौद्ध धर्म बुद्ध के जीवन पर और जैन धर्म जिन के जीवन पर आधारित है। इससे यह स्पष्ट ज्ञात होता है कि इन सभी धर्मों के संस्थापकों के महान् व्यक्तित्वों से जुड़े ऐतिहासिक साक्ष्यों को लेकर बड़े पैमाने पर वाद-विवाद होता रहा है। यदि इन प्राचीन व्यक्तित्वों के अस्तित्व के ऐतिहासिक साक्ष्य कभी शिथिल पड़ते हैं तो धर्म की संपूर्ण इमारत ध्वस्त हो जाती है और टुकड़ों में बिखर जाती है। हम इस विभीषिका एवं दुर्भाग्यपूर्ण स्थिति से इसलिए बच गए, क्योंकि हमारा धर्म व्यक्तियों पर नहीं, बल्कि सिद्धांतों पर आधारित है। आप अपने धर्म का पालन इसलिए नहीं करते कि उसका आविर्भाव किसी विशेष ऋषि के प्राधिकार या अवतार द्वारा किया गया है। श्रीकृष्ण वेदों के अधीन नहीं हैं, बल्कि वेद स्वयं श्रीकृष्ण के अधीन

हैं। उनका माहात्म्य ही यही है कि वे यथा-अस्तित्वमान वेदों के सबसे बड़े उपदेशक हैं। ऐसा ही हमारे अन्य अवतारों एवं सभी ऋषियों के साथ है। हमारा पहला सिद्धांत यह है कि मनुष्य की पूर्णता एवं मुक्ति प्राप्त करने तक के सारे आवश्यक सूत्र वेदों में वर्णित हैं। आप उनमें कोई नई चीज नहीं खोज सकते हैं। आप ज्ञान के मुख्य आधार 'पूर्ण एकता' से परे नहीं जा सकते हैं। वह वहाँ पहले ही पहुँच चुकी है, इसलिए उस एकता से आगे जाना संभव नहीं है। धार्मिक ज्ञान उसी समय पूर्ण बन गया था, जब 'तत् त्वं असि' की खोज की गई थी, और इसका उल्लेख वेदों में मिलता है। यदि कुछ शेष रह गया था तो वह था लोगों का मार्गदर्शन, जो समय-समय पर, विभिन्न समय एवं स्थानों पर, विभिन्न परिस्थितियों एवं स्थानों के अनुसार, विभिन्न कालखंडों में आए इस प्राचीन से प्राचीनतम मार्ग का महान् ऋषियों द्वारा किया गया मार्गदर्शन था। श्रीकृष्ण के 'गीता' के उपदेश में इस कथन से अधिक अन्य कोई भी इस स्थिति को स्पष्ट नहीं कर सकता—'यदा-यदा हि धर्मस्य ग्लानिर्भवति भारत। अभ्युत्थानमधर्मस्य तदात्मानं सृजाम्यहम्।' अर्थात् जब भी कभी पृथ्वी पर धर्म की हानि और अधर्म की वृद्धि होती है, तब-तब मैं धर्म की स्थापना एवं अधर्म के उन्मूलन हेतु प्रकट होता हूँ और मनुष्य का रूप धारण करता हूँ। भारत में यही विचार सर्वोपरि है।

परिणाम? यह कि एक ओर हमारे ये अनंत सिद्धांत हैं, जो किसी तर्क पर आधारित हुए बिना अपनी ही नींव पर खड़े हैं। इसमें न तो महानतम ऋषियों का कोई प्राधिकार है और न ही अवतारों का, चाहे वे कितने ही महान् क्यों न रहे हों। हम इस पर भारत में अद्‌भुत स्थिति के रूप में टिप्पणी कर सकते हैं। हमारा दावा है कि केवल वेदांत ही वैश्विक धर्म हो सकता है, जो विश्व में पहले ही वैश्विक धर्म के रूप में अस्तित्वमान है; क्योंकि वेदांत सिद्धांतों के बारे में शिक्षा देता है, व्यक्तियों के बारे में नहीं। किसी व्यक्ति के जीवन पर आधारित कोई भी धर्म प्राणिमात्र की सभी जातियों द्वारा स्वीकार नहीं किया जा सकता है। हम अपने देश में देखते हैं कि एक ही शहर के विभिन्न क्षेत्रों के लोग विभिन्न धर्मों का पालन करते हैं। उन सबका दृष्टिकोण एवं उपासना-पद्धति भिन्न होती है। यह कैसे संभव है कि मोहम्मद या बुद्ध या ईसा मसीह को सारी दुनिया के लोग एक ही धर्म का प्रणेता मानें और उन्हें अपने ईश्वर के रूप में स्वीकार करें? सारी दुनिया के लोगों का संपूर्ण नैतिकता, आचरण एवं धर्म के विषय में इनमें से किसी एक व्यक्ति की स्वीकृति को स्वीकार करने हेतु तैयार होना कैसे संभव होगा? वेदांतवादी धर्म को ऐसे किसी प्राधिकार की आवश्यकता नहीं है। उसकी स्वीकृति मनुष्य की अनंत प्रकृति है। उसकी नीतियाँ व्यक्ति की पूर्ववत् विद्यमान अनंत आध्यात्मिक एकता पर आधारित हैं, जो पहले ही प्राप्त

की जा चुकी है और जिसे प्राप्त नहीं किया जाना है। दूसरी ओर, हमारे ऋषि-मुनि प्राचीन काल से ही इस तथ्य के प्रति सचेत थे कि मनुष्यों की बड़ी संख्या को किसी व्यक्तित्व की आवश्यकता होगी। उनके पास एक या दूसरे रूप में कोई व्यक्तिगत ईश्वर अवश्य होना चाहिए। दूसरी ओर, आप बुद्ध को ले लीजिए, जिन्होंने किसी व्यक्तिगत ईश्वर के अस्तित्व के विरुद्ध घोषणा की थी। उनकी मृत्यु के बाद उनका यह सिद्धांत 50 वर्षों तक भी जीवित नहीं रह पाया और उनके अनुयायियों ने स्वयं बुद्ध में ही एक ईश्वर का निर्माण कर लिया। एक ओर जहाँ व्यक्तिगत ईश्वर अनिवार्य है, वहीं इसके साथ ही हम यह भी जानते हैं कि किसी व्यक्तिगत ईश्वर की कल्पना निरर्थक है और इस संसार में सौ में से निन्यानबे लोग ऐसे ही मानव ईश्वरों की पूजा कर रहे हैं, जो महत्त्वहीन हैं और हमारे बीच से ही यदा-कदा ऐसे ईश्वर पैदा होते रहते हैं। ये लोग किसी काल्पनिक ईश्वर की पूजा करने की बजाय अधिक महत्त्वपूर्ण हैं। श्रीकृष्ण हमारी या आपकी ईश्वर की कल्पना के विचार से बहुत ऊँचे हैं। बुद्ध के विषय में हम और आप अपने मन में जो संकल्पना कर सकते हैं, बुद्ध उससे कहीं उन्नत एवं मूर्तिमान विचार हैं। यही कारण है कि बुद्ध लोगों को किसी काल्पनिक देवताओं की पूजा करने की बजाय हमेशा प्राणिमात्र की पूजा करने का निर्देश देते हैं।

इसे हमारे प्राचीन ऋषि-मुनि जानते थे, इसलिए उन्होंने सभी भारतीयों को यह स्वतंत्रता दी कि वे ऐसे महान् व्यक्तित्वों, ऐसे अवतारों की अपनी इच्छानुसार उपासना करें। इतना ही नहीं, इन महानतम अवतारों की संकल्पना इससे भी आगे जाती है। श्रीकृष्ण कहते हैं, "जब भी कभी किसी बाह्य व्यक्ति द्वारा किसी असाधारण आध्यात्मिक शक्ति का प्रसार देखो, जान लो कि उसमें मैं हूँ। वह मैं ही हूँ, जिसके माध्यम से वह शक्ति प्रस्फुटित हो रही है।" उनका यह कथन हिंदुओं के लिए संसार के सभी देशों के अवतारों की उपासना का द्वार खोल देता है। हिंदू किसी भी देश के ऋषि या संत की पूजा कर सकता है और तथ्यात्मक रूप से हम जानते हैं कि कई बार हम ईसाइयों के गिरजाघरों में भी जाकर पूजा करते हैं और मुसलमानों की मसजिदों में तो कई-कई बार जाते हैं; और यह बहुत अच्छा है। क्यों नहीं ? जैसा कि मैंने अभी कहा, हमारा एक वैश्विक धर्म है। वह पर्याप्त समावेशी है। वह समस्त आदर्शों को समाहित करने के लिए पर्याप्त विशाल है। विश्व में पूर्ववत् विद्यमान सभी धर्मों के आदर्शों को तत्काल शामिल किया जाना चाहिए और हम भविष्य में आनेवाले आदर्शों को भी अपने धर्म में शामिल करने की धैर्यपूर्वक प्रतीक्षा कर रहे हैं। हम अपने वेदांत धर्म की अनंत बाँहें फैलाकर सभी को गले लगाने की उसी प्रकार प्रतीक्षा कर रहे हैं।

महान् ऋषियों, ईश्वर के अवतारों के संबंध में हमारी न्यूनाधिक यही स्थिति है। हमारे यहाँ कुछ माध्यमिक चरित्र भी हैं। हम वेदों में 'ऋषि' नामक शब्द का उल्लेख बार-बार पाते हैं और हमारे लिए यह वर्तमान में एक सामान्य शब्द बन गया है। ऋषि एक महान् प्राधिकारी है। हमें उस विचार को समझना होगा। हमारे यहाँ ऋषि को मंत्र-द्रष्टा के रूप में परिभाषित किया गया है, अर्थात् उसे विचारों का ज्ञाता माना जाता है। धर्म का प्रमाण क्या है? यह प्रश्न प्राचीन काल में किया गया था। घोषणा की गई कि इंद्रियों का कोई साक्ष्य नहीं होता। 'यतो वाचो निवर्तन्ते अप्राप्य मनसा सह'—जहाँ से विचार लक्ष्य तक पहुँचे बिना उसके साथ शब्दों को प्रतिबिंबित करते हैं। 'न तत्र चक्षुर्गच्छति न वाग्गच्छति नो मनः'—वहाँ न नेत्र पहुँच सकते हैं, न वाणी और न ही मन पहुँच सकता है। युगों-युगों से हमारे यहाँ यही घोषणा की गई है। बाह्य प्रकृति आत्मा, ईश्वर के अस्तित्व का कोई उत्तर नहीं दे सकती है और न ही वह अनंत जीवन, मनुष्य के लक्ष्य इत्यादि का उत्तर दे सकती है। हमारा मन निरंतर परिवर्तित होता रहता है, सदैव प्रवाह की दशा में रहता है। वह क्षणभंगुर है। वह टुकड़ों में टूटा हुआ है। प्रकृति असीम, अपरिवर्तनीय, अटूट, अविभाज्य, अनंत के बारे में कैसे बता सकती है? वह कभी ऐसा नहीं कर सकती। और जब कभी भी मनुष्य किसी धूमिल व मृत पदार्थ से उत्तर पाने का प्रयास करता है, इतिहास दरशाता है कि उसके कैसे विनाशकारी परिणाम हुए हैं! फिर वेद जिसकी घोषणा करते हैं, वह ज्ञान कहाँ से आता है? वह एक ऋषि बनने के माध्यम से आता है। यह ज्ञान इंद्रियों में नहीं होता है। परंतु क्या इंद्रियाँ ही मनुष्य का आदि व अंत हैं? ऐसा कहने का साहस कौन कर सकता है कि इंद्रियाँ ही मनुष्य की सबकुछ हैं? यद्यपि हमारे जीवन में, यहाँ बैठे प्रत्येक व्यक्ति के जीवन में स्थिरता के क्षण आते हैं; संभवतः ऐसे क्षण तब आते हैं, जब हम अपनी आँखों से अपने किसी प्रियजन की मृत्यु होते हुए देखते हैं या तब, जब हमें कोई धक्का लगता है अथवा तब, जब हम असीम आनंद के क्षण में होते हैं। हमारे जीवन में अनेक अन्य अवसर भी आते हैं, जब हमारा मन शांत होता है, अपनी वास्तविक प्रकृति के बारे में महसूस करता है और उस अनंत के विषय में सोचता है। जहाँ हमें अनंत का ज्ञान होता है, उससे परे न तो शब्द पहुँच सकते हैं और न वहाँ मन ही पहुँच सकता है। ऐसा सामान्य जीवन में होता है; परंतु इसे ऊँचाइयों तक ले जाने की, अभ्यास करने एवं पूर्ण बनाने की आवश्यकता है। मनुष्य ने युगों पूर्व जान लिया था कि आत्मा को न तो इंद्रियों द्वारा बाँधा या सीमित किया जा सकता है और न ही चेतना द्वारा। हमें यह जानने की आवश्यकता है कि

यह चेतना केवल उस अनंत शृंखला की एक कड़ी का नाम है। अस्तित्व की पहचान चेतना से नहीं है, बल्कि चेतना उस अस्तित्व का एक अंश मात्र है। चेतना से परे वह स्थान है, जिसमें व्यापक खोज निहित है। चेतना इंद्रियों द्वारा निबद्ध है। उससे परे, चेतना से परे जाने के क्रम में मनुष्य को अनिवार्यत: आध्यात्मिक जगत् के सत्य पर पहुँचना होगा और हमारे यहाँ अभी भी ऐसे अनेक लोग हैं, जो इंद्रियों के बंधनों से परे जाने में सफल हुए हैं। उन्हें ऋषि कहा जाता है, क्योंकि वे आध्यात्मिक सत्य से साक्षात् सामना करते हैं।

अत: वेदों का प्रमाण ठीक वैसा ही है, जैसे हमारे समक्ष इस मेज का प्रमाण है, प्रत्यक्ष मान्यता है। इसे हम अपनी इंद्रियों से देखते हैं और आध्यात्मिकता के सत्य को मानव आत्मा की अलौकिक चेतना की अवस्था में देखते हैं। ऋषि अवस्था किसी समय या स्थान, लिंग या जाति द्वारा सीमित नहीं है। वात्स्यायन स्पष्ट घोषणा करते हैं कि यह ऋषित्व किसी ऋषि, आर्यों, अनार्यों और यहाँ तक कि म्लेच्छों के भी वंशजों की साझा संपत्ति है। यह वेदों की ऋषिवादिता है और हमें भारत में धर्म के इस आदर्श को अनवरत स्मरण रखना चाहिए; और मैं चाहता हूँ कि विश्व के अन्य राष्ट्र भी स्मरण करें तथा इसका प्रशिक्षण लें, ताकि संसार में विवादों एवं संघर्षों में कमी आए। धर्म न तो पुस्तकों में है, न सिद्धांतों व नियमों में है, न किसी वार्त्ता में है और न किसी तर्कणा में। यह बनना एवं होना है। मेरे मित्रो, जब तक आप एक ऋषि नहीं बन जाते और आध्यात्मिक तथ्यों का साक्षात्कार नहीं कर लेते, तब तक आपके आध्यात्मिक जीवन की शुरुआत नहीं होगी। जब तक आपकी अतिचेतना जाग्रत् नहीं होगी, धर्म आपके लिए एक चर्चा मात्र है। वह एक तैयारी के अतिरिक्त कुछ नहीं है। आप किसी दूसरे या तीसरे की बातें कर रहे हैं; परंतु यहाँ बुद्ध की वह सुंदर कहावत लागू होती है, जो उन्होंने कुछ ब्राह्मणों के साथ संवाद करते हुए कही थी।

वे बुद्ध के पास ब्रह्म के विषय में चर्चा करने आए थे और उस महान् ऋषि (बुद्ध) ने उनसे पूछा, "क्या आपने ब्रह्म को देखा है?"

ब्राह्मणों ने उत्तर दिया, "नहीं।"

बुद्ध ने पूछा, "क्या आपके पिता ने देखा है?"

उन्होंने इस प्रश्न के उत्तर में कहा, "नहीं।"

"क्या आपके पितामह ने देखा है?"

ब्राह्मणों ने कहा, "हम नहीं सोचते कि यद्यपि उन्होंने भी देखा हो।"

बुद्ध ने कहा, "मेरे मित्र, आप उस व्यक्ति के विषय में कैसे शास्त्रार्थ कर सकते

हैं, जिसे न आपने देखा है, न आपके पिता ने और न ही आपके दादा ने, और आप लोग फिर भी एक-दूसरे को नीचा दिखाने का प्रयास कर रहे हैं?"

यही काम आज सारी दुनिया कर रही है। मैं वेदांत की भाषा में कहना चाहूँगा, "इस आत्मन तक न तो अधिक वाद-विवाद के माध्यम से पहुँचा जा सकता है, न उच्चतम बौद्धिकता के माध्यम से और यहाँ तक कि उसे वेदों के अधिक अध्ययन के माध्यम से भी प्राप्त नहीं किया जा सकता है।"

मैं वेदों की भाषा में दुनिया के सभी देशों से कहना चाहूँगा—तुम्हारे सभी विवाद एवं संघर्ष व्यर्थ हैं। जिस ईश्वर के बारे में तुम उपदेश देना चाहते हो, क्या तुमने उसे कभी देखा है? यदि तुमने नहीं देखा है तो तुम्हारे सारे उपदेश व्यर्थ हैं। तुम्हें खुद भी नहीं मालूम कि तुम कहना क्या चाहते हो; और यदि तुमने ईश्वर को देखा होता तो इस तरह आपस में नहीं झगड़ते। तुम्हारे अपने चेहरे पर उसका तेज दिखाई देता। उपनिषदों के एक प्राचीन ऋषि ने अपने पुत्र को ब्रह्म-ज्ञान प्राप्त करने हेतु भेजा। जब उसका पुत्र लौटकर वापस आया तो उसके पिता ने पूछा, "तुमने क्या सीखा?" बच्चे ने उत्तर दिया कि उसने अनेक विज्ञान सीखे हैं। पिता ने उससे कहा, "वह कुछ भी नहीं है। वापस जाओ।"

पुत्र वापस चला गया और जब वह दोबारा वापस आया तो पिता ने उससे फिर वही प्रश्न किया और बच्चे ने फिर वही उत्तर दिया। उसे एक बार फिर वापस जाना पड़ा। जब वह अगली बार वापस लौटा तो उसका संपूर्ण मुखड़ा चमक रहा था। उसका पिता खड़ा हुआ और बोला, "हाँ मेरे लाल, तुम्हारा मुखड़ा किसी ब्रह्म-ज्ञानी की भाँति दमक रहा है।"

जब आप ईश्वर को जान जाएँगे तो आपका चेहरा परिवर्तित हो जाएगा, आपकी वाणी बदल जाएगी, आपकी संपूर्ण छवि बदल जाएगी। आप प्राणिमात्र के लिए एक वरदान बन जाएँगे। कोई भी ऋषि को रोक पाने में समर्थ नहीं हो सकेगा। यह ऋषित्व ही हमारे धर्म का आदर्श है। शेष सभी वार्त्ताएँ, तर्कणाएँ, दर्शन एवं द्वैतवाद तथा अद्वैत और यहाँ तक कि स्वयं वेद भी तैयारियों, माध्यमिक साधनों के अतिरक्त कुछ नहीं हैं। दूसरा प्रारंभिक है। वेद, व्याकरण, ज्योतिष इत्यादि माध्यमिक चीजें हैं; उच्चतम ज्ञान वह है, जो अपरिवर्तनीय एक ईश्वर का अनुभव कराता है। जो उसे अनुभव कर लेते हैं, वे ऋषि बन जाते हैं, जिनका विवरण हम वेदों में पाते हैं; और हम समझ जाते हैं कि किस प्रकार ऋषि एक विशेष प्रकार के व्यक्ति का नाम है, एक वर्ग का नाम है और हम में से प्रत्येक सच्चे हिंदू से जीवन के किसी कालखंड में उनकी भाँति

बनने की अपेक्षा की जाती है; और ऋषित्व प्राप्त करने का अर्थ मुक्ति प्राप्त करना है। किसी सिद्धांत या मत में विश्वास करने की आवश्यकता नहीं, हजारों मंदिरों में दर्शन करने की आवश्यकता नहीं और न ही संसार की पवित्र नदियों में स्नान करने की कोई आवश्यकता है। केवल ऋषि बनना है, मंत्र-द्रष्टा बनना है। वही स्वतंत्रता है, वही मुक्ति है।

उसके बाद के युग में भी अनेक विश्व-प्रसिद्ध ऋषि हुए हैं, महान् अवतार हुए हैं। 'गीता' के अनुसार, उनकी संख्या भी असीम है। और जिनकी अधिकांश भारत में पूजा की जाती है, वे हैं—राम और कृष्ण। राम प्राचीन वीरतापूर्ण युग की प्रतिमूर्ति हैं, जिनमें एक आदर्श पुत्र, एक आदर्श पति, आदर्श पिता, सर्वोपरि एक आदर्श राजा के गुण तो हैं ही, उन्हें सत्य एवं नैतिकता का साकार रूप भी माना जाता है। राम के चरित्र को हमारे समक्ष महर्षि वाल्मीकि द्वारा प्रस्तुत किया गया था। जिस भाषा में महर्षि वाल्मीकि ने श्रीराम के जीवन को प्रस्तुत किया था, उससे अधिक शुद्ध, उससे अधिक पवित्र एवं उससे अधिक सुंदर और उससे अधिक सरल कोई अन्य भाषा नहीं हो सकती है। और सीता के बारे में क्या कहें! आप यदि अतीत में विश्व के सारे साहित्य को खँगाल डालें और आनेवाले युग के साहित्य को खोजें, मैं आपको आश्वस्त करना चाहूँगा कि आपको उसमें सीता जैसा कोई अन्य पात्र नहीं मिलेगा। सीता अद्भुत है; उस चरित्र का एक बार चित्रण सदा-सर्वदा के लिए अविस्मरणीय हो गया है। संभवतः संसार में अनेक राम हो सकते हैं, परंतु आपको एक सीता के अतिरिक्त कोई दूसरी सीता नहीं मिलेगी! वह सच्ची भारतीय नारी की प्रतिमूर्ति है, वह सभी भारतीय नारियों के लिए पूर्ण नारी का आदर्श है और संपूर्ण आर्यावर्त में जो समादृत व पूजित है। प्रत्येक स्त्री, पुरुष एवं बालक सीता की पूजा करता है। भारत में वह गौरवपूर्ण, पवित्रता से भी पवित्र, धीर-गंभीर एवं सहिष्णु सीता हमेशा रहेगी। वह सीता, जिसने एक भी शब्द बोले बिना, कोई आपत्ति किए बिना अपने संपूर्ण जीवन में कष्ट सहन किया। वह सर्वपवित्र एवं सर्वशुद्ध पत्नी सीता लोगों की आदर्श है। वह महान् सीता देवियों के लिए भी आदर्श है। वह हमारी राष्ट्रीय देवी और लोगों की आदर्श सीता सदैव विद्यमान रहेगी। हम में से प्रत्येक उसे इतनी अच्छी तरह जानता है कि किसी को उसका कुल बताने की आवश्यकता नहीं है। चाहे हमारे समस्त पौराणिक धर्मग्रंथ नष्ट हो जाएँ, यद्यपि वेद भी लुप्त हो जाएँ और हमारी संस्कृत भाषा भी सदा-सर्वदा के लिए नष्ट हो जाए, तब भी यदि वहाँ पाँच हिंदू भी जीवित होंगे तो वे चाहे कितनी ही अभद्र भाषा में क्यों न बात करते हों, उनके मध्य सीता की कहानी विद्यमान रहेगी। मेरे शब्दों पर ध्यान दीजिए—

सीता हमारी जाति की रग-रग में समाई हुई है। वह प्रत्येक हिंदू नर-नारी के रक्त में है; हम सभी सीता की संतानें हैं। चाहे हमारी स्त्रियों को आधुनिक बनाने का कोई कितना भी प्रयास क्यों न करे, यदि वह उनमें से सीता के आदर्श को बाहर निकालना चाहेगा तो वह तत्काल विफल हो जाएगा और ऐसा होते हम प्रतिदिन देखते हैं। भारतीय स्त्रियों को अनिवार्यत: सीता के रूप में अपना विकास करना और उसके पदचिह्नों पर चलना होगा तथा उनके लिए एकमात्र यही उपाय है।

दूसरा व्यक्ति वह है, जो अनेक रूपों में पूजित है; जो पुरुषों के साथ-साथ स्त्रियों का भी सर्वप्रिय आदर्श है। वह बच्चों एवं वृद्धों का भी आदर्श है। मेरा आशय 'श्रीमद्भगवद्गीता' के उस लेखक से है, जो स्वयं को ईश्वर का अवतार कहे जाने से भी संतुष्ट नहीं था। वह कहता है, "अन्य अवतार ईश्वर के अंग मात्र थे। वह श्रीकृष्ण स्वयं ईश्वर थे।" और जब हम उनके जीवन के अनेक पक्षों को अनेक विशेषणों से विभूषित करने का प्रयास करते हैं तो उनका यह कथन हमें कदापि विचित्र नहीं लगता है। वह अपने एक ही रूप में अद्भुत संन्यासी एवं अद्भत गृहस्थ दोनों थे। उनके पास अद्भुत संख्या में राजा थे, शक्ति थी और उसी समय वे अद्भुत त्याग की अवस्था के मध्य भी रहते थे। श्रीकृष्ण को आप तब तक नहीं समझ सकते, जब तक आप 'गीता' का गहन अध्ययन न कर लें, क्योंकि वे अपनी ही शिक्षाओं का साकार रूप थे। इनमें से प्रत्येक अवतार अपने उपदेशों का साक्षात् चित्रण था। 'गीता' का संदेश देनेवाले श्रीकृष्ण अपने संपूर्ण जीवन में उस ईश्वरीय गीत का साकार रूप बने रहे। वे अनासक्ति की साक्षात् महान् प्रतिमूर्ति थे। उन्होंने निश्चिंत होकर अपने सिंहासन का परित्याग कर दिया था। वे भारत के नेता थे और जिसके एक बार कहने पर बड़े-बड़े सम्राट् अपना सिंहासन त्याग देते थे, उसने स्वयं कभी राजा बनने की इच्छा नहीं जताई। वे साधारण कृष्ण हैं, वही कृष्ण, जो गोपियों के साथ रास खेला करते थे। आह! उनका जीवन कितने अद्भुत ढंग से बीता, जिसे समझना अत्यंत कठिन है; और किसी व्यक्ति को उनके जीवन को समझने का प्रयास तब तक नहीं करना चाहिए, जब तक कि वह पूर्णतया पवित्र एवं शुद्ध न हो। उस विलक्षण प्रेम के विस्तार को कौन समझ सकता है, जो वृंदावन के सुंदर नृत्यों एवं रूपकों में अभिव्यक्त हुआ था! उसे कोई तब तक नहीं समझ सकता, जब तक कि वह प्रेम में पागल न हो जाए, प्रेम के प्याले में न डूब जाए! गोपियों के प्रेम के आदर्श की विरह वेदना को कौन समझ सकता है? ऐसा प्रेम, जो कुछ पाने की इच्छा नहीं रखता; वह प्रेम, जो कृष्ण के अतिरिक्त स्वर्ग की भी इच्छा नहीं करता; ऐसा प्रेम, जो इस संसार में और भावी संसार में भी किसी चीज की चिंता नहीं करता। और

यहाँ मेरे मित्रों ने गोपियों के इस प्रेम के माध्यम से वैयक्तिक एवं निर्वैयक्तिक ईश्वर के मध्य संघर्ष का समाधान खोज लिया है। हम जानते हैं कि वैयक्तिक ईश्वर मानव जीवन का उच्चतम बिंदु है; हम जानते हैं कि ब्रह्मांड में एक सर्वव्यापी निर्वैयक्तिक ईश्वर में विश्वास करना कितना दार्शनिक है और प्रत्येक चीज जिसका विस्तार मात्र है। इसके साथ-ही-साथ हमारी आत्माएँ किसी ठोस चीज के पीछे भागती हैं; कोई ऐसी चीज, जिसे हम पकड़ना चाहते हैं, जिसके चरणों में हम अपनी आत्मा को अर्पित कर देने के अभिलाषी हैं। इसलिए, व्यक्तिगत ईश्वर मानव प्रकृति की सर्वोच्च संकल्पना है। तथापि ऐसे विचार पर तर्क हतप्रभ है। यह वही प्राचीन युग का पुराना प्रश्न है, जिसकी चर्चा आप 'ब्रह्म सूत्र' में पाते हैं; जिसके बारे में द्रौपदी युधिष्ठिर से वन में चर्चा करती है—यदि कोई सर्वशक्तिमान, सर्वकृपालु ईश्वर है तो यहाँ इस धरती पर इतना सारा नरक, इतनी सारी यातना क्यों है? उसने यह सब क्यों बनाया? अवश्य ही वह पक्षपाती ईश्वर होगा। वहाँ इस प्रश्न का कोई समाधान नहीं था। यह समाधान केवल गोपियों के प्रेम में पाया जा सकता है। वे कृष्ण पर लागू किए गए प्रत्येक विशेषण से ईर्ष्या करती थीं। वे तो यह जानने की चिंता भी नहीं करती थीं कि श्रीकृष्ण सृष्टि के सृजन के ईश्वर थे। उन्हें यह जानने की भी कोई चिंता नहीं थी कि वे सर्वशक्तिमान थे और वे यह भी जानने की इच्छुक नहीं थीं कि उनका कृष्ण सर्वशक्तिमान ईश्वर था। वे केवल एक ही चीज समझती थीं कि वह अनंत प्रेम था और वे इसके अतिरिक्त कुछ और नहीं सुनना चाहती थीं। गोपियाँ कृष्ण को केवल वृंदावन का कृष्ण समझती थीं। वह, जो अतिथियों का अतिथि और राजाओं का राजा था, उस कृष्ण को गोपियाँ एक ग्वाले से अधिक कुछ समझने को तैयार नहीं थीं, और वह उनके लिए आजीवन ग्वाला ही बना रहा। वे कहती थीं, "हमें न तो धन की इच्छा है, न अनेक लोगों की; हमें न तो ज्ञान प्राप्त करने की इच्छा है और न ही स्वर्ग जाने की; चाहे हमें बार-बार जन्म लेना पड़े, परंतु ईश्वर मुझे इतना वरदान दे दे कि मुझे केवल कृष्ण मिल जाए और मैं उससे प्रेम करूँ। मैं उससे प्रेम के लिए प्रेम करूँ। धर्म के इतिहास में यहाँ एक महान् चिह्न है—प्रेम के लिए प्रेम का आदर्श, कर्म के लिए कर्म का आदर्श एवं कर्तव्य के लिए कर्तव्य का आदर्श। और ये शब्द ईश्वर के महान् अवतार श्रीकृष्ण के होंठों से पहली बार बाहर आए थे और मानवता के इतिहास में ये पहली बार भारत की धरती पर सुनाई दिए थे। भय एवं वासनाओं के धर्म का युग हमेशा के लिए बीत चुका था और नरक के भय एवं स्वर्ग में मनोरंजन की चाहत की बजाय प्रेम के लिए प्रेम, कर्तव्य के लिए कर्तव्य और प्रेम के लिए प्रेम का महानतम आदर्श सामने आया।

और कितना अद्‌भुत है यह प्रेम! मैंने आपको अभी-अभी बताया कि गोपियों के प्रेम को समझना कितना कठिन है। यद्यपि हमारे मध्य भी कुछ कम मूर्ख नहीं हैं, जो इतने अद्‌भुत प्रसंगों के अद्‌भुत महत्त्व को नहीं समझ सकते हैं। अवश्य हैं, मुझे पुनः दोहराने की अनुमति दीजिए; यद्यपि हमारे ही रक्त से उत्पन्न हुए कुछ ऐसे अशुद्ध मूर्ख हैं, जो किसी अशुद्ध चीज से बचने का प्रयास करते हैं। उन्हें मैं केवल यही कहना चाहूँगा कि पहले स्वयं को शुद्ध करो; और तुम्हें यह बात भी विशेषतया स्मरण रखनी चाहिए कि गोपियों के प्रेम के इतिहास का वर्णन करनेवाला कोई और नहीं, बल्कि स्वयं ऋषि शुकदेव हैं। गोपियों के इस अद्‌भुत प्रेम के इतिहास का लेखक वह व्यक्ति है, जो शुद्ध पैदा हुआ था; अनंत रूप से शुद्ध शुक, जो व्यास के पुत्र थे। जब तक व्यक्ति के मन में स्वार्थ है, तब तक ईश्वर का प्रेम असंभव है; वह सौदेबाजी के अतिरिक्त कुछ नहीं है—"मैं आपको कुछ देता हूँ; हे प्रभु! आप मुझे उसके बदले में कुछ दीजिए।" और ईश्वर कहते हैं, "यदि तुम ऐसा नहीं करोगे तो तुम्हारी मृत्यु के बाद तुम्हारा अच्छा ध्यान रखूँगा। संभव है कि मैं तुम्हें तुम्हारे शेष जीवन में तुम्हें भूलूँगा। जब तक मन में ऐसे कलुषित विचार हैं, तब तक कोई गोपियों के प्रेम के पागलपन को कैसे समझ सकता है! "हे केवल मेरे प्यारे कृष्ण! जिस दिन से तुम्हारे होंठों का एक चुंबन मुझे मिला है, तब से मेरे मन में तुम्हारे चुंबन की प्यास बढ़ती जा रही है। तुम्हारी याद आते ही मेरे सारे दुःख लुप्त हो जाते हैं और केवल तुम्हारा प्यारा मुखड़ा मेरी आँखों के सामने रहता है। तुम और केवल तुम ही मुझे दिखाई देते हो।" कृष्ण के प्रति गोपियों का ऐसा ही निश्छल एवं निस्स्वार्थ प्रेम था। हाँ, सबसे पहले हमें सोना-चाँदी, धन-संपत्ति, नाम एवं प्रतिष्ठा और इस तुच्छ संसार के प्रति अपने प्रेम को त्यागना होगा। तभी और केवल तभी आप लोग गोपियों के प्रेम को समझ सकते हैं; ऐसा पवित्र प्रेम, जिसे पाने के लिए आपको बिना कुछ छोड़े प्रयास करना होगा, यह समझने के लिए कि प्रेम अत्यंत पवित्र चीज है और आप इस प्रेम को तब तक नहीं प्राप्त कर सकते, जब तक कि आपकी आत्मा पूर्णतया शुद्ध न बन जाए। जिन लोगों का मन हर समय भोग-विलास, धन-ऐश्वर्य और प्रसिद्धि पाने के लिए धड़कता है, वे गोपियों के प्रेम को समझने और उसकी आलोचना करने का दुस्साहस करते हैं! श्रीकृष्ण के अवतार का मूल तत्त्व भी यही है। यद्यपि 'गीता' भी, जो अपने आप में एक महान् दर्शन है, वह भी गोपियों की विह्वलता की तुलना नहीं कर सकती है; क्योंकि 'गीता' में शिष्य को शिक्षा दी गई है कि किस प्रकार लक्ष्य की ओर धीरे-धीरे प्रस्थान किया जाए। परंतु यहाँ तो आनंद की दीवानगी है, प्रेम की

मदिरा का पान है, जिसमें शिष्य एवं गुरु और शिक्षाएँ तथा ग्रंथ एवं अन्य सभी चीजें मिलकर एकाकार हो गई हैं; यहाँ तक कि भय, ईश्वर और स्वर्ग के विचार को एक ओर फेंक दिया गया है। यदि कुछ शेष है तो वह केवल प्रेम का पागलपन है। यह प्रत्येक चीज का विस्मरण है और प्रेमिका इस संसार में श्रीकृष्ण के अतिरिक्त किसी अन्य चीज को नहीं देखना चाहती है। उसके लिए कृष्ण और केवल कृष्ण ही सबकुछ हैं; जब प्रत्येक मनुष्य का चेहरा कृष्ण बन जाता है, जब उसका अपना चेहरा उसे कृष्ण दिखाई देने लगता है और उसकी आत्मा कृष्ण के रंग में रँग जाती है, कृष्णमय हो जाती है। वे थे महान् श्रीकृष्ण!

तुच्छ विवरणों पर अपना समय नष्ट मत करो। मूलाधार, जीवन के सार को ग्रहण करो। कृष्ण के जीवन में अनेक अनियमितताएँ हो सकती हैं, क्षेपक हो सकते हैं। ये सारी चीजें सत्य हो सकती हैं; परंतु इसके साथ-साथ कुछ आधार होना चाहिए। इस नूतन एवं व्यापक प्रस्थान हेतु कोई नींव होनी चाहिए। किसी अन्य ऋषि या पैगंबर के जीवन को लेते हैं तो हम पाते हैं कि पैगंबर केवल उन घटनाओं का उदय मात्र है, जो उससे पूर्व घटित हुई हैं। हम पाते हैं कि पैगंबर केवल उन्हीं विचारों का उपदेश दे रहा होता है, जो उसके अपने ही देश में, यहाँ तक कि उसके अपने समय में, बिखरे पड़े हैं। इस बात को लेकर अनेक संदेह उत्पन्न हो सकते हैं कि वह पैगंबर का कोई अस्तित्व था भी या नहीं? मैं ऐसे किसी भी व्यक्ति को चुनौती देता हूँ, जो दिखा सके कि ये चीजें, ये आदर्श—कर्म के लिए कर्म, प्रेम के लिए प्रेम, कर्तव्य के लिए कर्तव्य—श्रीकृष्ण के मौलिक विचार नहीं थे और वहाँ निश्चय ही कोई ऐसा व्यक्ति होना चाहिए, जिससे ये विचार उत्पन्न हुए हों। वे विचार किसी से उधार नहीं लिये जा सकते थे। जिस समय कृष्ण का जन्म हुआ, उस समय ये विचार कोई वातावरण में नहीं तैर रहे थे। परंतु भगवान् श्रीकृष्ण इसके प्रथम उपदेशक थे और उनके इस विचार को उनके शिष्य व्यास ने ग्रहण किया तथा प्राणिमात्र को उसका उपदेश दिया। चित्रित करने के लिए यह सर्वोच्च विचार है। हम श्रीकृष्ण से जो सर्वोत्तम चीज प्राप्त कर सकते हैं, वह है गोपीजनवल्लभ, वृंदावन की गोपियों का प्रियतम। जब आपके मस्तिष्क में वह दीवानापन आ जाएगा, जब आप भाग्यवान् गोपियों को समझ जाएँगे, तब आप समझेंगे कि वास्तव में प्रेम क्या है? जब यह संपूर्ण संसार नष्ट हो जाएगा, जब अन्य सभी विचार समाप्त हो जाएँगे, जब आप बिना किसी अन्य लक्ष्य के पूर्णतया शुद्ध हृदयवाले बन जाएँगे तथा यद्यपि सत्य की खोज को भी भूल जाएँगे, तभी और केवल तभी आपके अंदर उस प्रेम की दीवानगी आएगी, आपके अंदर भी गोपियों जैसी असीम प्रेम की शक्ति एवं ऊर्जा आ जाएगी, अर्थात् आप प्रेम के लिए

प्रेम करने लगेंगे। वही लक्ष्य है। जब आप वह लक्ष्य प्राप्त कर लेंगे तो आपको सबकुछ प्राप्त हो जाएगा।

अब थोड़ा निचले स्तर पर आते हैं—'गीता' का उपदेश देनेवाले श्रीकृष्ण पर। हाँ, भारत में आजकल ऐसे प्रयास किए जा रहे हैं, जो घोड़े को गाड़ी के पीछे बाँधने जैसे हैं। हमारे मध्य अनेक लोग सोचते हैं कि गोपियों के प्रेमी के रूप में श्रीकृष्ण कोई अलौकिक पुरुष हैं और यूरोप के लोग इस विचार को अधिक पसंद नहीं करते हैं। डॉक्टर फलाँ-फलाँ इसे पसंद नहीं करते। तब तो निश्चय ही गोपियों को भूल जाना होगा! यूरोपवासियों की स्वीकृति के बिना श्रीकृष्ण कैसे रह सकते हैं? वह कदापि नहीं रह सकते! 'महाभारत' में एक या दो स्थानों को छोड़कर गोपियों का कहीं कोई उल्लेख नहीं है और वे स्थान भी कोई विशेष नहीं हैं। वृंदावन के जीवन का उल्लेख द्रौपदी की प्रार्थना में है और एक शिशुपाल के संबोधन में है, जिसमें श्रीकृष्ण को जोड़ा गया है। ये सभी क्षेपक हैं! जो चीज यूरोपीय लोगों को पसंद न हो, उसे अनिवार्यत: निकाल फेंकना चाहिए। कृष्ण एवं गोपियों के उल्लेख में भी वे क्षेपक हैं! वाणिज्यवाद में आकंठ डूबे इन लोगों के लिए धर्म का आदर्श भी व्यापार बन गया है। ऐसे लोग पृथ्वी पर कुछ करके स्वर्ग जाने का प्रयास कर रहे हैं; बनिया हमेशा मिश्रित ब्याज चाहता है। वह यहाँ कुछ देकर वहाँ उसका आनंद लेना चाहता है। निश्चय ही, ऐसी विचार-प्रणाली में गोपियों का कोई स्थान नहीं हो सकता है। हम उस आदर्श प्रेमी से 'गीता' के उपदेशक श्रीकृष्ण को निचले स्तर पर ले आते हैं। वेदों पर 'गीता' से अधिक अच्छी टिप्पणी न तो लिखी गई है और न कभी लिखी जा सकती है। यह देखते हुए कि श्रुतियों एवं उपनिषदों में अनेक टिप्पणीकारों के होने के कारण उसके सार को समझना कठिन है, क्योंकि प्रत्येक ने अपने-अपने तरीके से उसे परिभाषित करने का प्रयास किया है। इसके बाद ईश्वर स्वयं अवतरित होते हैं। वे, जो श्रुतियों के भी प्रेरक हैं, 'गीता' के उपदेशक के रूप में हमें उनका अर्थ बताते हैं और उनकी व्याख्या पद्धति से अच्छी कोई परिभाषा न तो आज भारत चाहता है और न ही विश्व। यह बड़ी विचित्र बात है कि धर्मग्रंथों के आगामी टीकाकार, यद्यपि 'गीता' की व्याख्या करते हुए कई बार न तो उसके वास्तविक अर्थ को समझ पाते हैं और न ही उसके प्रवाह को। आधुनिक टीकाकारों और स्वयं 'गीता' में आप क्या पाते हैं? कोई अद्वैतवादी टीकाकार उपनिषदों को लेता है, जिसमें अनेक द्वैतवादी हैं; परंतु वह उन्हें तोड़-मरोड़कर कोई अर्थ देना चाहता है और उसे अपने निजी अर्थ के रूप में प्रस्तुत करना चाहता है। जब कोई द्वैतवादी टिप्पणीकार आता है तो उसके समक्ष अनेक अद्वैतवादी पाठ होते हैं, जिन्हें वह कोई द्वैतवादी अर्थ निकालने

के लिए तोड़ना-मरोड़ना प्रारंभ कर देता है। परंतु आप पाते हैं कि 'गीता' में किसी अर्थ को तोड़ने-मरोड़ने का कोई प्रयास नहीं किया गया है। वे सभी पूर्णतया सही हैं, ऐसा ईश्वर का कथन है; क्योंकि मनुष्य की आत्मा धीरे-धीरे, पग-दर-पग उन्नत होती है, स्थूल से सूक्ष्म की ओर जाती है, सूक्ष्म से सूक्ष्मतर होती रहती है, जब तक कि उसे पूर्ण लक्ष्य प्राप्त न हो जाए। 'गीता' में यही सबकुछ है। यद्यपि 'गीता' में कर्मकांड को भी उठाया गया है और दरशाया गया है कि यद्यपि वह प्रत्यक्ष मुक्ति प्रदान नहीं कर सकता है, परंतु अप्रत्यक्ष मुक्ति की ओर ले जाता है, तथापि वह भी वैध है, छवियाँ भी अप्रत्यक्ष रूप से वैध हैं; संस्कार, कर्मकांड, स्वरूप इत्यादि प्रत्येक चीज वैध हैं, बशर्ते कि वे शुद्ध अंत:करण से निष्पादित किए जाएँ। यदि अंत:करण शुद्ध एवं पवित्र हो तो उपासना भी वैध है और वह भी लक्ष्य की ओर प्रवृत्त करती है; और ये विभिन्न प्रकार की पूजा-पद्धतियाँ भी आवश्यक हैं, अन्यथा ये वहाँ होतीं ही क्यों ? धर्म एवं संप्रदाय धूर्तों एवं दुष्ट लोगों के कार्य नहीं हैं, जिन्होंने कुछ धन कमाने के लिए इनका आविष्कार कर लिया है और ऐसा ही हमारे कुछ आधुनिक लोग भी सोचना चाहते हैं। उनके स्पष्टीकरण चाहे कितने ही तार्किक क्यों न प्रतीत होते हों, परंतु वे सत्य नहीं हैं और उनका आविष्कार भी उस रूप में कदापि नहीं हुआ था। वे मानव आत्मा की आवश्यकता का परिणाम हैं। वे सब यहाँ विभिन्न श्रेणियों के मनों की ललक एवं मानव मन के विभिन्न वर्गों की प्यास बुझाने के लिए हैं, और आपको उनके विरुद्ध प्रचार करने की कोई आवश्यकता नहीं है। जिस दिन उनकी आवश्यकता समाप्त होगी, अपनी आवश्यकताओं के साथ वे भी स्वयमेव लुप्त हो जाएँगे; और जब तक उनकी आवश्यकता बनी रहेगी, वे आपके तमाम उपदेशों एवं आलोचनाओं के बावजूद वहाँ मौजूद रहेंगे। आप चाहे उन्हें मिटाने के लिए तलवार चलाएँ या तोप, चाहे आप इस संसार को मानव के रक्त से रंजित ही क्यों न कर दें, जब तक मूर्तियों की आवश्यकता है, वे अनिवार्यत: बनी रहेंगी। धर्म में ये समस्त रूपाकार एवं विभिन्न पद्धतियाँ बनी रहेंगी और हम इस तथ्य को भगवान् श्रीकृष्ण से समझते हैं कि उन्हें क्यों होना चाहिए!

अब, भारत के इतिहास का थोड़ा दु:खद अध्याय आता है। 'गीता' में हम विभिन्न संप्रदायों के मध्य विरोध के स्वर पहले ही सुनते रहे हैं और उन सबके मध्य सौहार्द स्थापित करने के लिए ईश्वर स्वयं आते हैं। वे भगवान् श्रीकृष्ण हैं, जो स्वयं सौहार्द के महान् उपदेशक तो हैं ही, महान् शिक्षक भी हैं। वे कहते हैं, "मेरे अंदर वे सब एक धागे में गुँथे अनेक मोतियों के समान हैं।" हम पहले भी मतभेदों एवं संघर्षों की इन दूर से आनेवाली ध्वनियों को सुनते आए हैं, परंतु मध्या में संभवत: शांति एवं सौहार्द का

कुछ समय बीता था, तभी वे नए सिरे से दोबारा फूट पड़े, न केवल धार्मिक आधारों पर, बल्कि पूर्ववत् विद्यमान जातीय आधार पर भी—हमारे समुदाय के दो शक्तिशाली कारकों—राजाओं एवं पुजारियों के बीच युद्ध शुरू हो गया। और धर्म की जिस शिखरतम लहर ने भारत को लगभग 1,000 वर्षों तक आप्लावित रखा था, उसमें हम एक अन्य गौरवशाली विभूति के उदय को देखते हैं और वह महान् विभूति हमारे गौतम शाक्यमुनि थे। आप सभी उनकी शिक्षाओं एवं उपदेशों से परिचित हैं। हम ईश्वरीय अवतार के रूप में उनकी पूजा करते हैं। नैतिकता का ऐसा महान् एवं सशक्त उपदेशक शायद ही विश्व ने अब तक देखा हो; महान् कर्मयोगी, जो स्वयं अपना शिष्य था। वह श्रीकृष्ण के समान था। वह अपने सिद्धांतों को व्यावहारिक बनाने आया था। हमें एक बार फिर वही स्वर सुनाई पड़ा, जिसका उपदेश 'गीता' में दिया गया था—"यद्यपि इस धर्म का लेशमात्र भी पालन किया जाए तो वह बड़े भय से हमारी रक्षा करता है, कोई स्त्री हो या वैश्य या शूद्र भी क्यों न हो, सभी उस उच्चतम लक्ष्य को प्राप्त कर सकते हैं।" 'गीता' में कहे गए श्रीकृष्ण के सशक्त स्वर मेघ गर्जना के समान गूँजते हैं और मनुष्य के सारे बंधनों, सारी जंजीरों को तोड़ते हुए उसे उच्चतम लक्ष्य तक पहुँचाने की घोषणा करते हैं—"यद्यपि इस जीवन में उन्होंने सापेक्षता पर विजय प्राप्त कर ली है, जिनके मन दृढ़तापूर्वक स्थिर हैं, क्योंकि ईश्वर शुद्ध है, इसलिए यही बात प्रत्येक चीज पर लागू होती है, अतः ऐसे व्यक्ति के बारे में कहा जाता है कि वह ईश्वर में निवास करता है।" इस प्रकार, एक ही ईश्वर को हर स्थान पर विद्यमान देखनेवाला ऋषि स्वयं अपने आत्म को आहत नहीं करता है, इसलिए उच्चतम लक्ष्य प्राप्त कर लेता है। यथावत् रूप से इस शिक्षा को मूर्त रूप देनेवाला एक जीवंत उदाहरण और उसके आंशिक भाग को व्यावहारिक बनानेवाले ईश्वर के एक अन्य रूप यह शाक्यमुनि थे, जो गरीबों व पीड़ितों के उद्धारक थे और जिन्होंने लोगों की भाषा में बोलने के लिए देव भाषा (संस्कृत) का भी परित्याग कर दिया था, ताकि वह संभवतः सामान्य जनमानस तक पहुँच सकें—वह, जिसने भिक्षुकों, निर्धनों, निम्न जातियों के साथ रहने के लिए अपना सिंहासन त्याग दिया; वह, जिसने दूसरा राम बनने के लिए अपने हृदय में सारे भेदभावों का दमन कर दिया।

आप सभी उनके महान् चरित्र एवं कार्यों के बारे में जानते हैं। परंतु उनके कार्य में एक बड़ा दोष था, जिसके लिए हम आज भी कष्ट भोग रहे हैं। ईश्वर से कोई भी दोष नहीं जुड़ता है। वह शुद्ध एवं देदीप्यमान है; परंतु, दुर्भाग्यवश उनके उच्च आदर्शों को प्राणिमात्र की उन भिन्न-भिन्न असभ्य एवं असंस्कृत जातियों द्वारा पूर्णरूपेण

आत्मसात् नहीं किया जा सका, जो आर्यों के झुंड में शामिल थीं। अंधविश्वास एवं गुप्त पूजा की विविधताओं से ओत-प्रोत ये जातियाँ आर्यों के बीच विद्यमान रहीं और एक समय ऐसा भी आया, जब लगा कि वे सुसंस्कृत एवं सभ्य बन गई हैं; परंतु एक शताब्दी बीतने से पूर्व ही उन्होंने अपने अंधविश्वास के नागों एवं भूतों तथा उन सब चीजों को पुनः बाहर निकाल लिया, उनके पूर्वज जिनकी पूजा किया करते थे और इस प्रकार संपूर्ण भारत अंधविश्वास का अवमानित पिंड बन गया। प्रारंभिक बौद्धों ने पशु-बलि के विरुद्ध अपनी घृणा के कारण वेदों में वर्णित यज्ञों की अवहेलना की घोषणा कर दी। ये यज्ञ प्रत्येक घर में अग्निकुंड के समक्ष संपन्न किए जाते थे। यह अग्निकुंड ही यज्ञ की संपूर्ण सामग्री हुआ करता था। इन यज्ञों को समाप्त कर दिया गया और उनके स्थान पर भव्य मंदिर, भव्य समारोह एवं भव्य पुरोहित आ गए, जिन्हें आप आधुनिक काल में भी भारत में देखते हैं। जो लोग बुद्ध को ब्राह्मणवादी मूर्ति-पूजा का विनाशक मानते हैं, उनके द्वारा लिखित पुस्तकों को पढ़कर मैं मुसकरा पड़ता हूँ और सोचता हूँ कि उन्हें लिखने से पूर्व थोड़ा और अध्ययन करना चाहिए था। ऐसे लोग बहुत कम जानते हैं कि वस्तुतः बौद्ध धर्म ने ही भारत में ब्राह्मणवादी मूर्ति-पूजा का सूत्रपात किया था।

वहाँ एक रूसी सज्जन द्वारा एक या दो वर्ष पूर्व लिखित एक पुस्तक थी, जिसमें उन्होंने दावा किया था कि उन्होंने ईसा मसीह के जीवन से जुड़ा एक महत्त्वपूर्ण तथ्य खोज निकाला है। अपनी पुस्तक के एक खंड में वे कहते हैं कि मसीह अध्ययन करने हेतु कुछ ब्राह्मणों के साथ जगन्नाथ मंदिर गए, परंतु वहाँ उनकी मूर्तियों की विशिष्टता देखकर अत्यंत आहत हुए और उन्हें उनसे घृणा हो गई। तत्पश्चात् वे तिब्बत के लामाओं के पास चले गए और वहाँ परिपूर्ण होकर वे अपने घर वापस लौट आए। ऐसा कोई भी व्यक्ति, जिसे भारतीय इतिहास का लेशमात्र भी ज्ञान होगा, वह इन विद्वान् लेखक महाशय के वक्तव्य को निराधार सिद्ध कर देगा और इसे पूर्णतया एक पाखंड की संज्ञा दे देगा; क्योंकि जगन्नाथ का मंदिर एक प्राचीन बौद्ध मंदिर है। हमने उसे और अन्य मंदिरों को लिया और उनका पुनः हिंदूकरण कर दिया। हम उस प्रकार के समान कार्य यद्यपि आज भी कर रहे हैं। हम इस तथ्य से परिचित हैं कि वह जगन्नाथ मंदिर था और उस समय उसमें एक भी ब्राह्मण नहीं था, तथापि हमें बताया जा रहा है कि ईसा मसीह वहाँ ब्राह्मणों के साथ अध्ययन करने हेतु पधारे थे। हमारे इस महान् रूसी पुरातत्त्व-विज्ञानी का यही कथन है।

इस प्रकार, पशुओं के प्रति अपार दयालुता का उपदेश देने के बावजूद, उदात्त नैतिक धर्म के बावजूद, स्थायी आत्मा के अस्तित्व एवं अनस्तित्व पर होनेवाली

केशनोचू परिचर्चा के बावजूद बौद्ध धर्म की संपूर्ण इमारत ध्वस्त होकर टुकड़े-टुकड़े हो गई और यह विनाश अत्यंत बीभत्स था। बौद्ध धर्म के आलोक में उसके बीभत्स अवसान के विषय में चर्चा करने की न तो मेरी विशेष रुचि है और न ही मेरे पास उसका समय है। सर्वाधिक बीभत्स एवं भयावह संस्कार, मनुष्य के हाथों द्वारा लिखी गई सर्वाधिक फूहड़ पुस्तकें या मानव बुद्धि ने जिसकी कभी कल्पना की हो, धर्म के नाम पर अब तक मनुष्य द्वारा किया गया कोई सर्वाधिक फूहड़ कृत्य है, तो वह सब निकृष्ट बौद्ध धर्म का सृजन है।

परंतु भारत को अभी जीवित रहना था, इसलिए ईश्वरों की आत्मा पुनः धरती पर उतरी। वह, जिसने घोषणा की थी कि "धर्म का अवसान होने पर मैं आऊँगा।" इस बार वह (श्रीकृष्ण) दक्षिण भारत के एक युवा ब्राह्मण के रूप में अवतरित हुआ और जिसके बारे में दावा किया जाता है कि उसने मात्र 16 वर्ष की उम्र में अपना समस्त लेखन पूर्ण कर लिया था; उस अद्भुत बालक को हम शंकराचार्य के रूप में जानते हैं। उस 16 वर्षीय लड़के का लेखन जितना चमत्कारपूर्ण है, उतना ही चमत्कारी वह स्वयं भी था। वह भारतीय जगत् को उसके शुद्धता के प्राचीन गौरव की ओर वापस लाने का इच्छुक था। परंतु आप कल्पना करें कि उसके समक्ष कितना बृहत्तर कार्य था! मैंने आपको भारत में मौजूद विशेषताओं के बारे में कुछ बताया था। आज आप जिन भयावहताओं को सुधारने का प्रयास कर रहे हैं, वे सब उसी बदनामी के शासन के परिणाम हैं। तातारी एवं बलोच जैसी प्राणिमात्र की सभी कुख्यात जातियाँ भारत में आकर बौद्ध बन गईं और हमारे अंदर विगलित हो गईं। केवल इतना ही नहीं, वे अपने साथ अपने सारे राष्ट्रीय रीति-रिवाज एवं राष्ट्रीय जीवन-शैली भी साथ लेकर आईं और सर्वाधिक भयावह एवं निकृष्ट प्रथाओं का संपूर्ण पृष्ठ बन गईं। यही वह विरासत थी, जो उस युवक को बौद्धों से विरासत में प्राप्त हुई थी और उस समय से लेकर आज तक भारत में वेदांत द्वारा उस बौद्ध धर्म द्वारा प्रसारित निकृष्टता पर पुनः विजय प्राप्त करने का कार्य किया जा रहा है। वह कार्य अभी पूरा नहीं हुआ है, इसलिए आज तक जारी है। शंकर एक महान् दार्शनिक बनकर आए और उन्होंने दरशाया कि बुद्धवाद एवं वेदांत के असली सार में कोई विशेष अंतर नहीं है; परंतु बुद्ध के शिष्य अपने गुरु को समझ नहीं पाए और अपना पतन कर लिया। उन्होंने आत्मा एवं ईश्वर के अस्तित्व को नकार दिया और नास्तिक बन गए। शंकर ने इसी तथ्य से अवगत कराया और बौद्धों ने पुनः अपने पुराने धर्म में वापस लौटना प्रारंभ कर दिया। परंतु अपने धर्म में वापस लौटने से पूर्व वे उन समस्त बौद्ध कुरीतियों के अभ्यस्त बन चुके थे। ऐसे में क्या किया जा सकता था?

इसके बाद मेधावी रामानुज आए। यद्यपि शंकर के पास अत्यंत तीव्र बुद्धि थी, परंतु मुझे यह कहने में संकोच होता है कि उनका हृदय उनकी बुद्धि की तरह विशाल नहीं था। रामानुज का हृदय अधिक विशाल था। वे पद-दलितों की चिंता करते थे और उनके साथ संवेदना दिखाते थे। उन्होंने तत्कालीन संस्कारों को लिया और उनमें एकत्र हो चुकी अशुद्धियों को यथासंभव शुद्ध करने का प्रयास किया तथा उनमें कुछ अभिनव संस्कारों, उपासना की नवीन पद्धतियों का सृजन किया; क्योंकि उस समय लोगों को उसकी महती आवश्यकता थी। इसके साथ-साथ उन्होंने ब्राह्मणों से लेकर अछूतों तक के लिए आध्यात्मिक उपासना के द्वार खोल दिए। रामानुज का यह कार्य बढ़ता रहा और उसने संपूर्ण उत्तर भारत को अपने अधीन कर लिया, जहाँ उनके कार्य को कुछ महान् नेताओं द्वारा आगे बढ़ाया गया। परंतु यह कार्य काफी विलंब से इसलामिक शासन के दौरान हुआ; और उत्तरी भारत में आधुनिक काल के प्रवर्तकों में इनमें तुलनात्मक रूप से सर्वाधिक मेधावी चैतन्य महाप्रभु थे।

आप इसे रामानुज की विशेषता मान सकते हैं कि उन्होंने आध्यात्मिकता के द्वार सभी के लिए खोल दिए। रामानुज के बाद और शंकर से पूर्व आनेवाले सभी प्रवर्तकों के लिए वह आदर्श वाक्य बन गया और यही आदर्श वाक्य शंकर के पूर्ववर्ती प्रवर्तकों का भी था। मैं नहीं जानता कि शंकर को अपेक्षाकृत अधिक विशिष्ट रूप में क्यों प्रस्तुत किया जाना चाहिए; क्योंकि मैं उनके लेखों में कुछ भी विशेष नहीं पाता हूँ। जैसा कि भगवान् बुद्ध के मामले में इस विशेषता का श्रेय शंकर की शिक्षाओं को दिया गया और ऐसा संभवतः उनकी शिक्षाओं के कारण नहीं, बल्कि बुद्ध के शिष्यों की अकर्मण्यता एवं अक्षमता के कारण हुआ। एकमात्र महान् उत्तरी ऋषि चैतन्य ने गोपियों के पागल प्रेम का प्रतिनिधित्व किया। वे स्वयं ब्राह्मण के रूप में तत्कालीन अत्यंत विद्वान् परिवार में जनमे थे। चैतन्य स्वयं तर्कशास्त्र प्रवक्ता थे और प्रत्येक शास्त्रार्थ में उनकी विजय होती थी; क्योंकि इस विद्या का अध्ययन उन्होंने जीवन के उच्चतम आदर्श के रूप में अपने बचपन से ही किया था, तथापि किसी ऋषि की कृपा से उनका संपूर्ण जीवन परिवर्तित हो गया। उन्होंने अपना वाद-विवाद, संघर्ष, तर्कशास्त्र के प्रवक्ता का पद—सबकुछ छोड़ दिया और भक्ति के महान् शिक्षकों में से एक बन गए। वे संसार में सदैव पागल चैतन्य के रूप में जाने गए। उनकी भक्ति संपूर्ण बंगाल में विख्यात हो गई और सबको सांत्वना प्रदान करने लगी। उनके प्रेम की कोई सीमा नहीं थी। संत हो या पापी, हिंदू हो या मुसलमान, पवित्र हो या अपवित्र, वेश्या हो या राहगीर—उनके प्रेम में सभी अंश था। उनकी कृपा में सभी सहभागी थे और यद्यपि आज भी समय के साथ अवमानित होनेवाली प्रत्येक चीज

की भाँति उनके संप्रदाय का भी व्यापक अपसरण हो गया है, फिर भी उनका संप्रदाय उन सभी गरीबों, पद-दलितों एवं अछूतों तथा दुर्बलों का आश्रय-स्थल बना हुआ है, जिन्हें सभी समाजों ने ठुकरा दिया था। परंतु इसके साथ ही मैं सत्य के लिए यह टिप्पणी अवश्य करूँगा कि हमने यह पाया—दार्शनिक संप्रदायों में हम अद्भुत उदारवाद पाते हैं। आपको शंकर का एक भी ऐसा अनुयायी नहीं मिलेगा, जो कह सके कि भारत के विभिन्न धर्म सचमुच भिन्न हैं। इसके साथ-साथ जाति के संबंध में भी वे विशिष्टता के समर्थक थे। परंतु जहाँ तक जातीय शिक्षा का प्रश्न है, हम प्रत्येक वैष्णव उपदेशक में अद्भुत उदारवाद के दर्शन करते हैं और इसके साथ-साथ वे धार्मिक प्रश्नों पर भी अपनी विशिष्टता बनाए रखते हैं।

एक के अंदर महान् बुद्धि थी, दूसरे में विशाल हृदय था और तीसरे के जन्म लेने का उपयुक्त समय आ चुका था, जो बुद्धि एवं हृदय दोनों का साकार रूप हो; किसी ऐसी महान् आत्मा को जन्म लेना था, जो बुद्धि में शंकर की तरह मेधावी हो और जिसके पास चैतन्य जैसा अद्भुत रूप से व्यापक असीम हृदय हो; ऐसा व्यक्ति, जिसे प्रत्येक संप्रदाय में एक जैसी भावना काम करती दिखाई दे, समान ईश्वर हो; वह, जो प्रत्येक मनुष्य में ईश्वर के दर्शन करे; वह, जिसका हृदय गरीबों, दुर्बलों, अछूतों तथा पद-दलितों के साथ-साथ संसार के प्रत्येक दीन-दुःखी के लिए रोता हो, चाहे वह भारत के अंदर का हो या भारत के बाहर निवास करता हो और इसके साथ-ही-साथ उसके अंदर ऐसी भव्य मेधावी बुद्धि भी हो, जो ऐसे श्रेष्ठ विचारों की परिकल्पना कर सके, जिसके माध्यम से न केवल भारत में, बल्कि भारत के बाहर सभी प्रतिद्वंद्वी संप्रदायों में सौहार्द स्थापित कर सके। ऐसा व्यक्ति पैदा हुआ और मुझे उसके चरणों में कई वर्षों तक बैठने का सौभाग्य प्राप्त हुआ था। समय आ चुका था और ऐसे व्यक्ति का जन्म लेना आवश्यक था और वह आया। उसके जीवन का सर्वाधिक विचित्र भाग यह था कि उसने सारा जीवन एक ऐसे शहर के निकट कार्य किया, जो पाश्चात्य विचारों से परिपूर्ण था; एक ऐसा शहर, जो पाश्चात्य विचारों के पीछे पागलों की भाँति भागता था; एक ऐसा शहर, जो भारत के किसी अन्य शहर की अपेक्षा अधिक यूरोपवादी बन चुका था। वहाँ वह व्यक्ति बिना किसी प्रकार के किताबी ज्ञान के साथ रहता था। वह महान् बुद्धिमान व्यक्ति तो अपना नाम तक नहीं लिख सकता था; परंतु हमारे विश्वविद्यालय के अधिकांश स्नातकों ने उसके अंदर एक बौद्धिक महामानव देखा था। रामकृष्ण परमहंस नामक वह व्यक्ति अत्यंत अद्भुत था। उसकी कहानी बहुत लंबी है, जिसके बारे में आपको कुछ बताने का आज रात मेरे पास समय नहीं है।

आज मैं श्री रामकृष्ण परमहंस के बारे में केवल इतना ही कह सकता हूँ कि वे महान् ऋषियों की श्रेणी में आते थे और अपने समय के ऋषि थे, जिनकी शिक्षाएँ आज और अभी भी प्राणिमात्र के लिए अत्यंत लाभप्रद हैं। उस व्यक्ति के पीछे कार्यरत उस दैवी शक्ति को पहचानिए। वह एक निर्धन पुजारी का पुत्र था और उसका जन्म एक सुदूर एवं अज्ञात गाँव में हुआ था, जिसके बारे में कोई कभी सोचता तक नहीं था। आज वह यूरोप एवं अमेरिका में हजारों लोगों द्वारा पूजा जाता है और कल उसके हजारों अन्य उपासक हो जाएँगे। ईश्वर की योजनाओं को कौन जानता है!

अब मेरे भाइयो, यदि आप विधाता का वरदहस्त एवं उँगली नहीं देखते तो इसका कारण यह है कि आप वास्तव में दृगहीन हैं, जन्मजात निश्चक्षु! यदि समय आने पर मुझे आपसे बात करने का अवसर मिलेगा तो मैं आपको उनके बारे में विस्तारपूर्वक बताऊँगा। अब मैं आप लोगों से केवल इतना ही कहना चाहूँगा कि यदि मैंने आपसे एक भी शब्द सत्य कहा है तो वह केवल मेरे गुरु का शब्द है और यदि मैंने आपसे अनेक असत्य बातें कही हैं, जो सही नहीं थीं, वे सब मेरी हैं और उनका उत्तरदायित्व भी मेरे ऊपर है।

□□□